未读 | 思想家

QUEEN VICTORIA

维多利亚女王

LUCY WORSLEY

[英] 露西·沃斯利——著　张佩——译

YSP 北京燕山出版社
BEIJING YANSHAN PRESS

《维多利亚女王》家族谱系表

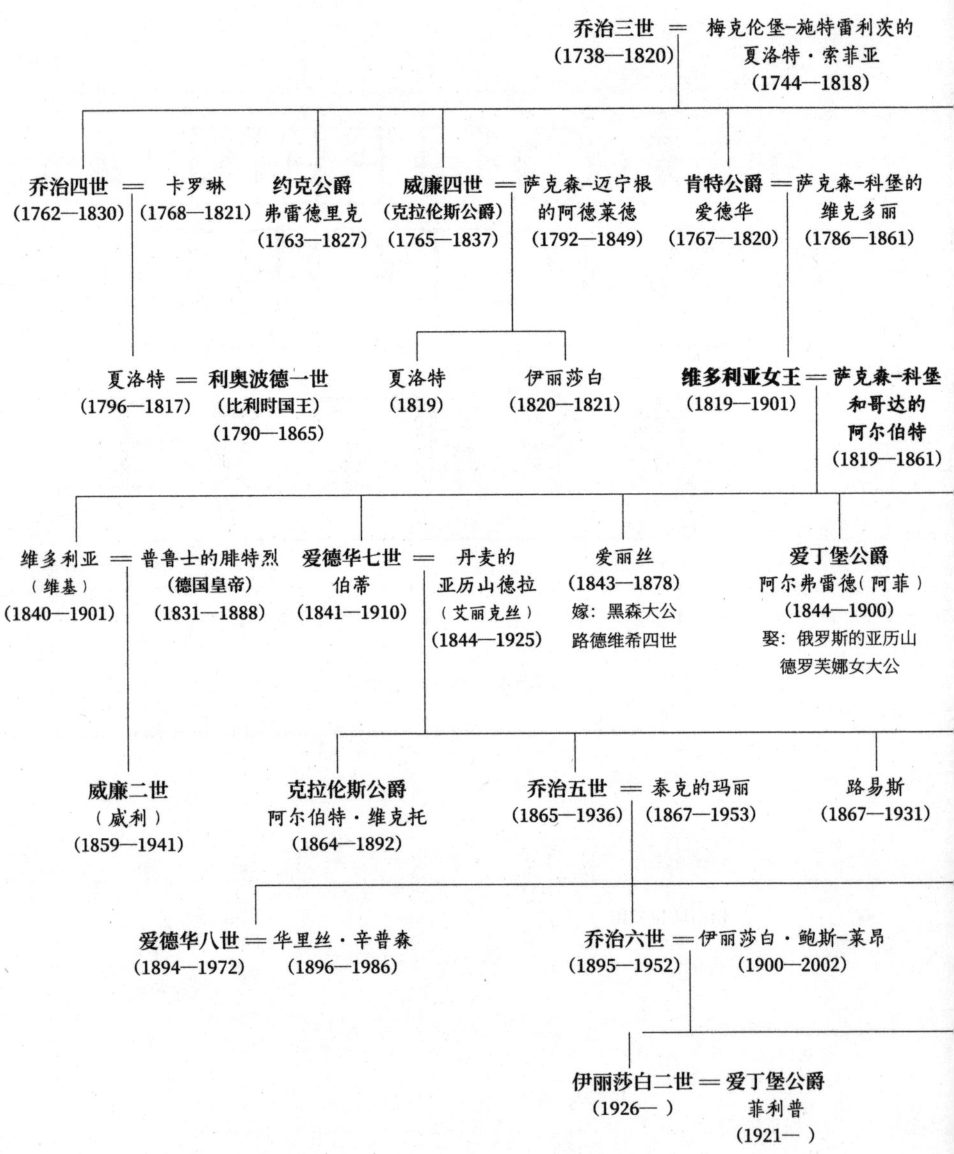

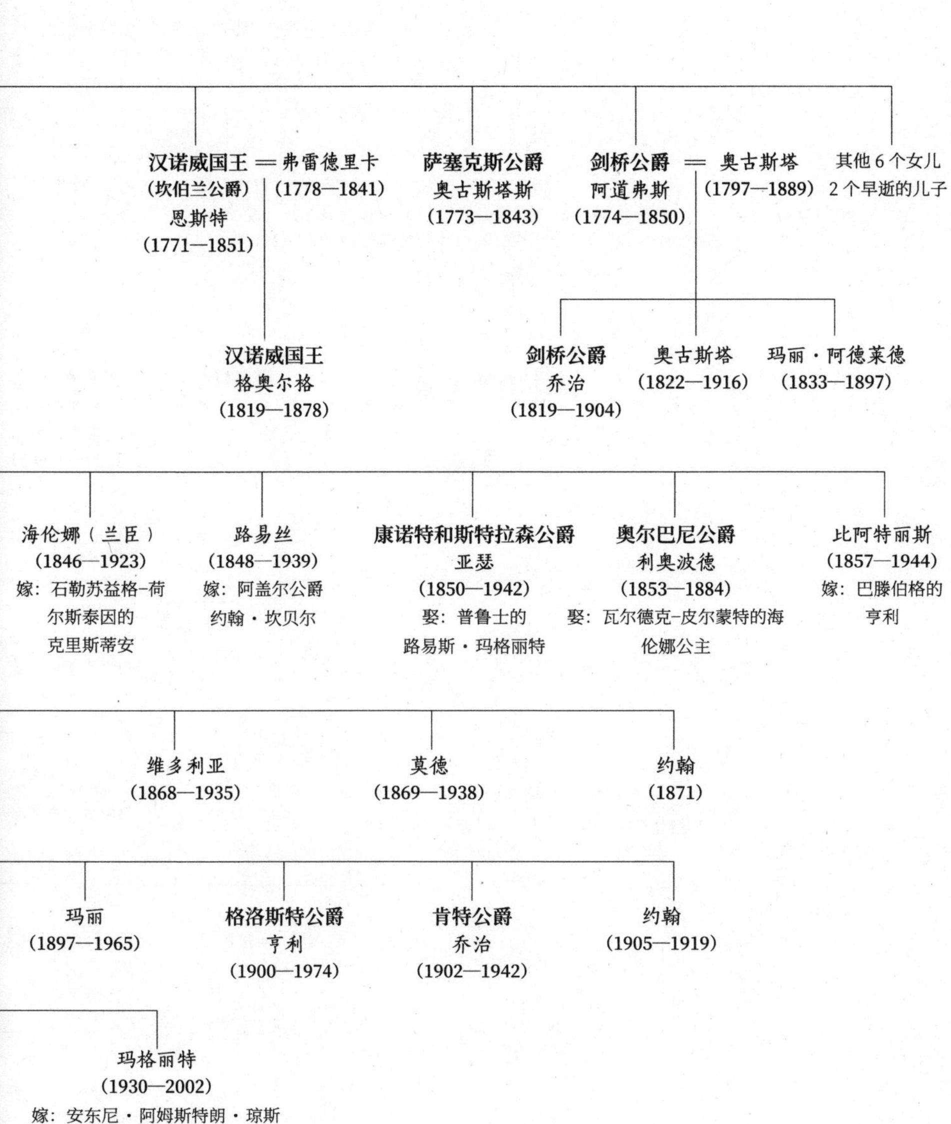

汉诺威国王 ═ 弗雷德里卡
(坎伯兰公爵)
恩斯特
(1771—1851)
(1778—1841)
萨塞克斯公爵
奥古斯塔斯
(1773—1843)
剑桥公爵 ═ 奥古斯塔
阿道弗斯
(1774—1850)
(1797—1889)
其他6个女儿
2个早逝的儿子
汉诺威国王
格奥尔格
(1819—1878)
剑桥公爵
乔治
(1819—1904)
奥古斯塔
(1822—1916)
玛丽·阿德莱德
(1833—1897)
海伦娜(兰臣)
(1846—1923)
嫁：石勒苏益格-荷尔斯泰因的克里斯蒂安
路易丝
(1848—1939)
嫁：阿盖尔公爵约翰·坎贝尔
康诺特和斯特拉森公爵
亚瑟
(1850—1942)
娶：普鲁士的路易斯·玛格丽特
奥尔巴尼公爵
利奥波德
(1853—1884)
娶：瓦尔德克-皮尔蒙特的海伦娜公主
比阿特丽斯
(1857—1944)
嫁：巴滕伯格的亨利
维多利亚
(1868—1935)
莫德
(1869—1938)
约翰
(1871)
玛丽
(1897—1965)
格洛斯特公爵
亨利
(1900—1974)
肯特公爵
乔治
(1902—1942)
约翰
(1905—1919)
玛格丽特
(1930—2002)
嫁：安东尼·阿姆斯特朗·琼斯

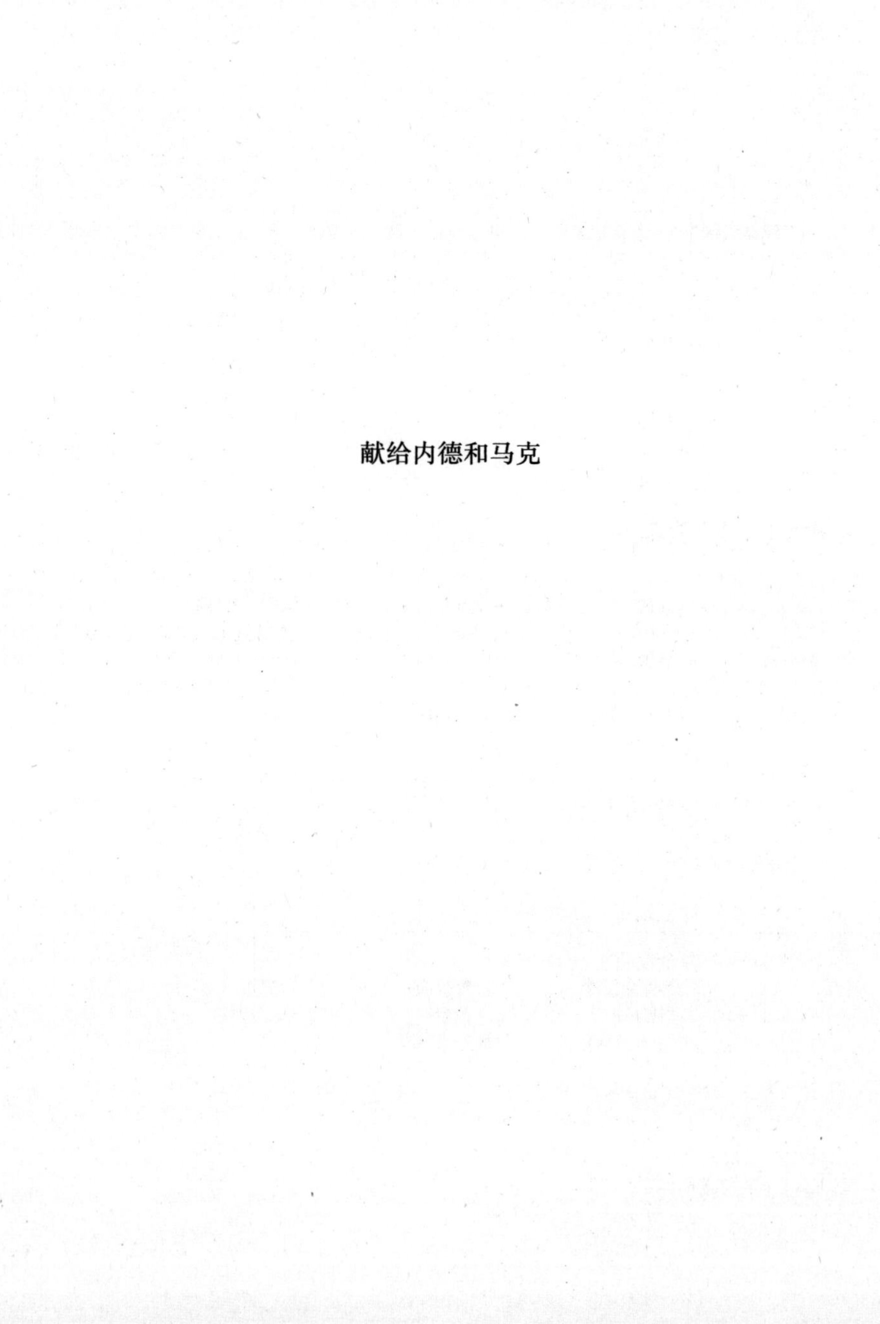

献给内德和马克

目　录

引　言

我少年时谱写了一首钢琴曲，取名《献给维多利亚女王的紫色天鹅绒》，这是一首沉郁悲怆的丧礼进行曲。和许多人一样，我从小到大一直觉得，这位女王不知为何好像一辈子都在服丧。在维多利亚的众多画像中，最令人感动难忘的是她面如土豆，永远身着黑色服饰的矮小老妪形象。

最近几年，流行文化屡屡试图颠覆这一丧服形象，比如电影《年轻的维多利亚》（*The Young Victoria*），以及电视剧《维多利亚》（*Victoria*）。无论是大荧幕还是小荧屏，无不向我们展现了一位热爱跳舞的年轻公主——她没那么拘泥礼数，她充满热情。于是乎，我们眼前似乎浮现出两种截然不同的维多利亚女王形象，且难以看清两者间的关系。她是如何从翩翩公主变成土豆的呢？

这是一个值得讲述的故事，不过，在这本书中，我还想向读者展现维多利亚女王的第三种形象。这位表情凝重、服饰暗淡、身材矮小的老妇人，其实是一位功勋卓著的女王，她为君主制创造了一种新的可能。尽管在那个时代，人们对女性高居王位疑虑重重，维多利亚还是赢得了她的子民的尊敬。

维多利亚时代的民众对女性当权的疑虑，也许相较于都铎王朝对伊丽莎白一世或斯图亚特王朝对安妮女王的态度，有过之而无不及。我认为，维多利亚创造出了一种或许让我们觉得偏女性化的统治方式，巧妙地绕过了这种疑虑。她的统治靠的是直觉而非谋略，是情感而非才智。

事实表明，对君主制来说，这就是最理想的统治方式。君主虽失去冷硬的实权，却能通过姿态和仪式，保留其影响。实践证明，她的女性特质恰恰为君主制所需。

可是，维多利亚个人为此付出了怎样的代价呢？我认为，代价沉重。维多利亚不仅仅是女王，还是女儿、妻子、孀妇，在其人生旅程的每一个阶段，她都不得不违逆自己的内心，进行种种令人不安的扭曲，以顺应社会对女性的诸多要求。譬如，她对女性选举权的想法嗤之以鼻。然而，如若将关注点落在她的行动，而非她的言辞，你就会发现，她其实在违背女性的种种行为准则。

对于维多利亚的孀居岁月，我尤有兴趣。她的早年生活创伤累累，戏剧连连，所以过去的传记作者的兴趣，往往集中在这一阶段，探讨年轻女王的书籍颇丰。[1]然而，尤其是在最近，历史学家们的兴趣开始向另一个方向摆动。和他们一样，我也认为，老年的维多利亚才是她最好的自己。[2]她直到进入老年，才摆脱她丈夫的霸道个性的影响，成为乖僻专横却又令人相当敬佩的自己。

你喜欢你写的人物吗？这是传记作家在写作过程中经常被问及的一个问题。对于维多利亚，我无法用一两句话简单回答。她有令人憎恶的一面。她的子女会告诉你，她作为母亲有多么糟糕。她有反复无常、专断独裁、自私自利的时候。但是，她的成长经历阴暗无比，只是偶尔沐浴到闪烁着爱的光明，念及这些，只有铁石心肠的人，才不会对她动恻隐之心。

维多利亚身上还有许多令人钦佩之处。她从不虚荣。她以自己特有的方式，对既定工作兢兢业业、勤勤恳恳。虽然其工作向她提出了苛刻的要求，可她身上仍带着一种轻快感，一种独特的气质，一种能迅速征服你的活力。我认为，总体而言，她的人生是十分艰难的。这种艰难并非体现在物质方面，而是体现在巨大的财富和名气对个人造成的压力上。她需要具备极其强大的心理承受力。所以，我喜欢她吗？答案是，喜欢。

一开始可能有些许迟疑，但最终我会响亮地说出这个答案。

另外，我想透过 24 面不同的窗户去看待她的一生，去讲述她的故事。这个想法诞生于 2012 年，当时，我和亚历山德拉·金（Alexandra Kim）共同担任维多利亚女王出生地，即位于伦敦的肯辛顿宫（Kensington Palace）的策展人。金向伦敦博物馆（Museum of London）提交了借用一把遮阳伞的申请。1897 年 6 月 22 日，维多利亚登基 60 周年钻禧庆典（Diamond Jubilee）上，她乘坐马车，从前来祝贺的人群面前驶过时，手中所持的就是它。这把黑色蕾丝面料的伞是“下议院（House of Commons）之父”，来自伍尔弗汉普顿（Wolverhampton）的议员查尔斯·佩勒姆·维利耶斯（Charles Pelham Villiers）送给维多利亚的礼物。庆典举办时，他已 95 岁高龄。他是在维多利亚 16 岁时进入议会的，两年后的 1837 年，维多利亚才登基。到钻禧庆典时，能记住绚烂多彩的维多利亚时代开始前是什么样子的人已经不多了，他就是其中之一。

我们策划了一场展览，试图再现也许是维多利亚以及她的帝国最强盛的那一天，那把遮阳伞就是其中一件展品。除了与之类似的私密物品，参展的还有规模更宏大的物品，如根据她在马车上的所见而建造的维多利亚时代晚期伦敦的模型。此外，那场展览的主题还包括当天街头数百万民众的所见所闻、他们的庆祝方式，以及他们批评的内容。当维多利亚的殖民军队穿过伦敦的一条条街道时，看着络绎不绝的队伍，看着他们百依百顺的模样，一些民众会想到在开拓如此广阔的帝国疆土过程中出现的巧取豪夺，并开始质疑英国这样做的权利。

那场展览也让我不禁开始思考，维多利亚的统治为君主制留下了哪些依旧鲜活的遗产。为展览揭幕的是伊丽莎白二世女王陛下。她看着维多利亚女王钻禧庆典队列行进的影片，感慨地说：她高祖母的马车是由 8 匹马驱动的，这是一项真正的马术壮举，就算今天也难以匹敌。当然，她之所以会这么说，是因为她也有乘坐马车行驶于类似的队列中的经验。

这提醒了我，如今君主制的许多传统和仪式都是维多利亚“发明”的。

我决定采用这种以细节再现某一天的方法，还有一个原因——维多利亚情况独特，让我能这么做。她一生中记录了大量日记，多达数百万字，有时一晚就记了三四千字。在牛津大学波德林图书馆（Bodleian Libraries）、皇家档案馆（Royal Archives）和在线出版公司 ProQuest 就文献的数字化做出的共同努力下，这些资料比以往任何时候都更容易获取，包括女王留存于世的大量日记中的每一个字。

不过，这些日记的帮助有限。所以我也选取了她父母人生中的重要日子、她出生的那一天，还有她孩子出生以及她太忙没时间记日记的日子。此外，还有一点值得注意：甚至连这些日记也可能具有欺骗性。（或者说，这些日记的欺骗性尤为突出？）在维多利亚时代，每个记日记的女人都谨慎小心，因为秘密一经泄露，便会令她们有所损失，蒙上羞耻。维多利亚在写下这些文字时，心知肚明它们总有一天会公之于众。一朝为王，全无隐私。维多利亚 16 岁时，她的母亲就告诫过她：“你受到的监视，将会比世界上任何一个人的都要严密。你自己也很清楚这点。”[3]

因此，维多利亚的日记为读者设下了圈套，即便是发生激烈争吵的一天，在她笔下也可能化为和和气气、平淡无奇。或者，以往编辑过她的日记的人，将他们那个时代看来无关紧要的细节删除，从而误导了我们。例如，我们都知道，维多利亚最小的女儿比阿特丽斯（Beatrice）公主誊抄了她母亲的日记，然后将多数原件烧毁。她在誊抄的过程中删除了某些名字和事件。所以，我们还必须弄清这些日记着墨不多的地方。历史学家保拉·巴特利（Paula Bartley）指出，维多利亚的长子伯蒂（Bertie）毁掉了“弗洛拉·黑斯廷斯（Flora Hastings）[①] 事件期间所有的往来信件，

① 维多利亚的母亲肯特公爵夫人的侍女，第 9 章将着重讲述这一事件。——本书页下注均为译注或编注。

写给本杰明·迪斯雷利（Benjamin Disraeli）① 的所有与王室相关的信件，以及‘蛮师’（The Munshi）② 和她母亲之间所有的往来信件”。[4] 所以，弗洛拉·黑斯廷斯、本杰明·迪斯雷利，以及她年轻的印度男仆阿卜杜勒·卡里姆（Abdul Karim，也就是大家熟知的“蛮师”）等人物，本书都将着重讨论。

维多利亚女王在晚年时，摘取了一些日记，将其出版，她用简单朴素的文笔，极其有力地描述了自己的爱和悲伤。尽管这些文字意义重大，她的臣民对她的了解还是停留在其标志性形象上，这一形象先是通过艺术家的作品构建，而后随着 19 世纪的流逝，通过那些无处不在、极易辨别的照片得以塑造。本书试图通过文字使她的形象浮现在读者脑海中，这样做并非为了猎奇，而是因为她统治的成功很大程度上归功于她的存在，而非她的作为。这些照片时至今日仍能吸引大家的注意，正是因为它与主流文化相悖。她为什么不笑？她为什么一脸不悦？今天的我们看到一位女性世界领导人如此悲伤，也许会深感不可思议。不过，200 年前，女性领导人本身就会让人感到不可思议。

除此之外，我还选取了维多利亚与弗洛伦斯·南丁格尔（Florence Nightingale）或者杜利普·辛格（Duleep Singh）王公等人见面的日子，因为这些人对维多利亚时代具有重要意义。没有哪个君主的统治，像维多利亚那样，塑造了我们现今生活的世界。在她生命的最后时刻，她统治着全球近四分之一的人口。当今的英国人都还是维多利亚的子民，因为英国仍是君主立宪制的国家，因为许多英国人还饶有兴趣地关注着王室成员的出生、死亡和婚姻。我们还在处理着“日不落帝国”的诞生和消解带来的影响。我们观看维多利亚时代兴起的足球比赛；像维多利亚时代

---

① 英国保守党领袖，三届内阁财政大臣，两度出任英国首相（1868，1874—1880）。

② 波斯词，此处指欧洲人所雇的秘书或语言老师。

的人们一样，乘火车从伦敦前往伯明翰；我们仍旧（虽然为数不多）将维多利亚时代发明的邮票贴在信封上，然后将其投进印有“VR”字样的邮筒中。[5]维多利亚时代让我们拥有了公共厕所、地铁、护士、香烟、一年一度的海边度假。我们仍享受着维多利亚时代的美食，比如咖喱（维多利亚女王最爱的菜肴之一）、巧克力复活节彩蛋、Oxo品牌、Rose牌青柠浓缩果汁（Rose's Lime Juice Cordial）、雀牌吉士粉（Bird's Custard）、吉百利牌可可（Cadbury's Cocoa）和金狮糖浆（Lyle's Golden Syrup）。[6]

那么，阿尔伯特呢？过去的史学家往往不惜以贬损维多利亚来赞颂他，我认为部分原因在于，他所具备的品质，恰恰是史学家通常具有，并因而欣赏的素质。他恪守秩序，冷静自持，讲求逻辑，重理性而非感性。毋庸置疑，他的智商惊人。可如果你相信情商是领导力的重要构成因素，那么你就会意识到，维多利亚在许多方面比他更胜一筹，如此你便对她的统治形成了新的认知。斯坦利·温特劳布（Stanley Weintraub）在一本卓越的维多利亚女王传记中指出，对于她的统治，人们最难以忘怀的是“她在失去阿尔伯特后，独自度过的悲伤而漫长的下午”。[7]然而，事实并非如此。如今，女性在历史长河中留下的脚印变得更加清晰。让我和许多人津津乐道的是，维多利亚最终寻回了鲜活的自我。19世纪60年代早期，她曾告诉一名访客：“亲王在世时，他替我思考，现在我必须自行思考。”[8]

透过她如何度过其生命中24天的每一个小时，我将近距离面对面地审视她；借此，我希望她的形象能浮现在你眼前，如闻其声，如见其人。如此一来，对于这位英国历史上最为人熟知的女性，其内在的诸般矛盾，你便能自作评断。

第一部

任性的女儿

1. 双重婚礼

邱宫，1818 年 7 月 11 日

在位于伦敦西部郊区的邱园（Kew Gardens）树林里，一栋砖砌建筑隐约可见。这座看似普通的房子就是英国王室最小的宫殿——邱宫（Kew Palace）。你或许会觉得它看起来像巨型的娃娃屋，但其实这里自乔治王时代晚期（late-Georgian period）以来便臭名昭著，因为乔治三世（George Ⅲ）曾在精神疾病发作期间，被囚禁于此地疗养。如果他活在今天，很可能会被确诊为躁郁症。然而，在他所处的那个年代，大家都认为他“疯”了。乔治三世的“疯病”会为他最知名的孙女维多利亚女王的一生蒙上深深的阴影。

年轻时，健康快乐的乔治三世、维多利亚的祖母夏洛特王后（Queen Charlotte）和他们的 15 个孩子都喜欢来这个被邱园环绕的小宫殿居住。夏洛特亲热地将其称作“亲爱的小邱”。[1] 这座有着弯曲山墙的房屋最初是一个 17 世纪商人的居所，后来成为王室的乡间别墅。邱宫地理位置极佳，在此能尽情观赏自宫殿正门一路向外延展着的邱园植物盛景。

然而，在 1818 年 7 月 11 日这个星期六，邱宫内气氛阴沉。下午，这里将举行一场不同寻常的双重婚礼。乔治三世和夏洛特王后的两个儿子将同时迎娶两位德国公主。不过，因为是出于责任，氛围并不喜庆。

新郎的母亲夏洛特已经 74 岁了。她的 15 个孩子曾在这邱园里欢快地玩耍，如今这个“欢乐的大家庭”已经被不幸击得粉碎。夏洛特最小的 3 个孩子年纪轻轻就过世了。丈夫对她不再深情，开始疏远她，当他言语失控、神志不清时，有时甚至对她粗暴而残忍。他今天没来参加儿子的婚礼，因为他正在温莎堡（Windsor Castle）接受治疗。据说，他在那里“十分开心地与亡灵交谈”。[2]

除了 12 个幸存的子女，夏洛特还有相当多的孙子、孙女，至少有 14 个。[3]然而，大家聚集起来参加这场婚礼，却是为了应对王位继承出现的一个危机。乔治三世和夏洛特王后的孙辈所面临的问题，以及孙辈数目存疑的原因在于，截至 1818 年，他们每一个都是不合法的子女 —— 都出生在神圣的婚姻之外。

之所以会出现这种离奇状况，是因为乔治三世是位严父，他极力阻止子女做出不恰当的婚姻决定。他在 1772 年颁布了《王室婚姻法》（Royal Marriages Act of 1772），规定其子女的婚姻必须得到他亲自同意，否则婚姻无效。然而，让他没想到的是，这会让他的儿子 —— 那些王室公爵 —— 全然丧失结婚的兴趣。直至 18 世纪末，他的 7 个儿子中，只有 3 个做过婚姻的尝试。长子威尔士亲王（Prince of Wales）的婚姻只带来了一个女儿 —— 王室的第二个夏洛特；之后他就和妻子分居了。亲王的另一个弟弟是秘密结的婚，未经王室许可，所以其婚姻不合法。

剩余的未婚王子中的两位，克拉伦斯公爵威廉（William，Duke of Clarence）和肯特公爵爱德华（Edward，Duke of Kent），下午 4 点正赶往他们母亲在邱园的家，出席自己的婚礼。他们举办这场双重婚礼，原因在于他们的侄女夏洛特公主最近在分娩时去世了。这位故去的公主是王室唯一的合法孙辈，因此也是她那一辈唯一可能继承王位的人。

为了解除夏洛特公主之死造成的继承危机，她的叔叔们必须履行对国家的义务。现在他们不能再和各自的情妇舒舒服服地度过中年，而应找到合适的结婚对象，来延续王室的血脉。

夏洛特王后坐在二楼客厅，等待儿子们回来，她从推拉窗向外望去，眼前呈现出一幅奇异的景象。她身处的这座玩具般小巧的宫殿周围，坐落着其他几栋建筑，王子们在那里居住过，后来它们荒废了。近旁的河岸边，矗立着的是堞宫（Castellated Palace）尚未完工的塔楼，还未等它建好，乔治三世就彻底疯了。对这座城堡，有一种可谓贴切的描述：公主们像是被“巨人或巫师关押在这里 —— 这座城堡象征着精神失常”。[4]泰晤士河畔的绿色海洋中点缀着各式各样的庙宇、风格奇异的建筑和大大小小的宫殿，乔治三世一家人喜欢静居于这片属于他们的植物天堂，在此喝茶或休憩。

在夏洛特王后望向窗外的同时，窗外的人可能会注意到她独特的发型：倒梳的头发高耸在头顶，发丝上还扑有白粉。当代人常常评论她黑白混血的面容。从其画像中的脸部特征，确实不难看出她从葡萄牙祖先那里继承的非洲血统。[5]然而，她的脸色仍然很苍白，没什么血色。她已经病入膏肓。夏洛特王后本要去往温莎堡与丈夫会合，只是途经邱宫，在此暂时逗留，可怎料病情加剧，以致无法继续前行。此前，她在拼命恢复体力，所以婚礼才拖到今天。

夏洛特王后的病症之一是她的心脏跳动“十分不规律、不整齐”。[6]为了让她能够参加这场“相当凄凉”的婚礼，多位“医生费尽心力”，给她开大量的止痛药，让她能够下床，坐上轮椅。[7]她的病情不光出在身体上，还有一半出在精神上。出于对丈夫病情的担忧，对子女生活的不满，她写道：“我的思维和情感饱受折磨……我的精神和气力都难以承受这样的考验。”[8]她的王室仆从众多，但她只挑选了几个侍奉时间久、关系亲密的照料自己，其中包括负责为王后穿衣打扮的女仆和“私密处所必需女仆”。后者就是夏洛特的德国同胞帕彭迪克夫人（Mrs Papendick），她负责清理王后的“必需品”，也就是马桶。[9]

夏洛特王后所坐的装有“滚轮”的椅子是她的长子威尔士亲王送给她的礼物，此时他正陪在她身旁和她一同观望、等待。威尔士亲王现年55岁，身材“非常粗壮”，他年轻时经常和父母发生争执。[10]不过，近年来，他充满悔意，对父母细心体贴，经常看望母亲，为了能让母亲生活得舒服些，花了不少心思。他已受封为“摄政王”（Prince Regent），替生病疗养的父亲料理国务。

尽管有敦实孝顺的长子相伴，夏洛特还是感到很孤独，她思念自己的丈夫。她会说：“我多么希望和我的国王在一起。”夏洛特17岁时就嫁给了她的乔治国王，她从德国梅克伦堡（Mecklenburg）赶到伦敦的当晚，就和乔治结了婚。他们虽是包办婚姻，却彼此忠贞不渝、婚姻美满，传为一段佳话。夏洛特知道自己命不久矣。她着急赶去“可亲可爱的温莎堡”，不光是为了和丈夫临终道别，也是为了销毁某些私密文件。[11]尽管如此，她还是被困在邱宫，哪儿也去不了。

在王后套房的楼上，她的女儿奥古斯塔公主（Princess Augusta）和索菲亚公主（Princess Sophia）也在为婚礼做准备。她们与她们的新郎哥哥一样，也已步入中年，可还没结婚，对生活有诸多不满。像今天这种场合，为了表明自己是这个欢乐大家庭的成员，她们需要穿着与之相称的条纹礼服。夏洛特王后特地嘱咐每个王室成员仍按以前的老规矩行事，那时他们是多么快乐。

其实，奥古斯塔和索菲亚公主最不想待的地方，也许就是邱宫了。夏洛特王后认为，她们作为女儿，若在父亲患病期间出去社交，不成体统。她甚至宣称，公主们在这时候抛头露面，无异于**“大逆不道”**。[12]然而多年过去了，国王的病情还是不见好转，公主们的处境十分尴尬。她们一旦出现在公开场合，别人就会认为，王室已经对国王的康复放弃了希望。夏洛特王后可不愿意别人这么想。

就这样，奥古斯塔和索菲亚被困在邱宫，久而久之，她们开始厌恶这里的宁静，将其称作“尼姑庵”。公主们的这个玩笑开得有些危险，因为“尼姑庵”（nunnery）一词在当时还指妓院。事实上，索菲亚公主虽然未曾结婚，却生过一个孩子，为她母亲的众多私生孙辈再添一名成员。孩子的父亲是国王的一名男仆，据说这个男人“又老又丑，年纪大到可以当她的父亲，而且脸上有一块很大的红色胎记”。[13] 就这样，两位公主过着寂寞的生活，“与世隔绝，很少见到外人，感情难以自控”。[14] 医生告诉夏洛特王后她命不久矣时，她落下了眼泪，对奥古斯塔公主说：“我一直希望看到你们都获得幸福，现在看来，恐怕我等不到那天了。”[15]

对奥古斯塔和索菲亚来说，哥哥们的婚礼至少能让她们暂时从千篇一律、枯燥乏味的生活中解脱出来。邱宫难得如此热闹。一楼客厅摆放着供婚礼使用的圣坛，以及供 8 位王室成员行跪拜礼用的 4 个红色天鹅绒软垫。皇家礼拜堂的“古银盘”也被专程运到了这里。[16] 尽管婚礼被临时安排在一名病人的客厅里，空间有限，但还是会尽可能地遵循旧制。

下午快 4 点时，全家开始聚集，摄政王搀扶着母亲在圣坛旁坐下。这个客厅小小的，墙壁上有白色的镶板，地板已经松动，随着客人接踵而至，很快就显得有些拥挤。客人名单经过了精心筛选，其中包括英国首相和大法官（Lord Chancellor），还有坎特伯雷大主教（Archbishop of Canterbury），后者负责主持婚礼。摄政王已经准备好将新娘交给新郎，新郎那边也已经一切就绪。

这两对新人就是克拉伦斯公爵威廉和他的新娘萨克森-迈宁根的阿德莱德公主（Princess Adelaide of Saxe-Meiningen），以及威廉的弟弟，肯特公爵爱德华及其新娘萨克森-科堡的维克多丽公主（Princess Victoire of Saxe-Coburg）。

这些头衔和名字就像镶嵌在项链上的钻石一样，熠熠闪光，其背后却是一个个性格鲜明、愿望迥异的人。首先走上神坛的是未来的威廉四世国王。他已经52岁了，颅骨尖尖的，因此得名“椰子头”。他是伪科学颅相学的倒霉受害者。颅相学认为，一个人的性格由他头的形状决定，而威廉的头盖骨恰恰说明他精神不稳定。“对一个脑袋形如菠萝的人，你还能期待什么呢？”一个认识他的人这样评论。[17]事实上，人们对威廉的期望确实不高。截止至1818年，他已放弃了两份事业：一份是在皇家海军做军官；另一份则是做女演员多萝西·乔丹夫人（Mrs Dorothy Jordan）的情人。威廉与他的公爵兄弟一样挥霍无度。他一直依靠乔丹夫人的收入生活，直到他得出结论：娶一个有钱的女继承人，也许对他更有利。于是，他就将乔丹夫人残忍地抛弃了。

威廉的新娘——萨克森-迈宁根的阿德莱德公主，才25岁，不到他年龄的一半。她很清楚，他们的婚姻是威廉的无奈之举。继承危机出现，威廉必须履行身为王子的义务，尽快完婚，可他却四处碰壁，找不到愿意接受他的新娘。[18]事实上，在阿德莱德之前，他还向10名年轻小姐求过婚，但均被拒绝。[19]

此刻，摄政王正一只胳膊挽着阿德莱德，另一只胳膊挽着维克多丽，和她们一同步入客厅。其实阿德莱德个头普通，不高不矮，可由于她从未给人留下深刻印象，因而在他人的记忆中，她特别矮小。一名英国侍臣赞扬她是“一位身材娇小、富有教养的优秀小女人”，而另一名侍臣却将她贬低成“一个可怜的品质堪忧的小东西”。[20]即便在今天看来，身穿银色薄纱、头戴“镶有钻石的精美头冠”的她，还是貌不惊人。[21]她一周前才从德国赶来，一直住在阿尔贝马勒大街（Albemarle Street）的格里灵酒店（Grillion's Hotel）。事实证明，阿德莱德的平淡无奇带来了明显的好处。她会成为一位性情温和的王室成员，处处息事求和，对别人充满关爱，同时也深受别人的关爱。阿德莱德和维克多丽初来乍到，不通英语，也没有亲密的朋友，她们已成为彼此的盟友。两人至少能“用同样的母语交谈，这让她们成为无话不谈的真心朋友”。[22]

威廉站在神坛旁，看着阿德莱德一步步走近，心中充满疑虑。她只比他自己的私生女大一点点。他哥哥摄政王的婚姻一团糟，已经与妻子分居。他自己也狠心抛弃了情妇乔丹夫人，对此他深感愧疚，于是暗下决心，要重新开始，绝不重蹈覆辙。威廉在心底对自己发誓：“我不能、不会，也绝不可以对她不好。”[23]这个充满否定的誓言，对他们的婚姻来说，并不是一个吉利的开头。

第二对新人，肯特公爵爱德华和萨克森-科堡的维克多丽公主，其实已经结过一次婚了。那场婚礼于5月在德国科堡的维克多丽家族城堡，埃伦堡（Ehrenburg）的巨人厅（Hall of Giants）举行，遵循的是路德教仪式。他们现在按英国国教的规则再办一次。既然他们的婚姻可能对王室继承至关重要，不妨再结一次，确保婚姻合乎礼法。

肯特公爵爱德华身材高大，站在尖脑袋的哥哥旁，比他高出许多。他虽然“发福得厉害”，却仍有“军人般的风度”。他的头发已经脱落得差不多了，所剩无几的头发可以明显看出染了色，尽管如此，他高大魁梧，“可能还会给人”帅气的感觉。[24]

这个将会成为维多利亚女王父亲的男人，出生于1767年，是夏洛特女王15个孩子中个头最大的一个。[25]长大后，他的性子比兄弟们更安静温和，说话“不慌不忙，非常从容”，给人一种“既善良体贴，又彬彬有礼”的感觉。[26]爱德华在位于汉诺威（Hanover）的一所军事学院度过青年时代，随后他搬到日内瓦。在那里，他欠了债，找了多个女演员做情人，之后对待感情认真了起来，找了一位名为阿德莱德·杜布斯（Adelaide Dubus）的音乐家做情妇。

这个也叫阿德莱德的女人为爱德华生了一个女儿，取名阿德莱德·维克图瓦（Adelaide Victoire），也就是维多利亚女王鲜为人知的非婚生同父异母姐姐。不过，阿德莱德·杜布斯在生孩子时去世，小阿德莱德·维克图瓦没活多久就夭折了。[27] 爱德华难以承受如此打击。悲痛欲绝的他背着一身债务，回到了伦敦。不幸的是，他是擅自归家，没有事先征询父亲的同意。乔治三世认为他有违规矩，大发雷霆，没过多久，就将他发配到直布罗陀，大概是希望在那里他的行为能更检点些。

在直布罗陀，爱德华担任皇家燧发枪团（Royal Fusiliers）的领导。这个兵团喜欢挖走其他军团中相貌最出众的士兵，因而得名“优雅摘录”（知名散文选的名字）。[28] 这位新上任的上校人不坏，能力却不行。他喜欢乱管闲事，他的通信报告过多，以致“每个政府部门的工作人员一提到他的名字，必忍不住叹一口气”。[29]

惠灵顿公爵（Duke of Wellington）曾称爱德华及其兄弟“压在政府的肩颈上，是任何一个政府所能想象到的最沉重的包袱”。当议会经过投票，拒绝向这些王室公爵提供他们自认应得的经济补助时，惠灵顿自认为知其缘由。他解释说，这些王室公爵个个生活挥霍，待人傲慢，“得罪了三分之二的英格兰绅士”，如今，“绅士们借此机会报复，何奇之有”？[30]

其实，类似的王室公爵和德国公主的草草联姻出现过多次，爱德华的婚礼是最后一次。联姻不光是为了解除王位继承的危机，也是为了让议会给各位成家的公爵提供更多经济补助。爱德华的弟弟坎伯兰公爵（Duke of Cumberland）在3年前和弗雷德里卡公主（Princess Frederica）完婚，剑桥公爵（Duke of Cambridge）6周前刚和奥古斯塔公主（Princess Augusta）完婚。据维多利亚时代的一名拘谨古板的史学家记载，这些王室公爵“怀揣崇高的爱国主义精神，为了稳固王位继承，开始履行他们繁衍子嗣的艰巨任务”。[31] 呃，也可以这么说吧。不过，一位耿直的当代讽刺诗人这样描述：

每对王室夫妻都热火朝天，

为了王位继承人房事不断。[32]

这种近乎可笑的忙碌繁衍，后来被称为婴儿赛跑（Baby Race）。当然，今天的我们知道，最终的获胜者是维多利亚。不过在当时，到底谁会胜出，悬念还很大。

爱德华决定像汉诺威军校严格训练他那样，训练直布罗陀的驻军。体罚于他而言并不陌生。他的一个姐妹记得自己亲眼见过王子们年轻时，“被老师摁住，抄起长鞭子，像鞭打狗一样鞭打他们”。[33]

不幸的是，爱德华的纪律过于严苛。对他残暴行径的指控，无论真假，都将伴随他的整个军队生涯。他还总不知道何时放松或者怎么放松，连家里的仆人都深受折磨。他们因为他的“严格以及对秩序的痴狂”叫苦不迭。[34] 他的女儿维多利亚会继承他这一方面的特征；同样，她也会在意细节，致力于手头的工作。

爱德华在直布罗陀遇到的另一大问题是气候，他认为那里的气候对健康不利；此外，他还很寂寞。阿德莱德·杜布斯教会了他爱情的模样，在失去她和他们的女儿后，爱德华发现自己渴望女性的陪伴。他感到自己索求的不仅仅是感官愉悦，简单来说，他想找“一名伴侣，而不是一个妓女”。[35]

于是，泰莱丝-伯娜丁·蒙格内（Thérèse-Bernardine Mongenet，1760—1830），人称茱莉·德·圣劳伦特夫人（Madame Julie de Saint-

Laurent）登场了。她是爱德华的长期伴侣和情妇，在接下来的 28 年里，她一直陪在爱德华身旁。[36] 爱德华的一个朋友根据他的具体要求，帮他在法国马赛物色到茱莉，此前茱莉是一位法国贵族的情妇。爱德华说，他想找"一个年轻小姐"①，她要有唱歌的天赋。[37] 茱莉的到来让爱德华在直布罗陀的下属大感宽慰，他们认为，爱德华找到正式的情妇后，他们就不用陪他一起去寻觅其他"危险且可耻的"亲密关系了。[38]

尽管以残忍著称的爱德华有些可恨，但他的人生仍有可怜之处。他的父亲强迫他流寓异乡数十年。他总是陷入经济窘境，为此郁郁寡欢。后者可谓在所难免，因为王室公爵在成长过程中，对自己的地位以及自己应有的生活方式十分清醒，唯独对金钱没形成什么概念。

爱德华在直布罗陀没坚持多久，就被派驻加拿大。他写道："我被发配到地球表面最沉闷阴郁的地方，过着最单调乏味的日子。"多年过去了，爱德华已年近 30 岁，他抱怨道："兄弟中只有我必须待在国外。"[39] 拿破仑战争正在欧洲如火如荼地展开，而他却远在美洲，错过上阵证明自己的机会。经过反复恳求，乔治三世终于允许他返回伦敦，可随后他却因与茱莉的关系而陷入丑闻。他的一个弟弟曾告诫他："在外国，维持这种关系兴许没什么大不了，但相信我，在我们这儿，这是不可能的。"[40] 爱德华遭到社会唾弃，连他的家人都对他十分冷淡。王室公爵一般极端保守，但或许是感到备受排挤，因而爱德华的政治观点偏于自由。他多次发声，支持教育、奴隶制废除和天主教解放运动。他甚至对"社会主义理论"产生了兴趣，尽管听起来不太可能。[41]

所以，维多利亚的父亲是一个历经磨难却又碌碌无为的人。出于王子的责任，他辗转来到德国、瑞士、西班牙和加拿大，可他内心真正渴

① 原文为法语 une Jeune Demoiselle。

望的却是家庭的安乐和爱情的美好。他大肆挥霍，购置一栋栋房子，进行奢华的室内装饰，聊以慰藉，结果债务缠身。1816 年，一个财产委员会应运而生，专门负责清算他的财务。该委员会从他 2.7 万英镑年俸中只拿出 1.1 万英镑作为他当年的生活开支，留出 1.6 万英镑还给他的债主。爱德华的债务也将影响到他的女儿，维多利亚因此对金钱形成了更为谨慎的态度。

爱德华最终从军队退役后，带着茱莉移居到布鲁塞尔，因为那里生活成本很低。[42] 然而，和他的兄弟们一样，他只知道一种摆脱眼前经济困境的办法：结婚。他曾当众放出豪言："为了王室继承的大业，我要结婚。"不过后来，他透露了另一个动机："我认为约克公爵（Duke of York）的婚姻应该被当作先例。他就是为了王室继承结的婚，然后得到了 2.5 万英镑……给我这么多，就够了。"[43]

就这样，爱德华开始悄悄地四处寻找合适的结婚对象。寻找范围在德国。德国在那时还是一个个小公国，没形成一个统一的国家，这些小王室十分重视血统，也在不断向外输送血统纯正的新教公主。怯懦的爱德华迟迟不肯告诉茱莉他的新使命。从下定决心寻妻那天起，他发现自己"每天都在对她演戏"，读到这里，着实令人气愤。最终，可怜的茱莉还是在一次阅读《纪事晨报》（*Morning Chronicle*）时，才发现爱德华一直在寻妻。看完报上的那篇文章后，她发出"极其凄惨的声音"，身体不由自主地"剧烈颤抖"，以致大家以为她生了病。同居多年的情人一再隐瞒的事实，被报社告知了她。他们的关系就此告吹。[44]

爱德华选择的新娘就是维多利亚女王的母亲，她的名字是玛丽·路易丝·维克多丽（Marie Luise Victoire），后被称作莱宁根的亲王太妃维克多丽（Victoire，Dowager Princess of Leiningen，1786—1861）。她身材颀长、体形匀称，“相当高大，但身形很好”，“皮肤非常白皙，黑发黑眼”。[45]一名时尚记者称，她的发肤色彩“由鸦羽之墨色、血之红色和雪之纯白构成”。大家认为她很幸运，没有继承她娘家科堡家族典型的鹰钩鼻。[46]维克多丽不仅长相出众，还打扮花哨。她的衣橱中有一条白色丝绸长裙，领口开得很低，“上面装点着蕾丝和花格图案丝带”；还有一条“紫红色花缎”长裙。[47]仅为一顶引人注目的帽子，她就能花上超过100英镑。[48]

此刻，她挽着摄政王的另一只胳膊，进入了客厅。到目前为止，维克多丽的光彩胜过阿德莱德。阿德莱德肤色苍白，此时身着一袭银色婚纱，而维克多丽的婚纱镶着“富贵的金色饰边”和布鲁塞尔蕾丝①，“装点着高雅的金色流苏”，和她天生对比鲜明的发肤颜色相得益彰。[49]夏洛特王后亲自为她订购了这款婚纱，花费97英镑，相当于高薪女家庭教师4年的薪水。[50]那是一套人们梦寐以求的婚纱，《泰晤士报》后来对此撰文详细描述。维克多丽喜欢这套极其紧身的崭新薄纱礼服，她穿起来很漂亮，像是一尊优美的古希腊雕塑。这种紧身婚纱使用非常轻薄的白色面料，需要搭配一种新型内衣——及踝衬裤，才不至于有失庄重。维克多丽的一条衬裤至今仍保存在维多利亚和阿尔伯特博物馆（Victoria and Albert Museum）中。

身着金色流苏婚纱的维克多丽现年31岁。和阿德莱德一样，她要嫁给一个比自己年长很多的男人，但她对此满不在乎。她的科堡家族野心勃勃，一心向上爬，该家族通过联姻，渗透进欧洲许多最具权势的家庭。维克多丽的弟弟利奥波德（Leopold）是已逝的英国公主夏洛特的鳏夫，这位公主的死亡正是促成今天婚礼的根本原因。夏洛特一死，利奥波德

① 一种源于比利时的首都布鲁塞尔及其周边地区的枕头蕾丝花边，以其精致和美丽闻名。

就无望成为英国女王的配偶。不过，科堡家族的一个成员倒下了，另一个就会崛起。

维克多丽的第一任丈夫对他妻子的关注，往往还不如他对狩猎热情。不过，这位莱宁根亲王（Prince of Leiningen）已逝去许久，至少他留下了足以让妻子舒适生活的财富。她和她的一儿一女，查尔斯（Charles）和费奥多拉（Feodore），一起生活在他们位于德国阿莫巴赫（Amorbach）的王宫内。维克多丽对自己的生活十分满意，最初并不愿意接受爱德华的求婚。如果她再次嫁给一个年老的求婚者，她将会牺牲掉眼前安静舒适的生活。

然而，她的朋友却认为，傻了才会拒绝英国王子这样理想的结婚对象。她自己也承认，爱德华来向她求爱时，他健硕的身材给她留下了深刻印象。维克多丽的一个密友质问她："你怎能拒绝如此体面的求婚呢？"[51]

最终，维克多丽接受了爱德华的求婚，不过她心中仍存有些许疑虑。她在致爱德华的一封信中写道："我将舍弃自己现有的独立地位和舒适生活，寄希望于你会永远爱我。"[52]维克多丽知道茱莉的一切，也知道爱德华心里仍放不下茱莉。她只能祈祷她的第二次婚姻比第一次更幸福。[53]她精于算计的弟弟利奥波德和她一样忐忑不安。他姐姐要嫁到一个混乱的家庭——"这家人合不来，彼此间的憎恨深得不可思议"。此外，比起科堡家熟悉的毕恭毕敬的德国社交圈，英国的社交圈子更注重功利，更尖酸刻薄，也更肆无忌惮。利奥波德坦言："可怜的维基①非常担心她会在英格兰受人嘲笑。"[54]

表面看来，今天在邱宫举行的婚礼有点奇怪，没什么爱情可言，各

① 即维克多丽的昵称 Vicky。

方都疑虑重重，没有一个新人是为了感情而结婚。然而，在爱德华和维克多丽生活的时代，言情小说这种新型艺术形式才开始悄然进入图书馆。那时的人们迈进19世纪的门槛不久，逐渐开始认为，结婚不应该仅仅出于家庭责任和经济需要，被爱情的闪电击中也应是一个关键要素。这个观念很难渗透到欧洲王室，因为其独特的社会地位，决定了他们必须在婚姻选择上注重功利。然而，爱德华和维克多丽将会看到，他们的婚姻不会止于功利。就像简·奥斯汀（Jane Austen）同年出版的小说《劝导》（*Persuasion*）中的女主人公安妮一样，维克多丽将会相信，关于爱情，她会迎来第二次机遇。

当维克多丽站在神坛前时，她不得不攥着一份专门为她用德语写好的英国国教婚礼宣誓词。大主教问她："你是否愿与这名男子缔结婚姻关系？"她手中的小抄提醒她回答："我愿意。"[55]她这样说，并非听天由命，而是满怀希望。

接着，摄政王在婚姻登记册上署名两次，先签缺席的国王之名，然后署上他自己的名字。[56]夏洛特王后也签名了，然后迅速离开了客厅。虽然她勉强支撑过仪式，但绝对没力气再参加5点钟的"丰盛无比的晚宴"。其他参加婚礼的客人顺着狭窄的楼梯，来到楼下的餐厅，在那里相互敬酒。摄政王尤为享受他的食物，这点能从他留存下的一条马裤的55英寸①腰围上看出。王室晚宴期间，自助酒席上了两次，客人们可根据自己的喜好尽情选用。第一次呈上的食物包括各式各样的汤、鱼和各种被称作"收盘"②或头盘的混合菜肴，第二次上的是烤肉和珍奇的蔬菜。若

① 1英寸=2.54厘米，55英寸=139.7厘米，约合4尺2寸。

② remove，宴席中上其他菜时，为了腾空位置而会被撤掉的菜，与中国酒席中的冷盘相似。

到那时，还有极其挑剔的客人没有觅得想吃的食品，餐边柜上还供有冷盘肉。

如果你想吃餐桌对面放的菜，要让其他食客帮你传过来是相当困难的。对话交流不能顺畅进行，主要原因在于语言障碍。维克多丽精心准备了一段演讲，将她不会读的英语单词用德语发音写了出来：

> 很抱歉，我目前会用的英语还不多，不得不简单表达我对你们的贺词和美好祝愿的深深感激。[57]

这场别扭的晚宴刚过，爱德华和他的肯特公爵夫人就驾马车离开邱宫了，而威廉和他的克拉伦斯公爵夫人则跟随摄政王，去邱园里的一所小木屋喝茶。

夏洛特王后的身体很不舒服，不能与他们一道喝茶，事实上她再也不会离开邱宫了。在她的两个儿子同时举行婚礼的 4 个月后，她在距婚礼现场只相隔两个房间的卧室里溘然长逝。夏洛特王后在邱宫痛苦地死去，使那儿不仅沾染了疾病的色彩，还蒙上一层死亡的阴影，这个有趣的小王宫再也不会受到王室的青睐了。后来，维多利亚女王会将她父母的结婚场地用作她子女的乡村度假屋，最终将其赠予国家，在 1898 年她 79 岁生日时向游客开放。邱宫的展品包括她奶奶去世时坐的那把椅子。

至于爱德华和维克多丽，在结婚两个月后，他们动身返回德国，在维克多丽的庄园里节俭地过日子。途经低地国家（Low Countries）①时，他们参加了一场为盟军举行的舞会，1815 年滑铁卢战役之后，这批盟军还未从此地撤走。有人看到，爱德华温柔地抚摩着正在跳华尔兹的妻子

---

① 欧洲西北沿海地区的荷兰、比利时、卢森堡三国的统称。

的脸颊，“用手感觉她是否体温过高”。他之所以会如此紧张，是因为怀疑维克多丽已有身孕。[58]

然而，这温柔的抚摩说明，两人之间已经互生情愫。这场看似不吉利的联姻虽然出于功利，以金钱和继承为中心，却会燃烧起来，热情似火，并且繁育一个深情的女儿。

2. 诞生

肯辛顿宫，1819 年 5 月 24 日

5 月 24 日凌晨，小雨淅淅沥沥地下着，雨水洒落在肯辛顿宫长而低矮的建筑物东面的椴树大道上、圆塘中。维克多丽躺在床上，能看到池塘中映射出的曙光。她已经完全清醒。尽管这是第三次分娩，可她仍像头一次那样紧张："距离我上次生孩子，已经 11 年了……我现在经历的一切都那么陌生。"[1]

肯辛顿宫位于肯辛顿花园内，如森林般幽静，花园绿树葱茏，将它与伦敦市中心的喧嚣嘈杂阻隔开来。这座红砖砌起的宫殿，在乔治王时代是宫廷生活的中心。然而，到了 1819 年，这里衰败起来，主要供王室非重要成员居住，具有浓厚的乡村特征。肯辛顿宫南边是蔬菜市场，北边是碎石坑和微微凸起的坎普顿小丘（Campden Hill），像是坐落在乡间。这座宫殿最初是为威廉三世国王（King William III）建造，他患有哮喘病，身体难以承受威斯敏斯特河畔的雾霾。

维克多丽的床被摆放在一个相当奇怪的位置 —— 她丈夫爱德华寓所的一楼餐厅。这里被改成临时医院套房，[2] 房间墙壁上糊着蓝色的墙纸，还放置了一面"漂亮"的镀银玻璃镜子，房间后面的楼梯直通下面的厨房。这些楼梯通常用来运送食物，现在用来送热水也很方便。[3]

之所以选这间餐厅做产房，还有一个原因 —— 它还连着一间大客厅。枢密院的成员，包括惠灵顿公爵、内政大臣和坎特伯雷大主教，可

以舒舒服服地待在那里，等候并观察婴儿的降生。位高权重之人聚集在一起，监视王室分娩，是英国由来已久的传统。他们要负责确保婴儿在出生时健康安好，防止有人将别人的婴儿放入产床，替代死胎。

1688年发生的一系列事件，使他们在王室分娩时的在场变得必不可少。当时流言四起，称有人将别人的婴儿藏在炭炉中，带进玛丽王后（Queen Mary of Modena）的产房，偷偷放进她的产床替代死胎。这是"假新闻"，不过随之而来的丑闻却引发了对玛丽的丈夫——不得民心、信奉天主教的詹姆斯二世（King James Ⅱ）——的成功政变。审查分娩过程，就是为了确保这种不幸再也不会重演。

就在两个月前的3月，爱德华的弟弟剑桥公爵的夫人刚生下宝宝，克拉伦斯公爵便冲进产房，"亲眼检查，确定其性别"，然后立即派人宣布，剑桥公爵夫妇刚刚在婴儿赛跑中取得了领先。[4]维克多丽的生产也得到了同样热情的关注。一群男孩在宫殿后面的院子里等待，时刻准备跑到报社，告诉他们生产的结果。前来祝贺的人乘坐的马车，从肯辛顿宫一路排到海德公园角（Hyde Park Corner）。[5]伦敦人迫切想知道，这个更具继承资格的肯特宝宝能否安全诞生，打败小剑桥。

此刻在产房陪在维克多丽身边的是她的丈夫爱德华，他日后将会成为一位极其现代的父亲。过去的一整晚，他被妻子在忍受最尖锐的疼痛时，表现出的"耐心和温柔"所深深打动。"生产自始至终，我都没有离开她。"他后来自豪地说。[6]

这两个不可能陷入爱情的人，在彼此身上找到了他们一直渴求的东西，也许他们也对此感到惊奇。有关爱德华性格残忍的传言消散了。面对维克多丽起初的疑虑，爱德华对自己也产生了怀疑。他在一封信中写道："我最最亲爱的公主，我想让你知道，我不过是一名服役32年的50

岁老兵，不太擅长俘获比我小 19 岁的年轻迷人公主的内心。”[7] 维克多丽没想到这位发福的王子会这样自我贬低，对他的魅力难以抗拒。他表现出的自知之明也格外动人：“我多么希望自己能用优美的诗歌向你倾诉衷肠，可你也知道我只是一名老兵，没有这方面的天分。”[8] 他说的这些好听话虽显笨拙，却给人一种真诚的感觉。爱德华告诉维克多丽：“（在结婚的那一年）我第一次体会到幸福，因为有你做我的守护天使。”爱德华发誓，如果上天能保佑他的妻子健健康康，为他诞下一子，他此生经历的所有“不幸和失望”都会得到抚慰。[9]

至于维克多丽，她确实比较率真，但她性格中最好的一面在于，她乐于信任别人。一个非常了解她的人曾写道，维克多丽生性“坦诚，愿意相信别人，以至于凡是有良心的人都不忍心冷落她或背叛她”。[10] 这种情感的脆弱性，促使她那不擅爱人的丈夫爱上了她，她还将这种情感的特质遗传给了她的女儿。

维克多丽孕期的头几个月，他们一直生活在德国，爱德华正委托他人对维克多丽第一任丈夫的城堡——有着千年历史的阿莫巴赫修道院（abbey of Amorbach）——进行全面修缮。尽管他可能负担不起全部费用，却很享受这一过程。肯特公爵夫妇在孩子快要出生时，才赶回英格兰。爱德华一直没办法筹到足够的旅费，以致他们启程的时间一再耽搁。最终当他们启程时，维克多丽不得不挺着沉甸甸的肚子，坐上马车，从欧洲大陆一路火速颠簸。他们无论如何也要赶在临产前到达肯辛顿宫。一个帮助驾驶的车夫在路途中遇到事故丧生了，于是爱德华不得不给他的遗孀一笔补偿金。此外，他还在负担茱莉的马车、瓷器以及其他生活用度。[11] 这时，爱德华已经在顾资银行（Coutts bank）① 债台高筑，他被迫将手中“最后

---

① 苏格兰皇家银行旗下唯一的私人银行，曾经专为英国女王一人服务，后为整个英国王室理财。

一个先令①”都交给他们，如此一来，他身上背负的债务越来越重。[12]

不过，这些积累下的债务和争分夺秒的旅程都是值得的，因为这样爱德华和维克多丽就能骄傲地说，他们未来可能成为君主的孩子是在英国的土地上出生的。爱德华认为，他的孩子必须出生在“我们祖先古老的宫殿”中。[13]后来，维克多丽的弟弟利奥波德提醒他年轻的外甥女：“你要时不时提及，你是在英国出生的。乔治三世很在意这点，而你的堂兄弟姐妹没有一个是生在英国的，所以这对你有利。”[14]

在肯辛顿宫餐厅产房忙碌着的医疗团队中，有一张从未在王室分娩场合出现过的新面孔。她就是夏洛特·海登里希·冯·西伯特（Charlotte Heidenreich von Siebold）——一名中年发福、没有子女的德国产科医生。作为一名女性，极其不同寻常的一点是，她是一名具备专业资格的医生，专治“一切妇科疑难杂症”。[15]

夏洛特曾协助自己的母亲接生，从此进入这一行。她的母亲是位助产士，在其求学期间，不得不在上课时躲在帘子后面，以免分散男学生的注意力。这位母亲最终成为第一位获得产科博士学位的德国女性。夏洛特追随她的母亲，在哥廷根大学（University of Göttingen）完成了医学培训。西伯特母女接受专业培训是出于经济目的。尚未获得专业资格时，她们很难让上流社会客户如数支付她们的助产费用。[16]现在，西伯特夫人之所以出现在这里，是因为她能力很强，而且受到了热情的推荐。对维克多丽来说，有一位会说她母语的医生在身边，她一定心生安慰。

著名的威尔士医生大卫·丹尼尔·戴维斯（David Daniel Davis）也

① 英国的旧辅币单位，1 英镑等于 20 先令，1 先令等于 12 便士。后于 20 世纪 70 年代被废除。

在场。他写过一本产科教科书，教导读者使用他此时摆开以备不时之需的工具，如“钝钩”，又如“长剪刀”，还有各种“分别用来拔出头部和拔出身体”的工具 —— 这些工具的名字听起来甚是恐怖。[17] 如果西伯特夫人用自然方法不能顺利接生，这些工具就会上场。

尽管有这些经验丰富的医疗人员待命，分娩开始后，爱德华还是越来越焦虑。他甚至没工夫去想王位继承的事，只在乎妻子和孩子的安危。他写道：“孩子的性别不是我能决定的，只要母亲健健康康，无论上帝赐给我们的是儿子还是女儿，我都会永远心存感激。”[18]

不过，32 岁的维克多丽还很年轻力壮。她习惯在宫殿里跑来跑去，一次她在走廊里奔跑，从一位绅士的身后跑过去，“她奔跑时带起的风几乎吹掉他的假发”，可见奔跑速度之快。[19] 爱德华的祈祷应验了。分娩很顺利，只持续了短短 6 个小时。1819 年 5 月 24 日凌晨 4 点 15 分，“一个像山鹑一样胖乎乎的漂亮小公主”降生了。[20] 爱德华后来叫她“五月花”，在他眼中，他的“五月花”完美无瑕，“真真正正是力量和美丽的结合体”。[21]

女儿的安危一旦得到保障，爱德华便开始盘算起她的未来。虽然她此时是王位的第五顺位继承人，但她的父亲有一种奇特的预感，她将来会至关重要。“好好照顾她，”他说，“她会成为英格兰的女王。”[22]

他一心想让女儿得到的王位，其实不像过去几个世纪的那样，那么值得追求。英国君主的地位前所未有地低，光芒也前所未有地暗淡。之所以会如此，部分原因在于爱德华自己，以及其他“沉重的包袱”——他的兄弟们，摄政王也在内。乔治三世从公众视野消失、退隐到温莎堡之前，赢得了广泛的爱戴，每次他的病情似乎好转时，他的子民都会庆贺。然而，对于他的儿子们，情况却大不相同。乔治三世是一个糟糕透顶的父亲，他要么过于严厉，要么漠不关心。他的儿子们长大后，变得懒散而自私，对其子民在英国工业化期间经历的种种痛苦剧变丝毫不感兴趣。同年晚些时候，雪莱将写下《1819 年的英格兰》一诗，咒骂这个深受厌恶的王室家庭及其吸血的王室公爵们。雪莱认为他们是“不见、不觉、不识的统治者，像一条条蚂蟥，叮住羸弱不堪的国家”。

是时候告诉全世界，这个时运不济的王室家庭迎来了新的成员。若干年过后，维克多丽会指出，她女儿出生时还有一个人在场，但未曾被提及。[23]他就是约翰上尉，后来的约翰·康罗伊爵士（Sir John Conroy）。爱德华在军队时，康罗伊是他的副官，离开军队后，康罗伊成为他的管家。康罗伊颧骨凸出，眼睛乌黑，他和维克多丽同岁，是这个家庭的生活中极其重要的人物。也许此刻通报枢密院成员，可以检查新生儿的人就是他。

如果康罗伊真的出现在分娩现场，那时却没有人提起这点。还有一点很奇怪，此刻在出生证明上签名的是 D. D. 戴维斯 —— 那位威尔士医生。可是，没有人点名表扬过他，事实上在场的其他人没人提及过他，因而他给人的感觉像是为了降低雇女医生的风险而找来的后备人员，真正负责接生的是夏洛特·西伯特。

但是，功劳还是记在了戴维斯医生头上。小公主出生后，有数不胜数的说法流传开来：西伯特夫人遇到困难，戴维斯不得已上阵，成功接生。必定是西伯特医生性别的新奇促成了这些流言。[24]然而，实际上，西伯特医生轻而易举就完成了小公主接生，她很快就启程返回德国。3 个月后，她会在科堡为维克多丽的哥哥欧内斯特（Ernest）接生一个小儿子。肯辛顿宫新生儿的这位表弟，将会被命名为阿尔伯特。

接下来的几天里，产后恢复中的维克多丽一定备感自豪，心满意足。她不仅满足了王室对继承人的需要，还达成了她此刻心爱的男人的心愿。

虽然她还躺在爱德华的前任茱莉住过的公寓的餐厅里，但她已经完完全全成为这座肯辛顿宫殿的女主人了。（她很清楚爱德华之前一段关系持续了将近30年，她尽力让她的丈夫“完全相信她尊重他这段关系”。[25]）10年前，乔治三世执意让爱德华将可怜的茱莉赶出肯辛顿宫，一时间宫里议论纷纷，指责茱莉“霸占了80个房间”。[26]

茱莉离开后的10年里，在财政部的资助下，爱德华完成了他的肯辛顿宫皇家公寓的修缮，虽然整个过程越发艰难，令人恼火。乔治三世神志清醒期间，试图控制过他儿子的铺张浪费行径。据说，乔治三世曾下令，只准粉刷房间。然而，爱德华还是忍不住展开越来越精美复杂的装修计划。他根本没有询问或告诉他的父亲，并为自己的行为辩解说：**他曾经是个不孝顺的儿子，以后再不会这样了**；或者他不可能明知会遭到拒绝，还请求国王批准他不会批准的事情。[27]

不管怎样，通过爱德华的不懈努力，靠着他四处借来的钱，他和维克多丽，现在还有他们的女儿，最终生活的肯辛顿宫内部设施现代、装饰优雅。小公主在色彩鲜艳尊贵的公寓里度过了她人生的最初几个星期，那里的颜色有深红色、乳白色、琥珀色、天竺葵色、薄荷绿色、粉红色。客厅则以浅黄色和黑色为主，配套的家具包括一件“非常舒服的带有卷轴式扶手的大沙发”。套间的门框和檐口金碧辉煌。[28]那时的爱德华像是一个矛盾体：他坚持严格的军纪，又主张奢侈享受。

1819年，维克多丽延续她往日的作风，花了超过100英镑为小公主买衣服；不过，这些衣物很可能还包括婴儿洗礼用的袍子，以及婴儿床上用品。[29]爱德华对此毫不介意，因为从来没有哪个父亲像他那么骄傲、宠溺。他发现女儿非常男性化，更像是一个“小赫拉克勒斯，而不像小维纳斯①”。[30]维克多丽一反旧俗，坚持母乳喂养；由于母乳喂养在当时

---

① 赫拉克勒斯，古希腊神话中的大力神。维纳斯，古罗马神话中爱与美的女神。

极其罕见，《泰晤士报》甚至对此做了报道。[31]“大家都很震惊，”她承认道，“但是看到我的小宝贝吮吸别人的乳房，我可受不了。”[32]她对小公主疼爱无比，她告诉每一个愿意倾听的人：“（女儿就是）我的幸福、我的快乐、我的存在。”[33]这件事非比寻常。通常情况下，王子公主们会被抱走，由专业的乳母和仆人抚养成人。母乳喂养会妨碍下次受孕，而贵族夫人不仅要产下继承人，还要尽快生出后备继承人。肯辛顿宫这个小家庭的举动，更像是当代小说中描述的亲密无间、柔情蜜意的家庭。他们不像欧洲王室通常因功利目的而结合的夫妻。肯特公爵夫妇还听从了最新的科学建议，让孩子接种了天花疫苗。这其中可能有西伯特夫人的影响，她在从医早期就获得了接种疫苗的许可证。

爱德华的女儿虽然只在王位继承顺序中排第五，但爱德华可以名正言顺地吹嘘他已经在婴儿赛跑中领先了。他的两个弟弟也在1819年得了孩子，一个就在他之前，另一个在他之后的第三天。但这两位公爵排行比爱德华靠后，所以他们的儿子也排在爱德华的女儿后面。

不过，他们的摄政王长兄不愿意将爱德华看作未来女王的父亲。摄政王认为，毕竟他自己可能会再婚，甚至可能再生一个自己的孩子。因此，他决定杀一杀爱德华的气焰，让他弄清楚自己的位置。

爱德华很想让他的“小女王”随女王伊丽莎白一世（Queen Elizabeth Ⅰ）的名字，毕竟后者是一个好榜样。[34]但小公主名字的最终决定权掌握在摄政王手中。摄政王不仅拒绝让她用伊丽莎白这个名字，甚至连她祖母和外祖母的名字——夏洛特和乔治娜都不行。对于一个无足轻重的孩子，取这些尊贵的名字，似乎有些放肆了。肯辛顿宫的洗礼仪式已经开始了，可没人知道摄政王最终会批准哪个名字。[35]等到仪式进行到需要姓名那一刻，摄政王沉默许久。大家都知道他必须做出最后的选择了。

“亚历山德丽娜。”摄政王一字一顿地说。这个名字会作为对婴儿教父——俄国沙皇亚历山大一世的一种致敬。

但是，有人小声提醒他，小公主不能只有一个名字。

“那再加上她母亲的名字吧。”他不耐烦地说。仪式结束后，他就离开了，没有参加爱德华和维克多丽那晚在肯辛顿宫举行的晚宴。

就这样，几乎漫不经心地，摄政王为这个小女孩取了她德国母亲的名字对应的英文名①，丝毫没预料到，“维多利亚”这个名字将定义一整个时代。[36]

① Victorie 对应的英文名为 Victoria。

3. 湿脚理论

锡德茅斯，1820 年 1 月 23 日

1820 年 1 月，德文郡（Devon）锡德茅斯（Sidmouth）海滨度假胜地，天气冷得出奇。那个月，英格兰的平均气温低至零下。亨伯河口湾（Humber estuary）水面上漂着浮冰，普勒港（Poole Harbour）结了一层厚冰。[1] 在温莎堡中，乔治三世的生命终于快要走到尽头，“他躺在病床上，突然间身体挺得笔直”，引用《李尔王》里的一句话来形容，便是：“可怜的汤姆好冷。”[2]

对于来这里度假的上流社会人士来说，这种寒冷更令人厌恶，他们本以为这里的冬天会比较温和。一般情况下，在锡德茅斯，1 月的阳光会穿透不断拍打着红色悬崖的海浪，抑或抛洒在鹅卵石海滩上。从当地最大的集市出来，没走几步，这个海滩就会不期而至，仿若这个小镇根本没有意识到与大海相距如此之近。1820 年，一个小男孩和两个小女孩常常骑着驴来到这片海滩，他们随家人来这里度假，他们的母亲是一位叫作阿莱西娅·阿林厄姆（Alethea Allingham）的文人，她是小说家弗朗西斯·伯尼（Frances Burney）的朋友。

那个冬天，锡德茅斯镇最火热的传闻就是，肯特公爵夫妇决定携维多利亚公主，南下德文过冬。据阿莱西娅说，“锡德茅斯小镇喜气洋洋，很荣幸”能够接待公主。她自己年幼的女儿们“迫不及待想见见，有朝一日也许会成为英格兰女王的小公主”。[3]

她们的愿望迅速得到了满足，因为这个王室宝宝很快便成了锡德茅斯生活的一部分。爱德华和维克多丽在镇上租了一个临时住所——毛溪小屋（Woolbrook Cottage）。阿林厄姆家的女儿将会在毛溪小屋的门口，等着女仆带 8 个月大的宝宝出门透气。阿莱西娅看到婴儿时，她和她的女儿一样着迷。她将公主形容为一个“皮肤非常白皙，十分可爱的宝宝”，有一双大大的蓝眼睛，嘴巴看起来“可爱而坚定”。

某个阳光明媚的日子，阿林厄姆一家偶遇肯特公爵一家，他们正在“退潮的沙滩”上寻找“有趣的海洋植物”。[4] 当时的画面十分迷人，爱德华和维克多丽“手挽手”，小公主身着“白色天鹅绒兜帽和大衣”，伸着手要她父亲抱她。一贯多愁善感的阿莱西娅后来回忆，小公主仰着“粉嘟嘟的小脸”，爱德华“喜悦地伸出双臂”。阿林厄姆夫妇请求让他们的 3 个孩子逐一亲吻小公主，公爵夫妇答应了（这样随随便便接受陌生人的亲吻，难怪维多利亚很快就会被发现染上了感冒）。

大人们聊起天气，爱德华反对锡德茅斯的气候特别健康这种普遍看法。在阿林厄姆夫妇表达了对德文的喜爱后，爱德华说：“是，没错，不过尽管如此，还是有强风从内陆吹过来，今天就在刮风。”爱德华对这个富有教养的家庭颇为满意，还邀请他们改天去毛溪小屋做客。

因而，几天后阿莱西娅·阿林厄姆和她在军队担任上校的丈夫收到了一张卡片，邀请他们晚 6 点到毛溪小屋共进晚餐。阿林厄姆一家人正欲上马车前往毛溪小屋时，“一名身着公爵仆人制服的马夫驱车上前，手持第二张卡片”。卡片上说，晚餐取消，因为爱德华病了。阿莱西娅回忆道：“我们没想到，任何人都没想到，这个关于他患病的消息第一次预示了即将发生的不幸。”[5]

两个星期过去了，1 月 23 日，爱德华还在为生命苦苦挣扎。毛溪小屋不像是一个与死亡搏斗的场所。这里是摄政时期的理想之地，一所美观舒适的村舍，贵族们能在这里假装过着简朴的乡村生活。毛溪小屋以前叫“国王小屋”，但和王室没有关系，而是因为18世纪70年代，一位来自巴斯的金先生（Mr King）将此地从一个老旧农场改造成带有城堡的哥特式别墅。毛溪小屋的名字也许听起来并不大气，但事实上它是一座供贵族成员度假使用的大型乡村别墅。

这所村舍至今仍在。顺着锡德茅斯沙滩旁的小山谷一路向上，会看到一座被粉刷成白色的迷你城堡，那就是毛溪小屋。这座建筑物共有三层，到1820年，它的表面“爬满了攀缘植物”，夏季时，为其古怪的弯曲游廊洒下荫凉。[6]山谷西边的坡延伸至三楼，这就意味着你既能透过二楼客厅的窗户看到海，也能从东边的落地窗出去，经过“忍冬和蔷薇交织的”游廊，去到门口的草坡上。[7]

整栋房子里就数这间巨大的椭圆形客厅最为漂亮，地上铺了带玫瑰花环图案的地毯。[8]然而，那一年的1月，却见不到蔷薇和忍冬的影踪，房子里一股发霉的味道，而且寒气逼人。维克多丽有一次坦率地说，它是一所“糟糕的小房子，空间小得可怜，保暖性差得不行”。[9]不管她的仆人怎么努力，壁炉根本无法让这栋不够牢固的建筑暖和起来。这座建筑既是城堡，又是度假别墅，建筑结构多少有些华而不实。即使在今天，呼啸的冷风仍会透过它哥特式窗户的那些漂亮但并不实用的尖角窗格的缝隙，钻进屋子里。

爱德华的兄弟们不明白“他怎么会想在严冬离开他舒适的肯辛顿宫公寓”。[10]但仍旧精神矍铄的他并不在意天气是否寒冷。他会自信满满地宣告：“我的兄弟不如我强壮，我生活规律，我会比他们都活得长；王冠会戴在我和我的孩子头上。”[11]

爱德华的“规律”生活其实让他的仆人吃尽了苦头。他的作息时间严格得像钟表。从他极其整洁、字体倾斜的信件中，能看出其性格中爱挑剔的一面。他在信中列出大量指令，要求每件事必须“严格按照字面要求”办理，而且要和其他事“高度连贯”。[12]一个仆人必须整宿不睡，以便“早晨叫醒他，等把更衣室壁炉的火生好后，才能去睡觉”。接着，6点钟时，又一个仆人把咖啡端给爱德华，第三个仆人将托盘收走。由此，不难看出他的生活花销为何增长得这么快。他用铃铛系统操控这些仆人，他最常召唤的5个仆人，每人听命于不同声音的铃铛。在那时的人们看来，这个系统巧妙无比，后来甚至被财政部采用。[13]

爱德华和维克多丽来锡德茅斯，是为了享受这里的温暖天气和养生海水浴场。[14]锡德茅斯的旅游旺季在夏季，正如一本旅游手册所说，“洗海水浴的风尚广受吹捧”。这里的居民虽然不足3000人，可人口会随季节而增长：8月时，这里可能会多出300人，这些游客都来自体面家庭。[15]不过，爱德华选择到锡德茅斯度假的真正原因是他的债务。他雇了一名来自埃克塞特市（Exeter）①的律师，帮他找一处淡季时低价出租的体面房子。[16]

毛溪小屋除了冷，还太小了。这里装不下肯特公爵一家众多的随行仆人，他们必须住在小镇其他地方。公爵一家的到来让锡德茅斯的店主乐坏了。婚后一年半以来，爱德华用借来的钱，给维克多丽买了一个接一个的礼物：钢琴、珠宝、女帽、平纹细布、香水、蕾丝。[17]当地的商人现在排着队为他们提供服务。约翰·泰勒——锡德茅斯的一名鞋匠，荣幸地被选中，为维多利亚制作第一双鞋。结果他做了三双，都是4英寸长，一双给婴儿穿，一双他自己留着，剩下的一双他拿给镇上的一个陶工，按其样子做成陶瓷纪念品出售。到一定时候，维多利亚女王会成

① 在锡德茅斯附近，同属于德文郡。

为商业化程度前所未有的一位君主，这一过程已经开始。

尽管天气寒冷，爱德华认为，女儿成长得很好。她 6 个月时断奶，8 个月时已经长成 1 岁婴孩的个头，而且“毫不费力地”冒出两颗乳牙。[18] 爱德华写道：“我的小公主健康强壮；也许对我家里那些将她视作妨碍的人来说，她**太健康**了。”[19] 他是在暗示，他的弟弟们输了婴儿赛跑，可能对他的女儿怀恨在心。如果维多利亚不幸夭折，他们自己儿子的王位继承排名就会前移。

不过，维克多丽比爱德华更有育儿经验。她对婴儿的观察更加仔细，她发现维多利亚“总不消停”，而且喉咙发炎了。她“开始显露出任性的征兆”。[20] 维克多丽觉得她的“小赫拉克勒斯”比她前两个孩子更难养。她坦言：“这个小家伙让我处处操心，就像她是我的第一个孩子，我真傻……我亲爱的小宝贝完全让我脱离了正常的生活方式。”[21] 对维克多丽来说，在锡德茅斯度过的时光“相当沉闷”。[22]

接着，维克多丽自己的女儿费奥多拉也生病了，她现年 12 岁。然而，两个女儿相继生病只是后续一切状况的序曲。1 月 7 日，爱德华出门，和他的朋友兼亲信约翰·康罗伊在雨中散步。康罗伊和爱德华一样，身高 6 英尺①，1816 年他因为“分歧”被迫离开军队，做他前任指挥官的“主管”。[23] 到现在，他已经成为肯特公爵家不可或缺的一员，他们无法想象，没了他该如何生活。

传闻说，爱德华在雨中漫步回来后，没有换掉他湿透的鞋袜：“他被女儿的笑容吸引，很不幸，拖延到换礼服吃晚餐时才换。”[24] 所以，根据这种说法，他对女儿的疼爱造成了他后来的染病。这种推理听起来完美无瑕，可爱德华自己却不喜欢这个湿袜理论。他将自己身体出问题追溯

---

① 1 英尺 =30.48 厘米，6 英尺约 183 厘米。

到他们抵达锡德茅斯那天，他认为饮用水里的某种东西“开始让他闹肚子”。[25] 那时还没有人懂得细菌或病毒理论，大家普遍认为饮用的水或呼吸的空气是病邪侵入人体的途径。真正造成爱德华染病的是肺炎病毒，感染这种病毒的结果是，“肺部出现急性炎症，很快危及生命”。[26]

但是，爱德华却不肯将他的“感冒”太当回事。他决意不理会生病的事实，让康罗伊上尉邀请客人参加派对。[27] 他甚至想在“凛冽寒风”中泡个海水浴，但被妻子劝阻下来。[28] 他还不肯服用当地医生开的药。[29] 这些药包括催泻的甘汞，因为含汞，所以非常危险；其中还掺有“罗伯特·詹姆士（Robert James）医生的发热粉”，含另一种毒性物质锑。[30] 几天后，爱德华呼吸困难，不得不卧床养病。1 月 12 日，星期三，维克多丽将他的床移到一间更暖和的房间。1 月 15 日，星期六，他身上开始出水泡。

现在，在这所“建造不良、非常不适合养病”的房子里，真正的焦虑开始了。维克多丽写道：“噢，尽管医生一再让我放心，我还是极其焦虑难安。”[31] 费奥多拉后来想起她母亲当时的手足无措，说：“我对锡德茅斯的那段痛苦时光记忆犹新，还能想起自己跪在地上祷告的样子。”[32] 天气变得非常糟糕——“冷得几乎承受不了”，而且当地没有值得信赖的医生。

处理水泡要先将水泡弄破，再将加热后的杯子罩在患者皮肤的创口上，这样等杯子冷却后，内部的气体会收缩，从而吸出水泡中的血水。实际上，吸出血水反而加剧了爱德华的病情。康罗伊向伦敦发送紧急信件，让已故的夏洛特王后的医生威廉·马顿（William Maton）赶紧来锡德茅斯。这个选择很糟糕，因为马顿不会说法语或德语，而维克多丽的英语还不流利。她不想让丈夫接受水泡处理或者放血疗法，却无法让马顿理解自己的意思。维克多丽称：“他们折磨了他将近 4 个小时，我生气极了。”[33]

1月19日，星期三，马顿医生下令，分两次从爱德华身上放6品脱①的血液。爱德华在得知要再放一次血时，掉下了眼泪。

维克多丽凭直觉知道这些疗法没什么用，可还是得眼睁睁地看着她的丈夫接受这些疗法，着实令人同情。她不得不扶他下床，当他晕倒、呕吐时，她害怕极了。维克多丽在1月20日写道：“他身上几乎没有一寸肌肤没有拔罐、水泡、放血的痕迹。”她接着写道：“我很难想象当病人已经如此虚弱时，放这么多血会对他有好处。昨天那些残忍的医生又折磨了他一番，结束后他筋疲力尽。”[34]

到1月22日，星期六，维克多丽的弟弟利奥波德和他的顾问斯托克马男爵（Baron Stockmar），因为爱德华的病情，专程赶到锡德茅斯。斯托克马受过专业的医学训练，他检查了爱德华的脉搏后，立即知道他时日不多了：他“喉咙发出咯咯的声音，没希望了”。[35]

爱德华回光返照期间，他们试图让他在遗嘱上签名。这份遗嘱会将维克多丽置于异乎寻常甚至令人震惊的处境之中。因为她丈夫会在遗嘱中将一切都留给她。但实际上，她什么也得不到，正如爱德华的一个妹妹哀叹的：“爱德华在这世界上除了债务，什么也没有。”[36]不过，这份遗嘱也将在维克多丽成为孀妇后，为她留下一笔无形却至关重要的财产：培养和教育王位继承人的责任。爱德华写道：“在此，我指派、委托并任命我深爱的妻子肯特公爵夫人维克多丽，为我们的爱女实际上的唯一监护人。”[37]

事情之所以会有如此惊人的进展，部分原因在于爱德华的长兄摄政王对此事的厌恶和不感兴趣，摄政王已进入生命的最后阶段，忙于和自

① 1品脱≈0.568升，6品脱≈3.4升。

己的心魔搏斗。其实，他在爱德华去世后，曾写信要求成为其侄女的监护人，不过那封信来得太晚了。另一部分原因在于维克多丽务实有为的弟弟，维克多丽叫他“善良好心的利奥波德”。利奥波德一到锡德茅斯，就开始为他姐姐的娘家科堡家族索求权益，不惜以牺牲爱德华的汉诺威家族的权益为代价。利奥波德自己虽然无望登上英国王座，但他还能利用他姐姐的位置，对英国王座施加影响。

起草那份遗嘱的人，很可能是利奥波德的得力助手斯托克马男爵。[38]虽然维克多丽担心爱德华没力气签名，但是他在聆听了遗嘱被大声宣读两遍后，调动了所有的体力。斯托克马后来回忆说：“他艰难地在遗嘱下方写上‘爱德华’，仔细查看每一个笔画，询问签名是否清晰易读。然后，他往后一歪，靠在了身后的枕头上，看起来筋疲力尽。”[39]

这份遗嘱会让维克多丽的处境比她一直设想的要更有利。其实，君主有权，也有义务掌控他的继承人及其教育。也就在几代前，乔治一世曾将他的孙女从其父母身边接走，不让他们继续照顾，因为他们之间出现了矛盾。维克多丽现在肩负着重大的责任。为了履行这一责任，她必须具备无尽的力量。可是，她心里却没底，从来没有人鼓励过她相信自己的能力。

1月23日，那个黑色星期天终于到来。清晨时分，维多利亚的父亲奄奄一息。在他临终前，一个站在“他病榻的窗帘旁”的人听见他“饱含深情”地说：“愿上帝保佑我的妻女，原谅我所犯下的种种罪过。”根据记载，爱德华最后对维克多丽说的话是：“别忘了我。”[40]10点钟，“在1月微弱的晨光中”，“老教区教堂传来阵阵钟声，宣告公爵已经逝去，村民得知此消息，沉浸在一片哀痛之中”。[41]

他的妻子还握着他的手。在他生病期间，所有药都是维克多丽服侍他吃的，她已经5天没换衣服了，也连续5晚没好好睡觉了，只在爱德华床头的小沙发上稍稍休息过。“她很爱可怜的爱德华，”一个熟识这对夫妇的人写道，“他们能遇到彼此，实属幸运。”[42] 维克多丽的长女费奥多拉则写道：“我们亲爱的妈妈深受打击。”

不过，为了小公主，维克多丽尽可能不让自己“过多受悲伤情绪影响”。[43] 还有事情等着她。虽然爱德华的灵魂已经离开毛溪小屋，可他的遗体还在那里，现在必须进行防腐处理，然后庄严地安置在玫瑰花环装饰过的客厅中。当地居民鱼贯而入，经过站在门口，各自手持一面黑旗的两个人，进入客厅，瞻仰遗容。只要着装得体，任何人都能进去表达敬意，最后来的人太多了，只好一个门进，另一个门出。一名来自邻镇索尔科姆的年轻女孩写道，人们都去了，看到客厅里挂着黑布，只有蜡烛散发的光亮，蜡烛比这辈子见过的都要大，插在高高的烛台上。[44] 灵台上搁有一只大瓮，其中装着爱德华的心脏和其他内脏，还停着巨大的棺椁。为了盛下他的大高个儿，专门定制了一口长 7.5 英尺的棺木，算上上面“沉甸甸的天鹅绒棺罩”，重量超过 1 吨。[45]

爱德华的停灵时间比大家预期的都要长，整整两个星期后才出殡。1820 年 2 月 7 日，他的遗体随浩浩荡荡的送殡队伍被运往温莎。[46] 之所以拖了这么久，是因为就在爱德华去世的一周后，乔治三世在遭受漫长的疾病折磨后，终于驾崩了。这就意味着在短短 7 天内，维多利亚离王位又近了两步。现在她和王位之间只隔着三条命 —— 乔治四世、克拉伦斯公爵和他刚满两个月的孩子。

爱德华的遗嘱将他的女儿全权托付给了维克多丽，但也为她留下了一个不利的遗产。他在临终前恳求维克多丽不要忘记他，她当然不会。不过，他还建议她信任他的朋友兼仆人约翰·康罗伊。现在，这位长相特别的黑发前陆军上尉发现，自己成了无依无靠、备受孤立的公爵遗孀所倚仗和信任的仆人，因此他几乎拥有无限的揽权和向上爬的机会。

康罗伊在维克多丽“人生的危急时分”立即派上了用场，他帮她在顾资银行又借了一笔钱。[47]维克多丽认为，他有很强的“行动力和能力”，而“善良好心的利奥波德理解和决断的速度都相当慢”。[48]她身无分文，甚至不确定摄政王——事实上现在是刚登基的新王乔治四世——是否允许她回到肯辛顿宫。尽管“天寒地冻，阴雨绵绵”，康罗伊和利奥波德还是将她护送回伦敦，并且“警觉地照看着可怜的小公主”。[49]

在短短一年半的时间里，维克多丽失去了她在阿莫巴赫的平静生活，失去了她的丈夫，并且失去了她在异国他乡安稳生活的所有希望。她坦言，自己的脑子一片混乱，几乎无法思考，唯一的安慰就是“可亲可爱的小维琪（Vickelchen）”。[50]

不过，爱德华还为他的家人留下了与债务和可疑的康罗伊上尉的辅助相比，意义更为重大的东西。尽管爱德华终生失意，一事无成，大半辈子被放逐海外，但他从茱莉那里懂得了一种健康浪漫的关系是什么样的，并且在他和维克多丽的关系上得以实践。他对维克多丽的爱将永远影响着她，让她像一头狮子一样，争取和女儿保持亲近，即使这种努力危险重重。她本可以回到阿莫巴赫，正如英国王室和政府现在所希望的那样。她本可以将小公主留给不太情愿的乔治四世抚养。但是，她选择留下来，在这个她“几乎不会说其语言”的国家“无依无靠地支撑着，几乎没有一个朋友，也没有人认识她”。[51]

于是，维多利亚在成长过程中，身边将环绕着对她和她的未来抱有强烈期许的人。从他们身上，她将学会如何建立一个家庭、如何去爱，而这些课程对一个国王或女王来说，极其困难。这一机缘，最终会拯救英国的君主制。

4. “我会好好做人”

肯辛顿宫，1830 年 3 月 11 日

她的老师递给她一本书。书中夹着一张折叠的英国国王世袭图。维多利亚，身着白色连衣裙，戴着珊瑚项链，长着一头漂亮的浅棕色头发，下唇厚厚的，总是微微张着嘴，除非她想起要保持双唇合拢。她快满 11 岁了。一直以来，她身边的人都瞒着她，不让她知道自己在王位继承中所处的位置。现在看着这张图，她知道了。她的伯父乔治四世国王病重，已经时日不多。接下来，谁会登上王位？

接下来发生的一幕，是维多利亚一生中最著名也是最富戏剧性的场景之一。她安坐在肯辛顿宫她的红木书桌旁，研究那张图，细细思考，她知道答案了。她的大伯父乔治驾崩后，在世的伯父中年龄最大的三伯父威廉会继承王位。威廉死后，她自己必须登基成为女王。

“原来我比我想象的离王位更近，”据说维多利亚是这样回应的，“我会好好做人！”

这句话将成为维多利亚在儿时发表的最出名的言论，其振奋人心的话语背后，还透露出一种责任和义务感：必须学好法语，也必须迎接统治自己国家的挑战。

但这一幕真的发生过吗？

至少有一个细节与所有资料相符：故事发生在肯辛顿宫。众多皇家宫

殿中，就数肯辛顿宫最不热闹，也最宁静。肯辛顿宫是“喝茶的地方”，而相较之下，温莎堡是“接待君主的地方”，白金汉宫（Buckingham Palace）是“时尚出没的地方”。维多利亚是在肯辛顿宫度过的童年时代，“在花园静静散步的人认为，宫殿的窗户不会飘出比‘移动茶具’或弹钢琴更喧闹的声音”。[1]

然而，紧闭的大门后，肯辛顿宫的氛围远没有那么平和。维多利亚后来会认为，这里不是宫殿，而是监狱。她成长在花园深处，与世隔绝。她的监护人故意保护她，使她免受将来的臣民和乔治四世时代声名狼藉的上流社会贪恋的目光窥伺。她生活舒适，营养充足，有玩具相陪。但是，她也承受着相当大的心理压力。在她身边，围绕着一个紧密的小圈子，他们的宠爱让她时常喘不过气来。

后来，维多利亚承认，她在孩提时代被惯坏了，“基本上每个人都纵容着她”。“每个人”包括她母亲忠诚的侍女——斯帕思男爵夫人（Späth），她自维克多丽第一次结婚以来，就一直侍奉在其左右；维多利亚的保姆布罗克夫人（Brock），即“亲爱的波比（Boppy）”；还有一位路易斯夫人（Mrs Louis），是负责她穿衣打扮的长者。她们全都“无比宠溺这位没了父亲的可怜孩子”。[2]斯帕思男爵夫人的宠爱甚至演变成了“一种偶像崇拜”，“她常常跪在”她照顾的孩子面前。[3]

儿时的维多利亚长着一张典型的汉诺威脸孔，蓝色的眼睛微微凸出，这些侍女看出“她的长相和她的公爵父亲惊人地相似”。[4]小公主年幼丧父，她们无法狠下心来责罚她。维多利亚已经和她同母异父的姐姐很亲近了，可毕竟费奥多拉比她大 11 岁。她缺少的是一个和她年纪相仿、能够笑话她的玩伴。一个后来很了解她的人说：“你必须一直铭记一件事。”这就是她从未有过同年龄的伙伴，能“让她停止胡闹”。[5]在波比和斯帕思的纵容下，维多利亚正形成一种自私的个性。

乔纳娜·克拉拉·路易斯·莱纯（Johanna Clara Louise Lehzen）的到来，缓解了这种谄媚的高压环境。她1819年来到肯辛顿宫，做费奥多拉的家庭教师。5年后，维多利亚长大了，也需要家庭教师。利奥波德亲王仍在资助他姐姐的家庭，他决定让莱纯做这份工作。尽管他没住在肯辛顿宫，却在那里拥有重大影响力。维克多丽结婚时，经议会投票决定，她一年的生活费为6000英镑。而利奥波德和已故的夏洛特公主的短暂婚姻结束后，议会却极其慷慨地决定，每年拨给他50000英镑生活费。王室大家庭认为，利奥波德完全有能力承担他妹妹和侄女的部分生活花销。然而，为了让利奥波德承受经济负担，王室也牺牲了他们对维多利亚的许多权力。因为是利奥波德付账单，维多利亚几乎成为她亲爱的“利奥波德舅父”的财产和傀儡。

利奥波德选择莱纯担此重任，部分原因在于，康罗伊上尉几乎控制了肯辛顿宫的一切事务，利奥波德不信任他，认为莱纯能对康罗伊形成一定的制约。被王室家庭称作“莱纯”的这位家庭女教师，为人严肃认真，眼睛和头发的颜色都比较深，长得像“意大利人”，消化功能不好。[6] 她说过，她“不知道肚子饿是什么感觉”——后来这为她的学生带来了麻烦——她这辈子只“喜欢吃土豆”。[7] 她患有偏头痛，有些人误以为是酗酒造成的。因为家庭惨遭变故，莱纯不得已出来做家庭教师。她是汉诺威一位牧师最小的女儿。她很小的时候，母亲就去世了；她有3个姐姐，但都未满20岁就去世了。莱纯出身卑贱，不能与贵族和侍臣同桌进餐，为了解决这一礼仪问题，她最终受封为男爵夫人。[8]

做维多利亚的家庭教师需要自律和无私奉献，这两点莱纯都具备。但利奥波德通过维克多丽提议她做这份工作后，她经过了非常细致的考虑，方才接受。莱纯后来回忆起这次面谈：“我沉默了一会儿，然后说，我之前常常想，负责教育一位公主一定会遭遇各种各样的困难。”[9] 莱纯在答应接受这份工作前，提出了一个条件：维多利亚和任何外人见面时，她都要在场，这样她才能对维多利亚起最重要的影响。虽然维多利亚很少见宫外的人，但这并不代表她独处的时间很多。在成长过程中，她的方方面面都时刻受到密切关注。后来，维多利亚声称："我在成年之前，从来没有自己的房间，我一直住在我母亲的房间。"[10]维多利亚曾告诉她的一个孩子，如果身边没人，她甚至都不能自己走下楼梯，唯恐会摔倒。[11]即使是在肯辛顿花园散步，这位年轻的公主也感到有人一直看着她……看她表现好不好。[12]

莱纯之前就住在肯辛顿宫，所以她一定很清楚，她的学生会很难管教。此时，在这个小女孩身上已经能看出汉诺威王朝著名的火暴脾气：大家称她为"穿着衬裙的乔治王"。[13]"公主阁下做错事，难道不会觉得不开心吗？"一位老师曾经问她。"不会啊。"维多利亚回答。[14]她的母亲维克多丽还很难接受这一变化。她承认，小女儿有时快让她感到绝望。[15]

但体贴却不失严格的莱纯性格坚强，在维多利亚耍小性子时，能约束得住她。平日早上，"莱纯温柔地将她从床上抱起来，放在厚厚的地毯上坐着，这时她必须自己穿长袜"。维多利亚会喃喃自语："可怜的维基，她真不开心！她根本不知道哪只是左脚的袜子，哪只是右脚的！"[16]维多利亚通常身着白色、粉色或浅蓝色服饰，体面又漂亮。她从 6 岁就开始穿塑形的紧身褡，可能是适合孩子穿的，比较柔软且没有骨架支撑的那种。[17]

后来，维多利亚回忆起往事时，确信她在肯辛顿宫度过的童年阴郁凄凉，另一个在那儿居住的人确实曾称肯辛顿宫为"穷困破落的王室家庭的疗养院"。[18]虽然童年的维多利亚远不像伦敦许多真正穷困潦倒的孩子那样缺衣少食，但肯辛顿宫确实运转得不顺畅。她父亲的经济问题仍然困扰着这个家庭，奢侈物件的购买受到严格限制。"我从来没有沙发或一张舒服的椅子可以坐，”维多利亚声称，“没有哪一块地板不是破的。”[19]“维多利亚女王最初躺的那张婴儿床”是从邦德街（Bond Street）的弗朗西斯先生那儿购入的，可一直没付钱。直到维多利亚 18 岁，制作者还在抱怨没收到钱。[20]不过，根据维克多丽的描述，也有源源不断的小件奢侈品流入肯辛顿宫：福特纳姆和玛森（Fortnum & Mason）的蜂蜜、约西亚·威基伍德（Josiah Wedgewood）的瓷器、一台银色的松饼烤面包机。[21]

维多利亚的饮食相当奇怪，既奢华又粗鄙。据她回忆，她吃的“面包和牛奶，被装在一个小银钵中，端上桌来”，“只有在特殊的场合才能用茶”。[22]“公主只吃清淡的烤羊肉。”康罗伊上尉说。他想让别人夸赞他的家庭管理方式节俭又健康。[23]一有机会，维多利亚就会大吃一顿。她很喜欢新鲜水果。只要有桃子、醋栗、葡萄、樱桃、苹果、梨，她就会大吃特吃。[24]事实上，对她的饮食施加的严格控制，种下了不正常饮食模式的种子。维多利亚年幼时，写过一个故事，女主人公是一个“任性的女孩”，她非常“顽皮、贪婪、不听话”，可却能设法逃脱惩罚。更妙的是，在故事中，她的顽劣行为还会让她获得“奖励”，得到许许多多的蜜饯。[25]维多利亚用这个故事来实现她的愿望。

维克多丽十分密切而小心地看管着维多利亚，因为她担心乔治四世不顾她亡夫的遗嘱，随时会将女儿接走，不再让她照顾。这种担心并非无缘无故。以往的国王往往自行安排他们继承人的教育，而在王室中，先例就是一切。乔治四世对维克多丽相当厌恶，他动不动就说“要将她的孩子从她身边带走”。[26]

维克多丽孤身一人，一直没走出失去爱人的悲恸，却要应对累累债务和种种责任，以致她逻辑不足，对人品的判断容易出现失误。不过，好在她很有魅力，待人温暖，而且显然对孩子们很疼爱。有人这样评价她："虽然她没什么脑子，但温柔善良，非常讨人喜欢。"[27] 尽管她逐渐学会了第二祖国的语言，可还是会对客人道歉说："英语不够好，无法用它交谈。"[28] 这是她对康罗伊上尉依赖得如此强烈的原因之一。

维克多丽的文字从来不像母语人士那么地道，可以想象，她说的话也如此。那么，她是否用德语与女儿交谈？德国汉诺威王国的人在英国不受待见，因此后来维多利亚对此坚决否认。她斩钉截铁地说："从来不用德语……不允许用。"[29] 可是，她的课程表确实显示，她一周有两次正式的德语课。[30] 而且，毫无疑问的是，维多利亚的母亲、莱纯和斯帕思的德语口音确实影响了她的英语口音。戴维斯先生（George Davys）是肯辛顿宫请来在莱纯的课程基础上补充更正式课程的老师，他回忆说，起初，"她分不清'v'和'w'这两个音，把 much 发成 muts"①。[31]

虽然根据维多利亚的描述，肯辛顿宫的银器失去光泽、地毯破旧不堪、椅子很不舒服，但她有很多玩具，特别是娃娃。她对她的娃娃"情谊深厚"，"一直和它们一起玩，直到她 14 岁"。她没有真正的小女孩可以交朋友，于是将这些娃娃当作她的朋友。"她是**独生**女，"她写道，"除了偶尔有其他孩子来访，她总是**独自一个人**，没有伙伴。"[32]

除了这些娃娃，维多利亚还有一座十分精美的娃娃屋。她在 8 岁生日时，收到了一些娃娃屋装饰物件，其中有"一个非常小的瓜形银茶壶，壶嘴非常短"，上边有"V"字标记。[33] 这以及其他证据皆表明，她在童年时代就常被叫作"维多利亚"，她的第二个名字，而不是像普遍认为的那样被称为"德丽娜"（Drina），她第一个名字的简称。那些娃娃除了用于培养制作服装的技能，还有其他的教育意义。它们提供了一种宫廷生活的训练，这是离群索居的维多利亚一直未能体验到的。我们得知："一

---

① 将 /tʃ/ 发成 /ts/，二者都是齿龈塞擦音。

块长长的木板上，满是楔子，娃娃们的脚被装在上面，她在这块板子上排练了宫廷接待、颁奖仪式，举行了客厅活动和接见活动。”[34]即便如此，维多利亚社交经验的有限还是会让她在公众场合变得羞怯。在一生中，她有时会在交谈中失去信心，让对话“以她陷入羞怯的方式”偃旗息鼓。[35]

莱纯不仅帮忙缝制娃娃的服装，还为了“能训练一位潜在的未来女王”这份特殊待遇，而牺牲了自己的私人生活和朋友。她甚至不肯记日记，因为这一行为可能被视为不够慎重。反过来，维多利亚“对她产生了非常强烈的尊重，甚至可以说是敬畏”，而且“对她怀有最深切的感情”。维多利亚后来声称，足足13年，她的家庭教师“一次也没离开过她的左右”。[36]这样说并不完全准确，比如，1831年5月，莱纯去了巴黎度假。但确定无疑的一点是，她的付出得到了奖励，她的学生对她充满了敬爱。

听到自己的女儿开始说：“我天使般的亲爱的妈妈，莱纯，我是那么爱她！”[37]维克多丽一定非常难受。但是，维克多丽和维多利亚的关系逐渐冷淡下来，主要是因为维多利亚受舅舅利奥波德和老师莱纯的影响，也开始不信任康罗伊上尉。“我在长大的过程中完全孤身一人。”维多利亚后来宣称。[38]严格意义上讲，事实并非如此；只是她**感觉**自己孤身一人罢了。实际上，她身边一直有仆人照顾，后来还有康罗伊的家人。康罗伊的妻子是肯辛顿宫的常客，他的女儿简和另一个叫维克多丽的女孩被批准成为维多利亚的玩伴。她和她们一起拼一种叫作“分割版画”的初级拼图，用卡片搭建小屋，打扮成“修女”或“土耳其人”，或者骑一匹名为伊莎贝尔的小马。[39]这样看来，她的生活并没有那么孤独。她所经历的孤独，其实源于她身边的亲信都是别人为她挑选的。

至于康罗伊，他已经完全取得了维克多丽的信任。他善于利用她的缺乏自信，这点显而易见。她向他坦言："你总是、经常、一而再，再而三地这么说，我听了很受伤，不过很可惜，这也是实话，我难以胜任我的位置，是的，我没法胜任——我不过是只衰老蠢笨的呆头鹅。"[40] 康罗伊任命了一个相当可疑的职员支付肯辛顿宫的账单，维克多丽为此颇为忧心。她后来坦言"她害怕他——担心他是个骗子"。[41] 康罗伊对维克多丽的含糊其词、不知所谓深感困惑和恼火。他说："公爵夫人生活在云里雾里，因此跟她打交道很麻烦。"[42]

然而，这位迷糊的公爵夫人却在与康罗伊家庭的紧密关系中，找到了一个能够获取情感支持的位置。曾经，年轻的伊丽莎白一世缺少传统的家庭生活，于是她决定抛弃这种需要。年轻的维多利亚女王也没有传统的家庭生活，可她却被迫观看可恶的康罗伊家庭在她周围上演幸福的家庭生活。他们对彼此的喜爱清晰可见，却完全无法为维多利亚所触及。在以后的人生中，她会设法为自己复制一个如此亲密的家庭。

与"云里雾里"的维克多丽以及诡计多端的康罗伊上尉不同，莱纯有着清晰无比的是非观。"我崇拜她，但也害怕她。"维多利亚回忆道。[43] 莱纯会说"她能原谅女王**邪恶**（wickedness）"，但不能原谅"**软弱**（weakness）"。[44] 莱纯用她"非凡的判断力和更加非凡的精神力量"，教会了维多利亚一件她日后非常擅长的事情：在"别人做错了"的时候，直言不讳地告诉他们。[45]

维多利亚和莱纯甚至开始采取一种被称为"良好行为手册"的道德监督办法。这是一本从1831年开始的日志，记录了维多利亚的言谈举止，包含大量顺从和叛逆的记录。维多利亚会经常承认自己犯过的各种罪过，对它们的评价从"非常自私""非常无礼"，到"非常非常非常非常顽劣！！！"。这种每天对其生活的任务性记录最终成为一种了不起的习惯，她将在一生中写上百万字的日记。当时，英国教会内部出现福音派潮流，要求信徒坦白自己的罪行，在某种程度上促成了这一日记工程。另外，维多利亚一再被告知，她将承担特殊的命运，她的人生值得纪念。后来，她会形成做自己人生的历史学家的想法，她将衣橱中重要的礼服保留下来，并且强迫性地拍摄并收集照片。再后来，甚至她宫殿里某些房间的家具也会保持不变，成为纪念往昔的神龛。最终，肯辛顿宫本身，这个“良好行为手册”最初开始记录的地方，会在维多利亚的命令下，向游客敞开大门。她的子民会得到她的允许，参观她出生的地方，并在心中判断她以前的生活是否幸福。

莱纯给维多利亚的阅读材料中包括埃奇沃思小姐（Maria Edgeworth）的《写给年轻人的道德故事》（*Moral Tales for Young People*）。这些故事所呈现的世界非善即恶、非黑即白，维多利亚将保持这种人生观。埃奇沃思写这些故事的目的，是培养孩子们独立解决道德难题的能力。然而，她的故事也清晰表明了社会的等级性。比如在“坏家庭女老师”（The Bad Governess）这一故事中，主人公小女孩“难以认同一个人仅仅因为碰巧地位和等级低下，就应该被忽视或受到傲慢无礼的对待”。[46] 维多利亚在莱纯的教育下，学会尊重仆人，但也深信他们没自己重要。

埃奇沃思小姐笔下的世界色彩单一且过于夸张，可却适合艰难时世。当维多利亚远离宫廷，安全无虞地在肯辛顿花园的树林深处长大时，她伯父乔治四世的政权却风雨飘摇、危在旦夕。长寿的乔治三世深受爱戴，也提升了臣民对君主制的好感。可他的儿子却没那么受欢迎。政客们开始察觉到，反对君主制的情绪越来越高涨，这种反君主制的观点认为英国君主制即将消亡，越来越多的证据表明，“有必要对统治国家的模式进行某种不确定的改变”。[47] 也就是说，维多利亚的伯父们已失去民心，再加上工业化带来的巨大变化，也许会引发革命。

维多利亚肩上“拯救”君主制的压力因此加重。肯辛顿宫的一名访客发现她是“一位天生的公主”，毫不矫揉造作，代表了一种令人期待的新开始。这位夫人总结道：“我寄希望于她能让我们免受民主的浩劫，因为当她长大，出现在公众视野里时，她不可能不受到爱戴。”[48]但王室家庭却不以为然，他们的救赎不可能系于一个丫头片子身上。她的一个堂亲讥讽道：“老天啊！一个女人坐上王位，统治如此伟大的国家——多么荒谬啊！”[49]此外，维多利亚的性别还存在一个问题。英国和德国汉诺威王国在18世纪皆由同一国王统治，而德国的法律不允许女性继承汉诺威王位。维多利亚登基为王后，汉诺威将与英国分离，君主的领地分崩离析。

1823年，维多利亚快满4岁时，在一位名为乔治·戴维斯（George Davys）的神职人员的指导下，开始正式上课。她一点儿都不刻苦。她后来回忆道：“我不喜欢学习，5岁前让每一个试图教我字母的老师伤透了脑筋。”[50]维克多丽为女儿的任何不良行为，提前向戴维斯先生致歉：“我担心你会觉得我的小女儿非常倔强，但是家里的侍女会把她惯坏的。”[51]对于戴维斯先生的悉心教导，维多利亚却报以深深的厌恶，认为他总是“气冲冲的”。[52]不过，他确实像是一个无趣之人。他为村民写过老气横秋的布道书，还发表过一篇阐述节俭重要性的文章。正如他的讣告所写：“他的人生理想不是做一个伟人，而是做一个好人。”[53]

不管怎样，戴维斯先生制定了一个日常课程时间表，以及一份客座教师的名单。一般来说，维多利亚的学习时间是上午两个小时，下午一个小时。有课的时候，她上午8点整和她的母亲一起用早餐，早餐食物有面包、牛奶和水果。然后，她骑着自己的小驴在肯辛顿宫的花园溜一圈，接着去上课。中午时分，吃一顿非常简单的午餐。下午的课上完后，她和母亲一起回家，晚上7点钟再吃一些“面包和牛奶”当晚餐，9点上床睡觉，“她的法式小床，上面悬挂着漂亮的印花棉布帷幔，就摆放在她母亲的床旁边”。[54]

每逢周六，她要向戴维斯先生复述一周所学内容。她的课程主要是艺术类科目，而不像男学生那样主要学古代语言。她用大部分时间学习音乐、绘画（她擅长的科目）、舞蹈、历史、诗歌、宗教、法语和德语。这是贵族小姐接受的标准教育，为她们进入社交圈和结婚做准备。据她的老师报告，她的拼写“马马虎虎”，但其他多数科目都还“不错”，法语“非常出色”。[55] 这种课程安排对于未来的君主来说非常轻松，不过她的家庭在知识方面没什么要求。正如后来维多利亚的一位首相所说，“老戴维斯在任教期间向她灌输了一些拉丁文”，但“她的其余智慧，归功于她自己天生聪颖”。[56]

这意味着在维多利亚的处境中，存在一种根本性的矛盾。正如历史学家斯坦利·温特劳布（Stanley Weintraub）指出的，她显然从出生起就地位尊贵，身边的人竭力为她争取特权。然而，与此同时，她接受的却是“虔奉宗教的老姑娘和谨慎小心的神职人员”提供的教育，她被教导要行为端庄，生活简朴。[57] 一个熟识成年女王的人写道：“她很早就被灌输了一种观念——聪明才智是男人的天地，女性最好不要侵入。”[58] 她很特别，却必须假装平庸。我认为，这种奇怪的矛盾在后来成了她的统治取得惊人成功的关键因素。

1830 年年初，维多利亚 10 岁的时候，乔治四世命数已尽。他严重肥胖，双眼失明，对鸦片酊上瘾，终日躲在温莎堡中。莱纯对她 10 岁出头，她称其为“我的公主”的学生给出了一段描述：“我的公主个头不高，但是长相非常标致，她有着一双深蓝色的眼睛，嘴巴虽然不够小巧，却散发着一种善良随和的气质，牙齿非常漂亮，身材虽然矮小却十分优雅，脚非常小。”[59] 穿着时兴的带有丝带装饰的精致浅口平底鞋，维多利亚的双足纤巧美丽。15 岁时，她的脚只有 21.3 厘米长，也就是现在的英国码 2 码。[60]

乔治四世很快就会驾崩，很明显，目前已经到了不得不将维多利亚处境的真相告知她的时候。克拉伦斯公爵威廉和他的妻子阿德莱德（邱宫双重婚礼的其中一对）将接替王位，但是他们的 4 个孩子不幸早逝，这就意味着当威廉登上王位时，维多利亚将成为他的假定继承人。她需要知道这点。

至于她如何得知自己未来命运的，莱纯和戴维斯先生给出了不同的说法，但真相大白的那一天最有可能是 1830 年 3 月 11 日。[61] 他们私心里都想占有向这个小女孩宣告其命运的荣誉，因此各执一词。

戴维斯先生后来告诉他的儿子，是**他**向维多利亚揭示了她的未来。他说，在上课期间，他"让她将英国的国王和女王列出来。她列到'威廉伯父'，就停下了"。戴维斯先生问道：下一个王位继承人是谁？"她犹豫不决，说道：'我不想填我自己。'"[62]

不过，根据莱纯的说法，是她，而不是戴维斯先生，将列有英国国王和女王的"时间表"夹在维多利亚的历史课本中。这张图表可能采用了"豪利特式表格"（Howlett's Tables）——一种轰动一时的教学工具。[63] 多年后，莱纯回忆道："戴维斯先生离开后，维多利亚公主像往常一样，又打开了课本，看到里面夹的那张纸，她说：'我从来没见过这张表格。'"

"大家之前觉得你没必要看到这张表格，公主殿下。"莱纯回答道。

"原来我比我想象的离王位更近。"维多利亚板着脸说。根据莱纯的转述，维多利亚接着说："许多孩子可能会引以为豪，可他们不知道其中的艰难；其不乏荣耀，可更多的是责任！"坦白来讲，小女孩不太可能会说这样一段话。

根据莱纯加之于这一场景的，具有典型维多利亚时代风格的煽情叙述，接着，维多利亚举起她右手的食指，仿佛在对天起誓。莱纯继续讲述道，她“将她的小手递给我”，说出了令人刻骨铭心的那句话。

“我会好好做人！”公主殿下承诺道。[64]

这个故事似乎太完美了，不像是真的，更像是一位饱含深情的家庭教师所讲的一则寓言，渲染了师生间最动人的一面。但是，维多利亚多年后读到这一叙述时，毫无疑问地回忆起类似的情况确实发生过。她在莱纯描述的文字边上，记下了自己对那一天的记忆：当得知自己将成为女王时，“我大哭了一场，为自己的这一命运伤心不已”。[65]

然而，对于那天发生的事情，还存有第三种不同的说法，与维多利亚的老师和家庭教师的版本相左。不幸的是，提供这一说法的是“云里雾里”的维克多丽，她可能会被视为不可靠的证人。根据她的回忆，维多利亚得知她的命运纯属意外，根本不像戴维斯先生描述的那样，源于精心策划的一堂课。她其实只是“在学习的过程中，偶然”发现了这一事实。[66]

1830 年 3 月 13 日，维克多丽告知伦敦的主教，她的女儿全都知道了。莱纯或戴维斯的精心策划，以及他们的家谱和鼓励都没登场。维克多丽写道：“我感到，意外的效果比任何策划可能达到的效果要好很多倍……我们对这个孩子饱含殷切的希望！”[67]

如果你回头看一看以上 3 种说法各自书写的日期，维克多丽作为证人的可信度就提升了。莱纯和戴维斯是在数年之后才给出事情经过，那时维多利亚已经为王很久，他们俩都想争取塑造了女王品格的功劳。公爵夫人即便愚笨，但她给出的描述就在事情发生的两天后。我认为，最后我们必须相信她的版本，并且接受维多利亚一生中最具戏剧性的一幕——“我会好好做人！”——不过是戏剧桥段。

另外，肯特公爵夫人的教育安排还有一个好处。维多利亚古怪的成长经历，尽管给她带来了压力，尽管让她对康罗伊上尉产生了敌对情绪，最终却不失为应对公共关系的极佳路径。她儿时的离群索居，意味着当时机成熟时，她会以别有趣味的年轻淑女的形象，面对她的子民。

事实上，她会是当时世界上最有趣的年轻淑女。

5. 消失的三周

拉姆斯盖特，1835 年 10 月

1835 年 10 月，维多利亚年满 16 岁，到了适婚年龄。她在肯特最东边的拉姆斯盖特（Ramsgate）海边度假。前几周，她一直在英格兰四处游历，旅程艰辛，她的身体难堪重负，变得非常虚弱。现在她要在此休养一段时间。

维多利亚已经来过拉姆斯盖特多次。利奥波德每年拨给他的妹妹和侄女 1000 英镑，让她们去海边度假。她们没有乡间别墅，而拉姆斯盖特是深受二等王室成员欢迎的度假胜地。肯特公爵夫人今年秋天在这里租的度假屋 —— 阿尔比恩别墅（Albion House），去年的房客是威廉四世众多私生子中的一位。

维多利亚和母亲通常乘坐蒸汽轮船前往肯特。[1] 从伦敦到马盖特（Margate），乘坐这种轮船需要耗费七八个小时。船上去度假的乘客多达 300 人，他们尽情享受着船上的酒吧、餐厅等设施以及乐队的演奏。[2] 到了马盖特，平民百姓会下船，留在那里享受他们的假期，而像维克多丽和维多利亚这样的“高贵人士”，会坐上马车，前往略微高雅些的度假胜地 —— 拉姆斯盖特。那里“一同度假的人更优质一些”。[3]

但是，这次度假招摇过市，毫不轻松。那年 9 月，当维多利亚的马车沿着拉姆斯盖特的街道驶向海港时，道路两边围满了看客，小镇彩旗飘飘，四处装点着绿色植物。[4] 有记者写道：“王室家庭直接来到他们中间，这点英格兰人人喜闻乐见。”[5]

维多利亚的舅舅利奥波德曾教育她：“地位高的人物有点像舞台上的演员——他们必须努力取悦他们的观众。”[6]可是，抛头露面令她精疲力竭。部分原因在于19世纪女性行为须遵照一种传统范式，强调端庄淑静、不张扬。也就是说，她**不应表现出**自己很享受做公主的感觉，享受这样被人观望、鼓掌。不过，她逐渐习惯了这点，因为她的母亲和康罗伊上尉想出了一条妙计。

在过去的10年间，经过不断的改进和完善，他们俩构建了一个半正式的“系统”，用于控制和保护维多利亚的身体健康以及她的公众形象。康罗伊将其命名为“肯辛顿体系”（System），旨在“使维多利亚公主成为‘国家的希望’”。根据一位肯辛顿宫内部人士的解释，“整个体系的原则”在于提升维克多丽的影响力，这样在必要时“国家就会让她摄政”。[7]若非如此，假设威廉四世在维多利亚成年前驾崩，为她摄政的就会是那些不得民心、声名狼藉的王室公爵中的一人。这种联系会玷污她的名声，最终毁掉她的统治。

康罗伊的大家庭全心投入他们一家之主酝酿的肯辛顿体系，他们深信王室公爵所代表的危险真实存在。其中一位甚至解释说，这个体系针对的是最邪恶的王室公爵——维多利亚的王叔坎伯兰公爵——对她生命的威胁。康罗伊家的人深信，坎伯兰公爵四处散播谣言，谎称维多利亚“体弱多病，还不会走路，双脚有残疾，看样子未及长大，就会夭折”。他们相信，坎伯兰“被可怕的诱惑攫住，一心清除他和王位之间隔着的唯一一人”。根据康罗伊上尉的说法，“公主的性命危在旦夕”。[8]

但是，这些不过是危言耸听。如果坎伯兰公爵真的成为摄政王，维克多丽和康罗伊肯定无法得到他们自认为应得的回报和影响力。有人看出，康罗伊的所作所为在很大程度上是为了自身利益。甚至有人私下指责他利用他所谓的体系欺压维多利亚。譬如，维多利亚的家庭医生认为，康罗伊是一个“愚蠢的坏蛋——他希望通过宣称公爵夫人的女儿是白痴，来让公爵夫人摄政”！[9]

结果，这个王室家庭内部硝烟四起。一方面，维克多丽和康罗伊一心想摄政揽权。与此同时，莱纯代表利奥波德舅舅，鼓励维多利亚不可束手就擒。由于莱纯对肯辛顿体系不够忠诚，维克多丽认为她必须卷铺盖走人。她和女儿彼此不再说话，于是不得不写信告诉维多利亚，莱纯很快就会被解雇。[10]

然而，维多利亚不会任由这些发生，她不会轻易放弃她敬爱的家庭教师。一场激烈的争斗正在英吉利海峡旁展开。

在外人看来，肯辛顿体系手段颇为高明。维多利亚时期，上流社会的大多数年轻小姐是在婚姻市场上面世，而维多利亚的首次亮相是在全国人民面前。1835 年夏天，她四处巡游，进行了一系列经过精心策划的公开露面，旨在“让英国人民认识并喜爱这位公主”。[11] 结果，“英国人民”对他们眼前的公主一见倾心。例如，9 月，维多利亚出席约克的一场音乐节，当她走向自己的座位时，“全场爆发出热情的欢呼声”。[12]

但像这样在公众面前宣告成年，也造成了某种情感上的代价。历史学家琳恩·瓦隆（Lynn Vallone）注意到，从维多利亚青少年时期的日记中可以看出，她每个月第三周都会抱怨不舒服，这种疲惫和不适很可能和月经有关。[13] 有记录表明，维多利亚 13 岁时就开始行经，这在当时异常地早。这可能是她个子不高的原因之一，因为女孩子在开始行经后两三年内，身体就会停止生长。[14] 维多利亚既要应对体内的荷尔蒙，还要处理所有这些对她相貌举止的审视，她感到困难重重。比如，在诺里奇（Norwich），她说自己“终于熬过这段炎热、漫长的日子了，快被累死了”。[15] 她抱怨说头痛、背疼，说她在旅途中“永远睡不好”。她在巡游过程中忍受着“漫长的旅程和熙攘的人群”，这些令她疲惫不堪。[16] 她告诉母亲，她认为，这场巡游劳心劳力，“毫无可取之处”。[17]

公开展示、履行职责、毫无独处时间、被迫成为讨厌的“康王家庭”①（批评者的命名）一员，就像一口大锅，慢慢熬煮着这位年轻的公主。她情绪低迷，心情烦躁。一个在她成年后为她诊治精神问题的医生发现，这些问题根源于她青少年时期的这段经历。他写道，她的“成长环境充斥着恐惧和争吵”，她“从未体会过真正的安宁”。[18] 可是，维多利亚的母亲却给她施加了更多压力。她武断地认为女儿在装病，并写信质问女儿：“对于你的身份需求，你能无动于衷吗？绝不能！……想想你未来的身份，想想你要为此肩负的种种责任，想想你要尽的种种义务。”[19]

维多利亚认为自己生病了，而她母亲却认为她根本没病。考虑到这种情况，此刻她在拉姆斯盖特不仅没得到悉心照顾，而且几乎受到了非人的待遇，就没有那么不可思议了。

1835 年的 9 月和 10 月，他们在阿尔比恩别墅暂住，这所房子坐落在阿尔比恩广场（Albion Place）尽头的 27 号，毗邻白垩悬崖的边缘。维多利亚写道，浩瀚无垠的海洋“散发着一种清爽的气息……在我们和法国之间，只有一片大海”。[20] 当时的人们对拉姆斯盖特的海景赞不绝口。旅游手册上写着，“绝对风景如画”，这里的海景值得“每一个喜爱崇高壮美景色的人”前来观赏。[21] 当时正值浪漫主义时期，游客认为暴风雨中

① 原文为 Conroyal Family，将康罗伊（Conroy）姓氏与王室（royal）混合，暗示康罗伊对肯特公爵夫人一家的把控。

的拉姆斯盖特尤为壮丽。贵族小姐们看着“狂风肆虐，暴雨如注”，“阵阵惊恐”涌上心头，却又异常享受。[22]

风和日丽的时节，维多利亚和她母亲关系尚未破裂时，她们在这里度过了许多快乐的假期。拉姆斯盖特海边有一座不算旧的码头，码头周围形成了一大片漂亮壮丽的沙滩。在这片“肯特郡最棒的”沙滩上，能看到数不胜数的游泳更衣车①“不停往返，将关在里面的人送往汪洋大海”。[23] 维多利亚 4 岁初次来此度假时，有游客看到“在这片高贵的沙滩上……她戴着一顶普通的草帽……她毫无顾忌地和其他孩子一起玩耍，有时坐在驴背上溜达着”。[24] 维多利亚和她母亲在刘易斯（Lewis）的“珍奇殿堂”（Temple of Fancy）购物，在伯吉斯（Burgess）的图书馆借书，吃克兰普先生做的罐装虾仁。[25] 街市上的查尔斯·费希尔（Charles Fisher）—— 一位拉姆斯盖特药剂师，也声称她们曾经光顾他的药房，在药店门前添了一个皇家徽章。[26] 拉姆斯盖特为了表示对王室访客的欢迎，以她们的名义命名了肯特广场（Kent Place）、皇家肯特露台（Royal Kent Terrace）、肯特澡堂（Kent Baths）、维多利亚澡堂（Victoria Baths）等。[27] 秋天被认为是来此度假的最佳季节。“通常情况下，雨水不愿在拉姆斯盖特驻足”，而且“这里，10 月的夜晚也很迷人……坐在窗边，凝视海面铺散开来的粼粼月光，不禁让人感到心旷神怡”。[28]

维多利亚能从二楼她的卧室，亲眼见证这一美景，她睡的是自己的小床，出门旅行时她会一直带着它。[29] 她将阿尔比恩别墅描述为“小房子”，抱怨说必须在莱纯促狭的卧室内上课。[30] 费奥多拉和维多利亚更想待在沙滩上。后来，她向维多利亚回忆道：“在拉姆斯盖特时，你总是在

---

① 维多利亚时期流行的一种洗海水浴时使用的四轮马车。马车上有一个小房间，女性能在里面更换泳装，在马车驶入海水中时，再下海，以免被人看见。

我上法语课时在一旁捣乱，让莱纯和我不得安宁。”[31]

阿尔比恩别墅共三层，还带有阁楼和地下室，今天大多数人不会像维多利亚那样，认为这是座“小房子”。这所别墅比近旁相似的连排别墅宽上一倍，这片新住宅区是 1815 年拿破仑战争圆满结束后仓促建成的。周边街道的名称无不体现着英国的胜利：惠灵顿新月路（Wellington Crescent）、滑铁卢平原路（Plains of Waterloo）、美好联盟广场路（La Belle Aliance Square）。那时，拉姆斯盖特正蒸蒸日上。1824 年议会通过了为该镇供应燃气的法案，1826 年这里拥有了一家有演出执照的剧院，1827 年该地建起了一所新教堂。[32]

虽然来这里度假非常新潮，可在 1835 年，维多利亚却一点儿都不享受。莱纯注意到，“甚至在前往约克郡之前”，她就已经“明显身心交瘁”。[33] 虽然表面上莱纯站在维多利亚这边，实际上她却代表着另一种无形的压力：利奥波德舅舅负担一切开销，他的影响无处不在。

维多利亚还抱怨，她肚子从来都没空过：“我被迫喝了一杯可可。”[34] 和其他感到无能为力的十几岁女孩一样，维多利亚发现，当她拒绝进食时，大人们会非常担忧紧张。这是她手中攥着的唯一一份小小的权力。为她诊治的医生知道问题出在哪里。维多利亚出现了便秘，一位医生给她开了大黄丸，并且认为她的病因在于“不规律的饮食”。[35]

维克多丽必须好言相劝，让维多利亚吃东西，这对她来说不太习惯，因为她的女儿之前胃口一直很好。维多利亚自打婴儿时代，就胖乎乎的，“太胖了，连蹒跚学步都困难”。[36] 一名旁观者写道：“她吃饭很香，我想可以说是狼吞虎咽。”她和莱纯一样，“很喜欢吃土豆”。[37] 利奥波德舅舅数落他的外甥女吃得“太多，而且总是吃得**太快**”。[38] 甚至连无条件站在维多利亚“那边”的费奥多拉也试图干预，她说：“当你看着盐罐，想往肉汁里加很多盐，再用叉子搅拌时，请顾及一下你的姐姐，你这样做时，动作快速又漫不经心。”食品史学家安妮·格雷（Annie Gray）发现，即使维多利亚这样做是出于好意，也“少不了被批评一顿”。[39]

不过，维多利亚在那所海滨住宅安顿下来后，发生了一件令她高兴的事情。利奥波德舅舅前来看望。自从利奥波德成为比利时国王，维多利亚已有 4 年没见过他了，因此对他的到来满心欢喜，“异常兴奋”。[40]阿尔比恩别墅不够大，于是利奥波德和他的法国妻子路易斯（Louise）住在了海港旁的阿尔比恩旅店，离别墅只有几步之遥。旅店老板贝尔先生（Bear）“对入住的贵族缙绅照顾得无微不至”。[41]

维多利亚想尽办法多花时间陪她的舅父，和他一起散步、一同用餐。“我一直把他当父亲看待。”她写道。这显然是对康罗伊的一种奚落。“我百分之百信任他、喜爱他、敬重他。他是我最好、最善良的参谋。”[42]

利奥波德深谙政治，他向外甥女解释说，康罗伊的肯辛顿体系虽然惹人厌烦，但到目前为止在公共关系方面确实效果显著。这个办法让她和不得民心的王室公爵们拉开了距离。他声称：“紧随其后的蓄着八字胡的王位继承人（坎伯兰公爵），足以吓得人们对你敬爱无比。”[43]必须承认，康罗伊的计划是有效的，肯辛顿体系正使维多利亚逐渐成为“国家的希望”和“人民的女王”。[44]

利奥波德平复了维多利亚的心绪，但很快他就不得不离开了。10 月 7 日，维多利亚站在多佛尔码头，向轮船上的舅父挥手道别。维多利亚又一次感到四面楚歌，而她孤身一人，无依无靠。面对这种情形，她做出的反应是一病不起。根据莱纯的记录，利奥波德的轮船一离港，维多利亚就登上马车赶回拉姆斯盖特，她在马车里“瘫坐着，显然病得很严重”。[45]回到阿尔比恩别墅后，她“感到很不舒服，特别难受”，所以直接回房间躺下了。[46]从这一天开始，维多利亚的日记戛然而止。

维克多丽认为情况很严重，就派人去请她女儿的新任医疗顾问——詹姆士·克拉克医生（Dr James Clark）。克拉克医生是苏格兰人，在医学权威眼中是一名标新立异的医生。[47] 不过，在维多利亚眼中，他具备最重要的资格条件，即他和康罗伊没有任何瓜葛。他是利奥波德舅舅推荐的。[48]

然而，康罗伊认为，把克拉克医生叫来实属多此一举，他坚持认为维多利亚没有任何问题，只是在发大小姐脾气。他最后承认，克拉克医生根本不在拉姆斯盖特：他认为克拉克没必要待在这里，早已将他赶回伦敦。他告诉维克多丽，她的女儿不过是在耍脾气，其实完全没问题，维克多丽对此半信半疑，却不敢和他唱反调。

与此同时，认为自己“病入膏肓”的维多利亚已经虚弱得没法出她的客厅和卧室了。然而，利奥波德离开后过了整整两天，康罗伊才承认，维多利亚可能真的生病了。她央求康罗伊派人去请克拉克医生，他最终同意了。

克拉克医生刚从伦敦赶到，还没来得及看到他的病人，便先要在阿尔比恩别墅的客厅等人报告公主的情况。莱纯被叫过来和克拉克医生见面。她写道：“我接到命令，在公爵夫人的面前，向他描述公主的健康状况。”但是，正当莱纯“要向他描述病情的危险症状时”，维克多丽粗暴地命令她“住嘴”。她尖刻地说：“不过是维多利亚的一时脾气和你的大惊小怪。”然后，克拉克才得到允许去看病人。他只粗略地看了一眼，就启程返回伦敦，他“认为公主的病情不过是言过其实”。[49]

在此期间，康罗伊正在尽量减少损害的程度。当地报纸注意到，维多利亚已经有好些日子没有露面了。当他们专程前来打听原因时，康罗伊搪塞他们说，一个仆人生病了，维多利亚只是感染了“轻微的风寒”。不过，随着来自公众的压力与日俱增，康罗伊不得不开始发表公开声明，否认事实。他写道："你们听到的关于公主病情的消息都是假的，她从来没有卧床不起，也没有闭门不出。她从来没有靠人背着上下楼，也没有用屏风遮挡，她的四肢从来没有被殴打的痕迹。"[50]

维多利亚和莱纯的证词都说明，他明摆着是在撒谎。10月9日，克拉克医生给她检查完身体后，她就开始虚弱得无法下床。病情变得十分危急。莱纯记录道，她"烧得一塌糊涂"，"开始说胡话"。[51]一切证据表明，维多利亚患上了伤寒。这种病十分恐怖，发作迅猛，病人浑身发热、抽搐。病情加重后，患者会脸色惨白、呕血、严重腹泻。情况最糟糕时，患者的肠道会穿孔，造成内部出血，直至死亡。

但最恶劣的还不是伤寒这一病症。康罗伊和维克多丽现在试图利用维多利亚身体虚弱，无力反抗，胁迫她稳固他们的地位。维多利亚写道，尽管她当时"病情非常严重"，他们还是想方设法逼迫她承诺，以后任命康罗伊为她的私人秘书和首席顾问。[52]他想把控王权。"阿尔比恩别墅里闹剧不断"，康罗伊威胁维多利亚，如果不按他说的办，就把她关起来。这些经历都将成为维多利亚今后不堪回首的可怕记忆，"她希望这段经历永远深深掩埋"。[53]

不过，她还是"顶住了压力"。"尽管我身体虚弱，他们声色俱厉，我只有亲爱的莱纯一个人的支持。"维多利亚解释道。[54]在那一刻，维多利亚对康罗伊累积数年的愤恨到达了沸点，她感到这是对她的终极考验。她就是不肯妥协。

维多利亚的反抗和她对康罗伊的仇恨可能有一种更加出自本能的解释。一些同时代的人认为，她之所以对康罗伊恨之入骨，是因为她曾撞见康罗伊和她母亲"卿卿我我"。[55]不用说，利奥波德舅舅便认为，康罗伊对维克多丽的影响很大，"这种程度的力量要在过去，可能会被认为是出自巫术"。[56]但是，没有可信的证据，证明他们两人之间存在肉体关系。不过，维克多丽的朋友，和她一同结婚的阿德莱德试图提醒她，至少在外人看来，情况很糟糕。阿德莱德告诉她的弟妹，康罗伊很明显想“除掉一切阻止他发挥影响力的障碍物，这样他就可以独断专权”。[57]

维多利亚的病情拖到第二周时，莱纯察觉到维克多丽的想法正在动摇，她开始相信，她的女儿真的生命垂危。莱纯写道，“现在我能看出公爵夫人越来越焦虑”，尽管她“刻意隐藏，不想让我察觉。漫长而可怕的一天和糟糕的一夜过去了，炎症的迹象清晰无误……公爵夫人再也无法控制她的恐惧了”。[58]

莱纯去质问康罗伊，最后连他都承认必须再把克拉克医生请回来。可是，克拉克无法在深夜之前赶到拉姆斯盖特。莱纯要求请一名当地医生。听闻这一建议，康罗伊“面露愠色”，但维克多丽和莱纯执意要求海港对岸的普伦德利思医生（Dr Plenderleath）务必在半个小时内赶到，他也无法阻止。

康罗伊担心这个消息走漏出去，会对公众舆论产生不利影响，公主病重会反映出她的母亲和他自己作为监护人的失职。莱纯记录道：“他警告我，从政治角度来看，走这一步有多危险。”然而，莱纯不同于维克多丽，她能顶住康罗伊的淫威，她不肯“拿公主的性命做赌注”。[59]在这场对抗中她英勇无畏，由此可见维多利亚为什么对这位疼爱她的家庭教师如此深情厚谊。

就这样，康罗伊的决定被推翻了。普伦德利思医生一到阿尔比恩别墅，就被领上了楼。这位44岁的单身汉是拉姆斯盖特医疗和慈善的核心人物，他和他的厨子以及男仆一起住在尼尔森新月街区（Nelson Crescent）的一栋房子里。[60]拉姆斯盖特的每个人都认识普伦德利思医生，现在每个人都知道他在替维多利亚公主看病。普伦德利思看到公主的病情如此严重，“面色凝重”。不过，他来之后，可能仅仅因为病情得到了足够的重视，维多利亚的情况终于稳定了。

第二天，克拉克医生回来了。克拉克医生在海军服役期间，两次遭遇海难，他为此获得了勋章。虽然他在职业生涯中一直是一个实干家，但他作为医生的专业技能更多地体现在言语，而非行动上。他尤其擅长用言语提升患者的自我感觉，这个技能不可小觑，在那个时代，很多药物都没效果，有的甚至会加剧病情。

他和普伦德利思医生开始用肌肉松弛剂奎宁治疗维多利亚。奎宁虽然可能会让她退烧，却对毒害她消化系统的伤寒沙门菌起不到任何作用。只有良好的卫生和维多利亚的身体素质能够拯救她，而后者已经因为压力而下降。

此时，克拉克医生作为心理医生所做的贡献，和他的奎宁药水同样重要。莱纯因为他让维多利亚"心境平复下来"，对他万般感谢。[61] 克拉克经常被骂成无用庸医，因为他总是断言一个将死之人的身体正在康复。不过，医生的乐观态度有时是鼓励病人相信自己可能康复的关键手段。他的笃定自信，正是维多利亚所需要的。莱纯本人以及她的关爱，对维多利亚恢复健康也至关重要。维多利亚后来写道："我至亲至善的莱纯……对我悉心照顾，毫不懈怠，不知疲倦。我还很虚弱，而且瘦了很多。我能走路，但走不远，步子也不稳。我还没离开过我的房间。"[62] 再也没人提及赶莱纯走。"他们曾经试图将莱纯和我分开，想着这样我对她的爱就会减弱，"维多利亚写道，"事实上这只会加深我对她的感情。"[63]

3 周后，10 月 31 日，维多利亚的日记恢复了。虽然她的头发脱落不少，肌肉没了，而且没办法活动，但她的身体正在康复。她写道："躺在沙发上。和妈妈[①]一起弹钢琴到 12 点。12 点吃午饭，喝了一些土豆

---

① 指莱纯。

汤。看了一些东西，走了一小会儿，双腿直颤。”维克多丽深感愧疚，一件接着一件地给女儿送礼物，有花瓶、书和德累斯顿（Dresden）陶瓷小人。[64]

11 月时，维多利亚在汤、蒸饭、橙子果冻、饼干和奎宁药水的帮助下，恢复了力气。尽管她的“饮食受到了严格控制”，但她每天还是被允许“享受两块”蛋糕。[65]似乎生活正在恢复正常，不过促成这次危机的人，都多少因为这次经历感到有些愧疚。

撰写康罗伊传记的作家凯瑟琳·哈德森（Katherine Hudson）注意到，发生在阿尔比恩别墅的这一事件具有浓烈的戏剧色彩，有着当时戏剧及小说中十分流行的跌宕起伏的情节。维多利亚本人非常喜欢阅读柔弱的女主角遭到残忍恶男迫害而危在旦夕的故事。她读过的第一本小说是沃尔特·司各特爵士（Sir Walter Scott）写的《拉美莫尔的新娘》（*The Bride of Lammermoor*），小说开篇描绘了一个令人难以忘怀的形象：一个发疯的新娘坐在角落里，通身只穿了一件“沾满血渍”的直筒连衣裙。[66]维多利亚喜欢这种描写。她也对多尼采蒂（Gaetano Donizetti）①歌剧中的一个片段情有独钟：女主角“极其紧张地向四周张望，双手举向脑际，疯狂地尖叫一声，然后瘫倒在地，一命呜呼”。[67]

康罗伊也喜欢秘密和阴谋诡计。他在无凭无据的情况下，选择相信他的妻子是维多利亚的父亲爱德华的私生女，可却不愿张扬，因为觉得“不光彩”。[68]他总是鼓励帮他实施肯辛顿体系的耳目为他打探“最阴暗的消息”。[69]康罗伊写的东西给人一种感觉：维多利亚不是 16 岁的小女

① 19 世纪著名的意大利浪漫主义歌剧作曲家，其作品被视为 19 世纪初美声歌剧的典范。代表作《拉美莫尔的露琪亚》（*Lucia di Lammermoor*），正是改编自司各特的小说《拉美莫尔的新娘》。

孩，他才是。甚至利奥波德舅舅对拉姆斯盖特事件的看法也极其夸张。他声称："如果我当时畏首畏尾，没有拆穿整个阴谋……天晓得公主会发生什么事情。"[70]

这一事件昭示着维多利亚一生对情绪激昂的情境的钟爱。在她看来，她正是在自己的传奇剧中扮演女主角。在某种程度上，她沉醉于这种感觉。但是在她脑子清醒，开始反思的时候，她明白戏剧性于她有诸多坏处。后来她将一次严重的产后抑郁症发作和在阿尔比恩别墅发生的事情相比较，她称，一开始，她只是想象自己生病了，她在"看一个有关死亡的非常傻的故事，突然冒出了这个念头"。克拉克医生认为，肯辛顿体系带来的压力扭曲了维多利亚的性格，激发出了"她所有最糟糕的情绪"。[71]

在拉姆斯盖特度过的那次可怕的假期还带来了其他影响，一些维多利亚永远无法摆脱的影响。她对康罗伊的信任早已荡然无存，而且现在她还开始和她母亲对着干。"我从来不知道正常的母女应该如何相处，"她后来写道，"（我的母亲）凡事都听康罗伊的建议，做他让她做的事情，毫无主见。"[72]她怎么能尊敬一个"任由康罗伊凌辱她"的妈妈呢？[73]维克多丽本人也备受折磨，"她对未来忧心忡忡"，以致"夜不能寐"。[74]

也许这就是维克多丽对她的女儿产生的最糟糕的影响。她已经教会维多利亚如何去爱，她经常亲口或通过写信，告诉女儿她对她的爱。可与此同时，她却通过一言一行，给她的女儿树立了一种在强势男性面前失去自我的女性形象。维多利亚虽然性格倔强，却会深深受其影响。

6. 阿尔伯特

肯辛顿宫，1836 年 5 月 18 日

1836 年 5 月 18 日，星期三，那天早晨，肯辛顿宫如往常般安静，全无征兆这一天会成为维多利亚人生的转折点。

她 8 点 30 分起床。和莱纯一起在花园散步、写日记、读了 45 分钟《圣经》。和往常一样，边弹钢琴边唱歌。如同其他年轻小姐，练习自己的才艺。然后，那天下午 2 点差一刻时，根据她的日记：

> 我们下楼去门厅，迎接萨克森-科堡和哥达公爵，也就是欧内斯特舅舅①，以及他的两个儿子——我的表兄弟欧内斯特和阿尔伯特。[1]

就这样，维多利亚此生的挚爱默默登场了。

经过拉姆斯盖特的不幸事件，这个家庭终于勉强和解。回到肯辛顿宫后，维克多丽和康罗伊继续为维多利亚进入政治圈准备着。肯辛顿宫的这套公寓更加宏伟，更加富丽堂皇，适合这位他们有意培养为“人民

---

① Ernest I, Duke of Saxe-Coburg and Gotha，也常译为恩斯特一世。利奥波德和维克多丽的兄长。

的女王”的公主居住。

维多利亚和母亲一从拉姆斯盖特回来，就搬到这栋房子富丽堂皇的三楼住。她们居住的新套房奢华宽敞，是由百年前乔治一世用来接待宾客的房间改造而成的。例如，长廊（The Long Gallery）被隔开，成为维多利亚的起居室，她的床被搬进了之前国王用过的卧室。这些改动违背了威廉四世的指示。他说过自己的嫂子和侄女可以使用这些房间，但也强调过室内乔治王时代的装饰风格和外观要保持原样，不能动。[2]威廉四世得知实情后，大发雷霆。

恼怒的国王最终发现，这里的变化数不胜数。大客厅（Grand Saloon）中威廉·肯特（William Kent）的彩绘天花板下，假柱子将墙壁分割开来，墙上还挂着巨型的镜子，窗户装饰着“大量的粉红色帷幔”。维克多丽现在用这个房间款待客人，有时候规模庞大。比如，她为女儿庆祝生日时，在这里举办了一场音乐会，近200位客人受邀前来参加。[3]维克多丽每周举办一次舞会。她想通过这样的社交，和重要人物建立关系，为她女儿成为女王做准备。这些都是肯辛顿体系的一部分。

至于维多利亚自己，却因为总要对这些陌生的大人彬彬有礼，而厌烦透顶。她告诉利奥波德舅舅：“我很喜欢结识有趣的人，过去3周我们一直被关在这所老旧的宫殿里。我迫切需要解解闷。”[4]虽然肯辛顿宫现在社交活动不断，可涉及的人没有一个和维多利亚年龄相仿，而且在她眼中也算不上“有趣”。

年近17岁的维多利亚，个头“长高”了一点，“身材匀称”。[5]经过拉姆斯盖特那场病，克拉克医生嘱咐她，她的生活方式一定要比之前更健康，考虑到这一因素，肯辛顿体系必须做出让步。她要用健身棒锻炼肌肉，使用她“带有滑轮、锁链和哑铃”的健身器械。[6]更重要的是，因为消化不好，她要在吃食物时“细细咀嚼”。[7]维多利亚更喜欢通过骑马和跳舞来锻炼身体。令她惋惜的是，自己不能尝试新奇时髦、充满活力的华尔兹。跳这种舞蹈时，男方要将女方拥入怀中，翩翩起舞。[8]但康罗伊坚持认为，未来的女王举止不能如此轻浮，应该“非常庄重得体”。[9]

克拉克医生还要求维多利亚多待在户外，呼吸“健康、清爽的空气”。他之前对结核病做过特别研究，在学生时代还写过一篇论文，探讨冷空气对人体的疗效。他有时会用一种新奇的医学工具检查患者的肺部，这个令他们颇为吃惊的仪器就是听诊器。当时医学界流行一种观点，即疫病皆由以太中飘浮的“瘴气”所造成，克拉克医生关于“好”“坏”空气的理论就源于这一观点。实际上，他的这一理论很快就会被推翻。不过，因为他在拉姆斯盖特“救”了维多利亚一命，他的观点对她很有影响力，维多利亚因此一生深爱新鲜空气和寒冷气温。

维多利亚的身体特征开始表明，她已经到适婚年龄了。尽管她身材依然矮小，可已经长成“一位亭亭玉立的年轻小姐”了，肯辛顿宫的访客注意到“她的胸部……非常丰满”。[10]她身边的人开始为她细数欧洲各国适合和她结婚的人选。威廉四世对荷兰奥兰治王室（House of Orange）的一位王子尤为青睐。然而，在更有影响力的利奥波德舅舅看来，最有资格迎娶他外甥女的人选，当然在她的科堡表兄弟当中。

所以，在准备维多利亚 17 周岁生日期间，科堡家族的现任族长欧内斯特公爵带着他的两个儿子——欧内斯特和阿尔伯特，前来接受考察。是时候定下这门亲事了。

此刻，当欧内斯特和两个年轻小伙子从庭院走进来时，站在石阶上方的维多利亚在他们眼中是什么样子呢？美国画家托马斯·苏利（Thomas Sully）对她的样貌做过极为细致的描摹，他创造了一幅最迷人的年轻维多利亚的肖像，从这幅画中，你能看出，那时的维多利亚在他眼中楚楚动人。

即使苏利为维多利亚的美貌所倾倒，可对于她的体型和个头，他还是很清醒。“她很矮，”他坦言，“只有 5 英尺又 1.25 英寸。”他做了一个皮尺来证明这点，并将其保留了下来。[11] 在维多利亚有生之年，她个头不高这件事将会成为大家认为值得评论的一点。另一个也见过她真人的人写道：“很可惜，她个子很矮，据说这也是她的心事。”[12]

尽管苏利的皮尺证明，她身高只有 5 英尺又 1.25 英寸，可对外一直宣称的是 5 英尺 2 英寸。凭空多出的那 0.75 英寸至关重要，因为和现代的情况不同，那时影响身高的因素主要是后天因素，而不是先天因素。19 世纪 30 年代，社会中最贫困人口的饮食质量在逐渐下降，成年劳动人口和成年贫民的身高也随之降低。在有些区域，中产阶层家庭中和工薪阶层家庭中的 13 岁孩子，身高差距高达 4 英寸。[13] 食品史学家安妮·格雷认为，如果维多利亚个头矮小，会让人觉得她一直没吃饱吃好，这样康罗伊和维克多丽就难辞其咎。他们对外将维多利亚的身高多报一点，对公主和他们的面子都有利。

苏利发现他的模特面孔比实际年龄稚嫩，有点“娃娃脸”。他承认，她的浅蓝色大眼睛“有点向外突出”，不过他喜欢她的鼻子，让他想起以往“在机智聪敏之人脸上常常见到”的鼻子。苏利觉得，她的嘴巴尤为可人：“她的嘴巴一动不动时，天真无邪、可爱迷人 —— 这时候，双唇微微张开，能看见她的牙齿。”[14]

对维多利亚微微张开的小嘴，人们的看法并不统一。另一个观察过她嘴巴的人认为，这是“她五官最难看之处……总是微微张开，能看到她短小的牙齿，她在大笑时，还会露出上下牙床，相当有损她的形象”。每次维多利亚做画像模特时，费奥多拉都会说：“维多利亚，别忘了把嘴巴合上！”[15]

然而，维多利亚最迷人的地方不是她的身体特征，而是她的笑。人们注意到，她的笑声“洋溢着少女的欢乐和喜悦”，她的笑容“非常真诚，嘴巴能张多大，就张多大”。[16] 与对她脾气的人相伴时，她热情、诚挚，又体贴。有许多人欣赏维多利亚银铃般的清脆嗓音，演员范妮·肯布尔（Fanny Kemble）就是其一。她滔滔不绝地夸赞道：“她吐字十分清晰，声调也十分美妙，她说出的女王英语清晰悦耳，无人能及。”[17]

然而，如果她不是未来的女王，那么在抵达肯辛顿宫的表兄弟眼中，她会是一个其貌不扬、身材矮胖、咯咯傻笑、满脑子派对的小女孩——“没什么值得挑剔之处，也没什么特别值得欣赏的地方”。[18] 她好看，但没什么特别之处，“面容惹人疼爱……但大自然显然没有在她脸上盖上‘陛下’的印章”。[19] 而且，她还没学会“独立不羁、无所拘束”的举止。维多利亚仍深受肯辛顿体系的束缚，她爽朗的笑容只留给了费奥多拉一个人。她说这个时期自己在社交场合“极度压抑克制……几乎一个字都不敢说”。[20]

在阿尔伯特初次见到她的这个特别日子，她当时身着的长裙，也许能被我们找出来，因为她特别喜欢收藏在重大场合穿过的衣服。英国皇家收藏（Royal Collection）现存一件深色、高腰、苏格兰格花纹、天鹅绒质地的长裙。这条裙子有露肩的短蓬蓬袖，正好是那个时期的风格。[21]

格子图案这点很重要，因为尽管维多利亚从未去过苏格兰，可她却深深地爱上了这个国度。她与苏格兰的恋情开始于4个月前，彼时她刚津津有味地看完沃尔特·司各特爵士的《拉美莫尔的新娘》。小说中，一名可怖的苏格兰老爷啃食他的佃户的血肉，“他的脸被一块格子呢遮挡着，当他揭下这块布时，露出凶残狰狞的面容”，看到的人不禁毛骨悚然。[22]“噢！”维多利亚在她的日记中感叹道，“沃尔特·司各特是我理想中完美的诗人；我真的好喜欢他的诗文！”[23]“凶残狰狞”的面容听起来可不怎么迷人。但正与权威人物抗争的维多利亚想通过她的深色格子长裙，宣示她的成熟与独立。以往她经常穿的白色或粉红色棉布连衣裙被扔在了一边，取而代之的是一种在我们这个时代也许会被称为哥特[①]的风格。

当科堡公爵和儿子们开始拾级而上时，维多利亚眼中的他们是什么样子呢？她还不知道，石阶下方的一名年轻人也像她一样醉心于沃尔特·司各特爵士。她没注意到他。她的视线先是被阿尔伯特 18 岁的哥哥欧内斯特吸引，他“长着深色头发，有着动人的深色眼睛和眉毛”，他的“身材非常挺拔”。

在逐一品味完欧内斯特每个诱人之处后，维多利亚的目光才落在阿尔伯特身上。现在她注意到，欧内斯特那和她一样 16 岁的弟弟“极其英俊”，甚至比欧内斯特还要英俊。她描述道：“（阿尔伯特的头发）和我的发色大致相同……他的鼻子俊俏笔挺，嘴巴温柔动人，牙齿白净整齐；他的表情尤为迷人……他善良可爱，聪慧过人。”[24]

阿尔伯特面对这种来自女性的细细打量，丝毫不改他沉着自信的本色。虽然他的母亲——科堡公爵夫人露易丝（Louise），在他 5 岁时，就抛弃了他和哥哥，但在此之前，她已经向他灌输了强烈的自我价值感。阿尔伯特的老师声称，露易丝“偏爱阿尔伯特王子，并且对此毫不掩饰。他长相英俊，酷似他的母亲”。

这位老师还认为露易丝“不是一个合格的母亲”。可进一步了解情况后就会发现，用“抛弃”这个词形容她与儿子分离，不太合适。[25]科堡位于如今德国的巴伐利亚州，她在与这里的公爵结婚后，来到了这个被

① 哥特着装多为黑色或深色，凸显神秘诡异、阴森恐怖的风格。

大片森林覆盖的丘陵小王国。当时她16岁，公爵比她大17岁。公爵喜欢装扮成骑士，为了庆祝他们新婚大喜，他举办了一场中世纪风的骑士比武。这是一个童话般的开始，可是阿尔伯特父母的婚姻很快就矛盾重重。科堡公爵风流成性，婚后屡屡拈花惹草，而当露易丝自己红杏出墙一次后，她的罪行就不可饶恕了。在其丈夫的逼迫下，露易丝离开科堡，净身出户，永远不得与她的儿子相见。她和情人辗转来到巴黎，最终在30岁时抱憾而亡。她写道："与孩子分离是我人生最大的不幸。"[26]至于阿尔伯特，"他的童年不堪回首，他那时非常不幸福，十分悲惨，不知有多少次他希望自己从世界中消失"。[27]

阿尔伯特儿时是一个浮想联翩的漂亮男孩，在玫瑰宫（Rosenau Castle），他至少能从书籍中得到慰藉。位于城堡塔楼的新哥特风格的图书馆中，收藏着足足23本维多利亚最爱的作家沃尔特·司各特爵士的小说。[28]这次在肯辛顿宫见面，维多利亚和阿尔伯特在一起时会相当生分羞怯，不过他们的感情会因为书籍以及另一项他们共同热爱的东西——音乐而逐渐加深。在他们刚到肯辛顿的那天下午，维多利亚的表兄弟请她唱歌给他们听，她答应了，随后她高兴地发现他们和她一样，极其喜爱音乐。[29]

这绝对是他们坠入爱河的重要一步。钢琴凳一直是客厅中众所周知的浪漫高发区域，因为它迫使歌唱者和伴奏者，或者二重奏的两位演奏者拉近身体距离。维多利亚和阿尔伯特的姻缘从种种方面来看，都像是命中注定。西伯特夫人在肯辛顿宫接生维多利亚仅仅3个月后，接生了阿尔伯特，新生儿像"一只小松鼠"般充满警觉，好奇地看着四周，他的"蓝色大眼睛"和维多利亚的一模一样。[30]维多利亚的外祖母，也就是阿尔伯特的祖母，科堡家族的女族长奥古斯塔公爵夫人（Duchess Augusta）立即将他形容为他的"漂亮表姐"的"吊坠"。[31]阿尔伯特的哥哥必须留在科堡，承袭他父亲的爵位。而作为小儿子的阿尔伯特可以到外国联姻。从出生那刻起，他就肩负着扩大科堡家族在不列颠影响力的责任和命运。

然而，从维多利亚日记中的内容来看，她似乎在说，她只是产生了好感，并没有动心。她喜欢表兄弟的陪伴，这点毋庸置疑："他们英语说得很好，我用英语和他们交谈。"不过，在他们到来那天的日记中，她也提到了科堡公爵舅舅送给她的一只红蓝相间的热带鹦鹉。这是一种叫"吸蜜鹦鹉"（lory / lorikeet）的鸟类，个头非常大，甚至"比妈妈的灰鹦鹉还大"。这只吸蜜鹦鹉非常温顺，就算"让它立在手上，将手指伸进它的喙中，无论怎样，它都不会咬人"。在维多利亚的日记中，这只鸟给她带来的印象，至少和将成为她一生挚爱的那个男人相当。而且，那天晚上，维多利亚将阿尔伯特晾在了肯辛顿宫，自己出去参加了一场盛大的晚宴。[32]

在接下来的几天里，阿尔伯特给人的印象是，有点太年轻，非常幼稚，很清楚作为王子，在一位公主面前应该有什么样的行为举止。他非常骄傲，却欠缺处世能力。他落落寡合，对姑母安排的节目一概提不起兴致，总是一副心不在焉的样子。他对继母坦言道："我不习惯熬夜，不适应这种生活方式。"他对晚上漫长的活动尤其不适应，有一晚社交聚会到凌晨 1 点才结束。他没时间看书，而且"常常要和瞌睡虫苦苦搏斗"。对于维多利亚本人，他只是轻描淡写地夸了她几句。他能说的只有她"非常和善"。[33]

两天后，圣詹姆士宫（St James's Palace）举行了一场漫长的欢迎会和晚宴。再后一天，阿尔伯特要在威廉四世的生日会上与 3800 人会面。5 月 23 日，肯辛顿宫本应再次举办一场人数众多的欢迎会，但他"身体不太舒服，很快就上床休息了"。[34] 5 月 24 日是维多利亚的生日，那一天本该是他们此行的重中之重，可阿尔伯特终于扛不住了。他只“在宴会厅待了一小会儿”，“只跳了两支舞”，就“脸色煞白”，不得不上床休息了。[35]扛不住的不仅是阿尔伯特，欧内斯特经过此番，也觉得“古老的英格兰”以及维多利亚没完没了的王室社交生活非常“奇怪”。[36]

在阿尔伯特的成长过程中，母亲缺席，取而代之的是一位男性家庭教师，因此他不苟言笑，不善闲谈。用斯托克马男爵的话来说，“他将永远更善于与男性相处”。在阿尔伯特的利奥波德叔叔的要求下，斯托克马也参与了对阿尔伯特的教育，他认为他的学生对待女性“太漠不关心，太寡言少语”。[37]斯托克马为人韬光养晦、不露锋芒，但他却一直坚守着君主立宪制的理想。他以利奥波德之顾问的身份，幕后参与了许多欧洲事务。费奥多拉很清楚两兄弟她更喜欢哪一个，不是阿尔伯特。费奥多拉心里想，“尽管阿尔伯特更英俊、更聪明”，但和欧内斯特相处起来更舒服，因为他“人特别好”。[38]“人很好”（good natured）其实是淑女们用来指情场高手的暗号。在不久的将来，欧内斯特将暴露他性格中不诚实、善于操纵人的一面。

维多利亚也认为，阿尔伯特是“两人中更沉默寡言的一个”。[39]然而还有一个原因，也许能解释阿尔伯特在初次会面时对维多利亚的严肃矜持。他异常聪明，心里必然清楚，他在接受审视——看他是否适合成为未来英国王室的成员。但是，他却没有完全的信心，笃定自己能达到所需的标准，因而自尊心受到伤害。他心里肯定如明镜一般，科堡家族，包括他父亲、利奥波德叔叔、维克多丽姑妈在内的所有人，都想让他娶他的表姐。但他也许还了解到，威廉四世对他侄女的婚事另有安排。国王根本不想让科堡家的男孩前来肯辛顿宫拜访，根据帕默斯顿勋爵（Lord Palmerston）的说法，他知道他们抵达后，“气愤不已”。[40]阿尔伯特后来承认，他“在1836年拜访时，清楚地知道所面临的困境”。[41]他这么说，一定指的是维多利亚的伯父威廉四世和她的舅父利奥波德撕破脸皮，争夺为她做主、替她选择配偶的权力。

维多利亚当时年仅16岁，对男孩普遍感兴趣，但没有显露出坠入爱河的迹象。她很快就在日记中滔滔不绝，她是“那么那么深深地”喜欢欧内斯特和阿尔伯特，不过程度没有差别：她对他们的感情“比对世界上任何表亲都深得多”。在她的日记中，他们总是成对出现，“亲爱的欧内斯特和亲爱的阿尔伯特”，他们俩同样“举止成熟……通情达理，如此地好，还心地善良”。在她心目中，阿尔伯特唯一与欧内斯特不同之处，就是他卓越的智慧。[42]同样，阿尔伯特也声称在这次拜访中，他和维多利亚之间只存在表亲间的感情。“我们在肯辛顿宫待了三四个星期，维多利亚公主和我自己……对彼此颇为满意，但对将来的事情只字未提。”[43]

然而，虽然表面上这样不温不火地互相夸赞，其实维多利亚对科堡家族的意图心知肚明。她的日记并不私密，她不能在其中袒露心声。肯辛顿体系要求其他人——莱纯和她的母亲阅读她的日记，而且，其他消息来源直接质疑了日记作为真实记录的可信度。譬如，维多利亚的同母异父哥哥查尔斯明白，尽管国王不同意，但科堡家族内的联姻几乎已成定局。他说：“这桩婚姻被视为应集中全部精力一举达成的唯一目标。”[44]

在其半公开的日记之外，维多利亚承认了她在这个计划中的位置。她打心底深处知道，她会遵从利奥波德舅舅的愿望，嫁给阿尔伯特，但作为未出嫁的姑娘，她要表现得矜持。她在一封私信中写道：“亲爱的舅舅，我要感谢您将亲爱的阿尔伯特赐给了我，为我的未来带来无与伦比的幸福的可能。请允许我……告诉您我和他在一起时有多么开心，我对他的方方面面有多么喜欢。他具备所有能让我美满幸福的理想品质。”[45]

虽然她不能自行选择丈夫，但阿尔伯特真的几乎完美无瑕，他才智过人，温柔敦厚。而且，阿尔伯特的相貌还比她出众很多。维多利亚认为，他具有“你可能见到的最赏心悦目的外表和长相”。她写信告诉利奥波德：“我亲爱的舅舅，我现在必须乞求您，照顾好这个现在对我如此珍贵的人，保证他的健康。”[46]

历史习惯将维多利亚和阿尔伯特的婚姻描述为天作之合。确实，但也并非如此。维多利亚所见的她父母的例子，她读过的大量浪漫小说，以及外界的期待，这些注定让维多利亚反复强调她嫁的是她爱的人。但很明显，这是桩包办的婚姻，维多利亚16岁时就对这点心知肚明。两年后，1838年，她又向利奥波德舅舅写了一封信，说她“已下定决心”，“至少”要等到20岁，再嫁给她的表弟。她觉得，她“还没有真正长大”，“身体还不够健壮”，不能生儿育女。但她让舅舅放心，她会“信守承诺，不会改变主意”。维多利亚解释道，她只想“在履行妻子的责任前，再多享受两三年目前这样无忧无虑的少女生活”。而且，阿尔伯特还需要精进他的英语。[47]

让她感到畏惧的不光是“妻子的责任”，还有成为女王的责任。

7. 登基

肯辛顿宫，1837 年 6 月 20 日

1837 年 6 月 20 日，星期二，清晨 5 点，刚拂晓不过一刻钟，坎特伯雷大主教和宫务大臣（Lord Chamberlain）已经在肯辛顿宫的门前“连敲带捶”了。[1]

他们俩快马加鞭，连夜从温莎堡赶来，此刻“灰头土脸，一脸的劳顿”。[2] 虽然他们俩站在一起有点不太相称，但两人此番前来是为了履行同一个使命，传达对君主制生死攸关的一个消息：让威廉四世的继承人知道，他已于凌晨 2 点驾崩。还在楼上酣睡的维多利亚，在过去的 3 个小时中已经是女王了。

大主教和宫务大臣还在用力地敲着肯辛顿宫的大门，许久之后才有人前来开门，放他们进去。康罗伊又一次掺和了进来。一个男仆最后将他叫了过来，他接待完来客后，才派一个女仆去告诉肯特公爵夫人。[3]

维多利亚对楼下的喧闹场面全然不知，她几乎是宫中最后一个了解情况的人。她摆脱肯辛顿体系的努力显然尚未结束。

维多利亚此刻熟睡在乔治一世和二世曾经就寝的空旷的大卧房里，她的母亲强行将这个房间用作她和女儿的卧室。房间“十分高大宽绰”，一天到晚多数时候都是阴沉沉的，不过维克多丽为了女儿，将其“布置得非常舒适”。[4] 墙壁上贴着不太协调的碎花墙纸，在偌大空间的衬托

下，显得格外小家子气。房间窗户朝东，此刻能看到太阳正从下方园中的圆塘缓缓升起。

尚不知情的维多利亚不仅登上了王位，她还成年了。就在3周前，她终于庆祝了18岁生日。她在日记中感慨道："不小了！可我离自己应该成为的人还那么远。"[5]康罗伊那时肯定恨得咬牙切齿。现在，为他所控制的维克多丽已经没有摄政的必要了。维多利亚在登基时，可以名正言顺地自行统治。

不过，当时的情况岌岌可危。维多利亚过完生日仅仅两天后，威廉四世就染上重病。他一直有心脏病，现在又感染肺炎。帕默斯顿勋爵写道："我们的国王气息奄奄，他坚持不了多久了。"[6]不过，出人意料的是，威廉四世就像有人说的那样，"像一头年迈的狮子般"垂死挣扎，又多活了几个星期。[7]他要求医生"将他摆治好，让他撑过"滑铁卢战役周年纪念日。纪念日是在6月18日，每年这个时候都会大肆庆祝，一直以来他都很喜欢这个节日。他一心想活到这一天，后来解剖尸体时，发现他的肺部充满血液，心脏肿大，脾脏也变成原先的两倍大小。[8]

在威廉四世弥留之际，肯辛顿宫的形势对维多利亚而言更紧张了。即使摄政之位已经没戏了，还有她登基后如何任命、如何报答对她有养育之恩的人等问题。利奥波德舅舅派斯托克马男爵替他维持他在肯辛顿宫的影响力。斯托克马向他报告，康罗伊继续在肯辛顿宫"像疯子一般施行他的胁迫体系，公爵夫人对他言听计从，温顺无比"。到目前为止，维多利亚坚决拒绝"向她妈妈承诺，她会任命康罗伊为她的亲信顾问"。不过，斯托克马坦言："至于她能否坚持到底，只有老天才知道，因为他们无时无刻不在纠缠她。"[9]

这场斗争是在暗中进行的。6月6日，维多利亚为了表示对垂死伯父的尊重，不再出门社交，第二天她停课了，事实上，自此之后，她的课程永远结束了。[10]6月16日，斯托克马报告说："康罗伊敦促维克多丽采取极端措施，狠下心来，凶一点，迫使她的女儿听她的话。"[11]康罗伊不仅开始失去了对形势的控制，还丧失了理智，甚至有人听他说："如果维多利亚公主不听话，就必须强迫她听话。"[12]

而对维克多丽来说，她已经让自己相信，如果维多利亚未能任命康罗伊为顾问，她将会因为这一疏漏而备受谴责。"噢，她还有很多很多需要学习。"维克多丽感叹道。维多利亚的母亲认为她太过"少不更事"，对坐稳王位有多么艰难浑然不知。习惯于自我怀疑的公爵夫人根本无法理解，自己的女儿哪来的她能行的自信。尽管维多利亚心中免不了有所担心，但她相信自己刚好"足够成熟，能够担当如此重任"。至少她有足够的信心去尝试担此重任。[13]

肯辛顿宫外，许多人确实也心存疑虑。譬如，帕默斯顿勋爵认为，"让一个刚走出保护伞、毫无经验的18岁女孩管理一个帝国，毫无优势可言"。[14]然而，就算是康罗伊，也只能哄骗稀里糊涂的公爵夫人，在一定程度上支持他反对她的女儿。虽然他认为应该"强迫"维多利亚配合，他却"不相信肯特公爵夫人有足够的魄力"走出"这一步"。[15]

维多利亚知道自己胜利在望，于是从这份希望中汲取力量。"避免口角，"她的利奥波德舅舅这样嘱咐她，"无论家里的人如何嘲弄奚落，你必须像往常一样，保持冷静。"他还提醒她，登基"可能会比你想象的来得更早"，"不要为此感到惊慌"。[16]

虽然维多利亚在他人面前表现得平静淡定，可事实上她很惊慌。她在6月19日的日记中说："可怜的国王已经病入膏肓，他可能连今天都撑不过去了。"[17]那天晚上，她边阅读沃尔特·司各特爵士的书，边让女仆帮她解下头发，直到10点15分才上床休息。有些人猜测，今晚会是她作为公主的最后一晚，但没人能够确信。

一直以来，维克多丽在肯辛顿体系下与康罗伊沆瀣一气，她对康罗伊过于信任。现在的她变得如此可怜。在维多利亚统治的第一个黎明，她悄悄回到卧房，她和女儿前一晚还在这里并排就寝。维克多丽垂下头，打量着她仍在沉睡的女儿，陷入沉思。她为她的小女儿牺牲了那么多，可换来的却是维多利亚的冷漠无情。“我心爱的孩子将来会怎样？她还那么年轻。”此刻，维克多丽在心中问自己。“我最担心的是，一直以来我太溺爱她了。”[18]

最终，维克多丽停止沉思，她告诉我们，她“用一个吻将这个可爱的孩子叫醒”。[19]可维多利亚在当晚的日记中，却对这点只字未提。[20]那时候，她已经完全不去想和母亲之间的互动了。

维多利亚“匆忙”从母亲旁边的小床上下来，穿上一件白色的晨衣，穿过与卧房相连的女仆房间，来到她的起居室。[21]她是一个人去到那里的。维克多丽曾经希望在她女儿统治的第一天，自己作为摄政王，一直相伴左右，可现在却甚至没想起和她一起去。[22]

维多利亚走入起居室，眼前出现了一幅不同寻常的景象。两名男子在她面前的地毯上齐齐跪下，其中一个已经上了岁数，另一个也已入不惑之年。接着，大主教威廉·豪利（William Howley）和宫务大臣弗朗西斯·康尼汉姆（Francis Conyngham）告诉她，威廉四世国王的生命之火已于那天凌晨2点12分熄灭。[23]康尼汉姆是已故国王的高级宫务官员，他是第一个称呼维多利亚“女王陛下”的人。他将新女王伯父的死亡证明递给了她。[24]

此刻跪在维多利亚面前的这个人，是个典型的整天围着王室公爵转、为玷污君主制形象推波助澜的颓废贵族。康尼汉姆的母亲是乔治四世一连串胸部丰满的情妇中的最后一个，也是其中最丰满的一个。关于康尼汉姆夫人，有一段著名的描述，称她“脑子里没有一丁点儿想法；口中说不出一丝见解；只有一双接收珍珠、钻石的手，和一个佩戴珍珠、钻石的巨型阳台①”。[25]因为她的关系，她的儿子弗朗西斯得以做她的情人乔治四世的侍从，后来又成为威廉四世的宫务大臣。如今人们一般记得，弗朗西斯·康尼汉姆后来在爱尔兰爆发大饥荒时，置佃户于水深火热而不顾，他是那批可恨的大地主中的一员。维多利亚应该继续留用这样的人吗？从此刻起，她要评判她所接触的所有人的品格、才能与职位，因为这样她才能在她的宫廷树立起道德之风。

一名研究维多利亚的历史学家称，新女王此刻泪流满面："转向大主教，说：'请阁下为我祈祷。'"这份煽情的描述接着说："就这样，在一个天真无邪的小女孩的泪水和祈祷中，维多利亚的辉煌统治开始了。"[26]毫无疑问，这是一个泪水泛滥的时代，无论男女都觉得经常掉眼泪是有良好教养的表现。直到19世纪50年代，甚至法官们都会在审理令人怜悯的案件时落泪。[27]根据当时对年轻女孩行为的推测，维多利亚**应该**哭了。可她却没有。

她后来谈到，她在那一刻非常平静，镇定自若，一滴眼泪都没有。维多利亚声称："女王并没有不知所措，反而可以说充满了勇气。**她知道这一刻必将到来，所以在它到来时，她冷静地接受了。**"[28]

甚至连她对伯父的哀悼都必须适度。她当时想："可怜的老头，我很遗憾他不在了，他一直对我很好。"[29]可是，维多利亚没工夫哀悼她的伯父，她必须赶紧回到女仆的房间换衣服。女仆已经为她准备好一身黑色的孝服，等着她更换。这条长裙至今还保存在肯辛顿宫，小小的一件，腰很小，袖口也非常窄。她戴了一个白色的披肩领，搭配这件丧服，"她的浅色头发"和往常一样"简单地在额头上方分开"。[30]她看起来很像一个小女孩，因而人们对她的统治充满肆意而浪漫的联想。不过这也意味

---

① 暗指她大面积袒露的胸颈。

着，她将一直受到低估。

维多利亚很清楚接下来要做什么。利奥波德舅舅建议过她："接到国王驾崩的官方通知后，你要立即委托墨尔本勋爵（Lord Melbourne）出任首相，带领你的大臣们继续维持现任政府。"[31] 而且，她还有斯托克马在一旁提点，加深利奥波德建议的影响。维多利亚吃早餐时，第二代墨尔本子爵威廉·兰姆（William Lamb）已在赶往肯辛顿宫的路上。利奥波德、维克多丽，事实上维多利亚圈子中的所有人，都支持目前占议会多数席位的辉格党（Whigs），而不是备受排挤的托利党（Tories）。

8 点 30 分，维多利亚写信给她的利奥波德舅舅。她还写了一封信安慰刚刚失去丈夫的阿德莱德伯母，告诉她不用着急从温莎堡搬走。而且，她还写信给费奥多拉："写这封短信只是想告诉你，可怜的国王今早去世了……我很好，我永远是深爱你的妹妹。V. R.。"[32] 她首先想到的是她的舅舅、伯母和姐姐：在肯辛顿体系之外一直支持她的人。

9 点，维多利亚的首相前来与她会面，今后他们还会有很多次这样的会面。在过去的几天里，一场闹剧正在上演，不断有人在墨尔本耳边诋毁新女王。康罗伊迫切想让首相知道，他认为维多利亚可能精神不正常。不过，忠诚的克拉克医生以最快的速度给墨尔本写了一封信，向他证实维多利亚的精神并没有问题。[33]

此刻，弯腰亲吻维多利亚的手的墨尔本勋爵已经 58 岁①了。他一直坚持一夫一妻制，喜欢轰轰烈烈的恋情，在失去了精神失常的妻子后，有过两段严肃的感情。作为政治家，他大器晚成，总是一副优哉游哉、漫不经心的样子（"我总发现没有什么论断是正确的，特别当对方义正词严时"）。[34] 他对自己的健康不佳（他喝太多酒）和容颜不再（他年轻时

---

① 墨尔本勋爵（1779—1848）。此处原文作 sixty-one years old（61 岁），疑误。

有一头浓密的赤褐色头发，他曾经让3个理发师花足足3个小时拔掉长出的每一根白发）毫不避讳，让人感到亲近。[35]维多利亚认为："我非常喜欢他，对他信心十足。"她告诉墨尔本，他和他的政府将继续留任。[36]

墨尔本勋爵也向她简要介绍了接下来会发生什么：她要作为女王，在登基委员会（Accession Council）的一个会议上首次公开露面。枢密院成员已经被传召来肯辛顿宫参加会议。这些委员多数是老成的政治家，其工作是保护君主、谏言献策。11点刚过，一身黑色长衫的神职人员、身着装饰有金色穗带的宫廷礼服的绅士们，甚至连穿着老式马裤的仍健在的王室公爵们，都陆陆续续赶来。[37]受邀出席会议的约有220人，其中包括内阁大臣、政府高级官员和旧王室的官员，每一个接到消息且能及时赶到肯辛顿宫的人都来了。枢密院的书记员记录道，"她极其年幼、不谙世事，世人又对她知之甚少"，这些激起了他们的好奇心和责任感。[38]这些委员深感不安，对这个如今有权力——像沃尔特·白芝浩（Walter Bagehot）在《英国宪法》（*The English Constitution*）一书中所说的那样——"宣战、讲和、谈判条约、解散陆军、解散海军、卖掉所有战舰、将每一个教区变成大学、赦免所有罪犯"的小女孩，他们已经下定决心不把她当回事。[39]

这个会议被安排在楼下的红色会客厅（Red Saloon），11点30分开始，比原定时间晚了半个小时。不过，在维多利亚的记忆中，会议是在下午2点召开的。她那天从早上醒来到现在，发生了太多事情，以致她很难相信只过了5个小时。[40]要到红色会客厅，她必须沿着一段盘绕陡峭的楼梯下楼。以前，她的家人一直不允许她在没人握着她手的情况下，上下这段楼梯。[41]如果亲眼看到这段楼梯有多么回旋陡峭，对一个年幼的孩子采取如此防范措施，就显得无可厚非了。[42]况且，维多利亚有一边的膝盖比较弱，在爬楼时会刺痛。然而今天，她独自走完了这段艰难的楼梯——这点意义重大。

现在，维多利亚必须走进会客厅。维多利亚只身走了进来，身边没有一个人陪伴，这让等在会客厅的每个人都颇感意外。他们眼前的是“一个身材纤巧、皮肤白皙的年轻女孩，模样像是只有 15 岁”，她穿着黑色长裙，梳着简单的发式，她的面容“富有光泽，看起来很干净”。[43] 她的母亲和康罗伊都不在她身边。她从容不迫地“在王座上坐下”。[44]

在墨尔本勋爵的巧妙安排下，大家对维多利亚明显改观。人们一般认为，对一位年轻小姐而言，仅仅是出现在一屋子男人面前，就很难做到不脸红、傻笑或流泪。当外界得知维多利亚的表现后，《考察家报》（*Examiner*）认为，女王“在没有女随从的情况下，出现在一大群男人中间”，非同寻常，十分了不起。[45] 惠灵顿公爵认为，她只身前来，“没有任何其他女士相陪”，接着镇定自若地主持着会议，“仿佛她已经担当这个角色多年”，实在勇气可嘉。[46] 她“在念稿时，声音洪亮清晰，丝毫没有面露惧怕或害羞之色”。[47]

在场位高权重、年事已高的男士们见到她后，立刻对她产生了信心。锡德茅斯时期的故人阿莱西娅·阿林厄姆写道：“只有生活在那个时代的人才能理解，当这个年轻可爱的女孩遵循命运的召唤，登上这个国家的王座时，人们的内心有多么感动。”[48] 这种触动，此刻将从红色会客厅开始，最终蔓延至全国。甚至政界有名的“毒舌”——嘴碎、脾气臭的枢密院书记员查尔斯·格雷维尔（Charles Greville）也承认：“从来没有人能给我留下像她那么深的第一印象。”他个人认为她的表现“非常出乎意料，远远超出了期待”。[49] 惠灵顿也认为：“她不仅坐上了女王的位置，还让在场所有人对她心服口服。”[50]

在维多利亚宣誓遵循法律和习俗统治这个王国后，她的大臣们一个接一个走上前来，单膝跪下，宣誓效忠，然后行吻手礼。[51] 在整个仪式期间，陆续有越来越多枢密院委员赶来。下跪和亲吻完全在一片寂静中进行，“为此情此景平添了诸多肃穆”。[52]

等到签名的时候，这位新女王只写下“维多利亚”一个名字。[53]这不是她自己想出的主意。就在不久前，她的母亲和康罗伊商量决定，她受洗时所取的“亚历山德丽娜”这个名字不应该再用。人们已经“习惯维多利亚这个名字，而且并不讨厌它。这个名字听起来很有气势①”。[54]

枢密院会议结束后，她面见了伦敦市的市长和代表，“她利落果断，颇有想法，泰然自若，像一位更年长的女王”。[55]不过后来，全部会见刚一结束，维多利亚就兴高采烈地“跑开了，一如她那个岁数的其他女孩子”。[56]

那天行云流水般的和声中，只冒出了一个刺耳的音符。枢密院开会时，康罗伊和斯托克马正在花园散步，康罗伊对他未来的安排提出了一些建议。他列出了若干要求，作为报答，他会离开宫廷，不再对任何人造成麻烦。他想要一个贵族爵位、巴斯勋章（Order of the Bath）、枢密院成员资格、每年3000英镑的退休金。[57]

枢密院会议一结束，斯托克马就将这份清单交给了墨尔本。这位首相看着上面列的要求，目瞪口呆。然后，他义愤填膺地说：“这实在太恶劣了！你听说过有人这样厚颜无耻吗？”[58]他气得手直抖，那张单子从他手中滑落下来。

对康罗伊，斯托克马没有那么急于谴责。此刻，他担心维多利亚对她的母亲和康罗伊的反抗太快或太激烈。如果让人觉得她忘恩负义、忤逆不孝，她将“**永远无法恢复自己的声誉**”。[59]也许斯托克马也看出来，康罗伊在某些方面尽到了自己的职责。他将维多利亚安全地送上了王位，她的公众形象不仅完好无损，而且熠熠闪光。甚至连他对维多利亚造成的情感创伤，也只是使她的意志更加顽强。康罗伊之所以会激起如此怨

---

① 维多利亚名字的含义为“胜利”。

愤，部分原因可能源于势利心理。虽然康罗伊必须和贵族打交道，可他本人却是白手起家①。他尽职尽责，无可挑剔。

就这样，两天后，约翰·康罗伊的贵族爵位要求得到了批准。他会获得一个爱尔兰贵族爵位，不过要经过漫长的等待，在此期间，他会获封为准男爵。可遗憾的是，成为准男爵的康罗伊便有资格继续留在维多利亚女王的宫廷作乱。

维多利亚成为女王的头一晚，经过一天的忙碌，晕头转向的她是一个人吃的晚饭。[60] 维克多丽经历了“一生中最难熬的一天”，没来和她一起用餐。[61] 公爵夫人内心痛苦不堪，在自己的私密日记中写道：“如果我心爱的维多利亚什么时候看到了这些文字，我乞求她相信，我从未做过任何伤害过她的事。”[62] 然而，维多利亚很快就会宣布，连她的母亲都不能未经允许进入她的房间。“我不得不提醒她记住我的身份。”她向墨尔本诉说道。“没错。”他赞同道。[63]

沉着自信、冷酷无情的维多利亚就这样推开了她的母亲，让墨尔本担当了利奥波德舅舅此前充当的父亲角色。“我可怜的妈妈对墨尔本勋爵羡慕得不得了。”她这样写道，自鸣得意而又残忍狠心。[64] 那晚，她又和墨尔本进行了“极其重要、非常自在”的长谈，这场交谈直到 10 点钟才结束，之后她简短地和维克多丽道了声晚安。维多利亚对母亲的驱逐是一种正式的仪式，因为她们不再共用一间卧室，维克多丽被赶到了楼下的旧套房居住。

接着，她将母亲从脑海中赶了出去，将思绪转向了别处。她独自坐在那里，记录着那天发生的事情，陷入了沉思。“我会竭尽全力履行对国家的责任。”她向自己保证，“我很年轻，也许在很多方面——不过不是所有方面——缺乏经验，但是我可以确信的是，我具有强烈的热情和真

① 他的父亲是律师。

切的意愿尽我应尽的责任，这点无人能比。”[65]

这番话朴素而又真诚。维多利亚非常清楚自己的相貌和才智并不出众。她真的平凡得出奇。连这段令人感动的小小宣言，也是对众多19世纪女主人公陈词滥调的模仿：尽职尽责，能力不足，虔诚恭敬。这些理念无论是在小说里（《米德尔马契》中的多萝西亚·布鲁克），还是真实生活中（弗洛伦斯·南丁格尔和其他许多人）都反复出现。与这些女性不同的是，维多利亚拥有社会认可的舞台，将这些理念付诸实践。[66]她虽然十分平凡，却是个幸运儿，在婴儿赛跑中取得领先，这将是她的统治中意义最深远的方面之一。她将证明，即使是平凡的女孩，也能做非凡的事情。

接下来几天，维多利亚进一步拉开了与母亲的距离。不久后，她干脆搬出了肯辛顿宫，举家迁往白金汉宫的新家。维多利亚的雷厉风行令人们对她刮目相看。他们说：“在宫廷和王宫的琐碎小事上，她已经展现出了女王和女主人的风范，仿佛她一直深谙此道。”从肯辛顿的阴霾中解脱出来后，维多利亚的所作所为立即开始逐步靠近她未来的强硬女王形象了。

王公大臣们在红色会客厅初次见到新女王时，看到她身材纤巧、稚嫩，可能还以为她会很容易受人摆布。但枢密院的书记似乎已经看到了其他迹象。他想：“等她获得自信，个性开始形成，她会展现出强烈的个人意志。”[67]

对此，康罗伊已经知晓，之后他还会深深领教。

8. 加冕

白金汉宫，1838 年 6 月 28 日

“6 月 28 日。星期四！”她写道，还在这个日期下画了线。那是难以忘怀的一天。维多利亚在记录她的加冕典礼的那篇日记中，继续写道：“我 4 点钟就被公园传来的枪声吵醒了，后来因为人群、乐队的种种喧闹，怎么也睡不好。”[1] 她睡得断断续续的这一宿，是在白金汉宫度过的。乔治四世这座由黄褐色石头建成的寝宫宏伟而优雅。那时的白金汉宫比今天要优雅得多，因为维多利亚后来增建了现在朝东、面向伦敦的那部分难看的宫殿。首都上上下下也早早起床，准备好亲眼见证这座城市迄今为止最盛大的场面。

维多利亚 7 点起床，为了攒足体力，迎接漫长的一天，她在着装前后分别吃了两次早餐。9 点半时，她走出自己的套间，去见对她最重要的人：科堡公爵，即她的欧内斯特舅舅；以及她同母异父的查尔斯哥哥和费奥多拉姐姐。她没有提到她的母亲。虽然维多利亚前一晚没睡好，但他们认为她看起来“非常镇定”。

为了在威斯敏斯特大教堂（Westminster Abbey）举行的加冕礼，维多利亚身着一件带有金色刺绣的白色缎面长裙，外披红色礼袍，头戴“镶有华美钻石的冠冕”。她身上那件绛红色加冕礼袍，表面是镶有金色蕾丝的天鹅绒，内衬是貂皮，在她娇小的身体后拖拽那么长，显得“非常笨重累赘”。[2] 女侍长（Mistress of the Robes），如雕塑般美丽的萨瑟兰公

爵夫人（Duchess of Sutherland）哈丽特（Harriet），负责维多利亚的着装。这件“笨重的”斗篷一定让她焦虑不安，事实上，这件衣服今天一整天都会碍事、制造麻烦。这位身材高大的公爵夫人站在女王身边时，显得女王的个头尤其矮，而且哈丽特习惯与墨尔本打情骂俏，维多利亚对她稍微有些嫉妒。不过，她对哈丽特的衣着品位确信不疑。接着，维多利亚娇小的双脚穿上系着丝带的扁平白色缎面布鞋。[3]

10点钟时，维多利亚准备就绪。她登上为其祖父乔治三世建造的皇家金马车，这辆马车的四角各有一个挥舞着三叉戟的镀金特里顿①（Tritons）护卫。自从18世纪英国海军接连取得胜利以来，大不列颠已经统治了海洋，所以，英国君主出门时理应受到海洋之神护卫。这辆马车由8匹白马拉动，其典型特征是启动后“不断前后摆动”，非常不舒服。[4]

笨重的金马车缓慢吃力地驶出白金汉宫，穿过那时矗立在宫殿正门口的大理石拱门（Marble Arch）。历史上最华丽新奇的加冕仪式就这样拉开序幕。

维多利亚登基后的第一年非常顺利，她几乎没有踏错半步。一家报纸称，英国人的化身“约翰牛（John Bull）很乐意被一个小女孩统治，如果女王陛下需要的话，他愿意割下自己的耳朵”。[5]《苏格兰使者报》（*Caledonian Mercury*）认为这位童贞女王是“一道上帝赐予的神圣彩虹”。[6]

这几个月是维多利亚一生中最美好的时光。她在1837年7月写道：“我昨天去了议会，宣布休会，今天一点儿都不累，反倒觉得很精神。”[7]不久之后，她自吹自擂道：“昨天我又非常出色地完成了接见。”[8]她在

---

① 希腊神话中人身鱼尾的海洋之神。

19 岁生日的第二天写道："昨晚我们举行了一场美妙的舞会，我一直跳到今天早上 4 点多。"她可以跳舞，选择自己的同伴，再也没有约翰·康罗伊和她母亲的监视和反对，她深感称心如意。她写道："和去年真不一样啊！大家对我真好、真和气。"[9]

当时英国安定太平，新君主年轻健康，因而女王登基整整一年后才进行加冕典礼不足为怪，另外，这样就有充足时间筹划一场盛大的仪式。1838 年 3 月，维多利亚登基整整 9 个月后，她的内阁开始商议加冕事宜。一时间争议四起。伦敦商人齐声要求加冕典礼在 8 月举行，以便他们有更多时间订购商品。还有一些人对取消在威斯敏斯特大厅（Westminster Hall）举行只有尊贵人士参加的传统宴会，代之以一场迎合大众的街头游行反感至极。[10] 内阁最终决定，加冕典礼在 6 月议会会议结束后举行。4 月 7 日，命令下达，巨型机器开始运作。[11]

经过翻来覆去的讨论和精心策划，维多利亚加冕礼的方案最终成型，这场典礼面向的民众将比以往任何仪式都要广泛。加冕礼耗费不高，预算为 7 万英镑，但也不像上一次为维多利亚的伯父威廉四世举办的加冕典礼那么低廉。后者只花了 3 万英镑，民众对此颇为失望，后来将其戏称为"半加冕"（Half-Crown-ation）。威廉四世之前，她的另一位伯父乔治四世的加冕礼耗费 24 万英镑，被认为奢华得离谱，维多利亚的加冕礼远不能及。

维多利亚的加冕礼不仅在简约与奢华之间找到了平衡，而且还巧妙融合了新风与旧俗。威斯敏斯特大教堂内的仪式主要面向社会精英。王公贵族受邀参加，但平民百姓也能花重金购买门票观礼。教堂内部专门建了摇摇欲坠的看台，他们能坐在那里，观看下面一个娇小纯洁的女孩参加古老的仪式。新女王的贵族们注视着她娇小的身材，会很放心，觉得这个小女孩不会给他们造成麻烦。

不过，参观加冕礼的不光有贵族，还有将近500名下议院议员。1832年《大改革法案》（*Great Reform Act*）扩大了下议院中现代所谓的中产阶级的比例，而这是该法案通过后的首次加冕典礼。所以，维多利亚现在还要在英国议会议员的邀请函上签名，要求他们“亲自出席朕庄严的登基典礼”。[12] 为了取悦无法亲身挤进大教堂观礼的英国大众，还会举行声势浩大的街头游行。

加冕游行有着数百年的历史传统。以前都是从君主古老的伦敦塔城堡开始，到威斯敏斯特大教堂结束，自1660年以来，没有哪一次路线有维多利亚这次的那么长。君主的大本营已经不在伦敦塔堡垒，而是搬到高雅的伦敦西区（West End）中漂亮的白金汉宫，维多利亚的游行也考虑到了这点。她将是第一个从白金汉宫前往加冕的君主，自此，这条路线将在电视播送的王室婚礼和仪式中反复出现。最后，最取悦大众的一点是，海德公园（Hyde Park）将会举行盛大的庆祝活动。这个活动本来计划持续2天，却因民众的呼声，延长至4天。

“毒舌”格雷维尔认为，“这场登基大典最伟大之处在于为人民做了很多”。[13] 他指的是那些被称作“下层阶级”的人民，即占当时人口75%的体力劳动者。据官方估计，有40万人民专程赶来伦敦，观看这场王室典礼。[14] 典礼开始前一周，大批外地人涌入，导致伦敦交通一度瘫痪。向海德公园运送货物的马车挤占了交通，因而维多利亚自己的私人马车在皮卡迪利（Piccadilly）耽搁了45分钟。道路堵得水泄不通。[15] 据说，当时“无论交情有多深厚，花多少钱，都租不到一辆马车”，出租马车的司机向“外来的人收双倍的费用”！[16]

整个游行路线设满了观看座位。一份报告说：“从海德公园一角到大教堂的整条线路上，没有一所房子、一个空地儿没搭建楼座或看台。”[17]

6月28日早上，维多利亚尚未离开白金汉宫，这些看台上便已经挤满了人，街道两边人潮涌动，士兵们不得不用步枪将他们挡住。维多利亚坦言：“我时不时会感到惊慌，担心人们因为猛烈推搡，被挤伤压倒。”[18]当时的情况既不安全，也不轻松。就在几年前，惠灵顿公爵体会到，当时仍是暴民的年代，时常会发生公共骚乱。因为他反对《大改革法案》，一群伦敦市民砸了他位于海德公园角的住房。

10点钟，随着一声巨响，维多利亚的游行开始了。震耳欲聋的礼炮声过后，一面30英尺宽的巨型王旗在大理石拱门上方冉冉升起（1838年该拱门还耸立在白金汉宫前），向公众昭示女王已经开始游行。在队列前面的是外国使节、王室骑兵、一众王室成员的马车，以及齐步向前的48名女王的船夫（Queen's Watermen）。[19]整个队列看起来十分华美。一名欣喜的看客写道：“他们的装束如此华丽，到处金光闪闪的。”[20]俄国大使亚历山大·斯特罗加诺夫（Alexander Stroganov）乘坐的马车尤为悦目，“车顶上饰满花冠”，不过可惜没有“达到沙皇的规格”。埃斯特哈齐王子（Prince Esterházy）的马车也非常精美，这位王子却“像个遭到囚禁的虫子一样在车厢中扭动”。墨西哥大使的马车外装点着华美的“皮革把手”。[21]

然而，大家屏息而待的是女王的马车。“笨重的国舆”从大理石拱门下缓缓驶出，人群中“轰然发出热烈的欢呼声”。[22]根据作曲家费利克斯·门德尔松（Felix Mendelssohn）那天所见，这是一辆“金色的童话般”的马车，透过车窗能看到一名“优雅的女孩”端坐其中，向左右点头，对欢呼声表示感谢。马车一进入公众视线，“人群被挥舞的手帕、高举的帽子淹没，他们齐声高呼，几乎盖过了隆隆的钟声、嘟嘟的喇叭声和雷鸣般的枪声”。门德尔松总结道：“我不禁掐了掐自己，看这一切到底是不是一场梦。”[23]维多利亚被人们的热情深深地打动了。她记录道：“他们欢天喜地的心情和忠诚无比的精神弥足珍贵，能成为这样一个国家的女王，我真说不出心中有多么骄傲。”[24]

从白金汉宫到威斯敏斯特大教堂之间的这半英里①路，维多利亚足足花了一个小时，最后金马车终于到达大教堂宏伟的东门，她走下了马车。门德尔松之前混在人群中，现在想方设法挤到大教堂门前，“窥见教堂内昏暗而肃穆”，然后被身着猩红色服装的护卫队士兵拦下，没能进去，这些士兵的“面孔泄露了牛肉的秘密，鼻子讲述着威士忌和红葡萄酒的故事”。[25]

维多利亚的白色小脚触地那一刻，人群发出最响亮的欢呼声。然后，她进入教堂，从人们的视线中消失。加冕礼嘈杂、面向大众的部分就此结束。教堂内等候的人们此刻“突然一片寂静，教堂般的寂静”。[26]

拿到大教堂门票的人大多 4 点起床，5 点出发，6 点就来到了教堂回廊，站在寒风中瑟瑟发抖，7 点教堂才开门。一个名为本杰明·迪斯雷利的年轻议员，凌晨 2 点半才定下要穿的那套宫廷服装，他整宿都没合眼。[27] 中午 11 点时，这些出席人已经在教堂内百无聊赖地等了三四个小时，他们或站着，或坐着，或相互交谈，有些人甚至打起了盹儿。但此刻，他们齐刷刷地看向教堂东门。合唱团和管弦乐队中共有 237 名音乐家，其中一名喜不自胜地说：“当他们告诉我，我们要去上帝的家②中表演时，我高兴极了。”[28]

维多利亚看到教堂内的景象，大为吃惊。手提女王袍尾的其中一个年轻侍女——威廉敏娜·斯坦霍普（Wilhelmina Stanhope）小姐留意到，“她的脸颊、前额，甚至脖子都变红了，她的呼吸变得急促起来”。[29] 教堂众人中，许多人和她一样，身披红色天鹅绒，维多利亚觉得他们“非常

---

① 1 英里 = 1.609344 千米。

② 这里指威斯敏斯特大教堂。

华丽，贵族们都穿着长袍，非常漂亮”。[30] 在一众华服中，最引人注目的是奥地利大使的服装。连他靴子的后跟都镶有钻石。一位贵夫人认为："他像是淋了一场钻石雨，进屋时一身钻石！"[31]

陪同维多利亚进入大教堂的不仅有帮她提袍尾的年轻侍女，还有女侍长萨瑟兰公爵夫人，她“像朱诺①一样趾高气扬地走进大教堂；她对自己的职位颇为自豪”。[32] 整个仪式期间，达勒姆主教（Bishop of Durham）一直站在女王身旁，他理应指导她进行仪式，可却表现得极为糟糕。维多利亚之后记录道，这位可怜的主教“总闹不清下一步该做什么”。其间，他本来应该将王权宝球递给她，可看到宝球已经在她手中了，他再一次感到“非常迷惑不解”。[33]

另一个造成障碍的是提袍尾的侍女的礼服。其中一个侍女写道，她们“裙子的小拖尾非常碍事”，“因为总是不可避免地踩到拖尾……典礼之前，无疑应该安排彩排，因为我们拖着女王的袍尾，走走停停，非常不顺畅，根本没走齐过”。[34] 侍女的礼服设计是由里士满公爵夫人（Duchess of Richmond）签字同意的，而不是时尚的萨瑟兰公爵夫人，所以“一些侍女对前者颇有怨言”。里士满公爵夫人当时下令，她不会“和她们的妈妈讨论”她们该穿什么样的礼服。定下设计的唯一办法就是独断专行。[35]

尽管这个小队伍进入教堂时并不整齐，但许多旁观之人对他们眼前所见甚为欣喜。其中一人写道：“女王走进来时，像云雀一样欢快，就像一个过生日的女孩。”[36] 皇家美术学院（Royal Academy）的查尔斯·莱斯利（Charles Leslie）在观众席中位置优越，因为他受委托，要将维多利亚接受圣礼的场景画出来，所以需要亲眼看到那一幕。他惊讶地发现，“第一眼见到

---

① 古罗马神话中的天后。

她身披礼袍”，他便热泪盈眶，因为她看起来“几乎像个孩子”。[37]

但是走到教堂中间，王座跟前时，她高涨的情绪逐渐消失了，维多利亚看起来有些压抑。[38]她即将进行的仪式意义重大、肃穆庄严，似乎将她吓坏了。[38]她靠在一个小凳子上，跪下祈祷上帝赐予她力量，履行她的使命。艺术历史学家玛利纳·瓦勒（Marina Warner）指出，在维多利亚后来画的有关那天经历的素描中，没有修道院的富丽堂皇，也没有漫长混乱的仪式，只有那一刻她的祈祷。她画下祈祷时的自己，这些画展现出她深知加冕仪式的意义，知晓其辛酸、深沉的力量。[39]

当她起身时，坎特伯雷大主教让她转身依次面向大教堂的四面。他用洪亮而低沉的声音说：“先生们，我在此向你们介绍这个王国不容置疑的女王。你们都愿意发誓向她效忠吗？”教堂的四面传来号角声，人们手挥国旗，发出雷鸣般的呼喊声。“上帝保佑维多利亚女王！”他们高声呼喊，情绪十分高昂，“可怜的娇小的女王听着他们的呼喊声，先是面红耳赤，然后脸色惨白”。其中一人记录道：“多数女士流泪了，我心想我这辈子都不会忘记这一刻。”[40]

欢呼声消停后，维多利亚开始更换礼服，表示她从女孩转变为君主。她来到一间专门的礼袍室，脱下绛红斗篷，穿上“一件显眼的、由亚麻布制成、镶有蕾丝边的小长袍”。这件白色长袍代表她纯净无瑕，准备好承受重任。

当她回到典礼现场时，头上没有戴任何王冠。接着她一件接一件地接受那些让她成为君主的物件。第一件是一位中世纪主教的金袍，象征加冕仪式的宗教性质。接着，她端坐在王座上，接受象征王权的古老宝器：一对金踢马刺、一把宝剑、权杖、君主戒指。接着，终于到了最关键的时刻：“王冠被放到我的头上——我必须承认，这一刻最美好难忘；所有的贵族和贵夫人在同一时刻戴上他们的小冠冕。”[41]那一刻举起小冠冕发出的声音，在遥远的中世纪加冕仪式上也能听到，曾经被精妙地描述为“一种如羽毛般轻柔、丝绸般细滑的雷鸣声”。[42]

这个仪式源远流长，可这次为了适合女孩子，经过了稍许改动。一般而言，为君主涂抹圣油要涂在君主的胸上。不过，对维多利亚来说，涂在这个位置不太合适，因而只涂在她的头上和双手上。[43]一般而言，国王要将其蓝色天鹅绒嘉德星吊袜带（Order of the Garter）戴在腿上，而维多利亚则将其戴在左臂上。[44]历史上一般在加冕仪式的高潮时，使用圣爱德华王冠（St Edward's Crown），不过这顶王冠是为查理二世（Charles II）制作的，他身高超过 6 英尺，能够承受 5 磅①重的王冠，而娇小的维多利亚尚且承受不了。这个问题得到了预先考虑，于是“根据女王批准的模型”，耗资 1000 英镑，专门制作了一顶尺寸更小的新王冠。[45]不过，她用的宝球还是为男性设计的那个。当她拿到这个宝球时，她问要怎么处置这个宝球。听到她需要把它持在手里时，维多利亚感到难以置信。“真的吗？”她不可思议地问。“它很沉。”[46]

维多利亚的新王冠重量不及圣爱德华王冠的一半，可还是让她头痛。她让工匠将王冠制作得紧合她的头围，这样就不会出现王冠掉落的“意外或不幸”。[47]制作新王冠的工匠是珠宝商朗德尔-布里奇与朗德尔（Rundell, Bridge & Rundell），在加冕典礼前，这顶王冠成为愤怒和争议的焦点。在伦敦塔看管王室宝器的脾气暴躁的斯威夫特先生（Mr Swifte）对此极为恼火。斯威夫特先生有特权将塔里保存的王冠展示给任何想看的人看，一人收费 1 先令，他一直仰仗源源不断的参观者带来的这笔不菲的进项，养活他众多体弱的孩子。可是，新王冠显然更具吸引力，斯威夫特先生抱怨道，成百上千的人原本会去伦敦塔参观旧王冠，现在却去

1　1 磅≈0.45 千克，5 磅≈2.27 千克。

布里奇先生的店里参观新王冠。布里奇先生对抢走斯威夫特先生的生意毫无愧意。他声称："如果我们不让他们参观，我担心他们会破门而入。"[48]

维多利亚后来坦言，虽然王冠紧紧地箍在她的头上，"疼痛不已"，但因为贵族们要一个接一个上前发誓效忠并行吻手礼，在此期间，她还是不得不戴着王冠，安坐在王座上。[49] 他们大多举止笨拙，因为"王座非常滑"。[50] 确实如此，当时还发生了一场糟糕的意外，年迈的罗利勋爵（Lord Rolle）一不小心"滑倒，从王座滚了五六个台阶，躺在了地上，当时场面十分可怕"。[51] 维多利亚赶紧从王座上起身，去扶他，她的自发性举动赢得了一阵掌声。一位美国评论家将自己的误解严肃地传达给他的同胞，"像罗利这样的勋爵每次参加加冕典礼都会做这种表演，因此才得以保住爵位"。[52] 轮到墨尔本勋爵上前行礼时，维多利亚告诉我们，她"投入整个身心"，紧紧抓住他的手："他抬头看着我，眼里满是泪水。"[53]

接下来是这场仪式中的一个细微的平民化创新。有史以来第一次，500 名下议院议员坐在他们专属的"祭坛之上的走廊"区域，开始发出 9 次欢呼。[54] 总的来说，下议院议员们很乐意参加这个仪式。有些议员平时出了名地邋遢，却为了这个场合身着"华服"，冲着这些人，议员们高呼"干得好，干得好"（hear, hear）。他们朝着一名穿着家族方格呢裙的苏格兰议员和一名"穿着桃红色天鹅绒礼服"的议员，发出了最响亮的欢呼声。[55] 但也有一些议员，像激进的约瑟夫·休姆（Joseph Hume），拒绝穿礼服，因此被禁止出席。[56]

维多利亚坐在这些心潮澎湃的人中间，举止庄重、泰然自若、气势十足地进行着典礼，"仿佛她此前经常被加冕"。[57] 墨尔本"慈父般的目光"，以及"亲爱的天使般的莱纯"偶尔投来的目光，让她备感安慰。莱纯坐在高悬在教堂顶端的一个包厢，目不转睛地看着她从前的学生，最后女王的目光终于落在她身上，她们相视一笑。[58] 和家庭女教师骄傲的目光大不相同，乔治四世在加冕典礼时被人看到他和情妇康尼汉姆夫人眉目传情，引起众愤。

维多利亚的母亲当然也在教堂中，可是，维多利亚对加冕仪式的描述虽然冗长，却对她只字未提。约翰·康罗伊爵士的朋友（他确实有一些朋友）发现他没来参加仪式。他的一位朋友写道："昨天我看到了母亲，又看了看女儿，然后看向前座、后座，都没找见你。"[59] 维克多丽一定也惦记着康罗伊。康罗伊在她身边待了 20 年，比她任何一个丈夫都长。

最后，加冕仪式不仅没有华丽结束，而且超过预定时间，陷入一片混乱。王室财务官（Lord Treasurer）向来宾分发纪念章，结果侍从们一跃而起，开始哄抢，他自己"快被撕成了碎片"。仪式结束后，维多利亚终于回到了她的礼袍室，她开始"抱怨头痛"。她放下沉甸甸的宝球和权杖，"解开斗篷，取下王冠，卸下全部王室宝器后，坐在了沙发上"。[60] 她发现加冕戒指很难取下来，因为大主教将它戴在了错误的手指上，最终她忍受着"剧痛"，将手浸在冰冷的水中，才将戒指取下来。

戒指戴错手指只是众多失误中的一个。迪斯雷利认为，整个仪式无不体现出"排练不足"的特点。在他看来，墨尔本勋爵手举国之重剑（Sword of State）的姿势不对，"像个屠夫"，他还看到沃德勋爵（Lord Ward）"拿着一个锡罐喝香槟，他的小冠冕戴歪了"。[61] "疲惫不堪"的墨尔本也感到有必要吃点东西垫补一下，于是他从礼堂后的圣爱德华礼拜堂（St. Edward's Chapel）的祭坛上拿了一些三明治和酒。[62] 这也不足为怪，毕竟他们都起得那么早。贵族们历来都会将三明治藏在他们随身携带的小冠冕中，1911 年参加维多利亚孙子乔治五世加冕仪式的一些贵族向记者透露，他们担心藏在小冠冕里的三明治中的黄油会融化、漏出来，当时也是一个六月天。[63] 此刻大伙儿都在教堂里等了很久。观众中一位叫哈丽雅特·马蒂诺（Harriet Martineau）的作家带了三明治和书，她“倚在朋友般的柱子”上舒舒服服地阅读着，而其他人却没她准备得那么充分，直接“坐或躺”在“积了半英尺厚灰尘”的脏地板上。[64]

尽管维多利亚这一天受了不少罪，6点刚过，回到白金汉宫时，她“真的不觉得累”。[65] 当时一段著名的描述称，她连蹦带跳地走进宫殿，听见她的爱犬达什（Dash）“在大厅里欢快地吠叫”，然后她跑上楼去“给小达什洗了个澡”。[66] 这个故事听起来不太可能，却广为流传，因为这一描述符合显而易见的一点：年轻的女王“充满活力”。甚至连“毒舌”都注意并称赞过女王的这一方面，他称维多利亚“以孩子般的热情和好奇心，迎接她成为女王所带来的无与伦比的新奇”。[67]

那天晚上，维多利亚参加了一个只有13人出席的小型晚宴，等到午夜时分，“在妈妈的阳台上观看格林公园（Green Park）的烟花，非常绚丽”。[68] 此处提到的午夜时分她妈妈的阳台，是她母亲在她那天的记录中出现的唯一一次。耐人寻味的是，这篇冗长的日记却对墨尔本勋爵的言行着墨颇多。对她来说，墨尔本勋爵已然成为世界的中心。

墨尔本勋爵言辞诙谐，老于世故，像慈父一般，他是维多利亚如此享受成为女王最初这几个月的真正原因。他的言谈风趣迷人，见多识广，全然不同于肯辛顿体系的拘束压抑。然而，维多利亚的一些子民认为，对于这个被她称为“墨爵”（Lord M.）的男人，她过于偏爱和依赖了，这种情感不恰当而且存在隐患。在她加冕日的灿烂辉煌背后，有一种由来已久的隐隐不满。

在很多人看来，“积了半英尺厚灰尘”的不仅是威斯敏斯特大教堂，还有君主制本身。如果维多利亚没那么年轻可爱，这一制度也许会岌岌可危。对加冕礼状况连连的种种指责，无不在说，在如今这个时代，具有中世纪内核的加冕典礼已经变得不合时宜。这是一个变革的时代；这种木乃伊体制真的还有必要存在吗？上议院（House of Lords）的一位发言人宣称，加冕典礼只适合以前“野蛮的”时代，“适合通过蛮横的暴力和凶残的抢夺争取王冠的时代”。[69] 哈丽雅特·马蒂诺，这位深受读者欢迎的记者，在高高的看台上，满心厌恶地看着贵夫人的丑态。她觉得下面成片的古老服饰非常不合时宜，她更喜欢“根据中产阶级的习俗，匹配不同生命阶段，穿戴与之相称的不同服饰”。她重点批评了贵族夫人们，“一群老巫婆，头上不是染色的头发，就是假发”，她们露出来的胳膊和脖子，“爬满了皱纹，让人看着直恶心”。她不喜欢“将女王和上帝混为一谈，对两者的虔诚和恭敬，无论是在类型上，还是在程度上，都那么相似，让人想起来直起鸡皮疙瘩”。[70]

但是，让这些怀疑者坚持下去的是年轻女王自身的形象，她标志着君主制在令人厌恶的王室公爵之后的全新开始。即使是激进分子，也不可能厌恶一个小女孩。事实上，正如历史学家约翰·普兰克特（John Plunkett）所指出的那样，维多利亚加冕礼最重要的部分，根本不是大教堂内的仪式，而是外面海德公园随处可见的“冰镇香槟、冰镇苏打水和姜汁啤酒”庆祝活动。[71]

这场典礼最重要的部分发生在伦敦街道上，发生在远方的其他城镇中。教堂内的仪式陈腐老旧，而教堂外的庆祝活动却满是新奇。加冕日下午 2 点，就在加冕的那一刻，一位“格雷厄姆夫人”（Mrs Graham）乘坐她的热气球从海德公园的露天游乐场升空（不幸的是，她的热气球在马里波恩① 降落时，毁坏了一栋建筑物，砖石掉落，砸死了一名男子[72]）。

① Marylebone 是伦敦西区的一片区域，属于威斯敏斯特自治市。

与此同时，在普雷斯顿（Preston）[①]，一个当地印刷商用马匹拉着他的印刷机，和当地庆祝队伍一起游街，他还不断印刷传单，介绍维多利亚的生平故事，卖给参加庆祝活动的人。这些一分钱一张的传单将君主制和现代媒体有力地结合起来。[73]各式各样的商品上贴着女王的照片，这些照片虽看起来廉价，有时模糊不清，却随处可见，以致见多识广、鄙视女王狂热的人看到后异常愤怒。大众印刷物反反复复地吹捧维多利亚（并不存在的）“姣好的脸型和五官、楚楚动人的双脚、精致的鞋子”。[74]

看到种种技术力量站在自己一边，帮她对抗君主制的贬损者，维多利亚一定觉得当女王很有趣，她适合做女王。在加冕日那天，她似乎完美无瑕，没有做错任何事。可是，要赢得所有怀疑者的拥护，全世界的姜汁啤酒和香槟加起来都不够。她与王位的蜜月期注定不会长久。

---

① 英格兰兰开夏郡（Lancashire）郡治所在地，位于英格兰西北部，曼彻斯特和利物浦旁边。

9. 弗洛拉小姐的卧房

白金汉宫，1839 年 6 月 27 日

维多利亚正穿过白金汉宫昏暗的走廊，她的裙子窸窣作响。要想在她的宫殿里去往某个地方，既考验视力，又挑战方向感。任何人初次来到这里，面对“长长的走廊和宽广的庭院”，若没有向导，很快就会迷路。而维多利亚此刻正向这座庞大的建筑物中并不熟悉的区域走去。[1]

她的新家后面是花园，前面却是嘈杂的要道，这里要比肯辛顿宫显眼、公开得多。当维多利亚让男仆打开窗户时，她听到的不是雀跃的鸟鸣，而是“从远处传来的持续不断的沉闷轰鸣——城市中来往马车发出的噪声”。[2] 沾满污垢的玻璃外，伦敦深受污染的空气呈现出明显的灰色。一个新来的仆人感叹：“透过灰色的空气，看见一个巨大的圆形火球，颜色暗红：那就是这里太阳的模样！”她“几乎被吓坏了”。[3] 尽管维多利亚的第一、第二掌灯人（Lamplighter）① 以及他们的 7 个助手竭尽所能，白金汉宫内依旧总是光线昏暗。[4] 一名晌午抵达白金汉宫的房客惊奇地发现，楼梯上方的“枝状吊灯上已经有一盏灯在燃烧……这盏灯一直点着”。[5] 一名王室职员称：“让人类一直住在这种巨大的监狱中，着实残忍。”[6]

这座庞大的建筑物原本是一处私人宅邸，建筑师约翰·纳什（John

---

① 当时白金汉宫设立的职位，负责点宫灯。

Nash）为乔治四世将其扩建，使其变成一座宫殿。纳什主持的扩建工程竣工后，远没有达到预期的效果。这项工程最初预算为 20 万英镑，可最终远超预算，耗费了政府 50 万英镑，财政部因此承担了“用纳什不当”的罪责。[7] 后来建筑师爱德华·布洛尔（Edward Blore）又为威廉四世进行了一轮改善，可白金汉宫还是存在重大缺陷。泰晤士河涨潮时，宫殿下水道的水会往外漫，流到地下的厨房。[8] 维多利亚登基后，以前为年长国王设计的套房必须做出改动，为使这个套房更适合一位年轻女士居住，新的墙壁和门道被匆匆建造起来。[9] 原先应该是宫殿检察官（Inspector of Palaces）桑德斯先生负责监管这项工程，并且确保宫殿状况良好，可他却因为“向媒体相关人士”泄露改建细节，遭到解雇。[10]

不过，这所宫殿的会客厅令人叹为观止。乔治四世对室内装饰颇有天赋，他为侄女留下的宏伟的国家会客厅，至今仍在使用。他的侍臣指出：“陛下亲自设计了所有装饰，他以此为乐。”[11] 维多利亚的一位客人觉得，装饰着红、白、金色的富丽堂皇的会客厅，让她想起“《一千零一夜》中的描述”。[12]

此刻，维多利亚旁边有一名侍女，带领她穿过这个昏暗的世界，踏上她所不熟悉的道路。在同一座宫殿中，共同生活着两户家庭，一户是她自己的家庭，另一户是她母亲肯特公爵夫人的家庭。两户家庭之间的矛盾越来越深，维多利亚像今天这样前去宫殿的另一边，非常不同寻常。

最终她们来到一间普通的卧室门前，维多利亚示意她的同伴在外面等着。门后的卧室是时年 33 岁的弗洛拉·黑斯廷斯小姐的病房，她是维多利亚母亲的女侍臣。维多利亚在她 1839 年 6 月 27 日的日记中写道：“我独自一人走了进去，发现可怜的弗洛拉小姐平躺在沙发上。”[13]

和所有女侍臣一样，弗洛拉·黑斯廷斯是轮值，每次工作几个月。在她当班时，她主要负责处理通信、递披肩、戴手链、招待无聊的客人，基本上就是陪伴公爵夫人。女侍臣在当班期间没有休假，必须随时待命。因此，弗洛拉的卧室就在她的女主人房间旁边。这套房间几个月前刚一完工，很快维克多丽就搬了进去。公爵夫人的套房位于宫殿北面的最东头，距离她女儿最西头的套间非常远。[14] 虽然她们俩尽可能地远离对方，但根据当时的规矩，维多利亚的母亲理应和她住在一起，做她的保护人。

只有在极端情况下，维多利亚才会迫不得已走出她熟悉的领地。当她走进弗洛拉的卧室时，另一个人很快从另一扇门退了出去。那是这名病人的姐姐——索菲亚（Sophia），她没行屈膝礼就离开了，这绝对是存心之举，而且极其不敬。[15] 黑斯廷斯家已经失去对王室的忠诚。他们认为维多利亚对弗洛拉做了不可饶恕的错事。

弗洛拉个子很高，人很纤瘦，身材颀长，鼻子也很长。维多利亚进门后，看到她躺在沙发上。女王觉得，她能从弗洛拉憔悴的脸上和眼中，看出“一种迷离的神情”；事实上，这名病人“看起来像将死之人”。不过，在看望的过程中，维多利亚让自己相信，弗洛拉说话的声音和往常一样，还用她在苏格兰度过童年时代时形成的轻微艾尔郡口音“友好”地交谈了一会儿。她们两人已经相识多年。那天晚上，维多利亚在日记中回忆这次探访时，引述了弗洛拉的话：“（弗洛拉说她）很舒服，很感激我为她做的一切。”[16] 弗洛拉生的这场病给宫殿职员造成了额外的工作，他们必须每晚专门送一份晚餐到弗洛拉的房间。[17]

> 维多利亚在那天日记的结尾写道：“我告诉她，我期待在她好转后再次和她见面，她听到这番话，紧紧抓住我的手，仿佛在说：‘我不会再见到你了。’”[18]

维多利亚去病房探望一个生病的仆人，听起来像是慷慨无私之举。

可是，弗洛拉的姐姐索菲亚却愤然离开，因为在她看来，女王虽表现出关怀，实则依旧冷漠自私，不过是装装样子。索菲亚感到，维多利亚是出于无奈才来探访，仅仅因为有人明确告诉她，她到目前为止缺乏同情心的表现正在损害她的公众形象。索菲亚随后询问弗洛拉当时的情况，后者回答说，不过是空话，“没什么特别的”。[19]这起宫廷丑闻已经引起媒体极大的兴趣，根据一些报纸的报道，维多利亚只说了“弗洛拉小姐，我很抱歉你还病着”，不到5分钟就匆匆离开了。[20]

无论真相如何，毋庸置疑的是，这次探访很短暂。此外，维多利亚确实满心怨恨弗洛拉和她的疾病，认为她是一个“可憎的人”。主要原因在于弗洛拉家是约翰·康罗伊的世交。而且，维多利亚一个月前才满20岁，对于比她大13岁的老处女，她根本无法产生同情心。有人听过女王狠毒地嘲笑，弗洛拉永远找不到丈夫：“她既没有财富，也没有魅力，什么都没有！”[21]

这场疾病让王宫笼罩在一种凄冷的氛围中，使她的社交生活受到影响，这点也让她感到颇为懊恼。1839年夏天雨水特别多，但现在是6月，正值伦敦社交季的高潮——议会任期还没结束，上流社会还没有各自前去他们的乡间别墅度假。前一天，维多利亚被迫取消舞会。不过，在那之前的一晚，她还开开心心地去了歌剧院。墨尔本一直试图劝她不要举行“盛大的晚宴……担心马车声会搅扰弗洛拉小姐养病”。[22]他喃喃地说：“如果那个女人死了的话，会很尴尬。”

墨尔本勋爵的担忧并不多余，对王宫外的人来说，维多利亚的行为一点都不好看。譬如，《晨报》（*Morning Post*）指责女王“满脑子想着玩乐和不合时宜的享受”。这篇报道的作者甚至认为她玷污了“王室的形象”。[23]墨尔本恳求维多利亚：“你真的不能主动求和，去和弗洛拉小姐谈谈吗？”[24]

他看到了维多利亚看不到的一点：这起丑闻即将玷污白金汉宫的荣誉。维多利亚的子民开始认为，这位他们不久前还放在心尖儿上的女王，现在看来根本没有心。就在她加冕礼一周年到来前一天，一件件事叠加起来，令维多利亚的名誉和幸福都变得黯淡起来。

透过维多利亚私人客厅的圆形凸窗，人们能够俯瞰宫殿后面的花园和湖泊，墨尔本勋爵正在客厅中踱着步，等待她归来。尽管他认为这次探访能够帮助解决维多利亚面临的负面报道，可他却没意识到，他自己也是问题的一部分。

墨尔本是维多利亚登基后最早面见她的人之一，在她成为女王的头一天早上 9 点，他们俩就见面了。利奥波德舅舅已经跟她说过，“墨爵”可以信任。她认为他“坦率”，但其实他一点都不。墨尔本眉毛浓黑，人高马大，出了名地英俊，“他思维古怪，妙语连珠”，让维多利亚笑得“过度”。[25] 虽然他在时尚的辉格党社交圈中颇受欢迎，却被自己的妻子戴了绿帽子，于是他开始从鞭打女仆屁股中寻找满足。他有恋臀癖，认为“臀部面积广阔，特别适合”承受桦条的鞭打。[26] 墨尔本成为首相令人意外，因为他在年轻时从未展露出这么大的野心，看到他在进入政府工作后如此用心，他的朋友很吃惊。他甚至不是全心全意的辉格党人，也许保守派或托利党的价值观更贴近他的核心。不过，要知道，“辉格党”和“托利党”两个词很难定义，它们和现代组织良好的政党几乎没什么相似之处。尽管那时英国人热情地关注选举，尽管《大改革法案》已通过，但只有七分之一的英国人有资格参加选举。

威廉四世去世后，墨尔本面前摆着一个意想不到的机会——“教育、指导、塑造世界上最有趣的头脑和性格”。他抓住了这个机会。背负着指引这个女孩顺利完成最初几个月统治的责任，或者也可以说是恩赐，墨尔本全身心地投入，经常每天花 6 个小时陪伴维多利亚。他失去了任性的妻子和两个夭折的孩子，是“一个有能力去爱，却没有人可以爱的男人”。[27] 他让自己沉迷于一种老男人的“爱的友谊”。

不过，维多利亚在和墨尔本及其友人甚为密切的往来中，犯了一个战略性的错误，这点越来越清晰。当时，英国君主应该“超脱于”党派政治的惯例正在形成。无论与风趣世故的墨尔本相处有多么令人愉悦，维多利亚对辉格党的宠爱，势必会引起托利党的敌意。

但她还是几乎每天早上都和墨尔本在她的房间见面，房门紧闭，“谈论政治事务”，下午和他一起骑马，“晚餐时总坐在他身边”。[28] 她开始在日记中感叹：“我像对待父亲一样敬爱他！”[29] 而墨尔本也全心全意地对待她。“毒舌”评论道：“我很确定他非常喜欢她。”他认为，女王也深爱着她的首相，她的情感包含“**性欲**，不过连她自己都还不知道”。[30] 维克多丽劝告女儿要有分寸，不过她的话没起什么作用。她用铅笔急切飞快地向维多利亚写道：“你不了解这个世界。”随后她又说：“小心，维多利亚，别忘了墨尔本勋爵不是国王。”[31]

母亲有关墨尔本的警告激怒了维多利亚，她之前已经因为钱的问题和她母亲闹僵了。维多利亚决心偿还她父亲的旧债，可她发现维克多丽对自己的财务问题闪烁其词，不能，至少不愿意，说清楚她究竟背负了多少债务。墨尔本认为，公爵夫人和康罗伊对这一问题撒过“弥天大谎”，他们的做法“真够丢人现眼”。[32]

康罗伊仍在为公爵夫人效劳，利奥波德的眼线告诉他，康罗伊“一直在她左右，冥思苦想如何报复女王”。[33] 康罗伊自己的经济状况也引起了公众的兴趣。他正起诉《泰晤士报》诽谤，因为这家报纸刊登了一篇文章，有关他在威尔士买下“某一庄园”的事。文章发问：康罗伊从哪儿得到的这笔钱？鉴于该段落的剩余部分说起了肯特公爵夫人的债务，其含义显而易见：康罗伊私吞了公爵夫人的钱。[34]

弗洛拉小姐生病这一神秘而又令人不安的事件，正是根源于康罗伊，源于他对金钱和权力的贪婪，以及他一直以来的恶劣影响。

维多利亚一回到自己那部分宫殿，见到墨尔本，就向他描述起她"一进门就看见可怜的弗洛拉小姐躺在沙发上，看起来瘦得不能再瘦；活脱脱一副骨架"。[35]弗洛拉的头发脱落了不少，必须戴上"一顶小软帽"。[36]然而，比起病人的模样，墨尔本更关心这次探访看起来怎样，因为这座宫殿的墙壁长有眼睛和耳朵，会将所见所闻传出去。"你只待了一小会儿。"他不满地说。[37]

维多利亚和墨尔本的关系十分亲近，他对她说话可以极其自由。维多利亚立即注意到弗洛拉瘦得像一副活骨架，部分原因在于，她自己明显长胖了。她的身材已经丰满到"身旁好心担忧女王健康的人都不赞成"的程度，女王和首相经常讨论这个话题。[38]在饮食方面，墨尔本为她树立了一个坏榜样，他十分喜欢"清炖肉汤、松露、梨子、冰淇淋、凤尾鱼，每天尽其所能地用这些食物挑战他的胃"。[39]

"噢，我好担心发胖啊。"维多利亚这样说道，他建议她只在真正感到饥饿时进食。[40]维多利亚回答，如果那样做的话，她会"整天吃个不停"。[41]之前在肯辛顿体系下，维多利亚的饮食受到严格控制，如今她发现对饮食进行自我控制几乎不可能。和弗洛拉一起在王宫当值的一个侍女写道："宫殿里总是在吃。"[42]仅仅在她登基后10天内，维多利亚的家庭就吃光了价值33英镑的她深爱的水果：橘子、葡萄、苹果、醋栗、黑醋栗、樱桃、草莓。这笔花销相当于当时银行职员一年的工资。[43]克拉克医生也担心维多利亚的体重，严肃地告诫过她"不要再吃午餐了"。[44]这样做一定非常考验意志力，因为即使是王室供应的最简单的"女士午餐”，也包括羊排、烤鸡、羊肉片、炸丸子、火腿、果冻和糕点。[45]

虽然采取了这些预防措施，但维多利亚在登基第一年快要结束时测量体重，她“惊恐地”发现，自己的体重达到了 8 英石 13 磅（约 56.6 千克）①。[46] 她再一次向墨尔本倾诉，他们之间谈话的私密程度令人惊讶。“谈到我的体重，”她的日记又一次记载道，“我的体重将近 9 英石，我觉得以我的个头有点不可思议。”[47] 他安慰她说，理想的女人就应该身材“丰满”。维多利亚身高 1.55 米，根据她说的体重数字，她的现代体重指数是 24.4②。这是健康体重，不过也有危险。按照今天的说法，她快要被归入肥胖一类。她的医生们也建议她多运动，不要总坐在那里，让众多想画她肖像的艺术家为她画像。[48]

维多利亚还开始出现手脚冰凉和嗜睡的症状。而且，她有头发脱落的问题，这些也许说明她内分泌功能失调，这种激素紊乱会削弱身体将食物转化为能量的能力。[49] 但她自己却认为，她活力不足有心理因素。她声称，正是她在肯辛顿系统下忍受的“忧虑和折磨”，让她无法长到本可以长到的个头。[50] 她认为，这笔账又该记在康罗伊头上。

弗洛拉小姐来自一个没落的苏格兰大贵族家庭，是康罗伊介绍她来侍奉肯特公爵夫人的。不可避免地，她的名字一定在维多利亚和墨尔本反复讨论的一种情形中不断出现。尽管躺在沙发上的弗洛拉看起来比耙子还瘦，但她的肚子却连续几个月看起来“非常鼓，就像怀孕的人一样”。[51]

弗洛拉怀孕了吗？维多利亚和墨尔本在过去的几周内一直在讨论这

---

① 1 英石 =14 磅，1 磅 =0.4535924 千克

② 根据世界卫生组织对成人体重指数的划分，正常范围为 18.5—24.9。

个话题。4个月前，1839年2月16日，克拉克医生到弗洛拉的房间看望她。她记录道，他此番前来是为了询问她有没有偷吃禁果，他说因为“宫殿里的女士们”开始对她的身材议论纷纷。当弗洛拉否认有过此事时，克拉克医生有些“激动”，强调说她“只有坦白”才能避免身败名裂。[52]

宫殿中的其他女士确实怀疑并且密切关注弗洛拉的腰围一段时间了。事实上，一开始注意到弗洛拉体形变化的是维多利亚自己，以及莱纯。女王认为：“毫无疑问，她——直白地说——怀孕了！！”[53]

同意弗洛拉的肚子有问题的其他宫廷女士中有波特曼夫人爱玛（Emma, Lady Portman）。她认为，弗洛拉显而易见怀孕了，却向克拉克医生矢口否认，因此大为光火。波特曼夫人自己生过5个孩子，她的丈夫是一名著名的牛育种员。[54]她很确信大肚子是什么情况。她坚持要面见弗洛拉的直接雇主——肯特公爵夫人。她告诉维克多丽，对弗洛拉怀孕的怀疑如果是无中生有，“应该尽快将其解除”。如果确凿无疑，弗洛拉必须“立即离开白金汉宫”。[55]

弗洛拉迫于无奈，承认接受医生检查也许是消除谣言的唯一方法。詹姆士·克拉克医生和她自己选的一名医生将进行这项检查，碰巧这位医生的名字也叫克拉克——查尔斯·克拉克爵士（Sir Charles Clarke）。波特曼夫人和弗洛拉自己的女仆也在场。那些后来听说检查过程的人认为，这项检查非常具有侵入性，在她身体中极其“下流地探寻”，是一场“可怕的羞辱”。[56]

这项检查持续了45分钟，是在弗洛拉十分不情愿的情况下进行的，简直是对她身体的侵犯。最新写作这个话题的作家凯瑟琳·休斯（Kathryn Hughes）发现，专门研究女性医学的查尔斯爵士曾经给他的学生讲授这种检查该如何进行。患者——更准确地讲，受害者——应该躺在床单下面，“双膝靠近腹部”。医生应该“将右手食指涂上药油或冰凉的药膏”，然后“将手指伸入阴道”。[57]

弗洛拉的女仆认为整个检查过程极其恐怖。根据她的描述，当医生们揭开床单时，她的女主人“几乎晕了过去”，她认为查尔斯·克拉克爵士“在脱她的衣服时，粗暴下流”。[58]克拉克也许是想用手指感觉子宫是否变大了。如果弗洛拉真怀有 4 个月的身孕的话，他也许能感觉到。可是，正如有人在后来的群情激愤中强烈指出的那样，他在检查的过程中，也许还会自己“夺走”弗洛拉的“童贞”，用涂了冰凉药膏的手指捅破她的处女膜。这会对弗洛拉的未来造成可怕的影响，她会因此嫁不出去。这是对弗洛拉身体所犯的暴行，可以算作一种强奸，而这件事却发生在维多利亚的屋檐下，发生在白金汉宫中，而且得到了她的纵容默许。

两位医生一致同意，他们没找到确凿的证据，能够证明弗洛拉怀有身孕。不过故事并未就此结束。查尔斯·克拉克爵士后来向女王报告检查结果，他说他确实感觉到“子宫变大了，像是有孩子”。尽管弗洛拉是处子之身，但她还是**有可能**怀有身孕：“我说不清，这种事情是否有可能发生。”[59]实际上，就在此事发生的不久前，《伦敦医学和体检报》（*London Medical and Physical Journal*）报道了一名女性没有经历过插入性性行为却怀有身孕的奇怪案例。[60]毕竟，还有其他方式的性行为。

这件事只好就此草草了结。“该死的。”墨尔本骂道。他不能以散布虚假谣言的罪名，解雇宫廷中的任何人。毕竟，这些议论从女王那儿开始。[61]

接下来的 3 月，白金汉宫“争吵不断，人人心焦”。[62]随着春去夏来，这桩丑闻传出宫殿的外墙，开始出现在伦敦茶余饭后的闲谈中，也被刊登在报纸上。

有些人认为是康罗伊偷偷泄露了这桩丑闻，目的是打击维多利亚。可这不太可能，因为这样做也会伤及他。最离谱的谣言说他是弗洛拉肚子里孩子的父亲。

康罗伊和弗洛拉确实私交亲密，以至于即使他们之间未发生性关系，也显得像是有性关系。她曾经写信给他，称他为“最亲爱的朋友”，感谢他允许她“进入（他的）内心”。[63]而维多利亚迫不及待地想相信，康罗伊，“怪兽和恶魔的化身”，和弗洛拉·黑斯廷斯犯下了通奸罪行。[64]有人注意到，去年10月，弗洛拉轮值服侍结束时，康罗伊用马车送弗洛拉到码头坐汽船回爱丁堡（Edinburgh）。[65]当时马车里只有他们两个人。很可能弗洛拉是那个时候受孕的。

这些谣言之火经过托利党的极力煽动，开始产生政治意味。托利党人借此机会指责墨尔本懒惰懈怠、道德败坏，没有看护好年轻女王的美德，没有在维持宫廷秩序上尽到职责。他们指控墨尔本和辉格党“独裁专政、暴虐无道”。[66]“毒舌”认为墨尔本的政府“软弱无能”，完全仰仗女王的宠爱才得以“苟延残喘”。[67]

不过，也有人认为，这桩丑闻对维多利亚伤害更大，因为她对母亲的不满昭然若揭。弗洛拉实际上是公爵夫人家庭的一员。詹姆士·克拉克医生本来服务于母女二人，但公爵夫人在那场可怕的检查发生之后立即辞退了他，可维多利亚却留用了他。这点没能逃过人们雪亮的眼睛。有人提醒墨尔本，母女间的嫌隙已经成为“伦敦上下茶余饭后的一大谈资”，维多利亚无情无义的女儿形象正在形成，这可是最恶劣的形象。[68]一家报纸评论道：“如果她真的忤逆她母亲的教导，那么这对她的个性和统治前景来说是不良征兆。”[69]如果维多利亚连这么强大的关系都不管不顾，撇在一边，那还用说，她的个性必定嚣张跋扈、恣意妄为吧？

距离弗洛拉的肚子初次引起注意的3个月后，这桩在卧室中发生的丑闻开始造成重大的政治后果。到了5月，墨尔本政府已经垮台了。按照传统，君主的小圈子和最贴身的仆人会在政府更迭时，由政治立场上亲近新政权的其他人替换下来。即将上任的托利党首相——罗伯特·皮尔爵士（Sir Robert Peel）要求维多利亚按照传统，解雇她的贴身侍女，被她蛮横地拒绝了。她的理由是，这一传统必须为女性统治者做出改变，女国王的私人生活应该比男国王更私密，因此她的亲密仆从应该保留原位。

虽然从理智上看，维多利亚说得没错，不过从情感上，也可以看出她还没有摆脱肯辛顿体系的影响。她已经对她的辉格派侍女——比如波特曼夫人——产生过度的依赖，因为她们是她对抗母亲的盟友。

但是维多利亚现在就像她曾经违抗康罗伊那样，违背着这个国家的整个宪法体制。她在生气时，肤色会“略带紫色……她的脸黑沉下来，蓝色的大眼睛扑闪着，仿佛暴风雨袭来时的天空”。此刻，不走运的罗伯特·皮尔在请求她解雇她的女仆时，就注意到这点，“她的脸上……充满力量”。[70] 她看起来盛气凌人，**根本就是**在横行霸道。她在一封写给墨尔本，后来内阁传看过的信中，气愤地写道：“他们想赶走我的侍女，他们想像对待一个女孩一样对待我，但我会让他们认识到我是英格兰女王。”[71]

由于她大发雷霆，皮尔认为他别无选择，只能下台，所以墨尔本重新掌权。对维多利亚来说，这似乎是一场胜利：她还能让“墨爵”每天来看她。但她却损失了权威。《泰晤士报》刊登了一封致女王的匿名公开信；事实上这封信是她将来的首相本杰明·迪斯雷利撰写的。他在这封信中告诫女王，她对身边那些人急于宠信，会让她沦为一个小集团的傀儡。[72]

这一问题看似无关紧要，但是放在当时的政治背景下，则并不然。

维多利亚及其大臣们其实正在研究，《大改革法案》通过后，英国政治将如何运作。以往惯例一直是君主邀请首相组建政府。首相在受邀后才向投票者寻求支持。按照以往的传统，选举不过是君主在选择清单上，最后盖上的一个表示同意的印章。

然而，现在选民人数增加了，而且变得更加自信，不容君主忽视。不管怎样，英明的君主在选择首相时都会非常谨慎，会煞费苦心地找出能够得到议会中其他议员支持的那个人，在选择时，会将良好的政府置于自身的满足或愤怒之上。1839 年维多利亚大发雷霆、拒绝接受皮尔后，墨尔本确实继续担任了两年首相。可是，1841 年，反对党将首次赢得大选，墨尔本将永远无缘首相之位。[73] 维多利亚 1839 年在皮尔面前跺脚时，她其实在不经意间挥霍掉了历代英国君主具备的影响力。[74]

6 月的最后一个星期，维多利亚显然过于自信。在看望弗洛拉后，她对墨尔本说，最新诊断弗洛拉病情的医生杞人忧天，“夸大了病情”。墨尔本并不这样认为，但他没有反驳，而是离开前去议会帮助通过一项啤酒法案。维多利亚去公园骑马，然后和 22 个人一起享用多宝鱼和“烤牛肉大王”晚餐，（“唉！”）整晚都“没见着墨尔本勋爵”。[75]

对维多利亚来说，不幸的是，事实证明那位悲观的医生的诊断是对的。接下来几天，弗洛拉的病情每况愈下，她不断呕吐，腹部肿胀，《宫廷公报》（*Court Circular*）称她的症状为“黑色黄疸”。[76] 直到生命的最后一刻，她一直无所畏惧，富有尊严。她写了一首名为《天鹅之歌》的诗，寄给她的姐妹们，她在这首诗中写道：“难道在生命丧失光芒时死去不好吗？”[77] 此外，她还善良而且睿智地假定年轻的女王是无辜的。“我觉得，”费洛拉写道，“维多利亚根本不清楚谣言能伤害到我。”[78]

7 月 5 日，星期五，凌晨 2 点钟时，弗洛拉终究还是咽气了，“没有丝毫挣扎"，她只是抬起双手，喘了最后一口气。[79] 于是真相终于浮出水面。经过尸体解剖，医生发现她是肝病晚期。"肚子变大"是由肝肿大引起的，到底还是与怀孕无关。[80]

维多利亚决意不表露"悔恨之意"，认为"我和她的死无关"。[81] 但是她的许多子民并不这样认为。据说，"公众，尤其是女性，为弗洛拉小姐受到的不公正待遇义愤填膺"。[82] 当维多利亚外出骑马时，她发现"公园里的人冷冰冰的，拒绝对她脱帽致意"。即使在宫殿内，当她例行白金汉宫接待会时，"有人轻轻地嘘她"。[83] 后来，当她形成更多自我意识时，维多利亚承认她犯了一个代价高昂的错误。多年后，她回忆道："是！我在处理那件事时很急躁，不过我当时才 20 岁，还非常年轻，而且我再也不会如此行事了。"[84] 她逐渐意识到，墨尔本"太喜欢派对了"，而且使她也成为"一个派对女王"。[85]

然而，弗洛拉小姐事件对维多利亚本人的影响，比造成的政治后果更为深远。政治要人们认为，维多利亚不能再像以往那样做出如此误判了。她感觉到这点，开始逐渐对自己失去信心。从她在 1839 年下半年写的信件中，能够看出她感到越来越焦虑，担忧自己的健康，而且时常感到无力。甚至连利奥波德舅舅循循善诱的建议都不管用。她告诉他："我有那么多事情要处理，那么多人要见，以致感到头脑迷糊，写的东西非常糟糕。"[86]

虽然莱纯也许曾教育维多利亚以伊丽莎白一世为榜样，但她既没有伊丽莎白的头脑、背景，也没有她的忘我精神，能够一直独坐王位。她还不幸地生活在一个开始对女性期待更低的时代。家庭在以前是一个经济单位，每一个成员都要工作养家。而工业革命使男性工作者的工资得以增长，使他们立志要将妻子养在家里。这种变化的前景甚至被用在了女王身上。墨尔本告诉她："对于一个年轻人来说，你的生活有些不合常理。你过的是男人的生活。”[87]

而且，提出可行解决方案的也是墨尔本。维多利亚抱怨，只要她一天不结婚，她母亲就要和她一直住在一起，做她的保护人，真是“折磨人”。墨尔本说：“既然这样，那就结婚吧。”[88]

噢，但是她连想都不敢想结婚这件事，维多利亚立即说。她已经“非常习惯”我行我素了。[89]但墨尔本没有像往常一样轻描淡写地开玩笑回应。相反，他问：阿尔伯特王子不是很快要再次来英格兰吗？

一出弗洛拉沉闷的病房，未及维多利亚醒悟此事的意义，驯服英国的任性女儿的过程就这样开始了。

第二部

称职的妻子

10. 求婚

温莎堡，1839 年 10 月 10 日—15 日

不仅仅是墨尔本勋爵，整个英国都开始认为维多利亚家里需要有个男人。

1839 年 10 月 10 日，星期四的早晨，维多利亚醒来时，惊讶地发现更衣室窗户的玻璃和两面穿衣镜都碎了。这是一个陌生人干的，他趁值班的守卫不留神，朝宫殿扔石头。11 月时甚至在宫殿庭院逮到了一个疯子。他解释说，他爬进大门，是因为他“和其他所有想找老婆的男人一样”，也在为自己找老婆，他觉得女王陛下正合适。12 月时又逮到一个入侵者，他一副“外国尊贵人物的打扮，脖子围着圆筒形皮毛围巾，手上戴着毛皮手套”。[1] 他坚称自己手中有信件，必须亲自送到女王手中。

连英国的疯子都认为女王太过形单影只了。维多利亚的德国家庭尤感如此。当时报纸讽刺地说：“科堡家庭一致坚信她应该结婚生子，于是立即送人过去，达成这一目的……就像运送教区公牛一般。”[2]

“在度过十分糟糕、几乎危险的一天后”，也即砸玻璃事件的同一天，将科堡选定的“教区公牛”运送至英国的船只，于下午 4 点停泊在伦敦塔旁的码头。[3] 阿尔伯特一直不习惯舟车劳顿，他的气色肯定很差。女王的两辆各由 4 匹马拉的马车等在码头边，准备将他和他的哥哥欧内斯特带到温莎。

马车在绵绵秋雨中穿过伦敦向西行进。报纸抱怨道：“从没见过这样

的天气，所有的庄稼都受损了。”[4] 未及阿尔伯特和欧内斯特乘坐的马车驶上通往温莎堡的陡峭山坡，夜幕已经降临。城堡的窗户闪烁着灯光，整个宫殿下午 4 点就点起了灯。在天空的映衬下，这座城堡“厚厚的墙壁和众多塔楼”给人一种“小堡垒的感觉”。[5] 这一景象令人赞叹，可却冷冰冰的，一点都不友好。

晚 7 点半，当马车终于在城堡内的圣乔治塔（St George's Tower）前停下时，阿尔伯特已经准备好，放弃做这个冰冷国家的王夫。

尽管两家之间早有约定，可维多利亚让阿尔伯特等太久了。他这次同意前往英国，完全是为了结束所有猜测。他爬出马车，“暗自下决心，一定要表明”他受够拖延和犹豫了，要“从这桩亲事中完全”退出。[6]

自尊心很强的阿尔伯特觉得自己正沦为一个笑柄。尽管他是二儿子，不是他的父亲科堡和哥达公爵欧内斯特的继承人，尽管科堡面积为 201 平方英里①，只有怀特岛（Isle of Wight）的一半大小，尽管科堡有 4 万居民，人口数量只和莱斯特郡（Leicester）相当，但阿尔伯特的自我价值感还是相当强。

传记作家 A. N. 威尔森（A. N. Wilson）指出，英国历史学家在写 19 世纪历史时，一般都会将科堡等德国公国的地理面积与英国的郡相比，以示对这些弹丸之地的轻视。尽管科堡公国素来以思想前卫著称，但阿尔伯特身上的亮点其实不是他的科堡背景。阿尔伯特之所以够格成为女王的丈夫，是因为他身上流淌着的古老纯净的血液，以及他英俊的面孔和优美的身材。在这一点上，他满足的是王室婚姻传统中对公主的要求。他身高 5 英尺 7 英寸，与维多利亚的身高差将将合适。在现代，人们可

① 1 平方英里 ≈ 2.59 平方千米，201 平方英里约为 520.59 平方千米。

能担心表亲结婚会对遗传不利，但在19世纪，人们认为他们只能与同一社会阶级的人结婚，因而可结婚的对象范围就很小，王室尤甚，可因形势所迫，必须结婚生子。维多利亚是不可能找到一个社会能够接受，又跟她没有任何血缘关系的求婚者的。

也许最重要的是，阿尔伯特天生具有科堡家族的那种自信，或者说是自大。在他的祖母，即维多利亚的外祖母奥古斯塔老公爵夫人的领导下，科堡家族的子女不仅从拿破仑战争的动荡中存活下来，而且更加蓬勃兴旺。他们一个接一个令人艳羡地嫁入或入赘欧洲王室家族。阿尔伯特的一个姑姑嫁给了俄国沙皇的弟弟。他的某个叔叔的儿子开启了葡萄牙王朝。他的利奥波德叔叔成为维多利亚的堂姐夏洛特的丈夫，可夏洛特不幸早逝，使利奥波德无缘成为英国亲王。如今，阿尔伯特将重走利奥波德的老路。

尽管阿尔伯特有十分严重的晕动症，自维多利亚17岁生日时他来到肯辛顿宫做客，没能让维多利亚动心以来，他还是到处游历。现年20岁的他，已经完成传统的欧陆游学（Grand Tour）。他在波恩大学（University of Bonn）学习18个月后，去佛罗伦萨学习语言，接着前往罗马，在那里他结识了一个严肃的德国圈子，其中有古物收藏家、考古学家和艺术家，这些人将会培养他的趣味。[7] 陪他同游的是利奥波德叔叔的属下斯托克马男爵和一个年轻的英国军官，后者的职责是让阿尔伯特的英语说得像英国人一样地道流利（不过他没有完全实现这一目标）。[8] 阿尔伯特非常勤奋。他告诉自己的老师："每天清晨5点钟，我在小小的学生台灯旁坐下。"[9] 他觉得自己"形成正确判断的能力"因为这些旅行而大大提升了。[10] 他最喜欢做的事情是完成一篇探讨抽象话题的论文，比如"德国人的思维方式"。"就算生活中存在种种纷扰"，他也会坚持完成这样的工程。[11]

此刻这位有点不自然地阔步走向城堡正门的年轻人，显然严肃认真，正如斯托克马所说，他“明智、谨慎，已经非常博学”。他的性格也有点不自然，“年纪轻轻，却相当深思熟虑，实属罕见”，这种特质让他显得“比真实年龄更成熟”。[12]然而，他英俊的外表弥补了这种刻板、骄傲的个性。斯托克马解释道：“他具备吸引女性的所有外在特征。”[13]斯托克马把维多利亚当作实物标本，做了许多细致的描述，让她听起来像只动物，而阿尔伯特在他那里也得到了同样的待遇。具体而言，阿尔伯特“肩膀宽阔，脖子有点短，四肢长度均匀，但是站立时膝盖有点并不拢”。他英俊的五官几乎“让人无法抗拒”。[14]如果他此番来温莎堡是为了取消这桩未言明的婚事，那就太可惜了。

城堡中，在高耸的巨大灯笼形屋顶下，一名脸色白皙的20岁年轻女子站在大楼梯（Grand Staircase）的上方等待着他的到来。按照温莎堡的传统，维多利亚“作为一家之主和王室的主人，要站在入口处”迎接重要的客人，下面台阶两侧站着两列身着红色制服的御用侍卫（Yeoman Warders），维多利亚将他们称为“吃牛肉的人”。[15]现在，阿尔伯特和欧内斯特必须顶着维多利亚及其侍从视线的压力，攀爬建筑魔法师乔治四世建造的巨大台阶。这种戏剧性设定让3个表亲这次3年后的重聚显得格外沉重，而且凸显了他们其中一人现已成为女王这一事实。

维多利亚本人此刻一反常态，感到非常紧张，而且有点无精打采。她不知道阿尔伯特现在是怎么想的。他们之前以表姐弟的身份通过信，但是她登基后，信件往来不合适，就终止了。

现在她很希望他能喜欢她并且和她结婚，尽管她之前对他们俩的婚事含糊其词。在想通自己需要一个丈夫后，她其实没有其他选择了。她告诉墨尔本，她“听过不同的人赞美阿尔伯特，而且他非常英俊”。[16]她开始盼望他的到来，以为他会比现在更早来英国。然而她察觉到阿尔伯特对来这儿没表现出什么热情，她对此感到相当震惊。[17] 此外，墨尔本暗自嫉妒阿尔伯特。“我不喜欢科堡公爵，”他私下埋怨，“我们已经有够多科堡家族的人了。”但是，他还是顺应了必然会发生的事情。未婚的维多利亚开始变成“一件相当麻烦的商品”。[18]

维多利亚站在楼梯上方，两侧站着“吃牛肉的人”，她感到很冷，头有些疼，担心前一天吃的猪肉会造成“不利健康的”影响。[19] 那天下午她出门了，坐着小马车游览公园，参观她城堡的猪圈，身后一如既往地跟着一群侍从。[20] 脱离肯辛顿体系后，她在做这种事情时曾经很开心，而现在她却逐渐感到厌倦。维多利亚认为，她准备好迎接改变，开启一种更严肃的生活方式。

当她“亲爱的表兄弟”终于爬到大楼梯的顶端，她更确信了自己的愿望。他们很可能能够帮她挽救自己。她想，他们“看起来都非常好，有很大的变化”，比 3 年前好多了。[21] 她后来在日记中倾诉道：“我看着阿尔伯特，情绪有些激动，他真美。”[22] 也许一切都会顺利。她带他们去见她的母亲——他们的姑姑。维克多丽对眼前的情况心知肚明。那晚，她在日记中写道：“我看着维多利亚和阿尔伯特，心中感到非常忧虑，他们都还那么年轻。”[23]

两兄弟不用去参加阿尔伯特讨厌的那种临近深夜的正式晚宴，他们借口说，正式宫廷制服还没从行李中拿出来。于是，他们离开，前往为他们安排的俯瞰公园的“3 间迷人的房间”。[24] 但是，维多利亚坚持让他们在晚餐结束后去会客厅和大家见面，不需要换衣服。[25] 这是个错误的决定，因为那晚非常令人失望。墨尔本认为两兄弟“几乎昏昏欲睡”，而维多利亚认为墨爵喝了太多酒，有损健康。[26]

自始至终，阿尔伯特看起来非常冷淡。事实上，他只是在找机会向维多利亚解释，他们之间的婚约结束了。他准备“告诉她……她必须明白，他现在不能再像几年前这桩婚约刚开始被讨论时那样，等待着她下决定”。[27]他的冷淡令她进退维谷。她如何才能既展现出女孩子应有的矜持，又向这位英俊的男子表示她的感情发生了变化，她已经不仅将他当作一个表亲了？阿尔伯特不会让这一切变得容易。

维多利亚必须想办法给他传个信儿。她觉得有必要写信向利奥波德舅舅，报告这次重聚进展如何。虽然她告诉舅舅，阿尔伯特的“**美貌十分惊人**”，但在这封信中，“表兄弟”对她来说还是“表兄弟”：总是一对，是她的同伴，和他们相处“亲切”且“愉快”，但绝没有浪漫意味。她告诉利奥波德，他们俩“此刻正在楼下钢琴旁弹奏海顿的交响曲”。

你几乎能够想象维多利亚这时候停了下来，手中的笔悬在半空。海顿。音乐。虽然阿尔伯特少言寡语，不擅长聊天，总是不自然，但他却“非常热爱”音乐。[28]他们仍然具备这一共同点。也许她可以利用钢琴。第二天晚上，她安排了舞蹈，在跳方阵舞（quadrille）①时两次站到他身边。当她因为舞蹈的需要，紧紧抓住他的手，放开，然后再抓住时，他开始明白情况不同了——维多利亚终究还是想要他的。

最后，阿尔伯特一直没找到合适的机会向维多利亚解释说，他不会娶她。10月13日，维多利亚的表兄弟抵达温莎堡3天后，她觉得时机成熟了，她能告诉周围人她的意图了。她向墨尔本坦言，她“（对于结婚）的看法发生了很大的改变”。[29]

墨尔本一如既往地敏锐，一眼就看出了究竟。他写道：“恋情显然如我预料的那样发展，他看起来是一个非常讨人喜欢的年轻人，他的相貌

---

① 又称夸德里尔舞，4对舞者在起舞和移动过程中，保持方形排列。该舞蹈流行于18—19世纪欧洲。

无疑十分英俊。”[30]阿尔伯特在写论文的同时，还一直在欧洲的会客厅中打磨自己的举止风度。他“变得比以前更有活力了，这和他很称”。[31]当他们一起跳舞，一起坐着说话时，维多利亚打量着他的每一个特征，评价他“美丽的蓝色眼睛”和“精致的鼻子”，他“漂亮的嘴巴和精致的胡须”，以及他“魁梧的身材、宽阔的肩膀和健壮的腰身”。[32]仿佛她在将他当作自己孩子的父亲进行分析研究。

但是，面对维多利亚发自内心的钢琴演奏以及她脉脉含情的眼神，阿尔伯特的反应还是有点慢。她觉得整个过程“令人不安”，因而越来越紧张。墨尔本说：“你会因此难受，这很自然。”他能看出，她惴惴不安，非常痛苦。他告诉她，女子“不能孤身无依太久”。他建议她直接求婚。

得到了人生导师的认可，维多利亚对此事下定了决心。这位年老的首相暗自痛苦欲绝。他在同一次谈话中告诉她，他“一直信奉忠诚的关系”。[33]长久以来，他对她一直十分忠诚，将自己所有的时间、精力以及晚年的爱都给了她。

就在她和墨尔本谈话的当晚，维多利亚向阿尔伯特传达了一个更加明确的信息。她让莱纯（仍是维多利亚最信任的人）告诉阿尔伯特的侍从巴伦·冯·阿芬斯里本（Baron von Alvensleben），她已经几乎决定选阿尔伯特做她未来的丈夫，并且很快就会“亲自向他求婚”。[34]维多利亚知道阿尔伯特收到了这则信息。当天晚上，他们在客厅互道晚安时，阿尔伯特“意味深长”地握紧她的手。

尽管阿尔伯特用特别的方式握了她的手，10月15日，星期二，维多利亚还是感到非常紧张。毕竟，误解握手的意义也是有可能的。正如她所说，向男人求婚“是件令人紧张的事情”。但是，维多利亚已经知道，即使阿尔伯特逐渐放开了，他也“绝不会冒昧地向英格兰的女王求婚”。[35]

为了让自己下定决心向阿尔伯特求婚，她告诉自己，如果她在一年前就做这件事的话，就不用如此令人尴尬地看着弗洛拉死去。她在晚年解释道："如果她早一年与阿尔伯特订婚，她就不会受这么多磨难了。"[36]维多利亚经常像这样用第三人称描述自己作为女王的行为。

那个星期二的早上，阿尔伯特外出打猎。维多利亚不得不再次焦虑地等着他，在他回城堡之前，她没法安心做任何事情。终于，她透过房间窗户，看到他坐在马背上"向山顶疾驰"。和以往她人生中的重大日子一样，维多利亚写信给她的姐姐费奥多拉。然后，她让人通知阿尔伯特来她的房间。

在公开场合，维多利亚会非常小心地表示，她对这种采取主动的粗俗行为感到非常苦恼。在一本阿尔伯特传记——这本书基本上是维多利亚自己写的，但出版时没用她的名字——中，她描述道：读者应该完全能理解她在求婚时的不情愿和难为情。她表示自己的处境非常痛苦，因为"让对方向自己求婚，是女性的特权和幸事"。[37]

但那是维多利亚写给公众的内容。她在私人日记中，完全没有拐弯抹角。求婚前一天，她在与墨尔本的交谈中，询问他："我是不是最好早点告知阿尔伯特我的决定？"[38]（我喜欢这句话中的"告知"二字。）她通知利奥波德舅舅："我做好决定了，而且今天早上告知了阿尔伯特。"[39]她做了一个让步，用德语准备了一段求婚词，"因为她知道阿尔伯特在英语方面处于劣势"。[40]她甚至出人意料地给了**他**一枚戒指。[41]

然而，在她毅然决然向阿尔伯特求婚，而阿尔伯特毫无疑问地答应之后，她立即转变成浪漫小说中的社会所能接受的羞涩少女：

> 我们一次又一次地拥抱，他是如此善良，如此深情。哦！被阿尔伯特<u>这样</u>的天使所爱，我<u>感到太幸福</u>了，无以言表！他<u>太完美</u>了，每个方面都完美——相貌完美——方方面面都完美！我告诉他，

我根本配不上他，并且亲吻他可爱的手。[42]

这段话像是一名维多利亚时代的女主角说的——自己的男人更优秀，甘愿对他俯首帖耳。她让自己相信，做出牺牲的是阿尔伯特，这样她就不会为自己做的事情不够女性化而感到别扭。女王和妻子角色大不相同，让自己从属于阿尔伯特，在她心中，是弥合这两个互相矛盾的角色的办法。

久而久之，阿尔伯特也开始相信这点——他是施予者，不是接受者。但是现在，在温莎堡的房间里，他有点摸不着头脑。事情发生得太快了，这次会面 20 分钟后就结束了。维多利亚让阿尔伯特去告诉莱纯和他的哥哥。维多利亚在日记中记录说，就在一个小时后，她和墨尔本讨论了整件事，他们的谈话要长得多。他们一开始谈论的话题甚至不是她的订婚。首先，她询问她的首相是否“健康，睡眠好”，然后带着典型的英式淡定，他们“谈到天气”。直到那时，她才告诉他订婚的消息。他表示赞同，尽管很明显是出于现实原因。他说：“到那时（婚后）你就能做更多自己喜欢做的事情。”

一个小时之后，维多利亚和母亲一起用午餐。维多利亚和阿尔伯特都同意在公开宣布前，不告诉维克多丽他们订婚的消息。那天晚上，女王一如往常，还是坐在墨尔本的身边。读到她的日记中所记录的墨尔本对此事的反应，人们会感到心痛，而她自己却对他的痛苦浑然不觉。他意识到她已经不需要他了，“眼含泪水”地祝贺她的订婚。然后他指着她曾经送给他的胸针，一只小小的金手。维多利亚解释道：

我告诉他，如果我送他的这只小金手碎了，我会再送他一个。“它不会碎的。”墨爵说。他总戴着这只胸针。

就这样，墨爵的心碎了，而维多利亚的内心却十分甜蜜。接着，扫兴的是，帕默斯顿勋爵乏味地谈起农民；“亲爱的阿尔伯特鼻子流血了，不得不离开一会儿”。[43] 于是，在一落千丈的情绪和流血中，维多利亚结束了求婚那天的日记。

但是，阿尔伯特是如何经历那一天的呢？他这样描述：“维多利亚表达了她对我的爱，将手递给我，我用双手紧握，将其送到我的唇边，深情一吻。”[44]

尽管阿尔伯特握住并亲吻了维多利亚的手，他还是感到不知所措。他告诉他的父亲：“在如此喜悦的时刻，我应该欢呼雀跃才对，可我却感到难过。我不知道为什么。”[45] 他知道自己不是“情感外露”的那种性格，他发现：“（此刻）我难以相信维多利亚向我展示了如此的情感……真的……我太不知所措了。”[46] 然而，他却被维多利亚显而易见的强烈情感以及她在向他告白时“快乐坦诚的态度”感动了。他解释道：“我被深深打动了。”[47] 克拉克医生被问及，在他看来，阿尔伯特是否爱上了维多利亚。他得出的结论是否定的。克拉克认为，温莎堡的每个人都能看出维多利亚“宠爱并且依恋他，难以忍受看不到他”。然而，克拉克觉得阿尔伯特只是“喜欢她”。[48]

订婚当晚，两位科堡王子阿尔伯特和欧内斯特都第一次穿上了“温莎制服”。这是一种有着深蓝色领口和红边袖口的套装，只有王室亲近人士才能穿，被邀请穿上温莎制服是特殊的荣幸。晚餐有羊排，还有各式各样的美妙甜点，比如糖渍栗子、果冻、牛奶冻、俄式蛋糕、香草饼干、桃子蛋糕、马其顿馅饼。不过，尽管如此，这顿饭还是吃得比较沉闷，因为阿尔伯特对不告诉未来丈母娘这一决定感到内疚。[49] 他为自己辩解道：“她管不住自己的嘴，也许会泄露这个秘密。”[50] 因此，晚餐时没有人向这对刚刚订婚的夫妇敬酒道贺。事实上，阿尔伯特很可能在瞟他未婚妻杯子中的酒。人们已经开始注意到，她喜欢喝酒。斯托克马主动提醒过维多利亚，“女王一顿饭不会喝一整瓶酒”。[51] 其实这事没有听起来那么堕落，那时候的酒应该比现代的度数要低得多，不过阿尔伯特担心失去自控能力，因而总是喝得很少。

在那些注意观察他们俩的人看来，维多利亚和阿尔伯特性情非常不同，这点很早就显而易见。他已经知道维多利亚“非常倔强”，对此感到不安。[52] 此外，他非常讨厌英国人“挖苦”或戏弄人的习惯。一个侍女称，维多利亚放松时，言谈举止有一种“率真的魅力”，而阿尔伯特“完全没有”，他的“笑话沉重笨拙”。[53]

历史学家玛利纳·瓦勒准确地指出他们两人性格存在的显著差异。维多利亚生性透明、坦诚、喜欢表达，所以她记日记。而阿尔伯特却是一个内向的人。[54] 他将大部分想法放在心里不说出来，尽管他的思维和智力容易令人感到钦佩，但他这个人却很难了解，更难让人喜欢。

那么，阿尔伯特看中了他未来妻子身上的哪一点呢？他显然感到了来自她身体的吸引力。他发现她“毫无疑问出落得更好了”，和上次见面时 17 岁的她比起来，现在的她身材更加丰满、更加凸凹有致。[55] 年轻女王的胸部受到不少人的称赞。一个美国观察者认为它“像多数英国女性的胸部一样”，非常丰满，还有一个人称赞她的脖子和胸脯——“丰满但不胖……可以非常肯定地说，她很漂亮”。[56] 一位绅士在见过阿尔伯特未来的妻子后写道：“我回来后感觉自己对她十分敬重，还有点爱上她了。尽管她不是一个美人，身材也不是非常好，但她的人和面容，特别是眼睛和肤色，都非常可爱，相当诱惑人。”[57]

另外，阿尔伯特认为这场婚姻会为他带来财富。利奥波德叔叔和维多利亚早逝的堂姐夏洛特结婚后，每年获得 5 万英镑的巨额收入，阿尔伯特很可能也期待有类似待遇。后来议会经投票，决定每年给他 3 万英镑时，他的未婚妻大为恼怒。维多利亚在日记中写道："我生气地大哭了一场。真是一群恶棍！"[58]然而，即使是每年 3 万英镑，也和阿尔伯特的父亲科堡公爵领地的全部收入相当。

但是，他婚后的处境还会存在很多异常，这些他必须努力一一忍受。当他还非常年幼时，就表现出"对女性的管教极其厌恶"。[59]他的一位朋友写道，他最喜欢的就是"谈论公法和形而上学的问题"。[60]他依然觉得和未婚妻谈论音乐或艺术，抑或是书籍，比和她谈感情更容易。甚至连牵手对他来说都算是一种挑战。她的"手那么小"，阿尔伯特想，"他几乎无法相信那真的是手"。[61]一位艺术家评论说，维多利亚的手"非常漂亮，手背有浅窝，手指纤细优美"。[62]不过，阿尔伯特的强壮和她的柔美正好相配。他们俩已经从两人都喜欢的沃尔特·司各特爵士那里，学习了一名女士与其骑士各自应扮演的角色。正如司各特所说，女性"身体柔美脆弱"，需要"男主人的肌肉力量和男性化性格来支撑"。[63]

在金钱这方面，维多利亚事实上是整个国家唯一能够支配自己收入和财产的已婚女性。[64]这一点非常重要。阿尔伯特之所以几乎放弃婚约，是因为他婚后的处境会"非常尴尬"。[65]即使现在，所有人也都知道他其实并非一家之主。阿尔伯特还要应对肆无忌惮的英国媒体，这些报纸会将他描绘为种公牛，只适合繁衍后代。然后，还有一点也令人苦恼，先告白的是维多利亚。一首伦敦民谣唱道：

既然女王亲自向丈夫"求婚"，
我想女士们都会这样做；
她们恭顺的日子将成为过去，

以前总是迟迟不肯表露心迹，

现在她们都会“争先告白”！[66]

换句话说，他们婚后各自扮演的角色完全颠倒了自然秩序。为财富和世俗成功担忧是男人该做的事情，女人只用去陪衬他。当时的一本建议书称，一个女人在嫁人时只需要“内心知足、思想开明、精神纯洁、品行端正”。[67]伦敦的印刷商会毫无顾忌地嘲笑阿尔伯特，并从中尽可能多地赚钱。伦敦街头响彻着一种独特的版画叫卖声：“谁要买这位帅气老外的**画像**？他就要娶我们的美丽女王为妻啦！①”[68]

令这位“帅气老外”感到担忧的最后一方面是，他要离开家，离开他之前最亲近的人——他的哥哥。欧内斯特在温莎堡的订婚晚宴上，看起来面色苍白、烦躁不安。虽然阿尔伯特在性方面毫无经验，几乎过分规矩，但欧内斯特的私人生活却很放荡，就像他们的父亲那样。维多利亚写道：“可怜的欧内斯特上周三就患上了黄疸，着实令人苦恼。”[69]如果她知道欧内斯特其实患的是性病，她会更苦恼。两兄弟之间存在一种鲜明的对比：如此亲近，却又如此不同。

因此，阿尔伯特有不少心事。可至少心思单纯的维多利亚很开心。她想，在选丈夫方面，甚至连普通“穷人家的女孩都没有多少自由”，对于一位公主，就更难了：“前景非常惨淡、哀伤！”[70]但现在她相信，并且将永远相信，她是为自己**做出了**这个选择。她选择英俊潇洒的阿尔伯特，享受他的关心和疼爱。她告诉利奥波德舅舅：“过去的几天就像做梦

---

① 原句为“Vill you buy the poortreat of the wonderful furriner vot's to have our beautiful Queen for his loving and confectionery wife? ”。这句话多处模仿德国口音，且“poortreat”“furriner”等词暗含着对阿尔伯特的嘲讽之意。

一般……我真的感到非常非常幸福。”[71]

阿尔伯特感到通过礼物满足未来妻子的情感期待更容易，并且经常这么做，他决定送维多利亚一个带有珐琅橙花、象征忠贞和结合的胸针作为定情信物。[72]但是，在订婚的当晚，他还坐下来给她写了一封信，将他常常觉得难以启齿的话表达出来。

有很多像这样表达着爱意、告诫、责备以及愤怒的信件，经由温莎堡的走廊，在他们两人的房间之间往返穿梭，而这是第一封。然而，就数阿尔伯特写的这第一封最为完美，那时他还是恳求者，还不是主人，一切都尚未开始。他在信中坦言：“我几乎不知道怎么回应你。我何以配得上这么多的爱、如此充沛的感情？……身体和灵魂永远是你的奴隶，你忠诚的阿尔伯特。”[73]

维多利亚在登基时没哭，在加冕时也没掉一滴眼泪。但是，那天晚上，独自一人在温莎堡的房间里，读着她收到的第一封情书，她终于落下了眼泪。

11. 婚礼

三座宫殿，1840 年 2 月 10 日

“噢！这是我人生中最快乐的一天！”[1]维多利亚这样描写她的婚礼。那是一个潮湿的 2 月早晨，仅仅在她订婚 4 个月之后。甚至连维多利亚即将在她奶油色丝质连衣裙上戴的蕾丝，都比她订婚的时间久——她是在阿尔伯特接受她的求婚前订购这块蕾丝的。[2]

订婚的宣布极其有力地巩固了君主制的地位。那时就像现在一样，王室的出生、死亡和婚姻既为其他所有人的生活带来一种背景节奏，又给人一种复兴的感觉。维多利亚的婚讯令她更显魅力。她的枢密院书记员认为：“她的脸颊上有一种新的红晕，使她看起来更加美丽动人，更讨人喜欢。”[3]

“这是我最后一次独自睡觉。”维多利亚在日记中描述刚刚过去的一夜。[4]她在成长期间一直寻求独处，可现在却不顾一切想摆脱独处的状态。她一睁开眼，就给阿尔伯特写了一封短信，用的是让他感到安心的德语：“亲爱的，你今天怎么样，睡得好吗？……天气真是糟糕！”[5]她将这张纸折成小小的三角形，上面写着给“王子殿下”，来自“女王”，让一个仆人拿着它穿过宫殿走廊，送至他的房间。这次之后，她很久都不用再写信给阿尔伯特，因为他们会经常在一起。几个月来他们频繁通信，信件内容大多关于财产、头衔和政治，然而女王却用了各式各样不太协调的女孩子气的信纸，有些上面带有紫色的小丑图案，有些带有粉

色的边儿。

阿尔伯特的婚礼日也以提笔写信开始。但他心中挂念的是德国，他两天前才从德国回来。他写信给他的祖母："还有不到3个小时，我就要和我亲爱的新娘一起站在神坛前了。"很明显，他有些紧张。"我必须停笔了。"他就这样终止了这封信，因为时间越来越紧迫。"愿上帝佑助我！"[6]

尽管阿尔伯特和维多利亚同岁，而且他游历更远、阅历更广，知识也更渊博，他对公共生活的准备却不如维多利亚那么充分。订婚始终，他"对各种各样的事情感到愤怒，心中满是怨气"。[7]他已经对他的新国家产生了诸多不满——他不能在王室中安插德国雇员，议会投票拨给他的收入低于预期，他的新教徒资格受到质疑。

阿尔伯特本来想要小一点、更私人的婚礼。可是，他的另一个不满是，必须和她的臣民分享他的新娘子的注意力。维多利亚想要的是在晚上于宫殿内举行的传统王室婚礼，但甚至连女王自己都不能达成所愿。墨尔本坚持婚礼要在白天举行。维多利亚将以待嫁新娘的身份，乘马车从白金汉宫出发，穿过公园，来到圣詹姆士宫，然后以已婚女性的身份再回到白金汉宫，接着晚上去温莎堡。这样，她的臣民就至少有3次不同的机会，可以一睹她的风采。

婚礼的具体时间提前5天在《伦敦公报》（*London Gazette*）上公布，以便人们筹划动身。[8]报界对此颇为满意。《讽刺便士报》（*Penny Satirist*）宣称："她被国民当作景观，她就应该展示自己。事实上，出来展示自己是她的职责，这样我们的钱才花得值。"[9]然而，在墨尔本满心欢喜地盘算着让一批批民众欢呼庆祝他们的君主新婚大喜，会带来多少政治利益时，维多利亚却怏怏不乐。她抱怨道："对于国王和女王，凡事都这么折腾。"[10]

甚至连墨尔本也没能说服她制定他认为最合适的宾客名单。维多利亚仍旧对她的贴身侍女一事耿耿于怀，并且还因下议院没拨给阿尔伯特她认为他应得的收入而怒气未平，所以她只肯邀请几个她讨厌的托利党人。大家都认为此举在政治方面颇不明智。吹毛求疵的“毒舌”写道：“让这场婚礼沦为辉格党派对，何其不妥，何其愚蠢。”[11]在他看来，维多利亚坚持只邀请她的朋友们参加她的婚礼，这一举动“任性、固执、大错特错”。[12]

然而，维多利亚在这一点上却不会让步。她固执地说：“这是**我的**婚礼，我只会请理解我的人。”[13]

维多利亚9点钟吃早餐，按照以往的情况，这应该是一顿丰盛的早餐。根据她的定义，“一顿美味的早餐”，要包括“一块羊排、土豆泥等”。[14]不过，省去午餐产生了效果。她的体重从1838年最重时的8英石13磅，一年后降到7英石2磅。[15]婚礼前几周，她身体状态欠佳，产生了压力过大的症状，“神经紧张，体温过高，他们甚至以为她要出麻疹”。[16]

她的母亲最终得知维多利亚订婚的消息后，她们之间似乎产生了某种和解。康罗伊终于同意离开宫廷，维克多丽如释重负。此刻，她来到维多利亚的房间，送给她的女儿一小束“橙花捧花”。[17]维克多丽心想：“我亲爱的孩子即将开始新的生活了，她不知道我有多么爱她，她不懂我的感受。”[18]然而，虽然维多利亚那天的日志确实提到了她母亲送的花，却没有多做描述，而是很快开始说，紧接着“最亲爱、最善良的莱纯送给我一枚可爱的小戒指”。显然，家庭教师及其赠予的礼物更受欢迎。[19]

尽管已经写了信给阿尔伯特，维多利亚还是和他见面了。她知道，她需要为今天的大日子给他打打气。他几天前才从科堡回到白金汉宫。

虽然侍臣们全都聚集在一起迎接他，但当有人宣布他的马车到了时，维多利亚却将礼仪抛到了九霄云外。有人称："没人知道她要做什么，未等有人阻止她，她已经跑下楼、投入了他的怀中。"[20] 这种热情奔放是维多利亚最真实的自我表达。

通过纸面问候和亲自见面抚慰了阿尔伯特的情绪后，她要立即开始准备了。她的头发被绕成圈儿，垂落在双颊，头戴一只"橙花花环"。她的婚纱是"一条白色缎质长裙，镶有非常宽的霍尼顿（Honiton）小花纹蕾丝荷叶边，风格仿古"。[21]

维多利亚这件简单的奶油色婚纱开启了白色婚礼的传统。她打破了君主制的惯例，没有穿皇室长袍，而是选择了一条朴素的长裙，只从腰身开始加了一点拖尾，以便宫廷穿着。[22] 这条长裙代表着，她在这一天不是女王陛下，而是一个普普通通的女人。她头上戴的是仿真橙花，而不是钻石冠冕。婚纱上的花边是她母亲喜欢的德文郡霍尼顿镇的蕾丝制作商做的，而不是更出名的布鲁塞尔手艺人。那时这种王室委托定制和现在一样，能拉动英国工业的发展。[23] 这块蕾丝将成为维多利亚的图腾。她会悉心保存，将其视为珍宝，一直穿戴，直到她生命结束。

伴娘的礼服是维多利亚亲自设计的，她画了一张草图，交给她的女侍长——仍然是萨瑟兰公爵夫人哈丽特。哈丽特亲辉格党，她富有而美丽，现在维多利亚几乎将她当成了闺蜜。维多利亚的侍臣们注意到，阿尔伯特希望她和她们保持距离。她们感觉到，他希望无论哪一个未婚侍女或已婚侍女轮值，她都"无所谓"，希望她只对等级更低的仆人"真情流露"。[24] 维多利亚教训自己："不要太过亲密，不要放声大笑……注意自己的言行，控制自己的举动。"[25] 据说哈丽特"举止有女神的风姿"，而且"容貌有女王的派头"，换作别人，很可能会担心被自己的女侍长比下去。[26] 可维多利亚一直对比她美的人非常大度，对待哈丽特更像是同一阵营的朋友，使得她在王室职员中变得与众不同。

虽然自登基以来，维多利亚的服装补贴大约是前任国王威廉四世的两倍，但她和哈丽特认为这笔公款怎么花完全是她们自己的事情。哈丽特雇了多个礼服裁缝，另外，骑马装裁缝、皮草商、丝绸商、袜商、手套商、香水商、专业“制伞商”各一名。当财政部想知道这笔钱是怎么花的，哈丽特高傲地写道：“女王陛下不想将一些账单（比如礼服裁缝的账单等）送到财政部办公室去。”她只会提供这笔钱大概的去向。[27]

但是，无论维多利亚私下是怎么想的，她的礼服无疑就是穿给公众看的。某个人心情急切地在信中写道：“我在宫殿看到了女王的礼服，蕾丝太美了，像蜘蛛网一样绵密纤薄。”此人继续描述道，她什么珠宝都没戴，“只戴了一条镶有阿尔伯特王子画像的手链”。[28]这一描述其实完全不实。她还佩戴有阿尔伯特赠送的巨大的蓝宝石胸针，以及她的“土耳其钻石项链和耳环”。[29]从彼时起，对维多利亚服饰的描述，开始趋向于比真实的情况更为简单朴素，这种言过其实伴随了她一生。真实情况是，仅仅以**人们心目中一位女王的服饰标准**来衡量，她的着装才显得低调。他们在描述她的衣服简朴、有种令人愉悦的中产阶级风格时，其实想表达的是这个意思。在其他国家，中产阶级将走上街头，和工人阶级联合起来，在街垒旁并肩战斗，促使君主制土崩瓦解。然而，在英国，这种情况并未出现，其原因部分在于维多利亚——她的价值观和低调的风格深得令人敬重的社会中上阶层的民心。

就这样，经过恰如其分的精心打扮，这位看起来不像一般女王那么华贵的女王一切准备就绪，婚礼可以开始了。

11 点 45 分，阿尔伯特在父亲和哥哥的陪同下，从白金汉宫出发。9 辆马车的队列穿过圣詹姆士公园（St James's Park），前往圣詹姆士宫皇家礼拜堂。这座礼拜堂由依理高·琼斯（Inigo Jones）主持修建，最初是来自法国的王后亨利埃塔·玛丽亚（Henrietta Maria）的私人天主教教堂，不过早已归入英国国教会（Church of England）。阿尔伯特信奉的是路德教，又是个外国人，所以很可能不是一个真正的新教教徒 —— 鉴于当时英国仍旧弥漫着反天主教情绪，在其作用下，这种污蔑屡见不鲜。在1828年之前，天主教信徒，即使是像诺福克公爵（Duke of Norfolk）这样的权贵，也被禁止担任公职。反天主教举措加剧了英格兰与爱尔兰之间的矛盾。阿尔伯特在迎娶英国国教领袖时，手中煞有介事地握着他那本绿色天鹅绒书皮的新教祈祷书。[30]

15分钟后，维多利亚也从白金汉宫出发，这是一个7辆马车的队列，她在母亲和萨瑟兰公爵夫人的陪同下，乘坐最后一辆马车。尽管那天"天气恶劣 —— 暴雨如注，狂风大作"，队列所经之处还是人山人海。[31]圣詹姆士公园挤满了人，"几乎无法以正常速度行走"。[32]虽然天公不作美，可等候观看的人仍然心情雀跃，据《泰晤士报》报道，当时有人爬到树上以便观望，谁知压断了树枝，突然掉入人群中，结果引来的只是人们的"阵阵哄笑"。[33]人群聚集带来了绝妙的商机。一个卖民谣的小贩将多达23首关于女王大婚的不同歌曲的歌词印刷了出来，在街头叫卖。[34]

到达延展开来的红砖建筑圣詹姆士宫后，维多利亚被引到楼上的更衣室。在那里等待的伴娘们见她来了，如释重负。这12名紧张的年轻小姐已经被"囚禁"在这个房间一个半小时了。她们按要求提前来到这里，却无事可做，只好痴痴地看着窗户下的士兵，"他们在雨中显得非常无精打采"。[35]

这些伴娘的出身一度成为问题。阿尔伯特曾经提出，拟定的伴娘名单中，有些人的母亲不够体面，不适合做女王的伴娘。莎拉·维利尔斯小姐（Lady Sarah Villiers）的母亲泽西夫人（Lady Jersey）是乔治四世的情妇之一；埃莉诺·佩吉特小姐（Lady Eleanor Paget）的父母都是离婚后再结的婚；伊达·海伊小姐（Lady Ida Hay）是威廉四世的私生孙女。但墨尔本却悄悄否决了阿尔伯特的提议，他指出在英国整个贵族阶级，根本找不到12名母亲清清白白的年轻小姐。这再次说明了之前宫廷道德风气之堕落，而维多利亚和阿尔伯特，尤其是后者，会将其肃清。

伴娘们头上戴着白玫瑰花环，礼服的薄纱罩裙上也别着花朵。维多利亚认为这样打扮“楚楚动人”，可其他人的看法却有所不同。[36] 旁观者习惯了以往皇家仪式上常见的金色流苏、天鹅绒长袍和五颜六色的珠宝，他们觉得，这群提着女王裙尾的伴娘“看起来像乡下姑娘”。[37] 甚至连维多利亚的脸上都毫无血色。一个伴娘在摊平新娘的裙子时，注意到女王的脸色“苍白如纸”。[38]

礼拜堂设置了楼座，连上空的各个角落都坐上了人。教堂内部深色的镶板、深红色的坐垫、黄色的流苏，与“奢华的布鲁塞尔地毯”交相辉映。[39] 宾客们身着“白色、琥珀色、深红色、紫色、浅黄褐色”等不同颜色的礼服，携带“婚礼伴手礼”，或是佩戴白色的缎带蝴蝶结，或是装饰着金色带有橙花的蕾丝。[40]“我们冻得直哆嗦。”一位美国女宾客抱怨道。正式宫廷裙装需要露出肩膀和脖子，头上除了常规的白色羽毛，什么保暖物件都不能戴。[41]

宾客们观看衣服上绣有不同图案的纹章官、身着袍子的主教、穿着白色罩衣的唱圣歌男童一一入场，以打发时间，可等到“鼓声和号声齐鸣”，宣布仪式正式开始时，他们不仅冻得瑟瑟发抖，而且已经开始感到无趣了。[42] 令人宽慰的是，他们终于看到阿尔伯特走了进来。众人齐刷刷向他望去，就像是“看英雄凯旋”那样，他们不禁鼓起掌，挥舞起手帕欢迎着他。阿尔伯特穿着紧身白色马裤，外搭红色外套；他的金色衣领高高的，所以他只能将脖子挺得直直的，无法随意扭动；双肩挂着沉甸甸的嘉德勋章链子，为了承受其重量，他只好绷紧肩膀。他看起来可不太像凯旋的英雄。[43] 一名记者搜肠刮肚，只能想到一句赞美之词——他刚回伦敦那会儿的晕船症状看不出来了。不过，据说姑娘们对他“苍白、若有所思”的模样颇为着迷。[44]

在镶着珠宝的链子下面，穿着的是陆军元帅制服，肩膀上装饰着白色的缎带花结。[45] 阿尔伯特的衣服“无疑是他借来做新郎服的”，弗洛伦斯·南丁格尔轻蔑地写道，她当时住在伦敦的姑妈家。[46] 她和许多人一样，也嘲笑科堡的穷酸。阿尔伯特不怎么受欢迎，他自己肯定心知肚明。在科堡，他的离开是件值得庆祝的喜事，他的子民看得出他们的王子要飞黄腾达了。然而在英国，科堡却几乎一文不值。礼拜堂中的一名观众认为，当仪式进行到阿尔伯特该说“将他所有的财富”赐予他的妻子时，很难不让人感到好笑。[47] 就像阿尔伯特对维多利亚抱怨的那样，这些冷嘲热讽“让我在这里的处境十分尴尬”。[48]

维多利亚也走了进来，与他相距不远。当她走出更衣室时，伴娘提着裙尾，在她身后两两并行。她经过成群的仆人、侍臣和宾客，“他们坐在高高低低的座位上，和在卫兵室以及下楼时遇到的人一样，都热情洋溢”。[49] 与阿尔伯特不同，她知道她的步态必须庄严，必须走得“非常慢，让所有观看的人有充足的时间满足他们的好奇心，当然她从未被如此认真地审视过”。虽然她已经对此习以为常，但还是有人看到她在颤抖。

加冕礼时，她过长的袍尾造成了麻烦，而现在出现了相反的问题。维多利亚身上白色缎面长裙的橙花镶边的裙尾“太短了，不够这么多年轻小姐提”，结果她们“总是踢到彼此的脚跟、踩到彼此的裙子”。[50] 即便如此，号声参差不齐地响起后，她们还是将维多利亚送上了教堂的过道。走到过道的尽头，她“虔诚地跪倒在神坛前，似乎她整个身心都在祈求上帝赐福”。[51] 许多人不禁为之动容。一名观礼者记录道：“她看起来面色苍白，非常美，她的双手不住地颤抖。”[52]

维多利亚从此时开始描述她眼前的情形：“神坛前，站在我右边的是我珍爱的天使；妈妈在我左边……墨尔本勋爵手举国之重剑站在我旁边。仪式非常壮观，精美而简洁，我觉得应该永生难忘。”[53] 她一生都在喜欢“简洁的”宗教仪式，不喜欢当时高派教会（High Church）① 对罗马天主教仪式的模仿。她甚至会在某些时候参加苏格兰长老会（Presbyterian Church of Scotland）② 的“低级”仪式，这令官员们错愕不已。

这场婚礼的誓词与寻常婚礼毫无二致，新人只自称为“阿尔伯特”和“维多利亚”。当大主教问维多利亚是否发誓“服从”她的丈夫时，他得到了一个响亮有力的肯定回答。[54] 她**想要**去服从。在场的每个人都能感受到这种意愿。一名观察者写道：“她看着他，面容甜美无邪，表情诚挚热烈，不禁让所有人落泪……他们手牵着手一同走出礼拜堂。”[55] 尽管王室婚礼一般不会出现这种令人晕眩的浓厚浪漫元素，可维多利亚的母亲让她认识到，这就是爱情应有的模样。这种模式的婚姻对王室生活来说是否持久，尚待分晓。

12 点 45 分时，枪声响彻伦敦，每个伦敦人都知道这一刻阿尔伯特“将戒指戴在了维多利亚的手指上”。[56] 甚至连天公都作美，“洒下一缕柔和的阳光”。虽然入场时，新郎神情紧张，新娘压抑着内心的情绪，让人目不忍睹，“因为很难判定谁看起来最不自在”，可现在离场时，“他们都

---

① 圣公会的一派，在信仰和礼仪方面与罗马天主教最相似。

② 和圣公会同属新教的教派，是苏格兰名义上的国教。

恢复了血色，容光焕发”。

然而，婚礼过程中却有人愁容满面。人们注意到维多利亚的母亲“黯然神伤，脸上有泪水滑过的痕迹”。[57] 她的眼泪是有来由的。女儿的人生每向前迈进一步 —— 登基、加冕、结婚 —— 她的角色就缩减几分。曾经以为能够得到无上的权力，却被越推越远。现在甚至连莱纯也将被取而代之。她坐在阴暗的角落，脸色“如大理石一般苍白，在黑色天鹅绒女帽的映衬下，显得毫无血色，惹人注目”。[58] 维多利亚作为女儿和假想女儿的人生此刻宣告结束。对此，维克多丽心领神会，莱纯却后知后觉，日后她认识到这点时，会心如刀割。

接着，新郎新娘在登记册上签名，然后就要回白金汉宫了。伴娘们“将裙尾交给阿尔伯特亲王处理。和一名拖着 6 码① 长尾巴的女士一同上马车，似乎令阿尔伯特神色稍显紧张”。[59] 马车驶过短短的路程，送他们共赴婚宴（wedding breakfast），他们俩终于有机会单独在一起了。抵达后，根据维多利亚的记载，又是“人山人海”，宫殿里“挤满了人，他们一次又一次地祝贺我们”。[60] 有人看到维多利亚和阿尔伯特“捏了捏对方的手”。[61] 这是一个信号，表示着他们要逃走，去她的更衣室。他们在那里的沙发上严肃地促膝长谈了半个小时。阿尔伯特规定：“我们之间永远不应该有任何秘密。”许多年过后，时过境迁，维多利亚为她记录的这一刻添上了动人的一笔。“于是，真就如此。”她写道。[62]

可是，维多利亚有社会义务在身，楼下宴会还等着她。她记录道：“婚宴后，我和大家一一交谈，我在和墨尔本勋爵交谈时，夸赞了他精美的外衣。”她和阿尔伯特向墨尔本敬了“一杯酒”，墨尔本“似乎对整件事伤感不已”。[63] 接着，她前去更衣，换上“一条装饰着天鹅绒毛的白色

① “码”（yard）为英美制长度单位，1 码为 0.9144 米。这里的 6 码约等于 5.5 米。

丝绸礼服”，头上那顶去度蜜月时戴的饰有仿真橙花的帽子，至今还保存在肯辛顿宫。然后：“我们向妈妈告别，坐马车离去……我和阿尔伯特单独在一起，着实美妙。”[64]

他们驾车前往温莎，其后只有为数不多的3辆马车护送。[65]其中一辆坐着莱纯。尽管典礼的规模正在逐渐缩减，可“宫殿外还是人山人海”，从这里一直到温莎，道路两边熙熙攘攘都是看客，他们的欢呼声“震耳欲聋”。[66]沿途，至少有30道凯旋门横亘在道路上方，这对新人驾车一一穿过。整条温莎大街，家家户户在窗前摆放着剪出形状的灯罩，整个市镇“王冠、星星以及所有明亮物体，在煤气和煤油灯映照下”熠熠发光。[67]

维多利亚的“子民冒着寒雨为她欢呼，毫无怨言，仿佛这是场4月的阵雨，很快就会停”。[68]她因弗洛拉一事失去的民心，也像阵雨天一样，雨过天晴了。这场婚礼从政治角度而言，可谓神来之笔。历史学家保拉·巴特利指出，和以往的王室婚礼不同，这场婚礼“洋溢着爱，令人肃然起敬”。这是一种全新的婚礼形式，却流畅无比，仿佛以往婚礼一贯如此。用艾瑞克·霍布斯鲍姆（Eric Hobsbawm）的话来说，这场婚礼“开创了新的传统”。[69]

最后，晚7点钟时，维多利亚和阿尔伯特回到了温莎堡，进入了现在他们共同的套房。“我看了看房间，然后就去换衣服了。”维多利亚这样告诉我们。她换上了那天的第三套衣服。在他们相处的日子里，音乐不可或缺——当她走进阿尔伯特的新起居室时，发现他正在弹钢琴。“他已经换上了他的温莎外套，”她说，“他将我揽入怀中，吻了我。”维多利亚那晚穿的裙子很可能是皇家收藏保存的那条朴素而且非常修长的奶油色丝质长裙，一直以来人们都认为，她在结婚当晚穿的就是这条裙子。如果和阿尔伯特成为夫妇后第一次共进晚餐时，她穿的真是这条裙子，那么她很可能什么都吃不下去。这条裙子比她的婚纱还要紧。

不过，她之所以没怎么吃，是因为经过一天的紧张兴奋，她开始感到不舒服。维多利亚记录道："我们在客厅吃的晚餐。"可是她"头痛不已"，根本吃不下樱桃蛋奶酥。[70] 他们谈论了"许多家庭事务"。[71] 她头痛，所以不得不"在晚餐后一直躺在沙发上"。即便如此，还是非常美妙：

> 我从来从来都没有度过这样的晚上！！我最最亲爱的阿尔伯特坐在我身旁的脚凳上，他对我呵护备至、宠爱异常，我仿佛置身于天堂，心中充溢着甜蜜的爱和幸福，我从来没想过我会产生这种感觉！他紧紧抱住我，我们一次又一次地亲吻！

但是没有新郎为新娘褪去纤薄的长裙这一环节。和以往一样，这件事必须由专门服侍维多利亚更衣的侍女来做。她说："10 点半，我去脱衣服了，当时非常恶心难受。"当她干呕完，走进卧室时，那些总是在她身边尽心尽力服侍她的女人，她生命的基石，一定在她左右。"我们共同来到就寝的地方（当然在同一张床上），躺在他的身旁，被他拥入怀中，贴着他温暖的胸膛。"[72] 他们的新婚之夜延续了那晚严肃、几近阴郁的气氛。维多利亚后来回忆说："一切都那么纯洁而虔诚，我们没怎么睡。"[73]

第二天，维多利亚报告说："可怜的阿尔伯特感到非常不舒服，只好在他的房间中静养。"但是那天晚些时候，他必须再次履行社交义务，参加 10 点的晚宴。[74]

事实上，他们在温莎的蜜月只持续了 4 天。蜜月非常短暂，而且维多利亚在此期间还公开露面，这些都被抓住，作为"不成体统"的证据。[75]阿尔伯特倒是想在温莎多待些时间，可他的妻子却告诉他，他们不能。她提醒他："我是君主，国事不等人。"[76]

阿尔伯特向一位朋友诉苦，说他"只是丈夫，不是一家之主"。[77]可是，就像当时的一本建议书所说："在自己的家中接受顺从、得到重视……是每一个男人的权利，这点毋庸置疑。"[78]对照维多利亚时代的模范婚姻，他们的似乎有什么不对劲。维多利亚**说**过一套，她曾发誓"服从"。然而她却在**做**着另一套，将国事置于丈夫之上。对于一贯犀利的"毒舌"来说，这一点显而易见。他认为，维多利亚之所以在婚礼开始前几周心情紧张、身体不适，是因为对嫁给阿尔伯特产生了犹豫，她"担心受到制约，她对权力的热爱，比爱情更强烈"。[79]虽然阿尔伯特对蜜月期过短忍气吞声，没有过多抱怨，但其实他只是在等待时机，重新调整他和妻子间的权力天平。

尽管维多利亚在当时不以为意，她在得到丈夫并建立起她童年时欠缺的家庭生活的同时，却失去了一样东西。历史学家约翰·普兰克特指出，这一损失能从当时杜莎夫人蜡像展览发生的变化中看出。1840 年，加冕的造型被换成了结婚的造型。女王已被降格成人妇。[80]

12.“噢，夫人，是个公主”

白金汉宫，1840 年 11 月 21 日

1840 年 11 月 21 日，是星期六。凌晨，白金汉宫灯火通明。维多利亚的首次分娩已经开始了。然而，每个人却情不自禁频频想起 23 年前那个 11 月的夜晚。那晚发生的“产科三重悲剧”（Triple Obstetrical Tragedy）[①] 导致了“婴儿赛跑”局面和维多利亚的降生。

维多利亚虽然从未见过这位英年早逝的堂姐夏洛特公主，却对其不幸遭遇记忆犹新，以致她在怀第一胎期间感到格外不安。维多利亚儿时喜欢去利奥波德舅舅在英国的家，即位于萨里（Surrey）的克莱蒙特庄园（Claremont House）做客。在那里，她会和“亲爱的老露易丝”闲聊。老露易丝曾经贴身服侍利奥波德已故的妻子，是其忠心的仆人“和朋友”，夏洛特难产死去的那一晚，她就在身边。老露易丝经常向维多利亚谈起她的这位堂姐，维多利亚正是接替她继承了王位。

理查德·克罗夫特爵士（Sir Richard Croft）是负责夏洛特长达 50 个小时生产的医生，他因夏洛特的不幸丧生受到了严厉的批评。谴责源于他没能用产钳将夏洛特的死胎取出来，放了她太多血，甚至不让她进食。重压之下，克罗夫特意志消沉，随后开枪结果了自己。在他的尸体旁放

---

① 这正是指 1817 年，英国夏洛特公主在分娩时死于难产，她的孩子也死于宫内缺氧，而负责接生的医生理查德·克罗夫特爵士（Sir Richard Croft）随后自杀。

着一本莎士比亚戏剧集，打开的那页含有“亲爱的先生，上帝保佑你！公主在哪里？”① 这句话。

1840 年 11 月 21 日，白金汉宫的男仆们在黎明前的浓浓夜色中，分别敲响伦敦不同住所的大门，通知维多利亚的医疗队成员，分娩已经开始。他们接到这个消息，一定大为吃惊。没人预料到生产会这么早开始。

被急促的敲门声唤醒的有詹姆士·克拉克医生、赫赫有名的产科男大夫查尔斯·洛可克医生（Dr Charles Locock）和罗伯特·弗格森医生（Dr Robert Ferguson）。后两位是合作伙伴，旨在提供“伦敦最高端的接生服务”，弗格森还在精神健康方面颇有研究。[1] 同样被叫醒的还有理查德·布莱格登先生（Richard Blagden）。他是外科医生，社会地位不如内科医生。他必须愿意动刀子，情况必要时，施行剖腹产。布莱格登先生身经百战，他在夏洛特王后的产科医院任夜班医生，这是英国第一所“怜悯首次怀孕的未婚女性”的医院。[2]

这些男医生心中惴惴不安，除了隐隐担忧女王的安危，脑海中肯定也不断浮现理查德·克罗夫特爵士的命运，为一旦出现意外他们将会面临的下场而担惊受怕。

尽管王宫如金鱼缸般透明——维多利亚的仆从们一早就知道她怀上了身孕，可是，宣布王室成员怀孕的消息却不符合英国的传统。婚礼后不久，她就怀上了孩子。她写道：“我立即明白我怀孕了，我当时气极了。”她之所以如此气愤，也许是因为她深知夏洛特公主的悲惨命运。她“非常害怕生孩子，宁愿一个都不生”。[3] 但是，她也知道自己别无选择，事实上，节育的噩梦伴随了她的一生。一位维多利亚时期的教育家写道，

---

① 出自《爱的徒劳》第五幕第二景。

一位女王“在膝下儿女成群时，最有女王的风范，最具女性气质”。[4]

维多利亚是在 2 月举办的婚礼，早在 4 月，王室家庭成员“已经心领神会”她“有喜了”。[5] 尽管她无法按照礼仪要求长久站立，墨尔本还是建议她务必继续出席宫廷活动。

事实证明，维多利亚在怀头胎时状态相当好。她声称：“我身强体健，连医生们都说从没见过哪个人状态这么好……我每天散步很久，有时在疾风中行走，精力非常充沛。”[6] 她的药剂师账簿表明，她偶尔头痛，用了“降温的洗液”和万能的灵药——蓖麻油治疗。[7] 根据当时的医学建议，她要停止性生活以及“所有不宜女性操劳的事务”。[8] 撰写这一建议的作者是威廉·布尔医生（Dr William Bull），其写作对象显而易见是那些会买他书的有文化的中产阶级读者，而工薪阶层女性不得不继续工作。对于那些请得起医生的人来说，夏洛特的惨死对医疗方法造成了巨大影响。夏洛特在怀孕以及生病期间，被放了很多血，而布尔医生现在大力谴责放血的做法。[9]

维多利亚分娩开始的前一天是星期五，这一天平淡无奇。白天她或是安静地休息，或是写写信件，与墨尔本勋爵聊聊天，或是坐在钢琴旁弹奏莫扎特的曲目。[10] 到了晚上，她和往常一样，和莱纯共进晚餐，享用了牛脑汤和松鸡。[11] 她和阿尔伯特将近 11 点才上床就寝。直到星期六凌晨，她才感到“非常不舒服”。她费了一番功夫，叫醒自己的丈夫。克拉克医生 2 点半时去过他们的卧室，可他认为分娩并未开始，又离开了。凌晨 4 点钟时，维多利亚再次“非常坚定地”要求医疗团队速速赶来。[12]

弗格森医生在 6 点赶到了白金汉宫，发现他的同事已经聚集在“一间点着煤气灯、闷热难耐的小房间里”。因为分娩开始得比预期早，而且时值凌晨，医生们尚未商议好各自的任务，如同一盘散沙。维多利亚还让莱纯参与商议，此举很快变得有害无益。弗格森坦言道：“直到火烧眉毛，我们才开始分配各自的任务，这种安排真是愚蠢至极、危险至极。”他之所以愤怒不已，是因为数月前他曾“写信给克拉克，确定各自要承担的任务，却没得到明确的答案”。[13]

即便如此，首席产科大夫查尔斯·洛可克医生却有办法让产妇感到心安。他说：“婴儿快生出来了，一切顺利。”听他这么说，维多利亚放心多了，她需要的正是这种安慰。她后来声称：“我当时一点儿都不紧张。”[14]而洛可克医生却替这位骨架小的产妇感到不安，她的身体结构并非特别适合生养。

这位年轻的女王在分娩过程中沉着冷静，令人敬佩，而且丝毫没有表现出维多利亚时代大肆鼓吹的女子的矜持（modesty）。在她往后的人生中，她的这种态度会发生变化，但是现在，20多岁的女王对自己身体所持的坦然大方的态度让她的医生们颇为惊讶。按照当时的惯例，医生到达分娩现场，会请求借由产妇的一位女性朋友“进行检查”。同样，按照惯例，产妇会“假装矜持”，拒绝检查，直到疼痛难耐，不得不放下矜持。[15]然而，出于对自己健康的担忧，维多利亚儿时经常与医生打交道，以至于她对医生的各种检查习以为常。甚至连在威斯敏斯特综合产科医院（Westminster General Lying-In Hospital）工作的洛可克医生都对女王的坦率感到颇为窘迫。

洛可克在其男性朋友中间出了名的“欢快友好、妙语连珠、消息灵通、能言善道”，他从医以来获得的成功无疑有几分归功于“他的社交才能”。[16]值得注意的是，他做助产医生，是因为这一行收入高。很不幸，有记录表明，他不惜用粗俗无礼的流言蜚语取悦他的上流社会朋友。他说，他的言辞的露骨程度与女王的坦率程度相当。洛可克宣称，他说的每句话“在女王看来都粗俗至极”。[17]洛可克对他接诊的产妇评头论足、多嘴多舌，似乎并未将产妇的利益放在心上。后来，人们可以用氯仿缓解疼痛时，他认为维多利亚不应该坚持在分娩时使用氯仿。在他看来，使用氯仿只会使分娩时间延长。[18]他时常“对女王的行事作风厌恶不已”，而维多利亚也明显对她产科医生的两面三刀甚是恼火。[19]她曾经将“那些龌龊的医生”列为分娩的种种弊端之一。[20]

此外，洛可克医生还口无遮拦，散播他对产妇身材的看法。他认为维多利亚身材“臃肿丑陋、肥硕无比”。她已经许久没穿紧身褡，身形变得“酷似一只圆桶”。[21]维多利亚自己虽然感到身强体健，却不得不“心酸地”承认她“尺寸过大”。[22]她刚结婚时添置过一件漂亮的细棉布衬裙，这条裙子曾经和她的婚纱尺寸相同，但能看出后来高腰部位放宽了许多，很可能是为了方便这次怀孕穿。[23]这个改动针脚细密，仿佛仙子所为。维多利亚的服装部门人手众多，事实上，她也从来不缺衣服。这件衬裙之所以留存至今，是因为后来它沾上血渍，被送了出去。她还有一件可以放宽的孕妇裙，由薄薄的白色棉布做成，带有“调整束带”，可随着孕期发展，放宽腰围。[24]

维多利亚一结婚，我们就听不到她对自己的体重和外表表示担忧了，她只是坦然接受自己在这两方面都不够完美。她后来会哀叹道：“上帝知道，我衰老丑陋的身体毫无魅力可言。”[25]她在结婚后，开始对自己的身体更加自信。之所以如此，是因为阿尔伯特。虽然他在飞速订婚之际，将信将疑，不太开心，可后来却对娇小丰满的妻子非常满意，欣喜无比。1844年，雕刻家约翰·吉布森（John Gibson）收到委托，要打造一尊身着晚礼服的维多利亚的雕像。他记录道：“她在亲王的陪同下走进房间，他宛若一位深情款款的年轻夫君，伸出一只胳膊，绕过妻子的脖子，指着她的肩膀说：‘吉布森先生，你必须将这个肩窝呈现出来。’”[26]

维多利亚最喜欢的自己的画像是那幅“秘密画作”，她瞒着阿尔伯特，委托弗朗兹·克萨韦尔·温特哈尔特（Franz Xaver Winterhalter）

画成此画，并作为惊喜礼物送给阿尔伯特。这幅画展现出 24 岁的她，身材丰满性感，白皙丰腴的肩膀裸露着，嘴巴微微张开，分外诱人。这也许是阿尔伯特喜欢的她的样子——作为他的妻子。然而，维多利亚在她的一幅自画像素描中，也刻画了 20 多岁的自己，却看起来更加严肃，更像一位女王。在这幅素描中，她带着一种坚定不移的神情，看似有些疲惫，隐约能看到双下巴。她逐渐发现作为阿尔伯特的配偶，妻子的职责难以推却，很难兼顾女王的角色。[27]

洛可克医生发现自己和阿尔伯特亲王，比起和亲王那言辞乏味、其貌不扬的妻子，要意气相投得多。当维多利亚吹嘘自己能“像其他人一样承受分娩之痛”时，洛可克医生发现她的丈夫却不以为然。阿尔伯特认为，产痛开始时，“她会高声号叫①”。发现亲王持这种看法，洛可克医生不由得微微窃喜。[28]

然而，维多利亚在分娩期间并没有高声号叫，至少当时在场的人没有这样记载过。凌晨 4 点开始，不同的人从分娩的房间进进出出，一面屏风遮挡着维多利亚的产床，提供了些许私密性。按照王室传统，需要有人亲眼见证婴儿的诞生，洛可克医生再次发现她对这一要求毫不避讳。他认为：“即使整个世界都在场，她也满不在乎。”[29]

级别较低的医生就谁应该、谁不应该进入产室争论不休。[30] 分娩全程阿尔伯特都在场，利利夫人（Mrs Lilly）也一样，她是专门照顾新生儿的护士。维多利亚的母亲如今不在白金汉宫居住，可她在早饭前就赶到宫殿，只得在产室外等候，她“极其焦虑……多么想替她受这份罪”。[31]

阿尔伯特亲眼见证了自己孩子的出生。此举见报，备受称颂。新潮

① 原文 Rompos，洛可克医生故意将 rumpus 如此拼写，以凸显阿尔伯特说英语时的德国腔。

的父亲们就应该这么做。[32] 后来维多利亚开始无法想象生产时他不在身边，因为他总是在场“掌控方方面面”。[33] 这天早上，他“面色苍白，显然心中很是不安”，他“双眼布满血丝，神情憔悴”。然而，阿尔伯特一贯地镇定自若，举手投足不露破绽，丝毫看不出他内心的“动荡不安”。[34] 他不遗巨细、滴水不漏的天赋完全发挥出来，成功缓解了大夫之间的分歧。维多利亚后来抱怨说，他们还没有完全想好拿她怎么办。她自己记下了一些注意事项，以便下次传授给她的医疗队伍。[35]

分娩刚开始时，维多利亚服用了一剂蓖麻油清空肠道，避免出现“极其尴尬”的后果。她可能在宽松的晨袍下穿了一件贴身的睡裙，“裙角被折叠起来，平滑地卷到腰部”，睡裙下还穿着“一件衬裙”。她没穿紧身褡，尽管女性普遍认为分娩时穿紧身褡，会“提供支撑，起到辅助作用”，但当时最新的医学建议认为这样做“不合适”。[36] 对维多利亚来说，初次分娩时所穿的那件睡裙，将会获得独特的幸运意义。9 次分娩后，她仍坚持穿着那件睡裙。[37]

这一天“阴阴沉沉，刮着风，雨也淅淅沥沥，烟囱冒着浓烟”，随着晨光流逝，晌午将至，大夫们开始忧心忡忡。[38] 分娩耗时超过预期。弗格森医生坦言：“我开始觉得，若无帮助，可能会胎死腹中。”[39] 他试图进入产室帮忙，“可洛可克立即制止了他，叫嚷说女王不希望他们进去”。[40] 维多利亚认为，在某种程度上，这些“分歧和争吵”是由她紧张过度、“好管闲事的老家庭教师”造成的。阿尔伯特对妻子生活的方方面面都亲力亲为，莱纯发现自己的位置越来越边缘化了。

房间挤满了人，医生还时不时地争执，可见维多利亚的分娩环境完全“与舒服适宜搭不上边”。[41] 维多利亚写道：“最后的疼痛，通常被认为是最难以忍受的……12 点半开始，一直持续到 2 点差 2 分。”不过，最终，刚过 2 点，“一个完美的小宝宝”诞生了。[42] 第一次分娩结束后，维多利亚在骄傲感和多巴胺的作用下，不觉有些飘飘然，虽然令人难以置信，但她自豪地宣称整个过程她“一点都不痛”。[43]

对妻子、丈夫、妻子的母亲、三名医生、家庭教师和一名护士来说，这一刻成就满满，其乐融融，十分美妙。可紧接着，洛可克医生开口了，他的话让大家都有点低落。

“噢，夫人，”他说，“是个公主。”[44]

“恐怕要让人们失望了。”维多利亚回应道。她立即想到新生儿的性别会造成的影响。[45]直接产出一位男性继承人，对政治更有帮助，她和阿尔伯特“一直都衷心希望”头胎能生下王子。“很遗憾，我们都大失所望。”[46]此刻，细细观察下，很明显能看出这个早产的女婴还“病恹恹的，非常纤弱”。[47]维多利亚的任务还没有完成。她强打精神，吐出灰心丧气的王室母亲们用了数百年的那句话：“没关系，下一胎会是王子。”[48]

至少阿尔伯特在场，有他安慰她。维多利亚记录道：“我最最亲爱的阿尔伯特几乎寸步不离，给了我莫大的支持和安慰。”[49]他心中“十分焦虑不安”，一名负责接生的大夫也描述了这点。“整个分娩过程中，他一直坐在她的床边，支持着她，鼓励着她，亲吻着她的脸颊。”[50]身为女王的丈夫，阿尔伯特现在享有特权，将婴儿诞生的消息公之于众。他来到旁边的房间，内阁大臣聚集在那里，保姆佩格利夫人（Mrs Pegley）“将婴儿抱到他们聚集的房间”。[51]

分娩开始时，枢密院成员也被传召到白金汉宫。维多利亚的卧室位于一长串折叠门相连的房间的尽头。分娩期间，这些门大大敞开，大臣们能在套房的一端看到另一端她躺着的床，不过接近床尾的部分有一面屏风遮挡着。这些身着宫廷制服、拭目以待的“目击证人”包括墨尔本勋爵、帕默斯顿勋爵、坎特伯雷大主教、伦敦主教，以及王室管家埃罗尔勋爵（Lord Erroll）。埃罗尔勋爵后来称，“透过敞开的门，整个分娩期间，他能清清楚楚地看到女王，听到她说的话”。[52]

伦敦主教也描述道，仅仅“降生一分钟后”，这个小生命就被带到他们面前，她周身裹着法兰绒，护士将她放在了桌子上，以便他们查看。就这样，婴儿在桌面上躺了一会儿，她扭动着身体，大声啼哭，“述说着对自己在一个工作日降生到世上，还如此不加遮掩、被众人围观的不满”。[53] 枢密院成员现在下达指令，“发射伦敦塔的大炮”，向伦敦市民宣布婴儿降生的消息，据记载，人们看到“宫廷旧礼得以沿袭下来，丝毫没有变动”，感到颇为满意。[54] 掩盖死产，或是偷偷抱来一个婴儿，冒名顶替，混入王位继承队伍中，都是绝对不可能发生的。刚出生的婴儿将会成为另一个维多利亚，不过大家通常称呼她为维基（Vicky）。

这时，维多利亚的失望几近消退，她现在有一个女儿了，这是一种新鲜的感觉，她心中开始生出一种自豪、愉悦的感觉。她注意到维基“深蓝色的大眼睛”和“漂亮的小手”，发现她长得更“像阿尔伯特”一些，而不是她自己。[55]“这位年轻的女士”——孩子的母亲这样称呼她——将会住在维多利亚自己的更衣间，这个房间“在小公主殿下的套房准备完善前，暂时被用作婴儿房”。

维基的到来比预期早，没来得及做充分准备，只为她准备了“大理石银浴缸”和“鹦鹉螺形状的精美摇篮”。[56] 这个摇篮一个星期前送到，从乔治四世深爱的家具供应商赛登先生（Mr Seddon）那里购置，它表面镀金，内里用的是绿色丝绸，顶部呈华丽的绿色和金色。[57] 婴儿出生突然，还意味着身边尚没有乳母。一名任职已久的王宫侍从被委以重任，快马加鞭赶往怀特岛，带回一名名为拉齐夫人（Mrs Ratsey）的助产士，她是一名制帆工的妻子，是一位经验丰富的母亲，很可能新近失去了自己的孩子。第二天凌晨 2 点，这位“来自好人家的年轻女性”马不停蹄地赶到白金汉宫。[58] 与她的母亲不同，维多利亚不愿母乳喂养。她不想感觉自己“像是一头奶牛或者一条刚下崽的母狗……动物的意味十足，一点都不美妙”。[59] 即使她想亲自母乳喂养，也不行，因为这样做会阻碍她近期再次怀孕，而现在她必须尽快怀孕。

几天后，维多利亚自称，她“恢复得很快”，正在了解国际时事：“阿尔伯特一直在给我读《快讯报》（*Despatch*）。”[60] 好管闲事的洛可克医生以为维多利亚听的是小说，怕她会过于激动，还试图制止这些朗诵。而事实上，阿尔伯特只读政府事务，要么为他的妻子读宗教“日课……自成婚以来，他一直这么做”。[61] 对于这些内容，连洛可克都不能说些什么。到月底，维多利亚下了床，坐上轮椅，被“推进大客厅中，欣喜地发现宝宝被搬进了她的新婴儿房”。[62] 很快，维多利亚的身体完全恢复了，她在生产后第一次去教堂，感谢上帝保佑她和宝宝安然无恙。这次教堂之行就像是一场仪式，标志着她的回归，标志着她将继续履行女王的职责，为了这一场合，维多利亚一身婚礼的装扮，“全身都是白色，肩上披着婚纱”。[63]

维多利亚对婴儿的看法实际如何呢？其实她很少见到自己的女儿。王室婴儿一般由专业人士来看护，惊人的是，在维基生命中的前 5 周中，维多利亚只见过她两次在浴缸中洗澡，这两次维多利亚都发觉她“变样了”，“长大了许多”。[64] 维基有时候会哭，女王感到甚为奇怪，因为她的一位叔叔曾经告诉她，他的孩子从没哭过（他的意思其实是说，他从来不用听到他们的哭声）。[65] 维多利亚认为，孩子不怎么好玩，“前 6 个月时，不过是幼小的植物”。[66]

然而，近些年来，有育儿经验的学者们对旧资料做出了新的阐释，历史学家对维多利亚母性素质的评价也随之发生了翻天覆地的变化。比如，伊冯娜·沃德（Yvonne M. Ward）发现，最早负责维多利亚信件出版的两名编辑只在“维基出生时间几页后”的脚注里，一笔带过她出生的消息，而他们两人选取的信件严重影响了后世对维多利亚统治的看法。[67] 维多利亚义正词严地说过，刚出世的婴儿“就像青蛙”，这句话常常被引用，用来说明她不喜欢小孩子，而历史学家朱莉娅·贝尔德（Julia Baird）却指出，这句话是一种准确的描述，如果你像任何一位慈爱的母亲一样，向小婴儿的肚子吹气，他就会做出青蛙划水般的游泳动作。[68]

这两个历史学家都指出，维多利亚**确实**表达过对她第一个女儿的喜爱。她在圣诞节那天写道：“去年这个时候我还是一个未出嫁的姑娘，今年我已拥有一个天使般呵护备至的丈夫，和一个 5 周大、可爱的、小小的女儿。”[69] 维多利亚和阿尔伯特结束一天的忙碌，回到家里，会冲到楼上的婴儿房，在那里他们看到亲爱的小维多利亚刚从浴缸里出来，看起来真像一只可爱的小鸭子。[70] 维多利亚女王的衣橱中有一条系脖围裙，上面绣着一顶王冠，还缝有一只口袋，装着用来将溢出液体擦干的毛巾：这条围裙是在给孩子洗澡或抱孩子时穿的。[71] 在维多利亚的育儿生涯中，至少在这个阶段，她兴致盎然、心情愉悦，并在人们认为合理的范围内适度地参与亲子活动。

作为一位 19 世纪的母亲，她非常幸运，一个孩子也没有失去。19 世纪，女性生育孩子的平均个数下降得很快：维多利亚年轻时，这个数字是五六个，等到 20 世纪初她逝世时，降到了差不多 3 个。[72] 女王最终总共生了 9 个孩子，这个数字对上层社会家庭来说异常庞大。与她同时代的葡萄牙女王玛丽亚二世（Maria）与科堡家族的另一个表亲结婚，最终诞下 11 个孩子，超越了她。不过，经过连番生育，玛丽亚最终精疲力竭，在诞下第十一个孩子后，很快就死去，享年 35 岁。显而易见，如此多育是有风险的。[73]

女儿安全降生，维多利亚松了一口气，内心十分欣喜，她下达命令，必须“从速”付给洛可克医生 1000 英镑、弗格森医生 800 英镑、布莱格登先生 500 英镑的费用。[74] 经历分娩之痛后，维多利亚立即开始以新的眼光看待她的母亲。“千万不要再对过去的伤心事耿耿于怀了。”关于自己的童年，她如此写道。维多利亚终于开始明白维克多丽对她的“呵护与关爱”，她向母亲认错：“在过去那些痛苦的岁月中，对于你，我经常做些不对的事。”[75] 阿尔伯特和他的岳母兼姑妈关系和睦，这对母女得以和解，往往被认为是他的功劳。但是，在我看来，似乎很大的原因在于维多利亚自身，她的自我认知不断增长，也越来越成熟。维多利亚沉浸在初为人母的愉悦中，儿时经历的种种不快都被一冲而散。

然而，享受此种愉悦是有代价的，这种代价与阿尔伯特有关。

在女儿出生那天，阿尔伯特“匆匆吃了顿迟到的午餐，4 点钟时前去枢密院”。[76] 他在妻子睡觉的时候离开，去参加枢密院的会议，这点意义重大。他现在终于有机会开始证明自己不仅是“教区公牛”。临近维多利亚分娩的那段时间里，必须提名一位摄政王，倘若女王死于分娩而她的婴儿幸存，那么这位摄政王便可接管政务。1840 年 7 月，阿尔伯特被选定为摄政王，他认为这一提名说明了议会对他的极大信任。他告诉自己的哥哥：“此事至关重要，我在这个国家的位置被赋予了新的意义。”[77] 维基出生那天下午的枢密院会议还规定，阿尔伯特的名字应与其女儿的名字一起首次纳入祷告文。从此，英国人将会为他祈祷。[78]

对维多利亚来说，她对丈夫的爱越来越深厚。她告诉墨尔本，阿尔伯特从不拈花惹草，她对这点深为满意。墨尔本的回复是：“天啊，夫人！你该不会以为他永远不会背叛你吧？”[79] 事实上，维多利亚正是这样认为。她之所以如此乐观，部分原因在于那个时代的氛围。墨尔本成长于丑闻频发、风流韵事稀松平常的上流社会；他甚至连自己到底是不是他父亲的亲生儿子都闹不清楚。但现在，骑士精神却流行起来。男人只一心一意追求一个纯洁完美的女人。维多利亚和阿尔伯特在经营彼此关系时，无不以此为模范，事实上，他们还在一场舞会上亲自演示了这种精神。那是一场由他们举办的14世纪主题的化装舞会，他们两人分别装扮成爱德华三世（Edward III）①和菲利帕王后（Queen Philippa），不过，这位王后穿着19世纪40年代的紧身胸衣。

这种从她到他、循序渐进的统治地位变化，不仅发生在舞会中，还体现在更加广泛的英国社会。随着19世纪30年代结束，进入40年代，性别差异变得愈加明显，也愈加等级化。萨拉·埃利斯（Sarah Ellis）在1843年写道，她认为成功的婚姻建立在一个关键事实基础上。她告诫自己的女性读者："这一事实就是，作为男性的你的丈夫，地位比你更高。"她语重心长地说："你或许才华横溢、成就斐然，可这和你作为女性的地位毫无关联，作为女性，你的地位势必比你丈夫作为男性的地位低。"[80]维多利亚认为她的丈夫比她更优越，这也是当时几乎每一个尚且活着的人的看法。后来出现的争取女性选举权的运动会令女王错愕万分，她会"勃然大怒，难以自持"。[81]

维多利亚写道，在他们的孩子出生后，阿尔伯特对她"关心和照顾无微不至，细致到难以描述"。他总是坐在她身边，或阅读或写作，乐此不疲，他坚持"亲自将她从床上抱到沙发上，从来不让他人代劳"。她的结论是，他对她的照顾"更像是母亲的关怀，没有哪个保姆能像他这般体贴备至、明智谨慎"。[82]"母亲""谨慎的保姆"——这些听起来不像

---

① 爱德华三世对英国骑士精神的形成起了重要作用。大约在1348年，他在英国设立嘉德骑士勋章，只授予（包括君主在内的）25名英国骑士，代表着英国荣誉制度中最高的等级。

假话，可用在丈夫身上难免让人觉得有几分奇怪。其实，阿尔伯特在把妻子当婴孩对待。婚前，阿尔伯特写的信总以“亲爱的维多利亚”开头。可后来，他称呼她为“亲爱的孩子”，或者“亲爱的乖宝宝”。

“唉！要是我能让他当国王就好了，我真的觉得并且也认识到他比我强，更适合担负国君之任。”[83] 通过对她的悉心照料，康罗伊没办到的事情，阿尔伯特悄无声息地做到了，他实际上成了她的私人秘书。[84] 1840 年 12 月 20 日，维基出生一个月后，阿尔伯特自己的秘书乔治·安森（George Anson）注意到“亲王的地位出现重大提高”。阿尔伯特现在手握每日送达的内阁公文箱的钥匙，而且没有招致异议，因为他“在女王分娩期间，负责处理所有内阁事务”，大家皆已习以为常。[85] 阿尔伯特对此乐不可支。他对哥哥说：“不要认为我过的是千依百顺、唯命是从的生活。”[86]

然而，这样做存在一个弊端。如今官方王室事务由阿尔伯特来批阅，至少是由他草拟批文，这些批文的语气逐渐发生变化，变得更加强硬。宪法历史学家韦农·波格丹诺（Vernon Bogdanor）称，维多利亚本性喜欢安抚和解。[87] 而现在女王陛下（很可能是阿尔伯特以女王陛下之名）却措辞强硬，譬如，“她”在批文中尖锐地向帕默斯顿勋爵抱怨：外交部“在草案原稿已经送走之后，才将草案递交给女王批准，让她所做的事情毫无意义”。[88] 尽管这么说并没错，却招人厌烦。宪法历史学家一致认为，阿尔伯特并不真正理解英国的政治状况。他认为，英国君主最有资格决定怎样做才符合国家利益，但事实并非如此 —— 英国君主只能与政府保持一致。[89] 虽然阿尔伯特行事果断，抓住了维多利亚常常错过的细节，但英国君主制的本质在于影响而非权力，他的所作所为并不符合君主的最佳利益。

还是在 12 月 20 日，阿尔伯特的私人秘书注意到，他现在开始处理锁在公文箱的机密政府事务，并且他对自己的新角色颇为满意；就在同一天，王室家庭失去了一条生命。[90] 维多利亚 9 岁的小狗达什死了。它的故去似乎象征着一种秩序变化。加冕礼那天，维多利亚匆匆赶回家给达什洗澡；而如今，她匆匆赶回家给自己的宝宝洗澡。加冕礼那天，维多利亚为自己作为女王的新角色欢欣鼓舞；而如今，她开始对此不以为意，只要有可能，就将其推给自己的丈夫。维多利亚早先对其统治展现出的乐趣仿佛消失了。一个婴儿降临人世，可另一种东西，却随达什的离世而日渐消散。

13. 温莎的圣诞节

1850 年 12 月 25 日

维多利亚和阿尔伯特找到适合他们的婚姻模式后，岁月的脚步似乎加快，年与年之间的界限变得模糊。不到 10 年，维基就有了 6 个弟弟妹妹。1850 年，在寒冷的温莎堡，她的 10 岁生日刚在 11 月过完，很快就开始为庆祝她的第 10 个圣诞节做准备。乔治四世白金相间的议会厅平时就装点着红色丝绸，此刻，在平安夜，仍旧被装扮一新，静待阿尔伯特的盛大圣诞庆祝。

一张桌子上耸立着一棵冷杉树，枝干上立满了细长的蜡烛。阿尔伯特一如既往为妻子精心挑选的诸多颇具艺术感的礼物，正安放在树的底部：几幅油画、四尊铜像、几只花瓶和他专门为她设计的一只手镯。他像以往一样，将她带入这间大厅，让她感受眼前壮观的景象。对维多利亚时代的人来说，圣诞节已经不仅仅是一个和许多其他节日相仿的宗教节日。此时，19 世纪中叶，圣诞节已经完全成长为一个超级节日，一个以互赠礼物为核心环节的盛大的年度庆祝活动。其实，圣诞节也已经成为温暖全国商人的心房、塞满他们钱包的节日。

“我亲爱的阿尔伯特，”维多利亚在她的日记中记录道，“将我带到我的圣诞树和桌子旁，桌子上铺满了数不胜数的礼物，实在太慷慨、太壮观了。”[1] 阿尔伯特确实很擅长挑选美丽而富有意义的礼物。那只手镯镶有一张如今 2 岁的路易丝公主（Princess Louise）的小像。此时他们已经有7个孩子，这个王室大家庭几乎完整了。最小的王室成员亚瑟王子（Prince Arthur）才8个月大。维多利亚对她的家人和他们一直以来的健康满怀感恩。她在日记中写道："每当这个神圣节日到来，总让我心中对我们的救世主上帝充满最深切的虔诚！"[2]

温莎堡令人惊叹的圣诞节庆祝活动是阿尔伯特一手策划的，弥漫着他对家乡的思念与惋惜。他曾经写道："我必须从孩子们中找到我和欧内斯特小时候的那种感觉。"[3]独在异国他乡，他仿佛自离开那一刻起，从未真正快乐过。然而，真正将"用一棵树庆祝圣诞节"这一古老的德国习俗引进英国的，却不是阿尔伯特，而是维多利亚自己的德国祖先们。比方说，她的祖母夏洛特王后便曾在温莎堡庆祝1800年的圣诞节时，找来"一个巨大的花盆，将一棵紫杉树种在其中"，在枝头上挂满"水果、玩具以及纸包装的蜜饯、杏仁、葡萄干"。[4]

但是，阿尔伯特的圣诞树更为出名，广受效仿。据《伦敦新闻》（*London News*）的一则报道称，阿尔伯特在1841年，即维基出生一年后，在温莎堡摆放了他的第一棵圣诞树："一棵年幼的冷杉，大约8英尺高"，有"6层树枝"。每一层都装饰着十几支蜡烛，树枝上挂着盛放糖果的"精致托盘"。此外，"精美的糕点、金黄的姜饼、填满蜜饯的鸡蛋"也由丝带系着，直接悬挂在树枝上，"各种各样的玩具和娃娃"躺在树下洁白的锦缎桌布上。树顶立着"一只展翅天使的小小塑像"。接下来20年间，温莎堡的圣诞树越来越华丽。到了1860年，它们"个头庞大"，而且"做出了一半仿佛被雪覆盖的效果"。[5]维多利亚喜欢"亲手"帮阿尔伯特装饰圣诞树。[6]

装饰圣诞树是一年一度享受喜庆祥和的仪式。对日益庞杂波折的家庭生活来说，这无疑是一种愉快的转变。

第二天早晨，1850 年的圣诞节，维多利亚要比结婚前起得早很多。她现在已经 31 岁了，对年轻时赖床所浪费掉的“宝贵晨光”，她表示“后悔不迭”，那时阿尔伯特还没走入她的生活，改变她的“坏习惯”。[7]

其实阿尔伯特起得更早。衣橱女仆 7 点钟叫醒他们，拉开窗帘，常常也会推开卧室的窗户。那时，阿尔伯特会立刻从床上一跃而起，穿着他典型的德式“白色长衬裤”。然后，他披上晨袍，冬日里外加一件披肩，进入隔壁房间。昼短夜长的月份，他的桌子上总是燃着一盏从德国进口的绿色油灯。接着，他在桌前坐下，读写信件。[8]

与此同时，维多利亚还躺在床上，迷迷糊糊地睡着。“女王陛下对政治越来越不感兴趣。”阿尔伯特的秘书指出。[9]维基出生以来的 10 年内，她的孩子越来越多，她满脑子都是对他们的责任，根本无心政治。于是，她对阿尔伯特言听计从。无论是政治事务，还是家里的事情，她“一切都听他的……如果他不同意她穿某件裙子或戴某顶帽子，她就不穿戴”。[10]

如果阿尔伯特因故离家在外，维多利亚会痛苦难耐。“没有我亲爱的主人，我是如此孤单，祈祷上帝千万不要让我活得比他久。”维多利亚如是坦言。[11]“当夜深人静，整个世界仿佛只属于我们二人的时候，他紧紧地将我抱在怀中。”她喜欢这样的时刻。[12]其他人则注意到：“无论从哪个角度来看，阿尔伯特都是国王……虽然维多利亚名义上为女王，但实际行使君主职能的却是阿尔伯特。”“毒舌”指出，“以前女王独自接见她的大臣们”，而如今夫妻一同接见，“他们两人开口闭口都是**我们**——‘我们认为，我们希望做这做那’”。[13]

天未破晓就在灯光下伏案疾书的男人，已经不是当初让维多利亚倾心的年轻潇洒的白马王子了。他已经发福，形容憔悴，比实际年龄显得更老。他妻子深爱寒冷气温，而他却一直不太适应。他曾经在某一清晨读写信件时，给他的女儿写了一封信，说：“这里的天气寒冷，而且暴雨不断，你妈妈起床后，要是发现我把火给点上了，会很伤心的。”有时，为了让脑袋暖和点儿，他会戴上一顶假发。[14]

阿尔伯特在成为无冕之王的过程中，为自己制造了一项西西弗斯式的任务。根据他的指示，女王现在“想持续获得有关所有重要事务的精准详细的信息”。[15]他觉得，这样一来，他就能以前所未有的方式，对大臣们施行问责制。其实，艺术管理才是他真正擅长的领域；他热爱且深谙这一事业，并在此方面赢得了资深人士的信任。譬如，他能与皇家美术学院（Royal Academy [of Arts]）院长查尔斯·伊斯特莱克（Charles Eastlake）这样的人物，就绘画侃侃而谈，而且他的言辞是如此引人入胜，伊斯特莱克回忆说：“有两三回我完全忘了他的身份——他的谈吐是那么自然，辩论时又那么有理有据。”[16]

然而，要想让阿尔伯特开创的制度有效实施，政府部门递交的报告就必须保存下来，并且归档，以便检查进度。根据历史学家简·里德利（Jane Ridley）的解释，阿尔伯特设计的女王文件归档系统极其复杂，这既是一项天才之举，也是一件疯狂之作，根据主题而非递交人来进行整理。这就意味着，一份重要的报告如果与系统的多个主题相关，就需要抄写好几遍。由于这些政府大臣的报告属于机密文件，阿尔伯特认为他不能将此工作委以他人。所以，他日复一日地抄、写，写、抄。这项工作占据了他陪伴妻儿之外的所有空闲。在过去的10年里，从拿到政府公文箱钥匙的那一刻起，日积月累，他开始难以承受这一自行施加的重负。[17]阿尔伯特的一位朋友认为：“单就他处理的国外书信一项，就够一个没有任何其他事情可做的人操劳了。”[18]

阿尔伯特对自己家庭的管理也像他管理国家那么严格。维多利亚这样描述他在温莎的日常生活：“8点过一点点”，他会回到卧室，“叫我起床”。然后，她会检查他写好的信件，更正他仍会偶尔出现的英语拼写错误，而他去更衣室穿衣服。

阿尔伯特在他的更衣室里养了一只关在笼中的小雀。最初的那只是从德国进口的，死后被制成了标本，后来又有数不清的一任又一任替代者。其中一只小鸟历经训练，会说德语的“早上好”。[19]阿尔伯特很可能会立刻用德语回一句“早上好”。他刚来温莎时，也是一只德国进口的笼中鸟，而如今他已经跃升为城堡中的国王。他的孩子们经常来更衣室围观爸爸穿衣服，逗他的宠物。小女儿比阿特丽斯若来得太晚，看到他已经穿戴整齐了，会脱口而出：“真可惜！”有人说：“看他穿‘衬裤’和‘外裤’是她的一大乐趣。”

阿尔伯特一般都会在最后戴上固定着嘉德勋章的蓝色丝带。他的妻子认为，他的格子裤以及其他裤子“让他看起来风度翩翩、彬彬有礼”，根据她的记录，他“总在裤子上系上带子”。[20]不过，维多利亚并不怎么关注时尚——关注时尚说明道德存在缺陷，不合乎女王身份——因而根本看不出丈夫的打扮有什么不妥。阿尔伯特一直没能被维多利亚的臣民完全接受，其原因看看他模样滑稽的裤子，便能知晓一二。甚至连那些了解并钦佩他的人，都会说：“他这个人为人正派、聪明能干，可看看他外套的剪裁，看看他握手的方式……”他无论做任何事，甚至连骑马，都显示不出“真正正统的英国风度”。[21]

然而，阿尔伯特的一个非正统习惯挽救了他的形象——他亲眼见证了子女出生，并且喜欢和孩子们一起玩。和许多贵族父亲相比，他在子女们身上花的时间要多得多，就像是他承担了负担过重的妻子无暇担当的育儿工作。维多利亚评论说：“他对他们真有爱心，总是和他们嬉戏玩闹。”[22]城堡的婴儿房由人称“拉德尔”（Laddle）的莎拉·莱特尔顿夫人（Sarah，Lady Lyttelton）掌管，她深受孩子们的喜爱。起初，看到阿尔伯特亲自上手，她有些惊讶。婴儿房的仆人想尽办法也没能将一只小手套戴到“小王子”的手上，于是放弃了，觉得手套太小了，可后来阿尔伯特却将它戴了上去。拉德尔对他的“心灵手巧和温柔体贴”颇为钦佩。“小王子”就是维基出生一年后终于降生的他们盼望已久的儿子。莎拉·莱特尔顿察觉到，“不是每一个爸爸，都具有这样的耐心和爱心”，会亲自做这种事情。[23]圣诞节那天，吃早餐时，“年幼的孩子们会央求去‘展览室’拿件玩具玩儿”，可直到早餐吃完，阿尔伯特才允许他们离开。[24]

阿尔伯特对孩子们的关注还有另一面：他总是命令、纠正他们。现在他们的队伍壮大到7个人，他们的母亲都快分不清谁是谁了。她写道：“**所有**这些孩子对我来说跟**不存在**一样，当**他**（阿尔伯特）**不在家**时，整个宫殿、整个家都死气沉沉！”[25]

不过，这是她在日记中写下的非常私密的话。正如历史学家玛利纳·瓦勒指出的，维多利亚在人前谈起家庭生活时，总是暗示家中幸福美满、其乐融融。让她感到幸福的不是孩子们本身，而是他们带给阿尔伯特的喜悦。[26]她坦言：“当孩子大一点后，我并没有觉得与他们相伴特别快乐或是感到宽慰，只有阿尔伯特在身边时，我才真正感到轻松愉悦。”[27]

维多利亚的子女能感觉到母亲对他们感情复杂，结果成长为任性妄为的问题儿童。阿尔伯特希望他们在智力和自律方面，达到他为自己定下的严苛标准。当他的长子伯蒂及其弟弟阿尔弗雷德（阿菲）①没达到这些标准时，阿尔伯特试图用武力让他们谨记他的要求。“他们的父亲决定鞭打他们”，力挺体罚的克拉克医生这样解释，并且总结说，“效果显著”。[28]温莎堡的一个园丁曾经遭受他们的恶作剧戏弄，他口无遮拦地说，他们真是“恼人的小浑蛋”。然而，也有人认为，这两个孩子“受到

① 阿菲（Affie）为王室家庭对阿尔弗雷德（Alfred）的昵称。

太多来自父亲的体罚了”。[29]伯蒂屡屡挨打，却无计可施，因而时常控制不住大发一顿脾气：“他站在角落，跺着脚，十分可怕地尖叫着。”[30]

王室的孩子们总是被责令规矩点、保持安静，温莎堡的氛围可能与停尸间无异。阿尔伯特来此居住后，发现这里的管理存在混乱和浪费之处，经他一一改革后，温莎堡变得“气氛怪异，这座巨大的建筑是如此安静，有时会觉得整个城堡空无一人”。城堡四处铺满地毯，因而“什么声音都听不到”，“人们说话轻声细语”。[31]

这种紧张感只在圣诞节才消失。一名侍女写道：“晚餐始终，王室宝宝们都在场。”她接着描述道，维基公主和她的妹妹爱丽丝（Alice）、兰臣（Lenchen）①和路易丝（Louise）进来时，头戴“小小的冬青花环”，美丽极了，“你无法想象每个王室成员看起来有多么朴实与快乐，就像其他任何家庭一样”。[32]假期时，宫廷生活不像往常那般拘礼了，大家对此都喜闻乐见。圣诞节那天，“大家互相推推搡搡”，一名侍臣写道。“大臣、侍从、女王、王子相互交谈，笑声一片，将鞠躬抛到脑后，随意地背对着彼此②……小公主们平时几乎不敢直视男仆，此时高兴地向男仆炫耀她们可以动手拆掉收到的宝物了。”[33]

阿尔伯特偏爱他聪慧的长女。他认为，维基继承了他理性逻辑的秉性，而非她母亲的热情和感性，并且断定她“十分聪敏”。[34]他对她疼爱到几近崇拜的地步。维基掉落的第一颗乳牙是他自己拔出来的，为了纪念这一刻，他将这颗牙镶到一枚胸针上，并将其设计成一朵漆上珐琅的蓟形白花。这件怪异的饰品具有典型的阿尔伯特风格。[35]可是，维基却

---

① 维多利亚和阿尔伯特的第五个孩子，三女儿海伦娜（Helena），德语昵称是海伦臣（Helenchen），后缩写为兰臣。

② 根据王室礼仪，所有人都不得背对着女王。

知道连自己都无法达到他的期许。“从来不敢妄想他真的喜欢我，”她后来这样写道，“我觉得自己太不完美了，根本不敢奢望他的喜爱。”[36]

阿尔伯特的标准高得如此不可思议。不过，正如维多利亚过分坦率地告诉维基：“他很失望，你不是个男孩。”[37]维基经常会从母亲那里听到这样直白露骨、如同晴天霹雳的消息。维多利亚对长女的要求和阿尔伯特的大不相同。她急切需要维基的喜爱和关注，这和维多利亚自己的母亲当初对她的要求大同小异。维基和维多利亚当时的表现一样，英勇地忍受着母亲的“怒火和责难……直到这个可怜的孩子……忍无可忍，生了一场大病”。[38]

如果连表现出色的维基都觉得父亲的期待高不可及，那对于她不尽如人意的弟弟来说，情况就更加糟糕了。伯蒂是王位继承人，可他却“极其厌恶学习”。他的女教师拉德尔认为，他“故意心不在焉”，“不停扰乱”课堂，“爬到桌子底下，把书推到地上，还有其他种种抗拒学习的行为”。

伯蒂从出生开始，就是个麻烦鬼。维多利亚生完第一个孩子后，很快就恢复了，而1841年11月生完第二个孩子后，恢复速度却很慢。她写道：“我心力交瘁……一整年都没回复过来。”[39]她的医生开始让她服用更多的“安神药”“头痛药”“镇痛药”。[40]维多利亚开始对迅速再次怀孕所带来的行动限制和诸多不便感到愠怒：“男人从来没有或者很少会想，我们女人连番经历这一过程，有多么痛苦。”[41]

然而，阿尔伯特却坚持继续生。因为开枝散叶、传承血脉是王室的责任，或许也因为他看到，生孩子会占用妻子的精力，增加她的负担，他便能接管越来越多属于她的职责。可是，从维多利亚的角度来看，她在10年内接连产子，以至于她最初体会到的作为母亲的快乐消失殆尽。产下第二个孩子伯蒂后，她出现了严重的产后抑郁症。她开始产生幻觉，比如看见“别人脸上的斑痕变成蠕动的虫子”，又如“棺材在眼前飘浮”。连阿尔伯特都开始为此忧心。他告诉对心理学尤感兴趣的产科医生弗格森：“女王担心自己会疯！”弗格森医生受召进宫为女王诊断，结果发现：“女王躺着，在对我说话时，泪珠快速从她的脸庞滑落，因不得不承认自己的软弱而羞愧难当，可迫于沉重无比的心理负担和悲伤情绪，不得不寻求慰藉。”[42]

维多利亚逐渐明白，她的忧郁其实是一种会反复发作的病症，不过通常会在她怀孕期间和生产之后出现。久而久之，她让自己的女儿习惯她的低落情绪和时常落泪……每位女士或多或少都会这样，她生前两胎时，情况极其严重。[43]然而，阿尔伯特却确保孩子一胎接一胎地到来。维多利亚申诉道：“我们不得不承受的这种经历实在太糟糕、太可怕了。”男人应该“想尽办法去补偿，毕竟造成这些经历的是他们自己”。[44]最终，维多利亚告诉克拉克医生，她难堪重负，不能再生了：“如果再生一胎，我会崩溃的。”[45]

眼见维多利亚的精神走向崩溃，身边的人为她担忧的同时，也试图对她加以控制。他们着实担心她会像她祖父那样“发疯”，不过，将她置于适当的体系下，这种情况便能得以规避。根据弗格森医生的记录，维多利亚“非常担心她死后自己会怎么样。她想象蠕虫啃咬她的皮肉，她正在哭泣，非常痛苦”。[46]但他和王室中的许多人一样，都觉得只有阿尔伯特才能治好她的心病。弗格森认为：“老天已经保佑了她，给了她一个好丈夫，在他的悉心照顾和不断影响下，她心中由他唤醒的美好情感会战胜一切消极念头——没有他，她迟早会发疯，没有其他良方。”[47]克拉克医生还认为，她必须一直心平气和，“不能经受任何精神刺激”或“脑力操劳”。他坦言：“我有时对女王的精神状况感到忧虑不安。”[48]

无疑，维多利亚的精神健康之所以每况愈下，是因为她身边的所有男人都希望如此。可是，她对分娩的看法越来越消极，还有一部分原因在于那个时代情感氛围的变化。在她的一生中，总的来说，情感变成了越来越不应该主动表达、公开承认的东西。阿尔伯特屡屡试图让她控制自己过度的情感，一方面是源自他的个人看法，另一方面则是因为当时广泛的文化趋向。在争吵发生后，他会告诉她："你又失去了自控，这毫无必要。我对你尽职尽责，即使这意味着生活充斥着这种不堪的'闹剧'。"[49]

逐渐地，她开始控制自己的情感，避免对阿尔伯特发火，也不和他起冲突。可这样做的结果是，她对孩子们的爱开始减少。当她30多岁时，维基已经长大，即将结婚生子，她也要做外祖母了，却送给自己的女儿一些冷酷的建议。她告诉自己曾经深爱的女儿，不要"崇拜婴儿"，因为"任何一个女人如果这样做，对她的丈夫和她的地位来说都不成体统，更不用说一位公主了"。[50]虽然维多利亚曾经赶回家里看婴儿维基晚上洗澡，可是对后来的孩子们来说，这是她"也许3个月才见证一次"的仪式。[51]她回忆道："我让第一个孩子冲昏了头脑。"[52]她开始认为，生儿育女是生活的"阴暗面"。[53]

当这对王室夫妻为了孩子争吵时，阿尔伯特有时会非常残酷无情、强词夺理而且是非不分。他声称，维多利亚的医生没照顾好维基。阿尔伯特咆哮道："克拉克医生在孩子身上胡乱用药，用甘汞毒害她，你根本没喂饱她。我也不管了，把这个孩子带走吧，爱怎样就怎样，如果她死了，你的良心将永无安宁。"[54]他这样写，情有可原。他当时才22岁，可已经有了两个孩子，第三个孩子也即将出生。他生活在异国他乡，觉得无论是在这个国家，还是在自己家里，自己都从属他人，备受屈辱。

维多利亚对其丈夫着墨甚多，几乎字字句句都向我们呈现出一种英明、善良、慷慨的完美形象，可他却说过上文那样的话。他们家庭生活的和睦，有赖于她睁一只眼闭一只眼，只看自己想看的，将他的愿望放在首位，对他逆来顺受。有人怀疑，对维多利亚时代的众多家庭而言，情况也大抵如此。她一次又一次地原谅他。阿尔伯特情绪大爆发的那天，她写道："我最大的希望、最主要的担心就是家庭内部的和平相处……只有上帝才知道我有多爱他。他的处境确实艰难，我必须想尽一切办法改善他的地位。"[55]就像她母亲曾经对康罗伊服服帖帖一样，现在她也对阿尔伯特服服帖帖，称他为自己的父亲、保护者、指导者、谏言者。"（阿尔伯特）不仅是我的丈夫，甚至是'我的母亲'。"[56]她的侍臣曾经认为她十分固执，不达目的决不罢休，是个"倔强的小丫头"。[57]如今维多利亚写道："我想，没有谁像我这样，方方面面都被彻底改变了。"[58]

改善阿尔伯特的地位要付出的其中一个代价，是失去莱纯，她的第二位母亲。一直以来，她的丈夫都将莱纯视为争夺维多利亚偏爱和关注的对手，1842 年年底，他设法让莱纯离开了温莎。维多利亚效仿阿尔伯特，甚至没向她往昔的家庭女教师道别。虽然她知道"不能再次拥抱她，会留下永久的遗憾"，可她还是只写了一封道别信。[59]

莱纯回到她的故土德国，开始退休生活。多年后，维多利亚乘火车经过莱纯的家附近时，这位家庭女教师专程来到比克堡（Bückeburg）火车站，站在站台，向她之前的学生"热情地"挥舞着手中的手帕。[60]火车继续前行，没有停下来。

但是，圣诞节那天，这些烦恼都被暂时遗忘了。对于王室侍从来说，圣诞庆祝从赠送礼物的仪式开始。根据侍女埃莉诺·斯坦利（Eleanor Stanley）的叙述，1843 年 12 月，她和同事受命一同来到温莎堡的橡厅（Oak Room）。在一张上面立有一棵树的桌子旁边，维多利亚和阿尔伯特正分发礼物，“礼物上有每个人的名字，是女王亲手写在纸片上的”。埃莉诺拿到的礼物是一条项链，“上面镶有红宝石和小钻石”。[61] 级别较低的侍从拿到的是不那么漂亮，但更具实用性的礼物。例如，女王的服装师收到的是一个“针线包”①，一个装有顶针、剪刀和大眼粗针的皮质盒子。[62]

在阿尔伯特的指挥下，温莎堡现在运转良好。经过数百年君主的疏忽大意和管理不善，到维多利亚登基之时，王室机构的运行几近瘫痪。一人在温莎堡做客，找不到仆人带路，“为了找到自己的卧室，他顺着走廊来来回回走了将近一个小时。最后，绝望之下，他随便打开了一扇门”，却看到了女王，有人在服侍她梳头。[63] 原来他碰巧闯进了女王的卧室。

如今，温莎堡的管理完善多了。另一名访客，本森夫人（Madame Bunsen），描述了受邀在温莎堡做客的见闻感受。她发现：“一套舒适的房间已经准备好了，等着我入住。在楼上伺候的女仆为我送来了茶水、面包和黄油，非常贴心。”她换好晚宴服装后，一名侍臣带路，领着她走过“大走廊”（Grand Corridor），那里“像童话一般——灯光如昼，墙壁上挂着一幅接一幅的画像，素不相识的侍臣们来回走动着”。[64] 这间宽阔的弧形房间比其名要壮观得多，它被描述为“主街，也不过分，它连接着女王家经常使用的所有房间，其本身简直是一个艺术博物馆”。[65]

那名侍臣继续领着本森夫人往前走，经过众多套房，“我们一个接一个地穿过这些房间，最终到达华美的宴会厅”。宴会厅中其他客人纷至沓来，最后，两位绅士同时走进来，转过身去，“向着敞开的门深深鞠躬”。就在那一刻，维多利亚出现了，乐队开始弹奏《天佑女王》（*God Save the*

① 原文为法语“nécessaire”，既有“必需品”，又有“针线包”之意，故加引号。

Queen）①。晚餐和客厅闲聊结束之后，正值11点半，本森夫人踏上回自己寝室的旅程。她已经记不清她的房间在哪儿了，“本来可能会寻寻觅觅，来来回回走上几英里”，但这次有人为她引路。[66]

阿尔伯特不仅成为毋庸置疑的一家之主，还控制着妻子的财务。他将她的服装开支从每年5000英镑降到2000英镑。[67]他亲力亲为，节省了不少钱，从而积累起了他和维多利亚均无法通过继承获得的私人财富。议会每年拨给维多利亚近40万英镑，再加上她从君主所属的兰开斯特公爵领地（Duchy of Lancaster）所得的收入，以及精简严格的王室管理所省下的费用，靠着这些，维多利亚不仅还清了父亲的债务，还攒了钱。[68]到1850年，阿尔伯特已经攒下大量的财富，他们开始考虑再建一栋属于他们自己的新住宅。他们二人在这座巨大古老的城堡中都没有体会到家的感觉，于是想要建一座符合阿尔伯特审美的更舒适方便的房子。

温莎堡总是寒风阵阵，冷飕飕的。尽管“这种寒冷”总让维多利亚感到“健康清爽”，可她的家人却不这样认为。[69]“三位公主脚上长了冻疮，走路一瘸一拐，两位王子看起来不成样子，路易丝卧病在床。”家庭女教师拉德尔在1851年深冬时节写道。“女王脖子僵硬，威尔斯利先生（Mr Wellesley）嗓子酸痛，太阳鲜有露面，冷风肆虐，一切都是那么沉闷压抑。”[70]一次圣诞节前夜，拉德尔请求阿尔伯特查看她为婴儿房记录的季度账目。阿尔伯特回答说：“当然可以，如果你对我一直做后踏步暖身没意见的话。”[71]不过，他确实深爱大雪覆盖下的温莎堡，那时他会带全家人去滑冰。

1850年在温莎度过的圣诞日和以往一样简简单单。那天的天气异常温和，这家人“和孩子一起”穿过园子，“来到养狗场”。王子公主们在

---

① 18世纪40年代开始成为英国国歌。在位者为国王时，“女王”改为“国王”。

那里将玩具和布料包成的礼物送给一个苏格兰仆人家里的孩子们。11点钟时，他们来到城堡的私人教堂参加仪式。在“圣诞节节期①”前去养狗场、马厩或农庄查看家畜，是负责任的土地所有者应尽的职责。这些探访展现出了阿尔伯特试图灌输给子女们的价值观。[72] 因为对庞大王室领地的管理是王国管理的一种缩影，所以探访农庄实际上是一种英明的统治行为。

然后是欢快的午餐时间，据一名侍女称，鹅肝酱和木薯布丁以“一种相当新异的方式”端上了餐桌。孩子们已经长到被认为能够“全部一起就餐”的年龄，“女王、亲王、孩子们、爵爷和夫人们，以及孩子们的家庭女教师都坐在了一起——规模浩大，好不新奇”。[73]“下午多次去看我的美丽礼物，”维多利亚这样描述道，“夜晚到来时，这些树被点亮，孩子们全都开心地嬉戏着。”[74]

与此同时，“总是欢乐无比”的圣诞大餐正在紧张有序地准备中。餐边柜上和以往一样放着“牛肉男爵”（Baron of Beef）②、野味馅饼和腌猪头肉。[75] 这次的圣诞晚宴将有维多利亚、阿尔伯特以及20位王室成员和客人参加。[76]“摆桌人”（table-deckers），即负责摆放餐具的一小组仆人，将银器从“餐具室”（Silver Pantry）中领了出来，这个小型保险库配备有多名“人高马大”、抬得动王室所藏沉重器皿的男仆。摆放在餐桌上的刀叉，不是刻有“狮子”，就是刻有“王冠”，两套餐具的把手处刻有不同符号，每晚轮换上桌。[77] 摆桌人还要负责准备餐桌中央的装饰、花朵和玻璃器皿。

楼下厨房正在烤制“牛肉男爵”——一块巨大的、400磅重的牛肉。

---

① 指12月24日至来年1月6日。

② 指带两侧腰肉的牛肉块，其名实际上与男爵无关，只是法语“bas-rond”发音的变体。

“一台机器带动巨大的铁链”不停地转动着铁扦上的烤肉。女王的一名服装师以前从未见过这种烤肉方法，她感叹道：“这可真是名副其实的烤肉啊！”[78]与此同时，另一根铁扦上正炙烤着“至少50只火鸡”。[79]温莎堡的大厨房热火朝天地烘烤着，甚是热闹。两个12英尺的封闭炉灶上悬挂着几口铜锅，“被擦得锃亮，酷似一面面盾牌”，开放炉灶中，“6排大肉块”在铁扦上转动着，不过前面被“10英尺高的烤肉挡板”遮住，没法看见。尽管阿尔伯特连番削减用度，这些厨房的方方面面还是显得过分奢侈，比如光是厨房雇员，就包括主厨、2个侍从、2个助理厨师、2个烧烤厨师、16个学徒、6个厨房女仆。连用来吸收洒落在地的液体的沙土也毫不吝惜：这些沙“每天被扫起更换6次”。[80]

阿尔伯特的胃经常闹毛病，为了减轻胃的负担，他控制自己，偶尔断食一天，而其他家庭成员在城堡中总有享不尽的食物任其挑选。例如，1857年，供维多利亚、阿尔伯特和他们的长女维基享用的一顿安静低调的晚餐，首先端上来的是各种汤或鱼，然后是烤牛肉或“阉鸡配芦笋”。小菜和点心是“贝夏梅尔沙司酥皮馅饼和烤鸡蛋”，最后上的是杏果馅饼或奶油华夫饼。[81]

1850年的圣诞晚餐还是以旧式风格上菜，像自助餐一样，所有菜肴都是立刻摆好，而不是一道一道端上来。这种所谓法兰西式服务的上菜方式之精髓就是奢侈浪费：一切都准备得**太多**了，这就是重点。不过，处理剩饭剩菜的方法由来已久——送给更低的社会阶级享用。比如，女王晚上9点30分左右结束晚餐，高级别的仆人坐下把她吃剩的烤肉当作冷盘享用，仆人吃剩下的就送给指定的慈善机构。1855年12月，650名“温莎穷人”享用了出自温莎堡厨房的残羹剩饭。

到1850年圣诞节，此时的宫廷已经成为比昔日的宫廷清醒得多的地方。阿尔伯特强行削减葡萄酒的采买量，如今家人和客人每人每天只允许喝一瓶葡萄酒。[82] 虽然王室家庭如阿尔伯特所期，变得更加节制持重，可是此时的宫廷已不再像以往那样，居于才华横溢、妙趣横生的社交界之中心了。乔治四世的宫廷虽然有些放荡不羁，却有如今宫廷所欠缺的种种魅力。一名侍女写道："我们每天晚上沉闷无比，那种无聊难以言表。"晚餐后，女侍臣（lady-in-waiting）一般要与女王以及同她一起进餐的大人物吃力地聊着天，而未婚侍女（maids-in-honour）在一旁静悄悄地飞针走线。10 点 30 分，维多利亚会示意所有人都可以退下了。"听闻此令，爵爷们飞快地从惠斯特牌桌上起身，或者从另一个房间赶紧出来，我们也欣然收起手中的针线，一天终于结束了。"[83]

然而在圣诞节那天，整个晚上至少还透着一点欢乐的气息。温莎堡的客人托灵顿勋爵（Lord Torrington）在 1860 年感慨道："真是美妙死人的一晚哪，我不知道我是如何活下来讲述我的见闻的！"他晚餐时品尝了牛腰肉、野猪头和一个用 100 只鸟作原料的山鹬馅饼，然后整个晚上都在玩撞球和台球，最终"将近 3 点钟"才上床休息。[84]

托灵顿勋爵将 1860 年温莎堡的圣诞庆祝描述成一种欢快祥和的完美家庭活动，他将这段描述交给了《泰晤士报》的编辑。虽然这段文字最终没能出版，但对于媒体在其他场合对人数不断增加的王室家庭表现出的关注，维多利亚颇为欣喜。她声称："他们说，没有哪个君主比我更受爱戴（不谦虚地说），而且我们幸福的家庭生活是如此良好的典范。"[85] 比如，《伦敦新闻画报》（*The Illustrated London News*）总是挖王室成员和王室圣诞节的料，它将后者描绘成一种暖心的家庭节日，反映出了中产阶级对家庭生活的重视。维多利亚时期的圣诞节通过节日装饰和互赠礼物，为资本主义社会成员创造了一个利润丰厚的相互买卖的新机会。一名美国记者得不到可靠消息，于是决定凭空想象温莎堡的圣诞景况。他为阿尔伯特和维多利亚编了一段不太可信的对话。阿尔伯特说："孩子妈，我们一定要为孩子们办一场一级棒的宴会。"维多利亚（或多或少让人难以置信地）回答道："阿尔伯特，我们办热闹点就好了。"[86]

1848年，《伦敦新闻画报》有份特别增刊，其中刊印了一张极具影响力的照片，其中有维多利亚、阿尔伯特、他们的孩子们和他们的圣诞树。照片中，他们沉浸在这一典型的维多利亚中期的圣诞氛围中，在用崭新的美妙装饰庆祝圣诞的同时，也在颂扬坚实的家庭观念。每一个中产阶级家庭都可能渴望像这样生活，像他们那样生活。维多利亚在无比自豪地谈论她的"幸福的家庭生活"时，预示了约翰·罗斯金（John Ruskin）的宣言，他将会就维多利亚时代女性理应扮演的角色发表最闻名于世的宣言。他认为，家才是一个"女性真正的职权所在"。丈夫必须去外面，勇敢面对这个世界的艰难险阻，而妻子应该留在后方，在这个私人领域中，她的"重要职能在于赞颂"，而她的重要机遇在于"贴心地操持家事"。[87]

具有讽刺意味的是，维多利亚一点儿都不擅长"贴心地操持家事"，她将所有家务都托付给了阿尔伯特。历史学家玛格丽特·霍曼斯（Margaret Homans）认为，王室家庭的公众形象看似非常普通和中产，其实不过是一种假象。报纸读者看到那张极具亲和力、感人至深的家庭圣诞树照片，之所以会再多瞅一眼，是因为每一个看这张照片的人其实心里都知道，照片中的人一点儿都不普通，也丝毫不中产。

"如此柔情，从未有之，如此不停地表演每一项夫妻责任，也从未有之。"拉德尔这样评价王室家庭生活，"表演"一词一语中的。[88]正常的中产阶级家庭不住在古堡中，也不会有这么多圣诞树。他们吃的馅饼不会用掉100只山鹬，也不会送钻石项链给侍女。不过，维多利亚的这种驾轻就熟的"普通感"，是一种聪明的，或者也许只是一种完全直觉性的，对一个不习惯女性当权的国家实行统治的方式。[89]

1850年那场幸福的家庭圣诞庆祝直至很晚才结束，它并不像表面看起来那么幸福，而这场庆祝的中心人物——那个日渐发福的小个子女人也不似看起来那么普通。维多利亚的私人秘书的儿子亚瑟·庞森比（Arthur Ponsonby）[①]声称，她一点都不像贵族，也不像阔绰的中产阶级英国女性，甚至都不像典型的公主。他写道：

> 类似“像维多利亚女王那样的人”“那种女人”的表达不应该用在她身上。虽然她朴实的居家气质得到她许许多多臣民的钟爱，虽然她看起来与普通人无异，但是她独特的性格和地位都令人难以忽视……她只是独一无二的“女王”。[90]

① 又译庞逊毕、彭松贝（1871—1946）。英国著名政治家、作家、社会活动家，任副国务大臣时提出了著名的“庞森比规则”。其父亨利·庞森比（Henry Ponsonby, 1825—1895）是维多利亚女王的私人秘书。

14. 怀特岛上的王公

1854 年 8 月 21 日—24 日

1854 年 8 月 21 日，星期一，下午早些时候，一位年轻的印度王子正乘汽船横穿索伦特海峡（the Solent）①。他就是杜利普·辛格王公，曾经是锡克王国（Sikh Kingdom）的统治者。作为威震一方的“旁遮普（Punjab）雄狮”兰吉特·辛格（Ranjit Singh）的儿子，他坐上父亲的王位没多久，就被赶下来了。10 岁时，他和英国共同统治了锡克王国一段时间，后被英国废黜。现在他 15 岁，被流放异乡，这是他第一次来怀特岛。

不仅是杜利普·辛格，其实任何访客，都能来到维多利亚的度假庄园奥斯本宫（Osborne House），它就在怀特岛北段考斯镇（Cowes）外，离伦敦不到三个小时的路程。来奥斯本宫做客的人通常先乘火车，再坐汽船。大陆和岛屿之间的狭窄海域总是非常繁忙。你可以从南安普敦（Southampton）出发乘船前往怀特岛，那里的港口总是泊满“商船，其中许多开往美国”；或者从朴次茅斯（Portsmouth）出发，那里停满了“无数大型战舰……战舰上到处都是水手，最高的顶桅上、缆绳上、绳梯上，他们似乎无处不在”。[1] 王公乘坐的汽船很可能突突地驶过维多利亚皇家海军的船只，这些船只将开往克里米亚（Crimea），在那里，俄国

① 位于英格兰主岛和英国南部怀特岛之间的海峡。

庞大但装备不良的军队逐渐难以抵挡英国枪炮的不断攻击①。

四周山林环绕的奥斯本宫似乎远离这种纷扰。在考斯镇，一辆马车等在那里，准备载访客完成最后一英里到达宫殿的上坡路。奥斯本宫不过在王公来访的4年前才竣工，它是阿尔伯特迄今为止最费心力的作品，他向其中注入了许多自己的想法和理念。天空湛蓝时，这座宫殿看起来像是一座浪漫的意大利别墅，从殿内向下望去，海水一片蔚蓝，景色美不胜收。一名女仆的卧室正好在奥斯本宫塔楼楼顶，她写道："大海无边无际，水面如此平滑，船只像是在玻璃或是冰上航行。"[2] 不过，岛上经常下雨，每逢雨天，奥斯本宫的水泥外墙就会覆满雨痕，它的意大利风格设计在怀特岛上很奇怪，显得不伦不类。

王公的马车沿着绿树成荫的车道，穿过庭院，在宫殿前停了下来。一名"身着猩红色和金色服饰，头戴扑有白粉的假发，腿上穿丝质长袜的男仆"迎接了他，接着，女王的一名侍臣指引他来到楼下的主会客厅，留他一人在那里等候。[3] 最终，维多利亚来到了这个原本空空荡荡的房间。"悄无声息地，门被推开一半"，没有人通报，女王悄悄走了进来，迎接她的客人们。一名访客发现自己"跪了下来，亲吻着递过来的那只手，浑然不知自己是如何来到这里的"。[4] 她不赐座，让客人一直站着。

从两张同样摄于1854年的侧脸肖像照中，可以看出阿尔伯特的双下巴已经非常明显了，他稀疏的头发被梳到了前面，试图盖住越来越秃的额头，维多利亚的脸也开始显现她独特的仓鼠般模样了。不过，此刻王公眼前的这位女性还是比她35岁的实际年龄显得更年轻。至少在照片中，她的头发富有光泽，她看起来几乎不像8个孩子的母亲，她身上的

---

① 指克里米亚战争，即1853—1856因争夺巴尔干半岛的控制权而在奥斯曼帝国、英国、法国、撒丁王国和俄国之间爆发的一场战争，最终以俄国的失败告终。

白色裙子娴静甜美。[5]虽然阿尔伯特不断削减开支，维多利亚的服装开销还是在悄然攀升，增长到大约每年6000英镑，这是当时高薪职业男性年收入的6倍。[6]可是，她和阿尔伯特的衣品守旧，她的每一种穿着都须经过阿尔伯特的同意。一个法国佬认为她老土，嘲笑她的手提包过时，"这只包上有一只用金线绣成的胖胖的鬈毛狗"。它很可能出自维基公主的绣工。[7]

虽然杜利普·辛格统治过一个王国，但他此时才比维基大3岁，维多利亚如母亲般亲切地欢迎了他。维多利亚在奥斯本宫感到非常开心，舒服自在。1843年，王室需要一处乡村度假场所的话题初次被谈及。她写道："我和阿尔伯特商量买一个属于我们自己的地方，这样就太好了。"[8]"天知道我有多么愿意和我亲爱的阿尔伯特一直过着幽静安详的私密生活，不用一言一行都暴露在公众视线中，不用再成为报纸文章关注的焦点。"[9]最开始建议他们在奥斯本购买房产的是当时的首相罗伯特·皮尔爵士，他已经成为阿尔伯特的心腹好友。维多利亚对此建议十分满意，她激动地说："不可能找到比这儿更美的地方了，山谷、树林放在哪儿都会很美，但这些都在海边……我们有一片属于我们自己的迷人沙滩。"[10]

尽管奥斯本宁静安详，令人耳目一新，可维多利亚在前来接待她的印度客人之前，整个上午都在埋头处理有关克里米亚战争的公务。她阅读电报，商讨和俄国之间的战情。她的军官似乎不愿进攻塞瓦斯托波尔（Sebastopol）①，对此她觉得莫名其妙。同时，霍乱在军中肆虐。不过现在，她转换了模式（她每天必须数次转换模式），她要带年轻的王公参加奥斯本传统的午间娱乐活动：冒着蒙蒙细雨，乘车去附近的卡里斯布鲁

① 克里米亚半岛西南岸港市。

克城堡（Carisbrooke Castle）。

那天晚餐时，维多利亚和杜利普相邻而坐，她开始进行一项早先在马车上根本无法做到的事——严肃地与他进行交谈。她立刻被他传奇般的故事吸引住了。维多利亚记录道："我说，他一定亲眼看见了许多可怕的事情。他表情凝重、语气悲伤地说：'噢，陛下！我确实见过可怕的事情；每每想起，我都忍不住颤抖。我敢肯定，如果我没远走他乡，他们也会杀了我。'"[11]

他说的是其尽人皆知的悲惨童年。在英国占领他的王国之前，那里有过一场血腥的王位争夺战。他亲眼看见叔叔遭到谋杀，两个兄弟神秘死去。

杜利普自己被迫与母亲分离。英国人打算将他带回英国，全面同化，其中一步是让他皈依基督教。几个月前在伦敦，维多利亚与杜利普·辛格初次见面，她被他的艰难处境深深触动。她写道，看到"一位曾经位高权重的年轻废君颠沛流离，靠领津贴度日，着实于心不忍"。维多利亚认为，杜利普·辛格是印度最尊贵的王子，其位次理应紧随王室之后。她写道："我们很乐意尽己所能地帮助他，对他以友相待，庇护他。"[12]

虽然同化杜利普可能是出于好意，可实际上这样做却是在剥夺他的遗产和文化。为了融入英国社会，杜利普的头发被剪掉了。他的头发从前"如女人的头发般长而密"，如今的短发造型定会每日提醒他已不再是锡克教徒。[13]他的英国看护人担心"他会挨打"，认为最好还是不要送他上学接受有用的教育。[14]杜利普在伦敦新生活中扮演的角色逐渐成形——出现在盛大的场合，服服帖帖，做个花瓶就可以了。看到女王宠爱的印度王子身着迷人的印度服饰，被带到这里又被领去那里，英国人自身高人一等的心理得到了大大的满足。《泰晤士报》认为，杜利普衣服上"舒服优雅的褶子"让"文明的欧洲服饰"显得"平庸至极，寡淡无味”。[15] 他被带去观看议会的开幕大典，阿尔伯特还为他设计了盾徽。

尽管阿尔伯特为杜利普·辛格的盾徽选择的格言是“行善，不求引人注目”，但引人注目却成了这位落难王子无法逃避的命运。此刻在奥斯本宫，维多利亚注意到，晚餐时坐在她身边的这个人再一次“服饰华美，佩戴着珠宝”，她在那一天的日记结尾处画了一幅她擅长的小草图，记录下他的外表。[16] 王公的珠宝是一个火药味儿十足的话题，多年之后已成为一大焦点，提醒着他的印度后人延续对英国的仇恨。其中最著名的一件珠宝就是今天仍陈列在伦敦塔的光明之山钻石（Koh-i-noor）。确定无疑的是，这块钻石已不再属于这位年轻的男孩。

那一年夏天早些时候，维多利亚决定让弗朗兹·克萨韦尔·温特哈尔特为她宠爱的王子画一张他穿着丝绸睡衣、戴着珍珠的画像（温特哈尔特给杜利普·辛格的个头加了几英寸，让他看起来更有气势）。身处白金汉宫，等待画师画像期间，杜利普就示好的艺术做出了精湛的演绎。一天，温特哈尔特在画像时，维多利亚走进房间，将光明之山钻石递给了杜利普·辛格，她想给他一个惊喜。[17] 在他的王国被英国人接管后，这颗掠夺而来的钻石被当作礼物，献给了维多利亚女王。[18]1851 年，这颗钻石在阿尔伯特组织的万国工业博览会（Great Exhibition）上展出；1854 年早些时候，女王在她的 35 岁生日时亲自佩戴过它。[19] 杜利普·辛格查看了好一会儿，才认出它是光明之山，主要因为它与他上次见到的相比，变小了。这块巨大的钻石此时已经经过了西方工艺的切割和抛光，变得熠熠闪光。

不过，当杜利普认出它后，房间中的每一个人都屏住呼吸，等待他做出反应。这件珠宝曾是他十分珍视的财产，是他幼年时佩戴在手臂上的东西。照顾这个男孩的女士写道：“尽管他神色谦和，只显露出兴趣和好奇，可从他脸上能看出他在奋力克制自己的情感。”他能做什么呢？痛哭流涕，将它扔出窗外？“那是我这辈子经历的最难受、最痛苦的一刻钟！”

然而，直至最后，杜利普也没有显露自己的情感。他安静地走到维多利亚跟前，将钻石递了回去，并且说：“（作为女王忠诚的子民）很荣幸能亲手将光明之山赠送给**我的君主**！”[20] 毕竟，他的津贴和地位都取决于他是否对英国保持忠诚。印度总督达尔豪西勋爵（Lord Dalhousie）后来称杜利普此举是“彻头彻尾的骗人把戏”。他认为，杜利普·辛格没权力赠送这颗钻石。[21] 但这一举动却赢得了维多利亚的心。

奥斯本宫的那晚，维多利亚和杜利普·辛格的严肃交谈结束时，她备感安慰，认为将他赶下王位很可能拯救了他，让他不至于像他的亲人那样遭到谋杀。她写道：“这样想，我对不得不剥夺他的王位感到好受一些，连他自己都深信这样做有其好处。在我们眼中，他急于改善自己，聪慧过人，而且欢快热情。”[22]

温特哈尔特的肖像画和维多利亚自己的素描画展现的都是西方人眼中的杜利普·辛格——充溢着异国风情和急于讨好的心情。不过，在奥斯本宫的这段时间，维多利亚的德国秘书欧内斯特·贝克尔博士（Dr Ernest Becker）会为杜利普拍摄一张不太正式的照片，在这张照片中，他给人的印象却迥然不同。照片中的年轻人尴尬地站着，看起来闷闷不乐，有些伤心。他头上戴着印度的头巾，腿上却穿着欧式的裤子。他就这样被两种文化撕扯着，而善意的吹捧永远无法解决他的种种问题。维多利亚也认识到，如今皈依基督教的他，“再也无法回到他自己的人民中间了”。[23] 现在，在贝克尔博士的照片中，我们看到的不再是维多利亚眼中天真无邪、美丽可爱的男孩，而是一个陷入可怕陷阱的青少年。

杜利普·辛格来到奥斯本宫的第二天，维多利亚和阿尔伯特在他们通风良好、看得见海景的卧室醒来。他们在买下奥斯本后，很快就发现原本的乔治王风格的房子太小了。枢密院会议不得不在门厅召开，不然只能去室外。枢密院成员要前往这座房子，必须在汽船码头，乘坐一匹马拉的“空间狭小的游泳马车”，这种马车一次最多只能将两名游泳者送至海滩，对此他们深感厌烦。[24] 虽然奥斯本宫是度假房屋，可王室要务必须继续，所以需要改善设施。

事实上，阿尔伯特对重建房屋的热情不亚于他对这座小岛的兴趣。每次一到奥斯本，他就摇身一变，成为“护林人、建筑工、农夫兼园丁”，他很享受“长时间站立行走”，根本坐不住。[25] 凡是有关艺术的决定，维多利亚都顺从她的丈夫，阿尔伯特让她深信自己在这方面要比她懂得多得多。她告诉外人，她“没什么品位”，“以前全都听从他”。[26] 连教皇都发现，如果阿尔伯特想告诉你他的看法，特别是有关艺术或设计的看法，想要不听从他，很难。根据阿尔伯特自己的记录，他在罗马与教皇短暂会面期间，“尽管教皇绝不会犯错”，他还是冒昧就艺术史的一点纠正了他。[27]

1845 年，阿尔伯特的新宫殿正式破土动工。如今人们对奥斯本宫的建筑褒贬不一。有些人认为它看起来像一个机构，非常死板。而喜欢它的许多人却认为它是建立在阿尔伯特条理清晰的思维能力和对意大利文艺复兴的浓厚兴趣之上的完美构想，因建造贝尔格莱维亚区（Belgravia）① 住宅而扬名的维多利亚时期传奇建筑师汤玛斯·邱比特（Thomas Cubitt）使之成为现实。这座宫殿首先完工的部分是主楼，其中包括女王和亲王的套房。主楼看起来就像是一座贝尔格莱维亚区住宅，

① 伦敦的上流住宅区，位于伦敦海德公园和白金汉宫附近。

远离周边建筑，屹立在海边的一个山坡上。

一家人搬进去的时候兴奋不已，却又有少许不安：这是一种与以往不同的全新王室生活。搬进去后的第一晚，孩子们的家庭女教师写道："餐厅看起来非常漂亮，房间内灯火通明，远在海上肯定都能看见窗户中的光亮。"[28] 百叶窗内部嵌有镜子，关闭时，能巧妙地折射枝形吊灯散发的光线，使室内更加明亮。这座房子遍布着类似这样的阿尔伯特式巧妙设计，还有"防火的"铁梁结构、浴室和冲水马桶。阿尔伯特的浴缸藏在一只木盖子下面，所以看起来出奇地像棺材，而维多利亚的浴缸藏在一个壁橱中。地下室内有个炉子负责烧热水。维多利亚的更衣室也新奇地装上了淋浴，她卧室外的便桶藏在非常隐蔽的门后，这道门看起来像是房间自带的桃花心木衣橱的一部分。

楼下是主要的娱乐区域，建筑史学家马克·吉罗德（Mark Girouard）注意到台球室、客厅、餐厅各在一角，各个区域彼此连通。这样王室内务人员和客人就既能按照礼节要求，共处一个空间，又能选择他们自己的娱乐方式：侍从们在阿尔伯特亲自设计的特别的桌子上玩台球，女士们在客厅里刺绣。或者，其实维多利亚和阿尔伯特能让他们的侍从侍女们去往他们看不到的其中一个角落，这样他们中觉得疲惫的就能坐下来歇一歇——在女王面前这样做是不被允许的。[29]

但是，奥斯本宫的室内设计并不符合每一个人的审美。一名无法无天的侍女写道："你根本无法想象这里的一些装饰有多么糟糕。家具搭配绝对奇怪至极，他们收到的礼物丑陋无比，这是我见过的布置得最不合理的房间。"[30] 室内颜色是淡紫色、栗色、蓝色和金色，在现代人看来非常不协调，地毯上是俗艳的花朵图案。室内每一个台面上都搁放着装饰品和小摆件，仿佛维多利亚和阿尔伯特才刚布置好这座风格怪异的宫殿。他们的仆人发现奥斯本宫位置偏远，既沉闷无聊，又不方便。男仆的住所远离宫殿，他们必须乘坐每晚 11 点从宫殿出发的马车，回到自己的宿舍，“女王的雇员们无一例外，都讨厌待在那里”。[31]

当维多利亚和阿尔伯特在奥斯本宫的主楼开始他们的一天时，杜利普·辛格在他自己的单人套房中醒来。他的套房在一座副楼中，这栋古典风格的楼房体积庞大，看起来相当笨拙。因为主楼房间不够安置所有王室内务人员，所以才加盖了此楼。第一天吃过晚饭后，他沿着宽阔阴暗的走廊，经过一个又一个冰冷雪白的大理石雕像和隐约闪光的青铜器，才最终来到了他的套房。维多利亚的母亲也经常在副楼的房间过夜。在亲身经历分娩之痛，以及阿尔伯特与自己的岳母兼姑妈建立的牢固关系等因素的作用下，维多利亚与自己的母亲重归于好了，现在她喜欢维克多丽在身边。

印度王子参加了王室家庭的户外早餐。早餐期间，女王心怀骄傲地看着她的访客和她的孩子们“如此愉快地玩耍”。随后，杜利普受邀参加了奥斯本宫的又一项娱乐活动——参观王室农场。

他的主人注意到，农场中，他尤为感兴趣的是机器。杜利普成长于一个战祸连连、农业只够温饱的国家，现在他亲眼见识到了维多利亚时代的技术。午饭后，他们乘坐名为“维多利亚和阿尔伯特”的皇家游艇——其实是艘桨轮蒸汽船——前往位于怀特岛西端的三针石（the Needles），观看海军测试一艘新炮舰。经过此番，王公清楚地认识到他和他的子民输得有多么彻底。

回程中，虽然海上波涛汹涌，让维多利亚“感到有些头晕目眩”，但她还是和杜利普就基督教进行了“十分有趣的交谈”。杜利普的新宗教疏离了他与家人的关系。比如，他的嫂子不会再碰他或拥抱他。[32] 可是，维多利亚却想要相信，这个受她保护的孩子是诚心皈依基督教的，而且永远不会背离。杜利普告诉女王，他听人讲圣司提反（St Stephen）被处以石刑的故事，结果发现自己热泪盈眶。他突然意识到，“这个宗教一定是真实的”。这番话正是维多利亚想听到的。她还安慰自己，他“清楚天主教的缺点和不同之处”。[33] 最初与印度建立联系的东印度公司商人一心挣钱，对宗教并不怎么关心。可是到了 19 世纪，大批英国基督教传教士涌入印度，他们身负一种新的道德使命感，从而加深了与印度土著文化之间的冲突。况且，关于宗教，杜利普·辛格还能说什么呢？他的基督教信仰绝对是他领年金的一大前提。

杜利普来奥斯本的第三天清晨，天气阴郁，但大家都希望天气之后能转好。为了纪念阿尔伯特的生日，每年的这一天都会举办奥斯本仆人游园会。早餐过后，维多利亚的孩子们将杜利普从她身边拽走了，将他拖到了他们的瑞士小屋。[34]

这座小木屋是从欧洲大陆运来的，杜利普见到它时，它刚建好。此屋用作王室孩子们的教育设施，他们在那里学习烹饪和园艺等实用技能。他们可以在斯普拉特杂货店（Spratt's Grocer）的迷你柜台相互买卖东西，从而了解货币的价值。维基此时将近 14 岁，到 17 岁时她会出嫁。她将来的丈夫是一个普鲁士王子，她已经认识他 3 年了。未来维基结婚后，女王的使者将领着维基的弟弟妹妹去她在德国的新家，弟弟妹妹们还会将他们曾经一起在瑞士小屋烘焙的那种馅饼带给她，这些馅饼是孩子们送给一个其实也还是孩子的已婚女人的动人礼物。[35]

听起来，孩子们在瑞士小屋非常乖巧听话，可事实上，他们的调皮捣蛋还会继续。他们会凑在一起，在小屋后面偷偷抽烟，甚至连公主们也有此喜好。他们因气味而不可避免地被发现了，爱丽丝认为她受到惩罚，而她的兄弟们却被原谅，着实不公平。[36] 三王子亚瑟自封为木质大炮官，保卫着瑞士小屋后的碉堡。[37] 亚瑟圣诞节时收到一件礼物，是一套军装，他立马穿上，抓着他的“小步枪”，“朝着他的爸爸开了一枪”。[38] 他最后会成为陆军元帅，为他母亲的帝国开疆拓土，到维多利亚统治后期，大英帝国空前绝后地臃肿膨胀。[39]

半晌时，孩子们带杜利普去沙滩玩。[40]1847年，维多利亚在这片海滩第一次下海洗海水浴："在我将头扎入水中之前，我觉得这是不错的体验。"[41]她的洗浴车——一种带轮子的小木屋——将她送到海水中，她掀开木屋的门帘，顺着门廊下的5个台阶，直接下到水中。后来很多年内，女王的这辆洗浴车都被用作鸡舍，直至近来才被重新放回原来沙滩上的位置。她的孩子们也是在这片海滩学会游泳的，阿尔伯特为了保证他们学游泳时的安全，发明了"一个设计巧妙的漂浮浴盆"。[42]不过，今天可没时间游泳，因为他们要赶紧回去，宫殿前的草坪上已经为庄园劳工、佃农和仆人们扎起了帐篷。维多利亚在和孩子们一起视察营地时，看到亚瑟"牵起了王公的手"。[43]

王室的老职员们认为一年一度的奥斯本游园会无聊乏味。家庭女教师拉德尔觉得庆祝会"吵吵闹闹，嘻嘻哈哈，极其无聊"，"男仆和女仆们一杯接一杯地喝着啤酒"。[44]然而，维多利亚的日记却显示，孩子们的看法就没这么偏激。"非常欢乐。"她说。尤其是当家里的男仆们"赛跑、玩蛙跳，等等"时。游园会还有杂耍、捉迷藏、独轮车比赛、扔橘子。"玩得最开心的"就数杜利普·辛格。"他开怀大笑，觉得非常好玩。我们的孩子总黏着他，和他聊天，他抱着小利奥波德（最小的婴儿），利奥波德非常喜欢他。"[45]仿佛与其他孩子相伴3天后，王公终于记起来他也还是个孩子。

第二天早上，杜利普离开了奥斯本宫，不过他将自己的一些华美衣服留了下来，这样阿菲和亚瑟就能装扮成锡克王子拍照了。酷爱军事的小亚瑟头戴包头巾，显得无忧无虑，而总是神情忧郁的阿菲颈间佩戴的珍珠项链很像是他母亲的，他目光低垂，显得高贵而又有些忧伤。[46]

维多利亚舍不得让杜利普离开。“我把他当孩子看待，”她写道，“希望他能永远像现在这么天真善良。”[47]然而，印度总督达尔豪西勋爵却认为，她对这位废王子的同情“纯属多余……他生前会源源不断地领到一笔不错的固定收入，等生命终结时，他会像一位绅士一样体面地在自己床上故去”。[48]达尔豪西认为维多利亚不该对王子如此宠爱，这是一种极大的不幸。杜利普曾在奥斯本与王室家庭如此亲近，那他怎么能忍受必须在印度总督面前脱掉鞋子以示尊重呢？

客人已经离开，仆人的派对也已结束，维多利亚和阿尔伯特又回到了两人独处的生活：“我们独自用餐、阅读、弹琴。”[49]维多利亚称这种不用招待或被招待的夜晚是她梦寐以求的夜晚。她解释说，她会坐在沙发上，就着灯光和烛光看书，“阿尔伯特坐在桌子对面矮矮的扶手椅上，面前的另一张小桌子上常常放着他在看的书”。

不过，他们所谓的“独处”还包括来来往往的仆人。维多利亚详细描述了当她和阿尔伯特“彼此陪伴，聊着天”，打发时间时，她的女仆会进来，开始帮她更衣——他会接着说话，会评论她的珠宝首饰，告诉女仆应该如何保存，偶有照管不善之处，他会训斥她们。[50]

当你发现，维多利亚珍视的与丈夫共处的夜晚还包括他教训伺候她更衣的仆人时，这样的夜晚听起来就没有那么温馨和睦了。奥斯本宫环境封闭，阿尔伯特会在这里对他的家庭和妻子施加越来越严格的控制。“连续4周成功自控”，第二年他会这样称赞维多利亚，表扬她压制住了他讨厌的情绪和怒火。[51]维多利亚声称：“女王已为人妻，和任何其他女性一样，她发誓服从她的老爷和主人。”[52]

文化历史学家阿德里安娜·慕尼赫（Adrienne Munich）指出，他支配、她服从，他们只是在演绎众多维多利亚中期小说的情节。在这种小说中，一名活泼大胆的女性“走入社会，遭遇挫折，变得谦卑；然后，遇到爱情，变得温顺，余生都对一名男性俯首帖耳，就这样幸福地生活着”。《米德尔马契》（1871—1872）中的多萝西亚·布鲁克，夏洛蒂·勃朗特（Charlotte Brontë）《谢利》（*Shirley*, 1849）的女主人公，以及盖斯凯尔夫人（Mrs Gaskell）《北方和南方》（*North and South*, 1855）的女主人公都经历了相同的旅程。[53]

可是，他们还是会吵架，因为维多利亚并非总是俯首帖耳。引起争吵的其中一个因素是，他们能够这样共处的时间非常有限。为了帮妻子挡住政府公务，阿尔伯特肩负起了其中很大一部分，以致他总是日理万机，不肯陪伴妻子，尽管她强烈要求。阿尔伯特对他自认应负的职责，兢兢业业、恪尽职守得几乎有些不正常。为了让他开心，维多利亚“将每一封信、每一个公文箱的内容都告诉他，并且拿给他过目”。可是，她却害怕让他看到“任何愚蠢的草案或信件”，因为她“知道他会因而忧心、恼怒”。[54]

阿尔伯特一恼怒，就大事不好了。此外，尽管维多利亚在杜利普离开怀特岛时，对他满怀温暖慈爱的祝福，杜利普·辛格的故事也不会幸福地结束。

就在3年后，当大部分印度半岛反抗英国统治时，维多利亚的政府想让杜利普·辛格谴责他的同胞。可从他那里得来的只有不祥的沉默。不得已之下，维多利亚只好为他辩护，称赞他在和她的孩子们玩耍时，展现出“极度的温柔善良”。[55]不过，女王没有注意到的是，杜利普在奥斯本时怀揣的情绪，肯定也在一定程度上与印度起义背后的愤恨相通。随着杜利普的不断成长，他逐渐形成结论，认为“他的王国、他的私人庄园都从他手中被骗走了”。[56]

1884年，他回到印度，打算回归锡克教，但英国政府不允许他留在印度。1893 年，他在巴黎孤独死去之前，旁人听到杜利普·辛格说，维多利亚女王，他的国民之钻石的现任拥有者，是个接受赃物的小偷。他将她称之为“费金夫人”（Mrs Fagin）①。[57]

① 费金是狄更斯 1838 年的小说《雾都孤儿》中教唆孤儿行窃的恶棍的姓氏。

15. 南丁格尔小姐在巴尔莫勒尔堡　1856 年 9 月 21 日

1856 年 9 月 21 日，詹姆士·克拉克正驾车沿着迪河（River Dee）堤岸，驶向巴尔莫勒尔堡（Balmoral Castle）。他是从附近的米克河谷（Glen Muick）赶来的，女王在那里有一套房子，借给了他。克拉克此行穿过了一片沿河的古老森林。阳光明媚的日子里，迪河的水流呈如茶水般的棕色，不过这年秋天雨水格外多。“庄稼都被淹坏了。”克拉克医生在日记中写道。河水通常只及大腿，现在涨到了 5 英尺深。[1] 如今距离他在拉姆斯盖特“治好”公主的伤寒病，已有 21 年了。尽管出了弗洛拉·黑斯廷斯那桩倒霉事，67 岁的克拉克仍旧是维多利亚最信任的医生。

在他赶往巴尔莫勒尔堡的路上，身边有他家的客人作陪 —— 一名又高又瘦、长着黑色眼睛的 36 岁女人。尽管她比此时第九次怀孕的维多利亚只小 1 岁，但这位弗洛伦斯·南丁格尔小姐既没孩子，也未结婚。她“皮肤白皙，嘴巴漂亮，笑起来很好看”，可却对自己的美貌满不在乎。她的实力体现在其他地方。宫廷已有耳闻，她“少言寡语，一本正经”，但又“绝顶聪明，无所不晓，还精通古典学问，懂希腊语、希伯来语，等等”。

虽然弗洛伦斯·南丁格尔可能“冷冰冰的，令人敬畏”，可她却很讨人喜欢。人们说，尽管她“话不多，相当苛刻”，但“她这个人极其有趣”。[2] 今天，她像往常一样身着黑色，戴着一顶“样式简洁的小帽子，在下巴下面打了结”。她的满头黑发被剪短了，因为她的工作，她此番前来面见女王就是为了谈论这项重要的工作。她亲眼看到近来驻扎在克里米亚的英国军队管理不善，“由于医院中可怜的士兵身上爬满了虱子”，她才将头发剪掉。[3] 她染上了一种将会折磨她多年的神秘巴尔干病毒，现在仍时常感到一阵阵恶心。

弗洛伦斯与克拉克医生很熟，是因为 4 年前，也就是 1852 年，她的姐姐帕特诺普（Parthenope）得了另一种怪病，身子越来越弱，于是请克拉克医生为她诊治。帕特诺普来到克拉克医生迪河河畔的安静的家中养病，她在雨中漫步，呼吸那里洁净清新的空气，最后身体多少有所恢复。今天我们会将帕特诺普得的这种怪病称作精神崩溃，可克拉克医生见她“完全沉浸在自我之中，有时还胡言乱语”，认为她很有可能会发疯。

但是，根据弗洛伦斯的传记作者马克·博斯特里奇（Mark Bostridge）的说法，她却不以为然：在她看来，姐姐的病症在富有的未婚女子中司空见惯，“她们终日困于日常琐事，直至耗尽活力”。[4] 弗洛伦斯认为，帕特诺普的疾病不过是无聊造成的，“当下文明阶段的传统生活，会消磨掉女性所有的精神”。[5] 眼看着帕特诺普失去理智、气力，甚至走路的能力，弗洛伦斯惊愕不已。她看到身边一个又一个女性“因为无所事事，而精神失常”。[6] 她决心不让自己遭受如此命运。

1853 年，她的机会来了，当时俄国和土耳其之间爆发争端。通往巴勒斯坦圣地的道路应该由东正教僧侣还是西方教派僧侣控制，这一问题成为触发战争的关键，并在弗洛伦斯所处的上流社会中引起了巨大骚动。很快，俄国入侵土耳其，法国支持土耳其，英国紧随法国向俄国宣战。英国及其富有的工业化盟国面对的是规模庞大但装备不良的俄国军队，因为缺少交通工具，俄国士兵们徒步走进冲突地区。英国人必定会赢得克里米亚战争的胜利，可他们的仗却打得异常痛苦和无能。历经 40 多年的和平，英国军队对组织 3000 英里之外的战场后勤一头雾水。死于疾病的士兵比死在敌人枪炮下的还要多，英国伤员的治疗糟糕透顶。弗洛伦斯·南丁格尔见状，心中开始生出一股去前线帮忙的强烈冲动，她想带领一个护士队前往克里米亚。“弗洛”的亲朋好友百般劝阻，但毫无用处，最后只好让步，“允许”她参加战争。

克里米亚战争造就了南丁格尔小姐的传奇，却几乎打垮了维多利亚。战事恶化之时，她抱怨道：“约翰·罗素勋爵（Lord John Russell）可能会辞职，阿伯丁勋爵（Lord Aberdeen）也可能会辞职，有时我真希望我也能辞职。”[7] 这是她登基以来面临的最严峻的考验。她的政府在介入这场战争时慎之又慎，她对此愤怒不已，认为这样做只会助长俄国的嚣张气焰。最终，她发现自己不得不任命帕默斯顿勋爵为首相，尽管她私下非常讨厌他。但只有他才有能力带领英国摆脱这一危机。[8]

然而，无论这场战争打得有多么糟糕，它还是会为维多利亚的统治方式带来好的改变。这场战争也说明了她和阿尔伯特做事方式的根本差别。阿尔伯特为此战所做的努力可以从 50 多卷信件上看出。他打算用智商解决这一难题，编制了详尽的计划，鼓动外国军队支援英国人。[9] 他的计划遭到拒绝，一经泄露后，媒体对他口诛笔伐，甚至指控他犯了叛国罪。而维多利亚使用的是她的情商。作为一个情感丰富、受过苦痛，而且能对别人的苦痛感同身受的人，她展现出了一种阿尔伯特所不具备的独特领导天赋。她解释说，给阵亡家属写哀悼信是一种“宽慰”，她现在经常这么做，因为她能在信中表达“自己的所有感受”。[10] 在战争遭遇危机时，维多利亚通过安慰和重塑信心，开始展露出她作为女王的潜在能力。她送别战士、迎接伤员、公开赞美军队并赠予礼物，经过这场战争，她比以往任何时候更受欢迎。她成功地让她的子民感觉到了她的在意。

维多利亚这种触动众多子民内心的能力近乎本能，它非常细微而且如此普通，以至于许多历史学家都没有察觉。阿尔伯特的一位传记作者认为，她的日记“非常直白，读起来却多少有些沉闷。日记的内容有一种不加掩饰的浅薄，由此不仅可以看出一种自私……还能看出一种令人悲哀的想象力缺失”。这位历史学家得出结论：“她高度情绪化，而且很容易受到影响。”[11] 阿尔伯特却永远不会被冠上“高度情绪化”或“很容易受到影响”的罪名。不过，他也永远不能触及英国人民的内心。后来的一位首相索尔兹伯里勋爵（Lord Salisbury）声称，如果他听到维多利亚对任一问题的看法，他知道自己听到的是体面稳定的中上阶层的观点。另一个认识她的人写道：“她能够理解并表达在她的统治期间注定掌握政治权力的那个阶层的精神和心情。”[12]

不过，维多利亚的这一特殊才能只有在灾难时刻才会显现。1854 年 3 月 11 日，她在索伦特海峡的一艘船上目送她的伟大舰队东行。没过多久，她就开始收到有关士兵的补给、福利和待遇“令人不满的报告”。[13] 10 月，维多利亚第一次听说有“派 30 名护士前往斯库塔里（Scutari）和瓦尔纳（Varna）的医院的计划，率领护士队的是一位姓南丁格尔的小姐，她是一个了不起的人，学过内科和外科，在巴黎和德国的医院做过护士”。[14]

南丁格尔小姐 11 月在斯库塔里的战地医院里报告说：“我们现在有长达 4 英里的床位，病床之间的间距还不到 18 英寸，痢疾患者的死亡比例已达五成。”[15] 弗洛伦斯的家信被到处传看，军队渎职的丑闻愈演愈烈。维多利亚心系护士和士兵们的安危。她写信给无能的拉格兰勋爵（Lord Raglan）说，“女王相信”他会“**极为**严格地监管，确保不会出现因负责满足他们需求的人失职，而造成**不必要**的匮乏”。[16]

维多利亚密切关注着南丁格尔小姐的功绩。她坦言：“我羡慕她能够发挥如此多的作用，能够照顾那些高贵勇敢的英雄。”[17] 维多利亚希望自己也能尽一份力，她想到可以给战士颁发维多利亚十字勋章（the Victoria Cross），嘉奖他们的“英勇”。为了亲自向弗洛伦斯表达谢意，女王派人送给她一个带有红色珐琅十字架的胸针，还有一封温暖的书信，信中饱含着她对弗洛伦斯在斯库塔里的病人的关怀。维多利亚后来发现弗洛伦斯将这封信誊抄多份，“挂在每个病房里”，有些吃惊。但南丁格尔小姐向她解释说，很多士兵“乞求她给他们一份，当作他们最宝贵的财富精心保存起来，有些说，他们会给背下来，还有一些认为，女王说这些话，太感人了”。[18] 维多利亚听了这番话，受到了启发。她会探索自己文字的力量，使其愈加强大。

而弗洛伦斯·南丁格尔对宣传的力量无所不知。她深谙公关之道，小心翼翼地守护着自己的形象。多数英国人不知道他们的民族女英雄长什么样，因为她不肯让人为她画像，说她不喜欢“被人当猴看”。作为一名决心抛头露面的维多利亚时期女性，她必须格外小心，维护自己的体面，这就意味着尽量不要见报。可是，人们很想一睹大名鼎鼎的南丁格尔小姐之芳容，报纸也渴望满足读者的需求，于是他们就发挥想象力，擅自刊登了一些虚假的画像。弗洛伦斯·南丁格尔的画像罕见至极，甚至一本相面之术的教科书用了一张完全虚构的画像，说明她的相貌在“英国女性中登峰造极”。事实上，在这些假画像中，《每周新闻》（*Weekly News*）笔下的“斯库塔里女英雄”看起来与女王不可思议地相似。[19]

1856年9月21日，战争已经结束，克拉克医生提议，这两名女性也许想见上一面。南丁格尔小姐接受了他的邀请，因为和往常一样，她看到了有助于医疗改革事业的机会。她就如何让女王提供帮助寻求建议，得到的回复是，向女王提议，以女王的名义成立委员会，对军队的医疗部门进行调查。要改善军营和医院的状况，相对容易。可要改变真正负责提供军需品的机构的行事方法，却难得多。至于这一点，维多利亚也许能帮上忙。

不管维多利亚是怎么想的，南丁格尔此番前往巴尔莫勒尔，不仅仅是为了接受钦佩和感激之情，她来这里更是为了正事。

弗洛伦斯·南丁格尔和克拉克医生此刻正向女王的城堡驶近。这座城堡12个月前才竣工，有近70个房间、4个浴室、14个厕所、1个宴会厅。尽管这座建筑在其角楼和气派的塔楼的衬托下，显得比实际更大，但作为王室住宅相当小。马车在大门处停了下来，弗洛伦斯下了车，走入一间地上铺着瓷砖、墙上挂着鹿角的门厅。门厅直通一间会客厅。巴尔莫勒尔堡缺少公共空间，因为它不是用来大规模待客的。它由一位阿伯丁（Aberdeen）建筑师设计，用作阿尔伯特狩猎、维多利亚随行时的临时住所。前门顶上的大理石徽章不是女王的，而是亲王的。[20]

奥斯本宫之成功，启发了维多利亚和阿尔伯特，两人决定再建一个更加远离他们伦敦生活的家。1842年，维多利亚第一次乘船来到苏格兰，便立即爱上了这里。阿尔伯特也很喜欢苏格兰，因为它让他想起德国，这里的城镇“和德国的很像”，这里的人“像德国人”。[21]他认为：“当地人身上有一种山地国家居民所特有的正直与热情。”[22]

苏格兰的每一个地方背后似乎都有“一些有趣的史实”，而“多数史实在沃尔特·司各特爵士的精准描述下，为我们所熟知”。作为司各特笔下激动人心的骑士历史小说的读者，他们对此颇为欢喜。[23]一位苏格兰大贵族欢迎维多利亚来到他家，他的接待是如此“隆重、浪漫”，维多利亚甚至觉得“像是以前封建时代大族长接待他的君主一样”。这位主人，布里塔尔班勋爵（Lord Breadalbane），领女王夫妇穿过“两边各站着一排苏格兰高地①人的”大厅和台阶，黄昏时分，山坡上灯光闪烁，呈现出“欢迎维多利亚和阿尔伯特”的字样，篝火在远处山顶上熊熊燃起。[24]他们两人都感到宾至如归。此前这对夫妻在白金汉宫的化装舞会上，表演过沃尔特的小说中为他们所熟知的骑士故事。但现在亲临苏格兰，他们仿佛踏入了一个鲜活的历史世界。

克拉克医生不仅早早让维多利亚爱上了新鲜空气，如今在夫妻俩心中种下了“也应在苏格兰安个家”这一想法的人也是他。1848年，阿尔伯特决定租下巴尔莫勒尔，这座庄园在其主人因鱼刺卡喉窒息而死后对外出租。他对苏格兰天气仔细研究，发现庄园所在的苏格兰东部雨量较少后，才做此决定。尽管如此，克拉克医生秋季客居巴尔莫勒尔，以及他在附近的伯克豪尔（Birkhall）居住在女王借给他的房子里时，日记中还是反复说：“一场毛毛雨……一场毛毛雨……几乎没有一天不下雨，有些天雨势还很大。”[25]

拿到租契后，维多利亚和阿尔伯特发现那里的生活正合他们的心意。巴尔莫勒尔庄园和附近的伯克豪尔，周边环绕着绵延数英里的凯恩戈姆山（Cairngorm）荒凉山坡，其间高耸着壮丽的洛赫纳加（Lochnagar）山峰，点缀着偏僻阴沉、深不见底的米克湖（Loch Muick）。

阿尔伯特现在在巴尔莫勒尔建造的新房子，灵感源于他十分怀念的儿时宫殿玫瑰宫，他坚持认为荒郊之地迪赛德（Deeside）②和图林根

---

① 指苏格兰高地边界断层以西和以北的山地地区，这里人烟稀少，景色旖旎。

② 指阿伯丁郡的凯恩戈姆山国家公园内，迪河河岸周边地区（而不是英格兰—威尔士边界上的工业城市迪赛德）。由于自维多利亚和阿尔伯特起，英国王室频频造访，因而此地现得名“皇家迪赛德”。

（Thuringia）①很像（可他的哥哥欧内斯特却坚持认为不像）。完工后的城堡建筑风格混乱，甚至连忠诚的克拉克医生都在他的日记中悄悄坦言：巨大的塔楼“在主屋的衬托下显得太高了，或者说主屋在塔楼的衬托下显得太矮了”。[26]

弗洛伦斯·南丁格尔乘坐克拉克医生的马车抵达城堡时，可能和其他访客一样，对城堡低调随意的接待风格感到惊奇。“甚至连一个哨兵都没看到。”一位困惑不解的德国伯爵这样写道。马车竟可以直接驶到门口，他惊讶不已。他接着描述道：“当我走进装饰着鹿角的大厅时，风笛声响起，欢迎我的到来。”[27]

但维多利亚和阿尔伯特却很享受高地生活的低调随意。“只有一名警察”负责保护他们，“他在城堡四处巡视，阻止闲杂人等入内”。[28]从维多利亚的日记中能够看出，她从远足中得到了极大的乐趣。雨衣不可或缺。王室成员的雨衣使用的是设得兰（Shetland）家庭纺织的粗花呢材质，由名字贴切的斯科特·艾迪（Scott Adie），“防水斗篷和夹克制造商”亲自为“女王陛下”制作。[29]一名巴尔莫勒尔的访客写道：“脚踩重靴，身披蓝斗篷……提高裙脚，手拄一根粗杖——在这里出门远足，就是这一身打扮。”[30]

一走进城堡，克拉克医生就让弗洛伦斯自行去客厅。从客厅窗口能俯瞰一直延伸到迪河的偌大草坪。这个房间让一名访客印象极为深刻，他告诉别人说，他从前以为奥斯本的客厅是“世界最丑的”，但在看到巴尔莫勒尔的客厅后，立刻改变了主意。[31]

房间墙壁粉刷成了“50年代非常流行的浅冷色调”，而地毯和窗帘

---

① 位于德国中部，该地森林茂密，植被良好，被称为“德国的绿色心脏”。19世纪，阿尔伯特所属的萨克森-科堡和哥达公国就位于此地。

是色彩鲜艳的王室斯图亚特花格。花格主题贯穿了整栋建筑。[32]维多利亚的一个孙辈说，城堡中的花格装饰“没什么艺术性，但营造出了爱国效果”，而另一名访客认为这些装饰证明了作为苏格兰女王，“要做出一些痛苦的美学牺牲”。[33]一些客人患上了“花格症”，随处可见的格子“总是在你的眼前晃动，搅乱你的大脑”。[34]阿尔伯特甚至设计出了一种独特的新型巴尔莫勒尔花格，用到了淡紫、红、黑三色。他的孩子们穿着苏格兰格子裙，甚至连仆人房间里铺的都是花格地毯。

此外，还有许多其他形式的高地主题：“壁灯是银色的鹿角、猎枪或猎物袋，如果某人的笔需要蘸墨，此人必须在一只猎犬或一头野猪背后找墨水。”[35]蓟也是一个重要主题，顺着房檐的石头生长着，而且还融入烛台、甜点盘和墙纸的设计中。一名访客声称，蓟草之多，“如果碰巧长得像驴子最爱吃的草的话，它看到了会心中一喜，不过长得不像”。[36]然而，维多利亚和阿尔伯特对来自客人的嘲笑满不在乎。这座城堡对他们来说代表着美好时光，代表着一种更加随意自然的生活。维多利亚的雇员非常了解“她对高地深深的热爱。她离开这里时，眼睛总是红红的”。[37]

然而，维多利亚和阿尔伯特的家人和王室成员对巴尔莫勒尔的热爱，远没有他们俩那么深。他们最小的儿子利奥波德称这里是“世界上最糟糕、最可憎的地方”，而上下层仆人都感到这里的生活无聊至极。[38]他们抱怨说：“我们无事可做，没办法解闷，天气冰冷潮湿……我们只是从上顿饭挨到下一顿，尽力消磨时间。”[39]一名牢骚满腹的客人写道：“这里冷冰冰的。我觉得晚饭时我的脚冻出冻疮了，餐厅一点儿火星都没有，客厅壁炉只有两根小细棍，仆人去点时，发出嗞嗞的声音。”[40]任何一位政府大臣若受命来此面见女王，都会感到紧张，因为他们没有起居室，“不得不在卧室里完成所有工作”。[41]这种缺乏空间是有意为之，为了让这座房子尽量倾向于度假屋。

王室成员马上就要亲眼见到弗洛伦斯·南丁格尔了，他们此时感到兴奋不已，部分原因在于他们百无聊赖。不过，更重要的原因是，一直以来，王室往来的书信对斯库塔里女英雄赞不绝口。这些信件谈及她“颇有征服他人，让其思己之所思的本领”。[42] 现在是时候看看弗洛伦斯能否“征服女王”了。

1839 年，维多利亚在弗洛伦斯的宫廷觐见中首次见到她，那时她们还不到 20 岁。弗洛伦斯当时觉得年轻的女王看起来虽然“有些脸红和疲惫”，却沉着冷静，“远没有我想的那么惊慌”。[43] 可是如今，一晃将近 20 年过去了，她们的角色转换了过来。表现得更加沉着冷静的是弗洛伦斯，女王反倒有些惊慌。

不用说，维多利亚身后像往常一样跟着“五六条狗”，“她去哪儿”这些狗就跟到哪儿。[44] 为了接待客人，她很可能穿着 1856 年留存至今的那件蓝紫色丝质日装礼服，裙子的腰间和镶边内里有灰色的丝带，这样裙脚就能提起来，以便行走。[45]

不过，这次在苏格兰度假，维多利亚没有像往常一样时常出去行走。她又怀孕了，怀上了第九个孩子比阿特丽斯。最近一直在下雨，“一周都没停”，孩子们全感冒了，她和阿尔伯特之间也磕磕绊绊。[46] 她受到劝谏，希望她收回赐予阿尔伯特“王夫”（Prince Consort）称号的请求，理由是这一请求很可能无法在议会上得到通过，为此她和阿尔伯特都懊恼不已。[47]

维多利亚现在觉得，脚踩花格地毯向她走来的这位女性“又高又瘦，眼睛乌黑，长得一定很好看”，尽管她“瘦骨嶙峋，满脸风霜”。[48] 虽然有宠物在一旁调节氛围，两名女性之间的交流还是不够流畅。维多利亚和弗洛伦斯聊了不到 10 分钟，就让人叫阿尔伯特来客厅救场。弗洛伦斯开始略带轻蔑地认为，维多利亚一定是“她见过的最不自立的人”。[49] 那一年早些时候，克拉克医生担心女王仍然“时常情绪低落，心神不宁”，他指出这在很大程度上“要看亲王的处理”。[50] 一直以来，阿尔伯特让维多利亚相信自己天资愚钝、欠缺能力、少了他根本不行。

事实上，她是着了迷，不知说什么好。维多利亚对弗洛伦斯钦佩不已，最令她佩服的一点是，虽然她极具影响力和感召力，但还是做到了作为未出嫁姑娘的低调矜持，“为了不让人认出，在路上使用化名，拒绝一切公开露面”。维多利亚还想和阿尔伯特分享南丁格尔小姐的见闻，不想一人独享。她后来坦言道：“我以为南丁格尔小姐会是一个冷若冰霜、呆板保守的人，可事实上她和蔼可亲，十分有趣，非常端庄得体，她的每一个观点都是那么睿智、全面、清晰。”[51] 维多利亚甚至在和她的首相会面时，有时会觉得很难将谈话继续下去（“但大雾、雨天以及她即将到来的意大利之旅总是‘尽职尽责’地为她贡献着聊天话题”）。[52] 但她觉得和弗洛伦斯谈话尤其不容易，因为后者不肯闲聊，直入主题。维多利亚指出：“她满脑子只有一个东西，那就是医药的话题。”[53] 而弗洛伦斯正是阿尔伯特教维多利亚欣赏的那种女性：理智、专注，而又矜持。

现在，南丁格尔小姐开始向女王及其丈夫阐述改革军队医疗实践的必要性。1.8 万名士兵死在了克里米亚，其中多数死于疾病，而不是死在俄国人手中。她“主要谈到造成如此多苦难的现行体制结构的不足”。然后，弗洛伦斯聊到此行的目的——“改善这些不足的必要性”。[54] 阿尔伯特当然立即被吸引住了，他和弗洛伦斯开始细致讨论这一问题。维多利亚只是站在那里听着，而“阿尔伯特开始用他一贯清晰全面的方式，陈述在他看来问题的根源在哪里”。[55] 弗洛伦斯立即意识到实权在哪里。她注意到：“阿尔伯特其实是一位大臣，这点很少人知晓。”[56]

不过，在离开巴尔莫勒尔客厅之前，弗洛伦斯终于找到了“征服维多利亚”的钥匙。她能看出，女王对医院病床的正确摆放和王室委员会都不太感兴趣，而她找到了正中维多利亚下怀的话题。维多利亚在日记中骄傲地记载道：“她感谢我的支持和同情，说士兵们都深深地感受到并且感激我的同情和关怀。”[57]

那天下午虽然开始得不太顺畅，但后来却非常愉快，弗洛伦斯受到邀请再来留宿一晚。她第二次前来时，巴尔莫勒尔堡的所有人都为他们这位阴郁的访客着迷。维多利亚内心忐忑地给她看了一本她委托拍摄的伤兵照片集，弗洛伦斯恳请让这些伤员一直领抚恤金。[58]

一位侍臣激动地说，南丁格尔小姐“太棒了，她的微笑是如此甜美，她的一举一动优雅无比”。连维多利亚的母亲都无比欣喜。一位女侍臣写道：“晚饭后，殿下悄悄告诉我，她本来想祝酒，祝愿她身体健康，可是没好意思！！！……还好如此，不然可怜的南丁格尔小姐该感到不自在了……仆人们见到她都兴奋不已。”女侍臣们记录了晚餐时有关斯库塔里医院的谈话：

> 我们问她晚上巡视几次。“3次。”她说（有时病人人数达到2000人）。
>
> “那你什么时候睡觉呢？”
>
> “哦，第一年冬天我们觉得好像不需要太多睡眠。”我猜她一直没上床睡觉！！[59]

尽管整个王室对她敬畏不已，那顿饭到后来还是陷入沉默，南丁格尔小姐在晚餐后的舞会上的确看起来格格不入。

舞会在城堡靠近迪河一侧的宽广高大的舞厅举行。这个房间墙壁上挂着鹿角，高高的窗户上挂着花格窗帘。虽然房间内有一个高高的凹进去的空间，王室家庭可以坐在这里，观看他们的随从和佃农跳双人对舞，可维多利亚很少坐在这里观看。只有在苏格兰高地，她才感觉能够释放内心压抑着的跳舞至深夜的渴求，阿尔伯特对这点尤为厌恶，他曾让她不要在伦敦社交圈出洋相。然而，在私密的苏格兰舞会上，“陛下整个晚上都心情欢畅。她几乎不停地笑着，随着音乐翩翩起舞，她的手脚合拍，舞姿显露出真正的高地色彩”。[60] 维多利亚是从巴尔莫勒尔堡的王室舞师那里学会苏格兰双人对舞的，这位舞师待她与其他任何学生无异：“温柔点，亲爱的，试着跳得像一个淑女。”[61]

受邀参加如此私密的巴尔莫勒尔舞会，对弗洛伦斯来说是一种无上的光荣。新舞厅灯具上装饰着鲜花做的花环，看起来“极其美丽”。南丁格尔小姐和平时一样“一身黑衣”，可维多利亚换上了跳舞时穿的“灰色水丝裙，按照高地的时尚，肩上搭着格子围巾”。[62] 她在假装自己是苏格兰人时，比任何时候都开心，第二天凌晨 1 点上茶点时，舞会才结束。

然而，弗洛伦斯却并不享受这场舞会。一个后来收到她的信的人记录道：“弗洛说，舞会无聊至极，女王不应该跳舞。”[63]“弗洛”那个晚上也许更想和阿尔伯特交谈。对高地仆人们在舞会上就着威士忌酒，吵吵闹闹地跳着“不折不扣的女巫”舞蹈，阿尔伯特也有点不屑一顾。[64] 他对弗洛伦斯能够为他带来的洞见要感兴趣得多。他在日记中写道：“她让我们看到了我们目前军队医院系统存在的所有缺陷，以及需要做出的改革。我们对她很满意，她极其谦逊。”[65]

尽管弗洛伦斯对阿尔伯特心怀钦佩，可她也能看出他的个性有不对劲的地方。阿尔伯特具有德国人的那种精确和理性，他“品质优秀，外表帅气，心地善良”，可看上去却冷冰冰的，没有生气。弗洛伦斯觉得，他看起来“像不想继续活下去的人”。[66] 她的这一直觉非常了不起，因为那晚在巴尔莫勒尔舞会上，除她之外，没有一个人察觉到他实际上命不久矣。

在接下来的日子里，维多利亚和阿尔伯特决定支持弗洛伦斯，试图彻底改变军队医疗服务。维多利亚指示弗洛伦斯在陆军大臣潘米尔勋爵（Lord Panmure）应召来到苏格兰之前，继续客居在克拉克医生的住所。维多利亚此前已要求潘米尔勋爵做出改变，也可能是阿尔伯特以她的名义下达如此要求。[67]现在她坚持让潘米尔来巴尔莫勒尔，听弗洛伦斯“亲口”说明她的看法，并且向他保证，他听到后会“非常满意、震惊”。[68]虽然弗洛伦斯怀疑这样做不会取得什么成效，可她还是感到自己“不得不从命”。[69]

然而，与潘米尔几次会面后，她很惊讶地发现他对她的意见颇为热情。“潘对你可谓心服口服。”克拉克医生在信中告诉弗洛伦斯潘米尔对她的印象。他称她已将这位心烦意乱的陆军大臣杂乱不堪的“鬃毛理得如丝绸一般顺滑了”。[70]潘米尔让弗洛伦斯就她认为应有的举措起草一份机密报告，她立马开始了这项工作。[71]

维多利亚对弗洛伦斯的到访总结道：“我们很高兴，我希望能将她安排在战争部（War Office）。”[72]可事实上，她没有宪法权力强行做此安排，而且根据南丁格尔的传记作者马克·博斯特里奇的说法，女王觉得做出一项人事变动应该就够了，她并没有真正领悟南丁格尔对改革的愿景。[73]

事实上，尽管弗洛伦斯看待此事如男人般透彻，令人钦佩，尽管她满心欢喜地期待“在伦敦等地花费时间和精力确保相关人士和机构”进行改革，但她身上也有什么不太对劲。渐渐地，她的身体垮了下来，最后不得不在病床上继续撰写她几乎过于详细的行政改革计划。但是，维多利亚对弗洛伦斯的钦佩未曾减弱，到19世纪60年代，她会邀请越来越病弱的弗洛伦斯·南丁格尔到她儿时的家——肯辛顿宫养病。[74]

因为身患精神疾病而请克拉克医生治疗，所以其妹妹弗洛伦斯得以在克拉克的介绍下在巴尔莫勒尔面见女王的帕特诺普认为，妹妹的辉煌成就实际上使她们的家庭纽带断裂。她悲伤地写道：“弗洛不再是我的妹妹了，她是一支伟大军队的母亲。”[75]

维多利亚和弗洛伦斯·南丁格尔在某种意义上都是“一支伟大军队的母亲”，她们都很难适应维多利亚时代的家庭生活。

16. 与内莉共度的一晚

1861 年 9 月 6 日

5 年后，1861 年 8 月 24 日上午 9 点半，天灰蒙蒙的，维多利亚正乘坐火车从都柏林出发，向西南方向行驶。她深入爱尔兰，离一座巨大的军营越来越近。每年夏天有超过 10000 名英国士兵在这片叫作卡勒（Curragh）的广阔平原上操练演习。今年，维多利亚的长子威尔士亲王伯蒂也加入了他们的队伍，此时他即将年满 20 岁。

卡勒平原在古代就被用作军队集结地，1855 年被重建为军事基地，用于训练赴克里米亚战场的步兵。士兵们居住的临时营房和帐篷沿着平原上方的山脊杂乱地延伸着，平原上到处都是荆豆、绵羊和不少于 44 处史前土垒。[1] 卡勒平原肥沃的草地还有马匹啃食，这些马会在著名的卡勒赛马场上亮相。维多利亚认为，这里“位置优越”，有“广阔的草地”。[2] 尽管受尽现代世界的掠夺，包括建造了一条高速公路，这片草地至今仍然存在。草地颜色如此青翠，只能用祖母绿来描述。

即便跌跌撞撞，但最终为维多利亚取得克里米亚战争胜利的军队包括约 37000 名爱尔兰人，占军队总人数的四成。而维多利亚对爱尔兰的感情，与她对苏格兰的深爱相比，明显不同。和大不列颠众多权贵一样，她对天主教会的猜疑根深蒂固。[3] 仅仅在 60 年前，大不列颠和爱尔兰两国合并组成了一个联合王国，以便大不列颠防卫其殖民地动乱和遭到法国侵略破坏。1861 年，维多利亚的爱尔兰子民人数是苏格兰子民的两倍。然而，爱尔兰人很容易从她的举动中推断出，他们的地位不如苏格兰人。维多利亚在统治期间，总共在苏格兰待了整整7年，却只跨越爱尔兰海4次，总共在那里待了5个星期。[4]而且，后来会有大臣提议，任命伯蒂为她在爱尔兰的常任总督和代表，以对这片国土存在的问题给予必要的关注，但维多利亚会不耐烦地拒绝这一建议。[5]

每当她跨越爱尔兰海，来到爱尔兰，这片土地的女王都感到当地人民以及他们的苦难令人忧心。她在大饥荒（Great Famine）①发生后不久第一次来访爱尔兰，这场大饥荒起因是马铃薯连番歉收，最终造成了100万爱尔兰人死于饥饿，另有数百万人移民他国。维多利亚这次来爱尔兰是在整整10年后，可大饥荒的影响仍然清晰可见。查尔斯·金斯利（Charles Kingsley）在1860年写道："我发现自己的脑海中总是浮现我见过的人形黑猩猩的模样……如果他们的皮肤是黑色，也不会如此令人难过，可他们的皮肤，除了暴露在外被晒黑之处外，像我们的皮肤一样白。"[6]维多利亚也这样认为，她发现这里身着破衣烂衫的可怜人比她以前在任何地方看到的都要多。[7]和金斯利一样，她也觉得自己的爱尔兰子民不太像人："为爱尔兰人做得越多，他们似乎越无法无天、忘恩负义。"[8]

持同样观点的地主们逃之夭夭，置身事外，爱尔兰人民的选举权少得可怜，这些因素都加剧了饥荒问题。尽管维多利亚亲自捐款，资助饥荒救济基金，可许多爱尔兰人还是管她叫"饥荒女王"，因为她的政府的残忍行径就是她的残忍行径。[9]一家名为《邓多克民主党》（*Dundalk Democrat*）的报纸指出，她的个人捐款与土耳其的苏丹相当，稍逊于美

---

① 1845—1850年发生在爱尔兰的饥荒，是近代史上极其严重而罕见的一场灾难，除了土豆疫霉病菌带来的天灾，英国统治者选择采取放任、冷漠的处理方式，极大加深了灾害的严重程度。大饥荒造成的大批死亡和移民潮使爱尔兰人口锐减。

国政府。[10]

虽然每个人都知道需要做出改变，可没有人能就如何实现改变达成一致。在维多利亚这次来访的3年前，芬尼安兄弟会（Fenian Brotherhood）在躁动不安的都柏林成立。

然而，女王亲自到访还是引得爱尔兰万人空巷。阿尔伯特和阿菲正在营地最近的铁路终点站纽布里奇站（Newbridge station）等着用马车接家中的女眷。维多利亚带着伯蒂的妹妹爱丽丝和兰臣，以及她的女侍臣简·丘吉尔（Jane Churchill）一同前来。一家报纸报道，约3万人前来一睹女王尊荣，观看她的军队在平原上进行演习。他们乘坐邮政马车、旅馆的公共马车、“乡绅贵族穷摆架子的马车”，以及100多列挤得满满的铁路列车来到了这里。维多利亚自己评论道：“人群熙熙攘攘，人们从四面八方赶来，有贵妇，也有平民，有人步行，有人骑马，还有人驾驶二轮马车。”[11] 人们的情绪非常复杂。一家共和党报纸说，人们对她的到来充满“无限的好奇”，但“显而易见地缺乏热情”。[12]

王室家庭此刻乘坐马车，穿过草地，来到营地。这里此时有10个方形的营房，每个营房住1000名士兵。这些临时营房是在克里米亚战争期间以极快的速度搭建的。每一座营房由一群人在一天内建成，当晚他们就睡在里面，第二天一早开始搭建下一座。每年4月到9月的“操练季”期间，甚至连数目如此众多的营房都人满为患，有些士兵不得不睡在帐篷里。这里俨然是一座由营房和帐篷搭建的城市。

一眼望去，这片营地给人一种强烈的秩序井然、周密严谨的印象。营地中央，“高高的钟塔”拔地而起，前面架着6门大炮，保卫着联合王国国旗。新教和天主教教堂分立左右两边，每个教堂一次能容纳1800人。这里的学校、邮局和市场都“令人惊奇地简洁高效”。然后，教堂往外是一字排开的营房。从远处看，这些营房看起来“像是一条长长的棕色城墙……你不会想到，一小支军队正安静地驻扎在后面”，前来参观的查尔斯·狄更斯这样写道。[13]

仔细查看营房后，就会发现虽然它们从外面看似乎干净整洁，可对睡在里面草垫子上的士兵来说，却一点都不舒适。风透过墙壁缝隙呼啸而入，搭建墙壁的杉木板原本只打算暂时用用，维多利亚的步兵必须等到19世纪70年代的军队改革，才能每个月更换一次床单。[14]12名步兵被迫共用一块卷筒毛巾擦脸，而这块毛巾每周只洗一次。[15]

在21世纪，这个营地仍然是爱尔兰军队的训练学校，一队队身着黑色田径服、气喘吁吁的年轻人，无论男女，均听命于高声喊出的爱尔兰语指令，来回奔跑着。然而，1861年走出营房城，为女王演习的却是英国军队。这里时常下起毛毛细雨，卡勒平原的青草受其滋润，几乎绿得炫目。维多利亚来访的这个早晨正是典型的雨天，偶尔下起“倾盆大雨”。[16]“两场凉爽的阵雨”，维多利亚如是说。她在恶劣天气面前一贯若无其事，不过这次她还是做了让步，命人将马车的门关上。[17]齐步走过的士兵浑身都湿透了。

可是，即便大雨滂沱，也未能浇灭演习的热情。这是军营生活的重大场合之一，军队终于有机会展现他们的实力。在今天这一重要时刻，所有将军和参谋整齐出动，“火炮队伍在山谷中放出隆隆巨响，步兵队伍一直发出如雨点般稠密的咔嚓咔嚓的射击声……一团巨大的白烟在平原上不停地翻滚，大炮爆炸快速闪烁着明光将其照亮”。烟气消散、骑兵离开后，你还能“听到远处回荡的巨响声，或者看到一排骏马和士兵如一道波浪般席卷山丘”。[18]

维多利亚已经对枪炮发出的巨响习以为常了。她的部队已从克里米亚回国，她参加部队检阅的次数越来越多。为了这一场合，她经常穿剪裁合身的户外装束，对她而言，这种衣服比精心制作的晚礼服要适合得多。她自己的“制服”是一件量身定制的军装风格的猩红色夹克，搭配骑装的裙子。阿尔伯特也有一套与之匹配的服装，上衣胸部缝有衬垫，假扮他因久坐而没能长出的肌肉。

不过今天，坐在马车中的维多利亚穿着一件深色斗篷，斗篷下面是她现在白天常穿的带裙撑的裙子。她直到19世纪50年代末才开始使用这种新奇的钢架来撑起裙子，人们普遍认为这种裙撑是一个“粗俗而昂贵、丑陋而危险的物件”。[19]一副裙撑或“笼子”能将裙子撑得如此之开，穿着者若不当心，裙子就会着火或者卡在马车车轮中。不过，据说维多利亚颇为仰慕的时尚达人欧仁妮皇后（Empress Eugénie）①1855年来访英国时，无意之间推广了这种裙撑。不久之后，“卡特的裙撑店（Carter's Crinoline Saloon）开张了，向伦敦女士们提供裙撑以及“法国皇后穿的那种弹性胸衣”。[20]尽管如此，维多利亚还是抵制这一时尚，直到3年后的炎夏时分，维多利亚觉得她通常穿的僵硬的薄纱衬裙“令人难以忍受”。她在一封写给嫁到德国的女儿的信中说：“想象一下！我已经穿了6周‘笼子’了！！！你怎么看？”[21]现在意识到裙撑有多方便的她，只有坐船时才把裙撑取掉。今天维多利亚的马车里坐满了穿着裙撑的公主们，应该不会有什么多余空间。

与此同时，马车窗户外，降雨和军事演习一直持续到伯蒂的母亲和姐妹们盼望已久的那一刻：今日由威尔士亲王指挥的队伍映入眼帘。维多利亚心中异乎寻常地涌起一种作为母亲的骄傲，她报告说，他“看起来根本没那么矮小”。[22]这句赞美和她以往的一样，暗含讥讽。她总是为长子令人失望的外表发愁。她写道：“我还是不觉得他算得上帅气，他的

① 法兰西第二帝国皇帝拿破仑三世的妻子。

头窄小得让人难受，五官又大得不行，完全看不出下巴。”[23]

而且伯蒂在平原上取得的成就也令人大失所望。原本的计划是，他率领一整个营共 800 名士兵从他的家人面前走过，让他们为之赞叹，之后却发现他的训练技能不足。虽然他身着上校制服，可他却只指挥着一个连队，约 100 名士兵。

最后一个士兵从他们面前走过后，一家人立即前去伯蒂自己的“营房”吃午餐，其实这所营房是将军的，他只是暂住在这里。比起普通士兵的营房，这里条件要好得多。营房外站有卫兵，为了增加空间，扎起了两个帐篷。伯蒂自己有一间“舒适的小卧室”、数间接待室，甚至还有一间“宽敞的餐室”。[24] 其中的家具全部由爱尔兰本地制造，这是又一旨在支持当地产业的王室赞助行为。[25] 伯蒂的妹妹们此刻有机会细细欣赏哥哥的住处和他的军人气质。她们发现他确实有些变化，和他 6 月动身前来营地时相比，“他的肤色更深了，而且身材更加结实有型了。[26]

而且，操练不是伯蒂在卡勒营地的营房里学习的唯一新技能。

随着维多利亚的孩子们一天天长大，他们都清楚子女在母亲的心目中排第二位，排第一的是阿尔伯特。他们小的时候，阿尔伯特才是温莎堡中更“现代”的父母，他更愿意与孩子们成为“朋友”，他知道孩子们正因他们的母亲比起他们，明显更爱丈夫，而受到伤害。

“很可惜，你在与自己的亲生子女相伴时，感受不到安慰。”他曾经写信这样告诉维多利亚，这时的他狂妄而残忍。“问题的根源在于一种错误的认知，认为作为母亲，应该一直纠正、责备、命令自己的孩子，安排他们的活动。和你刚责备过的人心平气和地快乐相处，是不可能的。”[27] 从她的娃娃们盲目遵从她的命令时起，维多利亚所受的教育告诉她，无论事情是大是小，其他人都会按她的意愿行事。她将这种发号施令的习惯用在了她的孩子们身上。这样做不利的一面，是制造了一种难以驱散的紧张感。人们说："女王一心维持作为母亲的权威（更准确地说是暴政）。"[28]可是，这一点一定难以评判。如果连寻常父母都总是担心过于宽松或过于严厉，作为女王要把握好这个度一定难得多。

这几乎是项不可能完成的任务。而伯蒂所受的成长环境之苦也许比他的8个兄弟姐妹都深。他不是个擅长学习的孩子，可阿尔伯特还是下令让伯蒂每天学习7个小时，每周学习7天。这和阿尔伯特14岁时为自己制订的每日9小时学习计划相比，还算轻松。[29]维多利亚在写给利奥波德舅舅的一封信中，道明了伯蒂此生最大也是他不可逾越的挑战：变得像他的父亲一样优秀。维多利亚写道："我很想知道，我们的小男孩长大后会是什么样子，我是多么虔诚地祈祷……他在身体和心灵各个方面都像他的父亲。"[30]虽然他的姐姐维基**几乎**能够达到阿尔伯特严苛的标准，但伯蒂却不能。当他10岁时，仍一直以为聪明的维基会继承王位，而不是他。[31]

最终，伯蒂意识到，他永远都满足不了期待，于是放弃了努力。维多利亚诉苦说："（伯蒂）无论如何都不思进取、懒惰闲散，我的心都快操碎了。"她作为母亲，最可悲可叹的特征可能就是欠缺想象力，她从来没有试着将自己放在伯蒂的位置想想，只是对他的不足表示愤慨罢了。[32]伯蒂其实拥有某种创造力，有真正的兴趣，比如时尚方面。可是他的这种兴趣难以令父母满意。当伯蒂外出打猎时，阿尔伯特认为，他的儿子对这项运动心不在焉，反倒"满门心思都在他的裤子上"，着实令人遗憾。[33]总的来说，维多利亚担心他的儿子永远不能"胜任他的地位"。[34]

在来到卡勒之前那一年，伯蒂体验了大学生活。他所在的牛津大学的学监认为他很容易相处，"再好不过的学生了，那么简单、天真、坦率、谦虚"，可他却不能留在这个学院。[35]1861年早些时候，他来到剑桥大学三一学院学习，不过在城外一所乡村别墅里和他的临时监护人布鲁斯将军（General Bruce）同住。伯蒂学习了历史，他认为“法国大革命的原因在于贵族奢靡的生活”，这种想法多少有些讽刺，因为他开始结交越来越多上流社会的朋友。[36]

他的母亲对他在大学结交的狐朋狗友颇有怨言。她控诉道，如今的贵族“是如此耽于享乐、不务正业、冷漠无情、自私自利、道德败坏、流连赌场”，她恨不得将他们送上断头台。[37] 这对母子在很多方面如此相像，却始终无法相互理解。伯蒂的外婆维克多丽在他军营生活开始的3个月前与世长辞，沉浸于悲恸之中的维多利亚指责伯蒂冷漠无情。他写了一封短小而悲伤的信，解释道：“我不想打扰你，因为我觉得这样做会妨碍到你……我已按照你的意愿又订购了一批边缘更黑的纸张。”[38]

伯蒂一直想体验军人的生活，他的父母虽然有些不放心，最终还是允许他利用暑假时间去卡勒营地训练10个星期。在卡勒营地，他将学习如何使用英国军队刚刚引入的恩菲尔德（Enfield）式步枪，这种步枪能射死疾驰中的马匹。[39] 他还要学习如何训练步兵，高喊指令，将多路纵队转变成一条长长的横队准备进攻，或者变成封闭的防御方阵。只要士兵们保持镇定，不自乱阵脚，实际上连骑兵都无法攻进来。

伯蒂在掷弹兵卫队（Grenadier Guards）下接受训练。他的指挥官希望通过“参加每天的检阅”，他的军衔能够每两周上升一个级别，从少尉开始，到他离开的时候，上升到能够调遣一整个旅的程度。[40]

有记者指出，伯蒂刚到卡勒时，“似乎对这个地方极其满意，他环顾四周，一脸志得意满”。[41] 伯蒂受到指示，要在上级珀西上校（Colonel Percy）面前“保证礼貌分寸，在军官之间说话口气适当”。[42] 理论上，伯蒂应得到与其他任何初级军官同等的待遇，一天，他也3点半起床，和他的同僚一起行进18英里。[43] 阿尔伯特特意做出安排，以便对他的儿子和继承人的夜晚严格监督。伯蒂每周两晚宴请共事军官，两晚在团里的食堂吃，一晚去其他团吃。剩下的两个晚上，他应该一个人安静地待着看书。[44] 可事与愿违。

大家对伯蒂在营地的出现当然有所察觉。一名记者在 7 月写道，“任何从路上经过的人都能看到”他的宿舍。伯蒂“每天早上像军营中任何其他军官一样严格地进行常规操练”时，路过的人能够看到。操练结束后，大家也都能看到，他没有多少其他事情可做。午饭后，他打“网球”或者板球，可他还要熬过漫长的乡村夜晚。[45] 如今，缺乏娱乐活动可能仍是困扰卡勒居住者的难题，这点可以从整个营地塞满伏特加酒空瓶子的垃圾桶上看出。

一周周过去了，伯蒂未能取得预期的进步。布鲁斯将军报告说，当初定下的目标有点太过野心勃勃，王子在 8 月底之前是不可能指挥一个营的。珀西上校告诉伯蒂：“你在操练时有太多问题了，你的指令不够响亮清晰。”珀西上校不肯让任何人“对自己的评价言过其实”。[46]

无论维多利亚私下对伯蒂没能接近目标作何感想，她仍在公开场合感谢珀西上校“一视同仁地对待伯蒂”。[47] 而阿尔伯特则公开表达了他的不满，控诉“英国青年越来越懒散”。[48]

演习那天，伯蒂的家人在他的营房吃过午饭后，就离开返回都柏林了，只有阿菲留了下来，他要在营地住一晚，好好体验一番。到那周结束时，维多利亚和阿尔伯特正乘坐游艇，赶往苏格兰巴尔莫勒尔城堡。关于伯蒂在令人失望的演习表演后感受如何，没有相关记载，不过，掷弹兵卫队的其他军官一门心思帮他摆脱任何残存的不足感。还有其他方法能让他感到更有男子气概。

维多利亚的所有孩子都对人类繁殖机制毫不了解。15 岁的阿菲见到一位怀有身孕的女士时，评论说她的衣服真丑。他被告知："她要添丁了。"他吃惊地问道："为什么？"[49]据伯蒂的传记作家简·里德利的解释，他的拉丁老师发现，阿尔伯特从没向儿子解释过性交和生殖，结果他自己做了这份工作。[50]后来，伯蒂用田野研究丰富他的理论知识。16岁时，他被送去参加迷你版的传统贵族欧陆游学，他在德国亲了一个女孩。未来的首相威廉·格莱斯顿（William Gladstone）听说此事后，将其称作"肮脏的小堕落"。[51]接着，伯蒂成功地爱上了他母亲的一名已婚侍女简·丘吉尔。

阿尔伯特直至很晚才意识到伯蒂荷尔蒙肆虐，他认为要想解决这一问题，必须尽快让他成婚。他和维多利亚开始到处寻找合适的新娘，她得出身高贵、健康美丽、温顺谦和。他们让现居柏林的普鲁士王储之妻维基帮忙打探。维多利亚告诉她的女儿："天知道在哪儿能找到我们想要的年轻小姐！"[52]

事实证明，答案是丹麦。维基向父母推荐丹麦国王的女儿亚历山德拉（Alexandra），小名艾丽克丝（Alix），得到了父母的同意。虽然艾丽克丝的年龄和出身满足了条件，但缺点是她的祖国与维多利亚和阿尔伯特深爱的德国之间有冲突。不过，她看起来品行良好，而且鼻子修长、腰身很细，美丽可人。阿尔伯特在看到艾丽克丝的照片时，宣称"看照片中的模样，我会立即娶了她"。[53]

可是，伯蒂却不想仓促结婚，他询问，能否让自己仔细想一想。[54]事实上，他心里装的是别人。伯蒂很少记日记，1861年6月，他的日记干脆停了下来，毕竟营地里的一天和另一天没什么差别。然而，9月6日，在他的母亲安全地离开爱尔兰时，伯蒂的日记也恢复了。他只记下几个单词："卡勒"和"N.C.第一次"。根据简·里德利的推断，这个简短的记录代表了他迈出了生命中最重要的一步，失去了处子之身。

伯蒂的第一次是和“N.C.”在一起，这是一个名姓组合多种多样的女子，她叫内利（Nellie）或内莉（Nelly），姓克利夫登（Clifden）或克利夫通（Clifton），不过她最可能姓克利福德（Clifford）。他半夜从他住所的窗户爬出去，“到另一个军官的营房里和她享受性爱之乐”。[55]

尽管历史学家通常将“内莉”描述为一个“女演员”，但伯蒂的一位朋友称她是“一个尽人皆知的‘伦敦小姐’，深受王室部队欢迎”。[56]被后世称为“欢快的60年代”（The Gay Sixties）的10年才刚拉开帷幕，带来了诸如“时髦人士”（swell）和“天国美女”（houri）之类的词语。要想为自己找一个“伦敦小姐”（也被称为“脏鸽子”），最好的去处是餐饮和舞蹈俱乐部，比如福利街（Foley Street）上，以老板的名字命名的莫特（Mott）舞厅，莫特老板“与歌剧院的芭蕾舞团有一些关系”，在那里的舞池里“一般能看到舞团一些漂亮舞者的身影”。[57]凌晨2点到3点之间，莫特舞厅里纵情作乐的人们会点些冷鸡、火腿和香槟，补充能量继续“激烈狂欢”。[58]《每日电讯报》（*Daily Telegraph*）打探出，许多“伦敦小姐”不过是马夫家的闺女，她们向“富人家的浪荡公子”出卖自己“肮脏的身体”，这样她们就能“穿华丽的衣服，使用漂亮的马车”。[59]这群人包括颇有名气的“小约旦”“小鞋子”“小木桩”，还有内利·克利福德。黑斯廷斯勋爵曾经在点了6箱香槟后，将200只下水道的老鼠放入莫特舞厅，这个玩笑发生的那个传奇夜晚，内利也在场。[60]伯蒂显然很喜欢“N.C.”，他在日记中又记下两次约会，分别发生在9月9日和10日的晚上。[61]

可是，内莉并不是一个不同寻常的名字。伯蒂和他的朋友们还迷上了另一名叫内莉·福勒（Nellie Fowler）的“伦敦小姐”，然后还有内莉·费伦（Nellie Farren），她是一名多栖演员，用“最最纯净甜美的伦敦腔”唱歌。人们认为，她手握青春永驻的秘密。“她身着紧身衣在舞台上欢乐地跳着舞，可她已经做祖母了！”[62]这么多的“内莉”已经够混乱了，近年来又出现了一种有趣的可能。也许伯蒂的“内莉”其实不是从伦敦夜总会运过去的“伦敦小姐”，而是被称作“鹪鹩”、追随卡勒军营的爱尔兰人。历史学家在卖力搜寻那些被官方记录遗忘的人时，发现了这个与英国军队一同存在的女性社群，并开始聚焦她们的生活。

完全由男性构成的社群，无论是王宫，还是军营，总有一个处于暗处、变化无常的女性社群相伴，卡勒军营也不例外。追随卡勒军营的女性有些是士兵们的合法妻子，有些可能是时而以卖淫为生的女子，她们住在酷似鸟巢的临时棚屋中。因而，卡勒平原的体面人用鸟的名字称呼她们。一名当地人说：“鹪鹩！这就是她们的名字！鹪鹩！……她们过着人不人鬼不鬼的日子。非常糟糕，相信我！”[63]

军队当局几乎默许了营地范围内的卖淫。在1866年的短短6个月里，有556起妓女擅自闯入被抓的案件。每当一个女人被抓住，她不得不向纽布里奇地方法官支付1先令①的罚金。但这种惩罚毫无震慑力，似乎仅被视为交卖淫税。1866年，营地巡佐抱怨道：“如果我把她们从营地的一边赶出去，10分钟后她们又会出现在另一边。”[64]

这些妓女以及其他军营追随者总共大约有100人，她们住在“由荆豆枝搭建、波形铁皮加固的奇形怪状、粗陋不堪、洞穴般的棚子里。这些“鸟窝”分布在卡勒平原边缘，被山丘遮挡着，起初看不出来。不过，等你认出其中一个的真面目后，你会发现自己正置身于由其构成的一片村庄中。据说，“在棚内的地上生火，烟只能从门散出”，而门本身不过是“一个狭缝……由两根粗糙的杆子撑开，杆子还用来支撑屋顶”。因此，“鹪鹩”们的家酷似鸟窝，“由毛糙的树枝搭成的硕大粗糙的鸟窝，

① 英国1971年以前货币单位，1先令值12便士，20先令合1英镑。

掉落在地，上下颠倒”。内部空间十分有限，你可能会看到“鸟窝毛糙的那一面挂着”一个裙撑，“裙撑体积庞大而且不可收缩，一定不好弄进去”。根据情况需要，裙撑在门洞处被“穿上或脱下”。[65]

这段对自然铸造的棚户住所的描述，出自一名追求耸人听闻效果的记者之手。最起码，它肯定有夸张或浪漫化之处。不过，甚至今天，卡勒草地连绵起伏的山丘上确实仍然长满了一丛丛带刺的荆豆，而且爬到荆豆丛下，做一个容身之处也是有可能的。那里四处散落的空食品纸盒和詹姆森威士忌酒瓶甚至说明那些“鹪鹩鸟窝”有时仍有人居住。

这是狄更斯主办的出版物《一年四季》（*All the Year Round*）中的一篇文章，它首次揭露了卡勒营地的这些妇女艰辛的生活。文章中讲述了一名牧师的故事，这名牧师在当地镇子的街道上碰到一个“鹪鹩”，他“将她推倒在地，将她背上薄薄的披肩和裙子给撕了下来，用他粗重的马鞭不停抽打着她裸露的肩膀，直到鲜血溅到他的靴子上”。这个作者还见过“4 个女人躺在她们挖的一个小洞里……那里潮湿又阴冷，她们一直躺在里面，命在旦夕”，他于心不忍，施舍了一些钱，却眼睁睁看着她们拿去买了威士忌酒。[66]

无可否认，这些女性确实过着艰辛的生活，但对待这些有关她们的文章时，需要小心谨慎，因为它们属于维多利亚时期一种叫作“访问贫民窟”（slumming）的文类，这一文类从下层阶级人士的不幸中获取猥琐的乐趣。1867 年，另一名调查记者詹姆士·格林伍德（James Greenwood）详细记录了卡勒“鹪鹩”生活，促成了长久以来人们对这一群体的印象。格林伍德提供的特殊卖点是，他会和他的调查对象一起过夜，比如在贫民院中亲眼观察那里人们的生活。他是为了赚取大量稿费写作，因而无疑夸大了他所见的恐怖和肮脏。在他的描述下，“鹪鹩”们极其独立，神情“堕落……坚定，有种目中无人的邪恶”。[67]

尽管这些描述多少有些夸张，可格林伍德的作品具有一种鲜明的色彩和直观性，能让他的中产阶级读者对穷人的困苦形成更为生动的认识，其效果好过任何政府报告。[68] 格林伍德还描绘出了一个真正的“鷦鷯”社群的状况。她们在生活中相互协作，享受到了她们在传统家庭或是在宗教团体内可能无法获得的自由，她们不需要服从丈夫或是教会。有些鷦鷯可能最终会靠专门救赎“堕落女性”的抹大拉（Magdelene）修女们接济。[69] 现代历史学家玛丽亚·鲁迪（Maria Luddy）指出，这些“鷦鷯”和修女同属一类，都是主要由性生活习惯所定义的女人。无论是有婚外性行为，还是完全没有性行为，两个群体都将自己置于社会控制之外。

格林伍德还对“鷦鷯”社群做出了更为精确的数字描述，大约有“10 个灌木丛”，其中居住了将近 60 人，年龄一般在 17 岁到 25 岁。他说，“鷦鷯”们将她们的资源和劳动力汇集起来：年长的留下来照顾婴儿，而年轻人则打扮起来出去做性工作。格林伍德遇到一位年轻女士，虽然居住条件粗陋，可她“看起来却十分整洁，脸洗得干干净净，头发梳得整整齐齐，穿着一条干净的浆过的棉裙，雪白的长袜和合脚的靴子”。[70]

在这些卡勒“鷦鷯”中，可能有一个是夺走威尔士亲王童贞的女人。一位爱尔兰家庭历史学家指出，一个名为“艾伦·克里夫通”（Ellen Clifton）的女孩 1844 年在沃特福德郡接受了洗礼，如果她真是伯蒂的第一位性伴侣，她当时 17 岁。[71] 她的名字出现在济贫法支付记录中。也许“内莉”真的是一个爱尔兰姑娘，在大饥荒时失去了双亲，她雪白的长袜吸引了伯蒂朋友们的注意，他们将她送给饥荒女王的儿子解闷。

无论内莉到底是谁，伯蒂未来的爱情轨迹都与她无关。9 月 11 日，他向他的军团致告别辞。他说：“我将永远带着纯粹的愉悦，回望这段我与自己相处的时光。”[72]那天晚上，他在动身离开爱尔兰之前，参加了都柏林市长官邸的盛大舞会。他来到了德国，出席普鲁士军队检阅式。[73]接着，他前去施派尔大教堂（Speyer Cathedral），表面是为了观光，其实是为了参与精心设计的和艾丽克丝的“偶遇”。他要利用这次相遇，尽王子的责任——爱上她。他尽了最大努力。伯蒂第二天写道：“我现在可以坦率地说，我认为她漂亮且迷人。”[74]

几周后，当他的父亲不幸从伦敦俱乐部的闲言碎语中，了解到在卡勒营房中真实发生的那些勾当时，加之于伯蒂身上的迎娶艾丽克丝的压力急剧增加。和以往一样，焦虑不安的阿尔伯特拿起了他的笔。他用这件事好生训斥了他的儿子一顿，给他写了一封长得惊人、情绪异常激烈的信，信中充满了责备和叹惋。他声称，虽然自己一直都知道伯蒂“冒失懦弱”，可直到现在才知道他的“冒失懦弱”有多么严重。阿尔伯特认为，他的儿子已经“陷入邪恶和放荡……欺骗和堕落”。他说，他在知道20岁的儿子已经有性生活后，感受到他此生“最深之痛”。[75]

更糟糕的是，阿尔伯特担心，伯蒂的“邪恶行径”并非仅此一次。有传言说，内莉实际上在一周之前的伯蒂生日时，来到了温莎堡与他幽会（因此，她得名“威尔士王妃”），阿尔伯特在信中也简要描述了这个传言。事实上，那年秋天来温莎堡见伯蒂的那名“女士”貌似叫格林夫人，是一个成功的敲诈者，她以保守秘密和移居新西兰为条件，得到了每年60英镑的封口费。[76]看上去，“内莉·克利福德”似乎对她得到的经济补偿并不满意，于是在伦敦四处散播她色诱伯蒂的丑闻。等秘密泄露出去，产生危害后，她当然轻而易举地立刻拿到了更为丰厚的封口费。1862年，“内莉·克利福德”在大西洋对岸过着迷人的新生活，她成为特拉华州威尔明顿市大都会音乐厅沙龙（Metropolitan Concert Saloon）的台柱子。[77]

从阿尔伯特的信中能看出，他对儿子的不道德行为感到无比憎恶、震惊、受伤。从更实际的角度来看，他觉得伯蒂让自己落入了一名女性的圈套，任其摆布，实在愚不可及。阿尔伯特认为，内莉“很可能会怀上孩子”，认定伯蒂是父亲，与他对簿公堂：“为了说服陪审团，她能在贪得无厌的观众面前详细描述你令人恶心的放荡行为，而你自己将会遭到一个满嘴下流话的律师盘问，目无法纪的暴徒发出嘘声，向你叫喊！！哦，如此可怕的画面，这个女人却有能力随时让它成真！”[78]

考虑到伯蒂的行为对于他所在的阶层和时代来说，算是稀松平常，阿尔伯特的反应似乎确实过分了，有些精神错乱，近乎歇斯底里。虽然维多利亚不清楚此事的具体细节，可她也感到十分痛苦，难以接受。她认为最好对外宣称，是那个“狐狸精”勾引了一个“可怜的无辜男孩，让他陷入窘境”。然而，真正令她忧心的是阿尔伯特。他“一开始听说可怜的伯蒂的不幸”时，内心承受着“无与伦比的痛苦和哀伤”。维多利亚写道：“噢！见他如此，太糟糕了！”伯蒂在卡勒营房里做的丑事，将使他与母亲的关系永远存在些许紧张。她认为，他受到了玷污，她以后看着他时：“都会感到不寒而栗！噢！那种苦痛——噢！那种折磨！”[79]

为什么阿尔伯特和维多利亚的反应如此强烈？本杰明·迪斯雷利认为，此事虽“有损颜面”，但“也不是什么洗不去的耻辱”。[80]从阿尔伯特的成长经历能够看出，他为什么会对一丝半点性放纵都做出如此激烈的反应。阿尔伯特在写给哥哥欧内斯特的一封信中说：“你很清楚科堡城堡中一直发生的各种风波和丑闻。”他为他们的父亲众多的风流韵事和他们的母亲唯一一次但具有灾难性影响的调情感到懊恼。[81]阿尔伯特一直都没能消化父母离婚的后果。他陷入一种认知失调的状态，难以自拔：虽然他爱他的母亲，也想念她，但他却因她做的错事而失去了她。不过，他也能看到，自己的父亲确实令人难以忍受，恬不知耻地纵情声色。

阿尔伯特怀疑伯蒂会被敲诈，这一担心并非空穴来风。同样的事情也发生在他的父亲身上。科堡公爵的一个情妇在他拒绝付她封口费后，发表了她的回忆录。这位名为波琳·帕纳姆（Pauline Panam）的女子在被科堡公爵诱骗并怀有身孕时，“还不到 14 岁”。她后来声称：“从未有过哪位女性比我更加盲目地坠入深渊。”[82]

事实上，认为 19 世纪 60 年代纵情享乐完全错误的不止阿尔伯特一个。在他看来，失去美德就意味着落入万劫不复的深渊，这种看法反映出维多利亚时代体面家庭典型的非黑即白的道德观。阿尔伯特的反应证明，王室家庭再次与即将成为他们最重要支持者的子民群体达成了一致。

如果伯蒂品行不端，那他一定生性邪恶。他的母亲后来会认为，伯蒂与内莉共度的那罪恶的一晚有着种种不祥后果。几乎可以将其视为爱尔兰对其饥荒女王的报复。

17. 蓝房间

温莎堡，1861 年 12 月 14 日

那是 1861 年 12 月 14 日凌晨 1 点钟，就在阿尔伯特听说“N.C.”的一个月后。维多利亚的心情稍微好了一点点，她刚从丈夫的医生那里得知他状态还好。阿尔伯特已经病了几个星期了，病情严重，不过似乎终于稳定了。他的医疗团队为了让他加快心跳并放慢呼吸，让他每隔半个小时喝一次白兰地。

那天晚上，维多利亚睡在温莎堡的更衣室。自从几天前，阿尔伯特从他们的私人套房搬出后，她一直睡在那里。医生整晚不时向她报告阿尔伯特的情况。凌晨 2 点以及 3 点，病情报告还在继续。到拂晓时分，整个王室的精神明显振奋了起来。阿尔伯特的私人秘书发电报告诉首相帕默斯顿子爵：“我们可以重拾希望了。亲王度过了一个安静的夜晚，所有症状都有所改善。”[1]

维多利亚稍稍合了会儿眼，5 点半时她被叫醒并被告知，“有理由期待危机已经结束”。医生说，她的丈夫甚至都有力气下床，穿过房间去如厕了。[2] 维多利亚的女儿爱丽丝现年 18 岁，正躺在母亲床边的一张小床上。她们披上晨袍，得知尽管阿尔伯特的呼吸还很不正常，但是“如果他能挺过这一天……他可能会康复”。[3]

她们终于松了一口气。阿尔伯特病得神志不清，一直在胡言乱语。维多利亚如释重负，重拾信心，开始在心中记下“他病中说过、做过的

所有事情……等他恢复健康，说给他听，逗他一乐”。[4]维多利亚向克拉克医生解释道：“我的丈夫不会死的，因为如果那样，我也活不下去。”[5]

虽然那天凌晨3点，伯蒂收到妹妹的电报就从剑桥赶到了温莎，但维多利亚还没见他。她没有亲自联系伯蒂，因为她认为他父亲生病是他的责任。维多利亚认为，阿尔伯特发现“卡勒出的那桩丑事”后，忧心忡忡，导致他对疾病的抵抗力下降。[6]她抱怨道：“自从背负那个巨大的心事，阿尔伯特整宿整宿地睡不着觉，这让他变得虚弱又疲劳。”[7]阿尔伯特本人在11月坦言说，“过去两周”他“几乎没有合眼”。[8]因此，维多利亚不愿让阿尔伯特见到伯蒂，“唯恐会引起他的激动或不安”。[9]

不过现在，谢天谢地，病情预断不同了。7点钟时，维多利亚像以往一样沿着走廊，走到“蓝房间”内阿尔伯特的病床前。这个房间位于克拉伦斯塔（Clarence Tower），因其丝绸挂饰而得名。蓝房间的窗户朝东，俯瞰花园，能看到日出。不过，这确实是一个不祥之地，因为乔治四世和威廉四世就是在这里驾崩的。

阿尔伯特上周在城堡四处换了很多张床，最后安顿在了这里。他一直极其焦躁不安，夜晚从一个房间换到另一个房间。蓝房间中，“国王在上面驾崩的”巨型御床如今被搬了出去，为了方便护理，换成了两张小床。[10]维多利亚走进房间时，注意到“房间里弥漫着守夜的悲伤气息，蜡烛燃烧殆尽，陷入烛台中，医生们一脸焦虑”。[11]

维多利亚和阿尔伯特的二女儿爱丽丝在父亲生病期间，总是陪伴左右。阿尔伯特曾向爱丽丝提及，他想躺在窗户旁边，这样“他可以看到天空，看到白云飘过”。[12]此时，依维多利亚所言：“是一个明媚的早晨……太阳刚刚升起，洒下万丈光芒……我亲爱的他躺在那里，朝阳照耀着他的脸庞，我永远都不会忘记他当时有多么美。”他穿着一件生病时总穿的白色夹克，他的手紧紧地抱在胸前，就像他晚餐后坐在客厅里睡着时一样。但是，阿尔伯特的眼睛异常明亮，目不转睛，仿佛盯着“某些看不见的物体”，对蓝房间里的维多利亚或其他任何人全然不觉。[13]

爱丽丝尽职尽责地看护服侍自己的父亲，而维多利亚却无甚用处。大家普遍认为她“不能算是世界上最好的护士”。[14]“可怜的妈妈！”爱丽丝写道，“她想尽全力帮忙。”[15]当维多利亚被允许给阿尔伯特喂些汤时，她十分开心，可她有时会惹恼他，那时阿尔伯特会“实实在在地打”她的手。[16]虽然爱丽丝也不是训练有素的护士，但她有看护的本能，不管怎样，传统习俗一直认为，哪怕是与最专业的护士相比，女儿都是更好的看护（维多利亚后来坦言，关于这一点，传统习俗是错的）[17]。

维多利亚**能够**为阿尔伯特做的唯一一件事，是读书给他听。她选择了沃尔特·司各特爵士的小说，正是这位作家，多年前让两人走到了一起。王室图书馆收藏的那本司各特小说《贝弗利尔·皮克》（*Peveril of the Peak*），至今仍然夹有维多利亚亲手写的一张字条，上面写着：“在我亲爱的丈夫重病期间，这本书我为他朗读到了第 81 页的标记处。”[18]文学就像音乐一样，总是“似乎将他带往一个梦幻世界，他有片刻忘却了他生活中的重重忧虑”，在那里，“他暂时卸下了大脑经常承受的重重压力”。[19]

但是现在，绚烂的晨光和有关病情的好消息驱散了笼罩着城堡的部分阴霾。维多利亚曾宣称：“我对这个古朴但沉闷的地方，再也感觉不到一丝喜爱了，我觉得我越来越讨厌它了。”[20]温莎堡的排水沟长期以来一直存在问题。即使在 19 世纪 40 年代修缮后，维多利亚的宫务大臣还是抱怨说，“老旧的排水沟和数不胜数的污水池”散发出的毒气“难闻至极，以致城堡中许多房间几乎无法住人”。[21]一座宫殿竟能如此臭气熏天，朝臣们不禁感慨其中的讽刺之处。其中一位写道：“王宫中的臭气比哪里都要多。”[22]人们也对他们见闻的温莎堡的种种小气行为瞠目结舌，比如早茶中最多只能放一块糖，洗手间中放有报纸。[23]

就在阿尔伯特这次患病的3年前，整个温莎城镇暴发了极为致命的伤寒症。三四百人受到了感染，“甚至连住在设施相对齐全的房子中的中上阶层都没能幸免”。[24]这很不寻常，因为像伤寒这样的疾病一般颇为尊重中上阶层，专挑卫生条件较差的穷人家下手。1842年发表的一份报告显示，在曼彻斯特，工人阶级家庭的孩子，出生时的预期寿命是17岁，而绅士或专业人士阶层的家庭卫生设施更好，他们的孩子预期能活到38岁。[25]

阿尔伯特的贴身男仆鲁道夫·勒莱因（Rudolf Löhlein）对温莎暴发的伤寒症格外重视。他曾经对阿尔伯特说：“住在这儿，殿下您会染病而亡的。”勒莱因也是科堡人，有人认为他是阿尔伯特的同父异母兄弟——他淫乱的父亲科堡公爵的私生子。[26]男仆认为，阿尔伯特必须“离开温莎，去德国休养一段时间，恢复体力”。可是，阿尔伯特不肯听从他的建议，也“没人理睬”勒莱因的告诫。[27]

1861年早些时候，一名新医生被任命为家庭医生。对于坐落在疫情暴发过的小镇中的王室住所而言，威廉·詹纳医生（Dr William Jenner）似乎是个不错的选择。他因在伦敦热病医院（London Fever Hospital）的出色表现而获得名气。在那所医院工作时，他研究出，斑疹伤寒和伤寒症其实是两种略微不同的疾病。斑疹伤寒由虱子携带并传播，而伤寒症是从摄入的食物或水中感染的。[28]但是，现在詹纳和阿尔伯特的其他医生，对他到底患上的是什么病，无法统一意见。詹纳医生，这名所谓的热病专家，认为阿尔伯特患的是胃病或低烧，并且对维多利亚自信地安慰道，一个月症状就会消退了。[29]没有人提到伤寒症。

当维多利亚与詹纳、克拉克讨论她丈夫的病因时，两名医生给出的结论是“忧思、操劳过度”。[30]10年以来，克拉克医生一直声称阿尔伯特的健康每况愈下，其原因在于他的生活方式和所承受的压力。克拉克医生认为，多年来他“用脑过度”，损害了他的神经系统。[31]

那些与他最亲近的人早已知道，阿尔伯特无法有效地作息。1851年，他在举办自己策划的万国博览会后声称：“我劳累过度，感觉耗尽了大半条命。”[32]早在1844年，阿尔伯特的秘书便“非常严肃地”告诫他，必须形成“固定的作息时间”，不能每晚都工作到深夜。[33]可是，直至1861年，阿尔伯特还是在拼命工作。维多利亚透露：“他的神经系统易激动、易躁动，什么事情都会刺激到他。”她觉得，他“总是太卖力，急性子，而且太热衷公务”。[34]阿尔伯特的右肩出现了所谓的“风湿病”，他将这种疼痛描述为致使他无法握笔的“可怕的折磨”。[35]听起来，这似乎是书写太多造成的重复性劳损症。

历史学家海伦·拉帕波特（Helen Rappaport）指出，阿尔伯特的医生对其发烧症状的描述相互矛盾、含混不清。她在对他症状的有关证据进行了极为彻底的研究后，提出他实际上有可能患的是克罗恩病（Crohn's disease），其症状是胃痛和关节痛。这种疾病会因压力而加重，很明显阿尔伯特的病情于发烧之前早已开始，而且有压力因素的作用。[36]斯托克马男爵说过：“老天保佑！如果他遭遇什么严重的事，他会死的。”[37]然后，自不用说，阿尔伯特因为伯蒂的性觉醒而大动肝火。克拉克医生写道，此事造成的“精神痛苦折磨了他数周”，然后他就开始发烧了，导致他的病情大大加重。[38]

即使在伯蒂“堕落”之前，1861年一整年，王室也烦心事不断。多年来，维多利亚的母亲深受丹毒皮肤病之苦，最终于3月去世了。“何等痛苦，何等悲哀啊！”维多利亚写道。[39]虽然她是近几年才和维克多丽和解，可她在查看母亲的文件的过程中，吃惊地发现：“她和我敬爱的父亲彼此<u>非常非常相爱</u>。<u>如此</u>相亲相爱……然后，<u>她</u>对<u>我</u>的疼爱<u>太</u>感人了：我找到一本本小簿子，上面记录着我婴儿时代的点点滴滴，这些记录弥漫着她对我如此无穷无尽的慈爱之情！噢！”[40]

可尽管维多利亚沉浸在丧母之痛中，阿尔伯特对她还是一贯地严苛克制，以至于她未能察觉丈夫身体日渐虚弱。她希望阿尔伯特听她的，相信她，可与此同时**不要**相信她说自己不舒服时所讲的那些胡话，比如婚后一直很痛苦云云。[41]但阿尔伯特继续指责她的自我沉溺。10月，当她在母亲去世7个月后，仍没有从沉痛中走出来时，他再次写了一封毫无怜悯心的信，让她“不要总沉溺于自己以及自己的感情之中”。[42]他补充道：“你说控制情感是你生活中最难的事情，但如果你能对无关情感的事情多增加些兴致，你会发现这个任务将变得轻松许多。”[43]这种安慰对一个新近丧母的孤独女人来说，何其冷酷。

他们最激烈的争吵源于养育孩子上的分歧，维多利亚表达不清楚她的忧虑，阿尔伯特则默不作声，他认为这样能给她空间，“平复”心情。她说出自己的苦恼，至少试着表达出来，他则躲开，不去理睬。他写道：“我从来都不想也不愿惹你生气，我尽量保持耐心。”然而，他在内心深处，觉得听她“控诉”是“在浪费宝贵时间和精力，不如用在别人身上”。[44]整个问题的梗概如下：维多利亚自小没有父亲，一直以来，她将利奥波德舅舅、墨尔本以及后来的阿尔伯特当成了自己父亲的替代，寻求他们的指导。然而，她却没办法让阿尔伯特认真听她倾诉。本来这就是一个徒然的希望。维多利亚时代的男性如果无法控制自己的妻子，就证明自己是一个失败的男人，而阿尔伯特永远无法真正控制自己还是女王的妻子。因而，他们之间必然会出现碰撞。[45]

尽管维多利亚疏于关注丈夫的健康，她也确实注意到阿尔伯特由来已久的消化问题和压力有关。比如，如果他因文书工作敷衍了事而大为光火，就会“影响他可怜的胃”。[46]苦行僧般的阿尔伯特认为，当他的胃找他麻烦时，他应该禁食。肚子空空，它就“没有任何理由闹毛病”了，他这样声称。[47]1861 年 10 月，他新买了一只旅行药箱，里面装满了适合治疗肠胃疾病的药物，包括大黄肉桂粉末——“肠道不适、有腹泻症状时服用”，以及另一种混合药物——“每次便后服用”。[48]从维多利亚的记录能看出，她的医生们也在积极为治疗这些毛病做准备，为了“以防万一”，他们购买了“新的洗胃器”和“注射器”。[49]长久以来，王室药剂师——牛津街的彼得·斯奎尔（Peter Squire），会每月运送王室订购的大黄丸、甘汞、番泻叶和小苏打。海伦·拉帕波特指出，1861 年秋，这一订单上又增加了令人不安的颠茄和硫酸。看来阿尔伯特的胃病正在恶化，所需药物的强度也在增加。[50]

其实阿尔伯特一直以来都不太舒服，不过维多利亚不肯承认这点。而且，她相信克拉克医生万无一失。他的疗法是通过鼓励病人，让他们相信自己正在好转，如此心态变好了，身体就会变好。克拉克以实践贯彻了该理念，比如，他不辞辛苦地用调味品掩盖药物令人作呕的味道，这件事虽小，却意义重大。[51]“你身处如此高位，它无时无刻不将你的健康置于险境。”他这样警告亲王。[52]

尽管克拉克医生告诫阿尔伯特悠着点，可他生性做不到这点。12 月 1 日，尽管抱病在身，阿尔伯特还是写了一篇文章，建议政府如何应对日益严重的美国内战危机。一艘英国船只被截获，形势危急，阿尔伯特建议和解，大家再次意识到，当他用心研究一个问题时，能起到何等大的帮助。然而，这份用心让他付出沉重的代价。“我几乎握不住笔。”他这样告诉自己的妻子。他将草稿交给她，让她誊抄。[53]

克拉克医生的乐观疗法让维多利亚深信，阿尔伯特的病情并不严重。12 月 9 日，她甚至还在抱怨说他的病真烦人！“你知道的，只要身体出点毛病，他就一副心灰意冷的模样……真是令人恼火。”[54]正如一名王室内部人员后来透露的："她承受不了真相，大祸临头，却视而不见。"[55]

因此，阿尔伯特只对温柔呵护他的女儿爱丽丝说，他感到自己大限已至。阿尔伯特知道自己身体的底子不够，难以撑过大病。他先前说过："我不眷恋生命。假若我患了重病，我会立即投降。"[56]

"我已告诉姐姐你病重。"爱丽丝此刻对父亲说，她已经写信给身在德国的维基。[57]"你错了，"他的父亲答道，"你应该告诉她，我危在旦夕，是的，我就快死了。"[58]

然而，在 12 月 14 日星期六的阳光明媚的晨间，这似乎不太可能。克拉克医生"信心满满，詹纳医生也一样，声称病情明显有了起色"。[59]王室医生们起草了一则新闻公告，在发布前，呈交给维多利亚过目。基于阿尔伯特前一晚的表现，他们在早上 9 点对外宣布，阿尔伯特的病情正在好转。

维多利亚一大早探望阿尔伯特后，离开了蓝房间，去和伯蒂一起吃早餐。早餐后，伯蒂才在阿尔伯特自己的传唤下进去蓝房间，看望他的父亲。一切都会好起来的。维多利亚觉得，她能冒险去"呼吸一下新鲜空气"。她和爱丽丝一同出门，在露台上待了半个小时，远处传来军乐队的演奏声。她虽然感到松了一口气，却不能完全放松警惕，因为风险太大了。她后来回忆道："我突然哭了起来，又回到了屋子里。"

维多利亚的预感是正确的。那天下午回到阿尔伯特的房间后，她意外地发现病情有所恶化。她写道："他的呼吸很吓人，非常快，我觉得每分钟有 60 次呼吸……他的脸上、手上有那种所谓的死灰色，我知道大事不好。"让维多利亚感到焦躁不安的是，詹纳医生自己却没注意到这点。她还注意到："阿尔伯特折起双臂，开始整理头发，就像他生病前穿衣服时所做的一样……真是奇怪！好似他在为开启另一个更伟大的旅程做准备。”[60]

4点半时，医生们又发了一通公告，措辞与之前的乐观说法截然不同。现在，他们被迫承认，亲王“病情极其危急”。[61] 5点钟时，他的床从窗边被搬到了房间中间。维多利亚问詹纳医生是否还有希望。他说，希望还是有的，不过只能说，阿尔伯特活下来“不是全无可能”。[62]

房间里的人越来越多，开始变得拥挤起来。维多利亚时代的人们一般生在家中，也死于家中，家人均会在场。这在我们21世纪的人看来，像是一种对死亡的不健康的迷恋。其实，哀悼在维多利亚时期的文化中也许是强大的心理恢复能力的来源。他们“熟晓”生与死。今天，悲伤、哀悼被认为是软弱，甚至是病态的表现，应该将其战胜或克服。也许，像维多利亚时期的人们这样，接受哀悼，将其视作生活中不可或缺的一部分，当家人在自己熟悉的卧室里死去时，一起向他告别，是更好的处理方式。

因而此刻，当父亲病情意外恶化时，伯蒂、海伦娜、路易丝和亚瑟一个接一个地来到这间光线愈加黑暗的病房，他们逐个握住父亲的手。还有4名子女没有到场。维基和她的丈夫一起在德国；阿菲和海军一起在海上；利奥波德在法国南部，他也生病了；比阿特丽斯公主才4岁，被认为太小了。在场的还有医生们、三名王室男性贵族、温莎教长（Dean of Windsor）。温莎教长的出现预示着念死前悼词的时刻快到了。“噢，没有他，我怎么能统治这个国家呢？”维多利亚向教长问道。那时他们都在隔壁房间短暂休息，“她的头发乱了，她用手捧着脸”。教长告诉她，她在阿尔伯特之前做到了，因此能再次做到。她的回答是：“噢，我做得多么糟糕，我什么都没做对。”[63]

维多利亚继续描述说，5点半左右时，她回到蓝房间，“坐在他的床边”。阿尔伯特现在满身大汗。他的医生见状，心中浮现一丝希望，因为他们认为发汗意味着他要退烧了。

现在，他认出了维多利亚。“*Gutes Frauchen*”，他用德语说，意思是“亲爱的小妻子”。维多利亚写道：“他吻了我，然后发出一种可怜的呻吟或叹息，不像是因为疼痛而呻吟，而像是他感到他就要离开我而叹息，他将头靠在我的肩膀上。”[64] 就这样，他们坐着、等待着、祈祷着。冬日的午后光线越来越暗，阿尔伯特“看起来神志恍惚、昏昏沉沉”，时不时说出一些胡话。[65] 有人听到他咕哝着伯蒂的长官和司令“布鲁斯将军”的名字，说明他的思绪还在卡勒军营的营房间痛苦地徘徊。[66]

不过，尽管阿尔伯特已经开始说胡话了，他似乎还好生生地活着。随着宵禁塔的钟表一刻钟一刻钟地敲响，随着下午终结，夜晚来临，“一切都在继续，并且没有恶化的迹象”。接着，命运又一次出现了令人兴奋不已的反转 —— 阿尔伯特似乎明显有所好转。维多利亚接着描述道：“医生们认为有必要更换床单，他甚至能下床坐着。”阿尔伯特的消化系统还在运行，尽管没人愿意清晰说明发生了什么，但很明显他排了次便。维多利亚写道：“我对詹纳医生说，这一定是好兆头吧。”詹纳医生说，如果病人无法呼吸，消化系统正常运行也没用，但只要他的肺能正常呼吸，“就还有希望”。[67]

这种希望是虚妄的。那天晚上 10 点到 11 点，阿尔伯特的呼吸再次发生变化。医生放弃尝试让他服用加快心跳的白兰地了。他们本来用海绵蘸取白兰地，挤进他的口中，但是他“大声叫嚷，坚决不肯接受白兰地，于是他们不再给他服用了”。

临近午夜时，维多利亚正在隔壁红房间中，“心情绝望地坐在地板上”。[68] 不过，爱丽丝还陪在床边，她注意到父亲的喉咙里发出一种新的刺耳的声音。她低声说：“这是临终前的咯咯声。”[69] 必须将维多利亚叫回来了。她立即就回到了那里。维多利亚的一名侍女写道，她“一惊而起，像一头母狮，冲了过去，将每个人落在后面，她扑倒在床上，央求他说句话，再给他的小妻子一个吻”。[70]

维多利亚向我们描述了接下来发生的事情：

> 他长吸了三口气，气息却十分温柔，他的手紧紧握住我的手，然后（噢！我简直写不下去了）一切，一切，就这样结束了……我站了起来，亲吻了他天使般的额头，痛不欲生地喊道：“噢！我亲爱的爱人！”然后我跪了下去，堕入无边的绝望之中，沉默无语，失魂落魄，一句话都说不出，一滴眼泪都没有！[71]

人们听到她说：“噢，是的，这就是死亡。我认识它。我之前见过它。”

现在其他人必须接着讲述她的故事。奥古斯塔·布鲁斯夫人（Lady Augusta Bruce）写道，在阴暗的蓝色房间中，每个人都跪在地上：“女王和她年长一些的孩子、莱宁根夫妇（Leiningen）、费普斯（Phipps）、格雷（Grey）、比多福（Biddulph）、罗伯特、教长、公爵夫人、希尔加德小姐（Hildyard）和我。”他们都“沉默而痛苦地看着这个伟岸而高尚的灵魂仙逝”。[72]维多利亚扑倒在阿尔伯特的身上，“用各种亲昵的名字”呼喊着他，他们必须眼睁睁地看着这一令人肝肠寸断的场景。[73]他们看到她“张开双臂搂抱着亡者的躯体”。她“几乎尖叫着：‘噢！公爵夫人！他死了！他死了！噢！阿尔伯特！’任由一阵阵痛苦排山倒海向她袭来”。[74]

很长时间过去了，维多利亚还是这样紧紧抱住阿尔伯特的身体，不肯撒手。最后，“教长和一名医生认为最好强行将她拉开”，将她带到隔壁去。[75]她的药剂师之前送了4瓶带塞子的嗅盐过来。[76]维多利亚现在躺在红房间的沙发上，她将孩子们叫到了身边，拥抱着他们，并且告诉他们，“如果她活了下来，她会努力为他们和她的责任而活着”。[77]连伯蒂都满怀怜悯，悔恨不已。他说："妈妈，我会尽全力照顾你的。"[78]

然后，维多利亚去看她熟睡的小女儿比阿特丽斯。她的服装师——安妮·麦克唐纳（Annie Macdonald），亲眼见证了女王的许多私人生活，她后来说："那段时间太糟糕了——太糟糕了。我永远也忘不了。亲王死后，女王快速穿过前厅，我当时正在那里干活。她看起来像疯了一样。她径直走到婴儿房，将比阿特丽斯宝宝从床上抱了起来……她接连哭了好几天。听到她的哭声，我的心都要碎了。"[79]当她穿过走廊时，有人听到维多利亚叫喊道："噢！阿尔伯特，阿尔伯特！你真的走了！"[80]

直至凌晨，维多利亚才让她的贴身女仆帮她更衣。其中一名女仆写道："噢，看着她满脸的无助和绝望，看着她极其可怜的眼神，实在令人不忍。"[81]维多利亚后来回忆说，她的女仆索菲·韦斯（Sophie Weiss）、艾米莉·迪特韦勒（Emilie Dittweiler）和玛丽·安德鲁斯（Mary Andrews），"好心地努力安慰着她"，而奥古斯塔·布鲁斯夫人将她扶到了床上。[82]布鲁斯夫人描述道："躺在床上，她终于安稳地睡了两个小时——我想，眼泪和焦虑让她疲惫不堪。"[83]从这一晚开始，维多利亚仍然会和阿尔伯特躺在一张床上，他不在了，她就用他的衣服代替："她躺在床上，旁边放着他深爱的红色晨袍和他穿过的一些衣服。"[84]

曾经的家庭女教师拉德尔敏锐地觉察到女王的悲伤会越发严重，因为"她没有朋友可以倾诉"。拉德尔继续说道："最糟糕的，最最糟糕的，还没到来——她无数次不断地想要'询问亲王'，'叫亲王过来'，当亲王来到她身边时，她总是满心喜悦，每次都那么深切真实……她最大的乐趣就是顺从他。"[85]克拉伦登勋爵（Lord Clarendon）认为，"她的情况比普通人更糟糕"，因为"她是孤家寡人"。[86]

她紧紧抱住他冰冷的躯体，是因为她没办法割舍他。还有一样东西，维多利亚无法轻易割舍，那就是阿尔伯特对他妻子人生的掌控。

第三部

温莎的孀妇

18.“下水道毒气”

桑德灵厄姆府，1871年12月13日

“这真的是最糟糕的一天。”维多利亚这样写道。[1]10年过去了，可怕的10年，在哀悼和绝望中度过的整整10年。桑德灵厄姆府（Sandringham House）外，一片白与灰，天气“恶劣，令人沮丧，时而飘雪，时而下雨，寒风凛冽，地面泥泞”。[2]宫内，威廉·詹纳医生又在照料另一个看似患有伤寒的王室病人。时值12月13日，第二天就是阿尔伯特的忌日，而现在维多利亚的长子和继承人伯蒂似乎也性命难保。维多利亚在日记中写道：“两个日期的巧合让我们，以及（我想）整个国家心中充满不祥的预感，焦虑难安，十分惊恐。”[3]

之前几周情况很糟，频频出现“亲爱的伯蒂随时可能离开，我最好马上赶来”的征兆。[4]维多利亚多次收到通知，前去桑德灵厄姆府。这座舒适的现代宫殿是如今业已成婚的伯蒂为自己建造的，它坐落于诺福克郡（Norfolk）北部一个地势平坦、非常适合狩猎的庄园。

维多利亚自两周前来到这里后，一天到晚守在长子蓝白相间的卧室里。“房间里点着蜡烛，阴沉凄凉，我可怜的伯蒂躺在那里，呼吸声粗重。”[5]此刻，他的病情十分危急，12月13日凌晨1点，他的医生还向等待的记者和为他祈福的人发布了一则公告，说自他们前一天发布4次公告以来，病情并无起色。[6]凌晨3点钟时，他的呼吸每分钟44次到50次，脉搏“快”而“弱”。4点半时，有人听到他“呻吟”，开始“说胡话”。他的医生们在病历中坦言：“他就快撑不住了。”[7]

王室家庭内部关系空前紧张，伯蒂的医生们认为家人出现在面前会影响他的情绪。因此，维多利亚在探望儿子时，必须“坐在屏风后面”。她默不作声地坐在那里，长时间听着他痛苦、不顺畅的喘息声。听起来仿佛“他随时都会窒息”。[8]詹纳医生认为：“一直以来，他的呼吸都令人忧虑。”对维多利亚来说，这种声音尤其令人痛苦。她不由得想起“至亲至爱的阿尔伯特的病情，无比清晰而悲哀”。[9]

在 1871 这一年里，命悬一线的不仅是威尔士亲王。君主制也同样岌岌可危。同年早些时候，一本名为《她拿它干了什么？》（*What Does She Do With It*？）的匿名小册子引起了轰动。其作者很可能是激进政治家乔治·奥托·特里维廉（George Otto Trevelyan），他指责女王私吞王室年俸的公款，积攒个人财富。虽然这一指控的确属实，她此时已经攒下了 50 万英镑，但特里维廉夸大了数字。此外，一个月前的 11 月，查尔斯·迪尔克（Charles Dilke）发表演讲，公然号召废除君主制。[10]

情况之所以至此，是因为有些人认为维多利亚变得无法胜任自己的职责。阿尔伯特去世后的这些年，她陷入悲伤，难以自拔，什么也做不了，几乎无法连贯思维。“可是，天啊！”她写信给她的利奥波德舅舅说，“（阿尔伯特）英年早逝……才 42 岁生命就被**终结**，而我一直本能地相信上帝永远不**会**让我们分离……这真的太糟糕、**太残忍**了！”[11]她对公开露面丧失了自信，一直躲在温莎堡的高墙后。她的子民对此颇感失望，而且越来越难以尊重她的这一选择。

克拉伦登勋爵认为，没有英明的阿尔伯特辅佐，维多利亚完全不知所措。他写道：“没有哪个女性，具有她那样的公共责任，也没有哪个女性像她那样，完全受丈夫优越的智慧所引导而行动。”[12]知情者又一次开始担心，她会出现汉诺威家族的典型疯病。弗洛伦斯·南丁格尔听说，孀居的维多利亚身体日益虚弱，“整个人瘦了一圈儿”，因为担心发疯，她一次只能见一个人。[13]此时，詹纳医生已经接替了和善可亲的克拉克医生的职位，成为女王的首席医生。他毫不避讳地说，她已经出现“一种疯症”，并且“无药可救”。他认为，她不再公开露面，是因为“神经问题”。与此同时，哈利法克斯勋爵（Lord Halifax）认为，女王“精神错乱的迹象”比比皆是。[14]

这些担忧一部分源于对女王丧夫之痛发自真心的关切和同情，另一部分源于人们看到王室的遗传性“疯病”出现在新一代身上的可能。但是，这些担忧之所以被无限放大，是因为维多利亚即将到达更年期，在维多利亚时代，人们认为一般女性到达这个阶段，就会失去自控力。

一名维多利亚时代的医生认为，维多利亚失去阿尔伯特时，时年42岁，正是这个危险时期开始的确切时刻。他认为，42岁是“生老病死”旅程中的一个意义重大的里程碑。另一名医生写道，42岁“更年期热燥”就会开始，伴随症状有“神经紧张”“无缘无故大发脾气”“欣喜若狂以及失去自我控制”。[15]1865年前后，维多利亚确实出现了“潮热”且“焦躁难安”的症状。[16]当时的医生其实是在隐晦地说，处于更年期的女性会变成性爱狂。事实上，维多利亚确实感到自己缺乏肢体接触，极其怀念他人的触摸。能够将手放在女王身上给予安慰的人寥寥无几。她写道：“那种需求和渴望折磨着我，我简直要疯了。”[17]维多利亚让人用大理石雕刻了一个原物大小的阿尔伯特的手，根据他离世那天冰冷的手做的模子。[18]也许她至今仍会去握那只手。

然而，她的女儿爱丽丝却认为，维多利亚最难以克服的是，她至今仍觉得自己应该从属于阿尔伯特。维多利亚曾经向爱丽丝坦言，她害怕自己恢复得太好——仿佛这是一种罪过，她害怕自己开始享受骑她的苏格兰马驹，诸如此类。[19]现在，伯蒂病重，而她依然坚持认为伯蒂对阿尔伯特之死负有不可推卸的责任，情况似乎会愈加恶劣。

维多利亚此前从未费劲前去儿子在桑德灵厄姆的家，直到11月29日，伯蒂病情恶化的消息将她带到了诺福克。乘火车到诺福克火车站，需要4个小时，而桑德灵厄姆府相距火车站只有1.5英里。今天，桑德灵厄姆府感觉要偏远得多，因为火车站已经关闭，必须开车穿过一大片冷杉、白桦林立，蕨类植物遍生，地势平坦的森林。

爱丽丝，这位在父亲临终前悉心照料的天生护士，提出过不应该叫母亲过来。她体验过维多利亚带入病房中的戏剧性和焦虑感，这些毫无帮助。不管怎样，维多利亚还是来了，不过她看伯蒂病情有所好转，就离开了。没多久，她收到伯蒂的医生发的一通紧急电报，告知她伯蒂病情复发，12月8日她又回到了这里。[20]詹纳医生说："如果他能活到女王陛下抵达，我就满意了。"他已经放弃了对病人康复的希望。[21]奥古斯塔·布鲁斯眼见维多利亚冒雪抵达桑德灵厄姆府，她写道："她看起来如此瘦小而痛苦——真是个可怜人儿！"[22]

维多利亚的身材甚至比两年前还要瘦小。1871年早些时候，她身体出现了严重的问题，很可能是蜜蜂叮咬后，引起了手臂肿胀。詹纳医生将性格腼腆但医术高超的约瑟夫·李斯特教授（Joseph Lister）带来为女王治病。他清除脓液，在伤口上撒上石炭酸（carbolic acid），这是他开创的防止感染的先进方法。[23]1862年是阿尔伯特去世后的第二年，那时维多利亚所穿的一件丧服留存至今，从这条裙子可以看出，即使生下9个孩子，她的腰围还是非常纤瘦，只有32英寸。1871年生病期间，她的嗓子还发炎了，导致无法进食，经过几天"婴儿般的饮食"，她的体重下降了2英石。[24]因而，1871年时，52岁的她一定再次变得十分瘦小。维多利亚晚年矮胖的形象深入人心，尽管有时人们认为，维多利亚在阿尔伯特去世后情绪低落，很快就胖了，可其实她的肥胖发生于很久之后。

维多利亚到达桑德灵厄姆府时，当然身着黑色丧服。一般寡妇都会在丈夫去世后服丧一整年。可是，一年后，维多利亚做了一个不一般的决定——永远不再穿其他颜色的衣服。她向居住在德国的维基诉说道："我总穿一样的裙子。"维基现在嫁为人妇，而且远在大海的另一边，和她保持着安全的距离，维多利亚总是向她倾诉，仿佛她的女儿是一位已成年的朋友。她在一封写给维基的信中声称："我一直穿的都是丧服。"[25]

维多利亚时代的人们之所以如此在意服丧，背后的原因有很多。身着黑色丧服，一眼就可以让他人看出自己丧失亲人，需要特别的关怀。再加上，维多利亚社会消费主义势头愈加强盛，迫使人们认为，他们需要不停地为每一种新情境购置新衣服。此外，丧服生产越来越容易，成本也越来越低廉：绉纱制造公司考陶尔德（Courtauld）采用了一种"秘密"工业流程，专门生产制作寡妇丧服所需的外层黑纱，并取得了惊人的商业成功。[26]

不过，维多利亚对丧服的执着却非比寻常。如果穿丧服是要求他人给予格外的理解，那么毋庸置疑的是，她在后半生中一直感到自己理应得到这种谅解。服丧成了她的一种伪装。一身丧服表明她是一个被剥夺至亲的可怜人，这样一来，别人就不好苛责她。虽然维多利亚坚守服丧的传统，可在她的坚持下，她的丧服都被剪裁成她自己觉得舒服、方便的样式：紧身胸衣材质轻便，裙子上有宽大的口袋。她不再追随时尚，她创造了一种完全属于自己的时尚。

不仅如此，维多利亚的黑色服装还具有非凡的"品牌价值"，它创造出了鲜明的王室形象。尽管维多利亚很少亲自露面，可她的形象比以往任何时候都广为人知。1860 年，她和阿尔伯特同意将自己的照片印刷在名片（cartes de visite）上，这种印有肖像的四方形小卡片极易收藏。不到两年，300 万到 400 万张印有女王肖像的卡片卖了出去。[27] 购买这种卡片的人认为，他们手中的东西比石版画或雕刻画更真实、更有感染力。这种肖像名片为女王的子民带来一种与她十分“相熟”的感觉，英国皇家收藏将其效果与 1969 年轰动一时的电视纪录片《王室家庭》（*Royal Family*）所带来的影响相比较。[28] 因而，在过去 10 年中，虽然维多利亚很少露面，她的身体远离公共生活，但她的肖像卡片随处可见，她的形象比以往任何时候都更清晰地在场。[29]

伯蒂也颇受肖像卡片收藏者青睐，特别是他和他美丽的丹麦妻子艾丽克丝在一起的卡片。他最终还是娶了艾丽克丝。维多利亚在桑德灵厄姆逗留期间，艾丽克丝也不停地从伯蒂的卧室进进出出。

12 月 13 日凄惨的早晨，维多利亚醒来后，收到第一次病情报告，说伯蒂“似乎非常虚弱”，他的“呼吸非常不顺畅而且无力”。他“整个晚上都不安生，总在说胡话”。维多利亚赶紧起床穿衣，“草草吃口早饭，就匆匆赶到伯蒂的房间”。一如往常，她还是坐在屏风后的沙发上，以免让他看到，引起不安。[30]

伯蒂在病倒之前就已经四面楚歌了。自进入 19 世纪 70 年代开始，他就诸事不顺。70 年代，宫殿的高墙外，经济飙升，到处灯红酒绿、时髦挥霍。伯蒂虽已成婚，却仍在和介绍他认识内莉的浪荡“公子哥”四处胡混。他在病倒前一年，还卷进了查尔斯·莫尔道特爵士（Sir Charles Mordaunt）的离婚丑闻中，甚至不得不出庭做证。最后，法官只是发现伯蒂给查尔斯爵士感情疏远的妻子写了几封无伤大雅的信件，并不能证明他做过任何令人不齿的事情。这位可怜的妻子——哈丽特（Harriet），余生几乎都在疯人院度过。可是，虽然伯蒂可能没有犯下通奸的罪过，但毋庸置疑的是，他的判断力的确十分糟糕。他的举止不招舆论待见。首相威廉·格莱斯顿写道，“粗略笼统地说”，君主制的形象之所以出现裂痕，可以说是因为“女王不露面，威尔士亲王令人无法尊重”。[31]

伯蒂刚刚生病时，他清醒时对妹妹爱丽丝坦言，他“过去的生活问题重重，可现在洗心革面太迟了”。[32]他患上的又是可怕的伤寒，其症状是高烧不止、肠道痉挛，他的病情从住在朋友朗兹伯勒勋爵（Lord Londesboroug）在约克郡（Yorkshire）斯卡伯勒（Scarborough）的新海滨别墅时开始。朗兹伯勒邀请了一群来自上流社会的客人，他们全都挤在他设施非常不完善的房子里。结果，下水道难堪重负，地下室的两个污水池在入水过多时会满溢出来。后来的一项调查发现，其中一个污水池有条管道，直通伯蒂的马桶。医学界随后总结出，所谓的“下水道毒气”顺着那条管道，悄悄渗入伯蒂的洗手间。[33]那时的医生仍然认为，在污浊难闻的空气中呼吸，会“吸入”传染病，这即为瘴气疾病感染理论。实际上，伯蒂应该是喝了含有细菌的水。12 月 1 日，有消息传到桑德灵厄姆，说有个和伯蒂同一时间在斯卡伯勒做客的人，现在已经死了，那栋房子里雇的一个马夫也死了。这个消息让王位继承人的家人不寒而栗。

桑德灵厄姆府也不是一栋快乐或健康的屋宅。环绕宫殿的姜黄色砂岩墙内，聚集了许多神经紧张的人。艾丽克丝的女侍臣麦克尔斯菲尔德夫人（Lady Macclesfield）觉得，爱丽丝公主尤其令人厌烦。爱丽丝在父亲临死前全权负责照顾他，可现在她却被两名专业的护士取代了。照顾伯蒂，任务繁重：要为他铺床，帮他方便，给他喂橙子冻、大麦水、牛肉茶和“鸡汤”。[34]麦克尔斯菲尔德夫人认为，爱丽丝因为不能做这些琐事，心生怨愤，所以才总是“多管闲事，百般挑剔，并且制造麻烦”。[35]

但至少，爱丽丝能陪在哥哥床边，她的姐妹们就不行。尽管维基和兰臣也想前来探望，可没她们住的地方。路易丝和比阿特丽斯倒是来了，可因为地方不够，她们只能睡一张床。尚未成婚的王子们被安置在了单身汉小屋（Bachelor's Cottage），穿过花园，经过小湖，越过小溪，才能到那儿。一名旁观者抱怨道，房子里访客这么多，“来来往往的，根本不可能保持安静”，女王的孩子们“吵个不停，甚至相互辱骂”，令他震惊不已。[36]内心焦虑不安的客人们没事情可做，只能在雨中散步，或者在客厅来回踱步。

也许你会认为，维多利亚见到自己的孩子们在那里，一定很开心。但事实是，和以往一样，她并不想见到他们。她的私人秘书亨利·庞森比（Henry Ponsonby）经常拿王室成员打趣，犀利风趣，一点都不像侍臣。他描述过，有一天他在桑德灵厄姆的花园中：“突然间，一群王室成员从宫殿中冲了过来，险些将我卷走，剑桥公爵（Duke of Cambridge）打头，利奥波德收尾，都无一例外飞奔向前。”庞森比写道：“我们还以为宫殿里闯进了一头疯牛（所以他们才纷纷逃窜），可他们叫嚷着‘女王，女王’，我们赶紧回到宫殿中，在门后静静等待道路畅通。”[37]

这座宫殿一年前才竣工，一片崭新。阿尔伯特去世前，一直想着为伯蒂购置一处乡村庄园，作为他的21岁生日礼物。他去世后，寻找还在继续，最终于1862年定下了桑德灵厄姆。婚礼3周后，伯蒂带着他年轻的丹麦新娘，安顿在了这里。不久后，他们觉得，房子只有29间卧室，太小了。于是，重建开始了。

1870年落成的桑德灵厄姆宫殿不能算是一座美丽的建筑。新房子的设计狭长得出奇，原本花园里的蔷薇、榆树和落叶松被保留了下来，却挡住了阳光，导致会客厅光线昏暗。艾丽克丝在室内安装了大量镜子，希望能让室内光线明亮一些。[38]伯蒂雇的建筑师阿尔伯特·詹金斯·亨伯特（Albert Jenkins Humbert）擅长的是教会建筑，他能胜任这份工作，主要是因为他在温莎设计的王室陵墓受到了好评。虽然亨伯特在桑德灵厄姆府的设计中，借用了附近詹姆斯一世时期的布利克林庄园（Blickling Hall）的山墙和尖顶设计，可他最终建造出的红砖建筑却极像一座海滨酒店。对于一座房间数量最终达到 360 间的宫殿来说，桑德灵厄姆并没有给人自命不凡的感觉。一进门，直通“沙龙”（saloon）—— 维多利亚时期的大会客厅，没有衣帽间，也没有等候室。客人们感到颇为奇怪，可这样设计正是为了创造一种不拘礼节的舒适氛围。过去伯蒂身体健朗时，他的鹦鹉还会鸣叫以欢迎他的客人，伯蒂会用门旁放着的秤为鹦鹉称重，并将它们的体重记录下来。[39]

桑德灵厄姆最诱人之处，便是那里的射猎，光是负责驱赶猎物的人就有五六十个，整个庄园经常回响着阵阵枪声。驱猎者都穿着“蓝色的上衣”，戴着“黑色的高顶礼帽”，看起来像是一小支军队，“分散开来，四处扫荡……在乡间搜查着”。[40] 伯蒂为狩猎专门建造了一辆马车，这辆马车能装下 250 只死鸟，巨沉无比，需要两匹粗壮的萨福克矮脚驮马，才能拉得动。客人们结束射猎，回到宫殿后，艾丽克丝亲自在沙龙招待他们用茶点。沙龙墙上挂着带鹿角的梅花鹿和麋鹿头做的标本，地板上铺着“波斯地毯和野生动物的毛皮……它们那被做成标本的巨型头颅在地上翘着”。阿菲王子提醒初次来访的人：“小心别被绊倒了。”[41]

晚餐时，大家来到餐厅。餐厅很小，只能坐 22 人。按照伯蒂的要求，男客人不必穿传统的正式燕尾服，只需要穿吸烟服，也就是现代晚宴夹克的前身。[42] 身材纤瘦、装扮时尚的艾丽克丝会蹒跚着走进来，她黄蜂般的细腰羡煞女客人。这栋房子用的是铁梁结构，理应防火（事与愿违，这里曾两次发生大火，铁梁结构遭到严重破坏），而且还增建了最后一个古怪的部分 —— 伯蒂引以为傲的私人保龄球馆。[43]

不过，维多利亚一住进来，就下达了一连串的变更指令。宫殿内不可抽烟；窗户要打开；钟表要调回正常时间。伯蒂为了在冬季射猎时争得更多日光时间，将宫殿内的所有钟表都调快了半个小时。只要维多利亚不在儿子的病房，她就会去视察他的马厩、狗舍、木屋，算是找乐子，打发时间。[44]

桑德灵厄姆的一个名为查尔斯·布莱格（Charles Blegg）的马夫也患上了和主人相同的疾病，新的担忧开始了。有没有可能伯蒂的病是在桑德灵厄姆染上的，而不是斯卡伯勒？会不会他自己的家也是伤寒的传染病源？有关这栋房子不卫生的担忧由来已久，如今“仆人们开始恐慌起来”。他们开始窃窃私语，说“宫殿里总是有人发烧”。[45]

确实如此，1867 年艾丽克丝高烧不断，退烧后，她的腿不再灵便，终生只能跛行。关于她的病因，有一种说法是源于桑德灵厄姆小湖里散发的浊气。为了以防万一，后来这处水景被移到了相距宫殿更远的地方。可尽管如此，维多利亚还是认为，他儿子的家“很不卫生 —— 排水和通风都不好；一些房间气味很糟糕，能闻到煤气和下水道散发出的气味”。[46]她的堂弟剑桥公爵在伯蒂生病时，也来此看望，他住在这里期间，“开口闭口都是下水道”，闹得大家都不开心。他在冬日短暂的白昼时光里，从一个房间走到另一个房间，查探气味，并宣称路易丝公主的房间不能住人。一名侍臣记录说：“今天下午，公爵认为图书馆里有一种难闻的气味。”“他一跃而起，说：‘天啊，我不要坐在这里。’”[47]很快，这些捕风捉影使得人心惶惶。

27 岁的艾丽克丝酷爱骑马，若搁平常，她很乐意向客人介绍自己最喜欢的母马薇拉（Vera）。[48]但现在，她惴惴不安，完全没心情做这件事。维多利亚觉得儿媳妇的状态很可怜。她写道：“可怜的艾丽克丝担惊受怕，我尽我所能支持着她。”伯蒂开始“紧紧抓着被褥，仿佛在抓不存在的东西”，此举将婆媳二人“吓坏了”。[49]

历史学家描绘出的威尔士王妃艾丽克丝的形象并不怎么好，有些历史学家几乎认为，她丈夫拈花惹草，情有可原，因为她是个冰美人，冷若冰霜，无动于衷。维多利亚曾经用酸性墨水写道：“你知道吗？艾丽克丝的头是我见过的最小的。”[50]可是，艾丽克丝的私人朋友和仆人们都提到过她的好。麦克尔斯菲尔德夫人认为：“她从不为自己考虑，总陪在他身旁……对每个人总是那么温柔体贴。可怜的小王妃。”艾丽克丝在伯蒂生病期间，瘦得更厉害了，皮肤惨白：“看她形容憔悴，像鬼魂一样，实在令人于心不忍。”[51]

1863年，艾丽克丝嫁进英国王室时，她还是一个美丽的18岁小姑娘。她很喜欢诺福克一望无际的乡村，因为那里和她的故乡丹麦有几分相像。从小到大，别人一直告诉她，美貌是她的最大成就，久而久之，她也这么认为，她本质上是个简单直爽的人。“我总觉得，我适合做育婴女仆。”她这么说。[52]1871年早些时候，她的早产儿约翰夭折了，他只活了24个小时。

现在，医生们想方设法不让艾丽克丝停留在病房，因为她的丈夫目前神志失常，言行都很奇怪。维多利亚刚到这里，就发现伯蒂“胡思乱想”，而且“瞎说个不停”。[53]12月13日这天情况最糟，“听到他大呼小叫，不停地说胡话，令人非常心痛”，不仅如此，他还“举起手像是在抓什么东西，而且把玩着手指”。[54]伯蒂的弟弟阿菲和亚瑟觉得看他这样很滑稽，他们的母亲却不这样认为。她说：“你们两个总咯咯傻笑，净在那儿听可怜的伯蒂瞎说，太让我痛心了。”[55]

这确实不是闹着玩的事。伯蒂胡言乱语时，医生们设法将艾丽克丝支走，唯恐她知道了“各种各样的秘密”，听到“提到的人名”。[56]伯蒂此时毫无克制，正脱口说出自己的桃色秘密。当他没在胡说时，他拿枕头砸艾丽克丝。他说着“蠢话……像醉汉一般”。[57]这也不足为奇，因为虽然他吃不下食物，但还能喝酒。比如，12月13日那天，他在上午10点30分时喝了兑了葡萄酒的水，下午1点40分又喝了葡萄酒，2点时喝了香槟，3点喝了香槟苏打水。[58]他向他的另一个医生古尔（Gull）叫嚷，让他再给他一些酒：“这就对了，**老古尔**①……很好，再来两三勺，老古尔。”[59]有人听到他在神志更为清醒时，气喘吁吁地说：“我没法呼吸，我快死了。”[60]

似乎伯蒂也对他的婚姻关系颇有怨言。艾丽克丝来看望伯蒂时，伯蒂对她说：“就那一次，再也不会有了。你已经违背你的誓言了。”[61]这番话暗指，某个时候，艾丽克丝因为他一再不忠，拒绝与他同房。这些对王室来说都非常丢人现眼。然而，也许伯蒂说过的最糟糕的胡话是一个“惊天的秘密”，不过亨利·庞森比还是告诉了自己的妻子——伯蒂“认为他已经即位为王了”。[62]

早上，维多利亚去桑德灵厄姆湿漉漉的花园散了一小会儿步。花园里有普勒姆特（Pulhamite）材料做成的假石景，该材料是一种以发明者詹姆士·普勒姆（James Pulham）命名的新型混凝土，可因为花园太新，植物还没冒出来。她回来后，发现正午医生们发的公告显示，伯蒂的症状并没有减轻。[63]维多利亚和爱丽丝开始在心中做最坏的打算。她们流着泪，对彼此说：“没希望了。”

下午时，维多利亚没有出门，她“提心吊胆”，几乎没有离开伯蒂的房间半步。[64]但伯蒂不知道母亲就在身边。医生们依然坚持，最好不要让他知道家人在身旁。艾丽克丝蜷曲着身子，跪在地上，“陪着他，他看不到她”，而维多利亚躲在屏风后面。[65]不过，最后维多利亚打消了顾

① gull还有“傻子”“呆子”的意思。

虑，不再理会医生们避免烦扰他的建议。她写道：“我走到他的床前，握住他可怜的手亲吻着，并抚摩着他的手臂。”

然而，伯蒂没有认出自己的母亲。维多利亚写道，他转过头来，面露疯狂地看着她，问：“你是谁？”[66]

即使他曾经令她如此失望，即使她认为是他促成了阿尔伯特之死，即使她原本基本上放弃了他，对他不管不顾，这句话肯定还是像刀子一样插进了她的心脏。

12月13日那一整天，举国上下无时无刻不在等待伯蒂去世的噩耗。据《泰晤士报》报道：“数百万人在远处，注视着他的床边。”[67]圣保罗大教堂（St Paul’s Cathedral）的撞钟人严阵以待，随时准备敲响他离世的丧钟。[68]各家报纸纷纷准备了专门的讣告。记者们租用了轻便马车赶来，等候在桑德灵厄姆庄园的诺里奇大门（Norwich Gates）外，这个出口离德辛厄姆（Dersingham）的电报发送室最近。[69]每个人都无一例外注意到了日期的奇怪巧合：“明天这个时候，正好是亲王亡故10周年，他是死于相似的病症……大家都心急如焚。”[70]维多利亚注意到：“我们离14号越来越近。”令人难以忍受的是，一切“与10年前越来越像”。

不过，在那个昏暗可怕的下午，诺福克乡村刺骨的严寒逐渐消退。外面“冷飕飕的”，而且“湿答答的”，雪“整天都在融化”。维多利亚握住儿子的手时，他还意识模糊，没能认出她。可是，夜幕降临时，大家心中开始重燃希望，觉得“亲爱的伯蒂真的好一点了”。[71]“王子睡着了”，有人在伯蒂的医疗团队的文件上，用铅笔十分潦草地写下这个令人兴奋的消息，下面所注的时间是晚上8点45分。许多天来，这是他头一次真正睡着。[72]

那天晚上晚些时候，伯蒂似乎终于恢复了神志。他悄声说：“那位女士看起来很像女王。”

“那就是女王。”古尔医生说道。[73]

“是妈妈，”维多利亚说，“亲爱的孩子。”[74]

“不要为了我守在这里。”伯蒂哼哧哼哧地喘着气说。“他吐出每个字，都要停下喘气”，令维多利亚感到“心碎不已”。不过，他认出了她，他明白了他的母亲就在身边，而且他说的不是胡话。大家都“感天谢地”。[75]

维多利亚最终觉得可以离开回自己房间后，一名医生赶紧要来“两瓶陈年白兰地”。伯蒂的身体经过酒精擦拭，似乎恢复了更多生气。[76]午夜过后，伯蒂还活着，此时只有艾丽克丝坐在他的床边，看护着他。最终，12 月 14 日阿尔伯特忌辰的当天，凌晨 4 点钟时，伯蒂终于睡熟了，不再闹腾。

第二天早上 8 点，医生们又在报纸上发了一通公告，引人注目的是，这次内容为“病人体力没有减弱”。36 个小时痛苦的“最疯狂、最高声、用各种语言、无休止的胡言乱语，以及呼哧呼哧的喘息声、哼哼唧唧的呻吟声，开始消退了”。[77]詹纳医生和古尔医生现在向世界宣布，伯蒂“晚上睡了几阵安稳的觉，原本严重的症状现在有所减轻”。[78]

上午 8 点 45 分，伯蒂喝下去一些牛奶。[79]他的酒鬼弟弟阿菲给他了一杯淡啤酒。病人立马将它喝光了，“似乎令他精神好多了”。[80]然后，他还要再喝一杯，大家见状高兴极了。他的母亲写道：“就是在这一天，我们亲爱的伯蒂的病好转了，没有继续恶化，简直太不可思议了！我们对上帝的怜悯是多么感激啊！”[81]下午 5 点钟时——“伯蒂甚至想下床出门！”[82]

但是，没人有心情大肆庆祝。虽然伯蒂的病情好转了，与此同时，桑德灵厄姆厨房中的一位女仆却病倒了，同样因为高烧。而且，马夫查尔斯·布莱格在马厩上方偏僻的小卧室中，输掉了他的生命之争。心怀愧疚的艾丽克丝参加了在桑德灵厄姆教堂举行的布莱格的葬礼，并且请人为他刻了一个墓碑，上面写着："一条生命被夺走了，另一条生命被留下了。"[83]

维多利亚已经意识到，也许她还是爱着她任性妄为的长子的。她的臣民也发现，他们竟然对险些失去威尔士亲王这件事如此在意。维多利亚写道："每天都能在报纸上看到几篇美丽动人的文章。"[84]人们似乎意识到，尽管他们对伯蒂有诸多不满，可他们还是不想失去他。一位政治家觉察到了这点，并加以利用，他就是不讨维多利亚喜欢的首相威廉·格莱斯顿。尽管女王对他抱有敌意，格莱斯顿还是对君主制忠贞不贰，他一直衷心希望伯蒂能够恢复健康。

相较格莱斯顿领导下的自由党，维多利亚个人更青睐他的敌手托利党的大政方针。她觉得自己统治期间最有政治头脑的首相冷冰冰的，似乎对她不敬。她认为，他"竟然对人情世故浑然不知……从这点可以看出，他对人心不够了解"。[85]格莱斯顿没有因为她是女性而做出任何让步，这点很明显引起了维多利亚的反感。他像对待男人一样对待她，或者如历史学家保拉·巴特利所说，他把她当作"一位精明能干的国家元首"，对她说话直截了当，不刻意逢迎。[86]

如果格莱斯顿因为没有将女王当作一名维多利亚时代的上流社会女性对待，而招致她的厌恶，那么他在认为她做错了事时，还会因为直言相告，而触怒她。他认为，她在服丧的10年间，退出公共生活，极大地危害到君主制。作为一名普通的女性，这样做也许情有可原，可是作为女王，这种行为却万万使不得。他觉得，女王在阿尔伯特去世的前几年里，一直缺席诸如议会开幕大典等仪式，产生了诸多害处，甚至令人感到寒心："谁能想到，一着不慎，君权将满盘皆输。"[87]

他现在提出，维多利亚应该好好利用伯蒂康复这个契机，收拢民心。他明令，必须公开表示感恩。威尔士亲王奇迹般转危为安，对于君主制来说十分有利。事实上，格莱斯顿写道，这件事“在很大程度上，产生了在打压与查尔斯·迪尔克爵士的名字相关的那个讨厌运动上的卓著效果”。[88] 虽然这句话啰唆冗杂、令人厌烦，格莱斯顿写的句子大多如此，但你一定能看出他有他的道理。

最终，维多利亚勉强同意了格莱斯顿的提议，去圣保罗大教堂参加一个仪式，感谢上帝拯救了她的儿子。1872 年 1 月 25 日，维多利亚听说伯蒂已经从床上搬到了“沙发上”，她感到分外欣喜。到 2 月时，虽然他“走起路来还不够稳健”，但身体已经恢复得足够好，能陪同母亲去圣保罗大教堂做礼拜了。[89] 教堂内专门搭建了楼座，容纳了 13000 人，女王和王子处于穹顶下的显要位置。[90] 王子过去的一桩桩丑闻，对女王深居简出的失望，全都被人抛在脑后。英国国民看到他们两人回到公众视线，满心欢喜。维多利亚记录道：“一路上，震耳欲聋的欢呼声从未停止过。我看到伯蒂眼中闪着泪光，我抓住了他的手，紧紧握住！真是感人至深的一天。”[91]

这听起来像是个皆大欢喜的结局。不过，近年来，历史学家淡化了格莱斯顿的干预所起的作用。维多利亚对迪尔克和其他人的批判，没有格莱斯顿那么深。这些拥护共和政体者的主张虽然听起来令人惶恐，实际上掀不起什么风浪。人们之所以批评君主制，不是因为想将其**废除**，而是因为想要**更多**。[92] 哈利法克斯勋爵写道：“他们想看到王冠、权杖以及所有诸如此类的东西。他们花了钱，就是想看到那些珠光宝气。”[93]

历史学家玛格丽特·霍曼斯认为，事实上，维多利亚退出公共生活并非欠考虑或愚蠢之举。对于女王来说，对于维多利亚来说，“仅是存在，都能发挥作用”。[94]1862年，有人发现，足足有16000份陆军和海军军官的委任状，上面还没有女王的签名。她就是没签，不过英国也没有因此而遭到入侵，或是产生什么其他可怕的后果，于是议会通过一项法案，免除了她的这项任务。[95]当女王出席议会开幕典礼时，即使她一言不发，《泰晤士报》也会报道。当女王只是单纯出去骑骑马，《泰晤士报》还是会报道。如果女王还健在，如果国家事务还照常运转，那么一切都好。霍曼斯指出，“她的缺席”令君主制显得“毫无威胁”。对于那些为1867年第二次改革法案带来的剧变而感到无比焦虑的政治阶层来说，有一位眼虽不见却系心头的女王实属完美。对他们来说，“王位的最佳人选就是寡妇”。[96]

事实证明，寡妇的生活兴许也适合维多利亚。20世纪之前，成为寡妇也许是一名女性最具权力的人生阶段。她头一次谁也不用服从，头一次能够拥有财产。对女王之外的所有女性来说，一名女性的财物，甚至她的孩子，在此之前都不属于她，而属于她的父亲或者她的丈夫。因此，在维多利亚进入她的第三个人生阶段时，格莱斯顿的贡献必须有所淡化。随着她重新获得自己的权力，她开始施行她最为坚决的政治干预。

即使维多利亚的情绪跌入谷底，她的医生们以为她会因哀伤过度而发疯时，她仍谈到了自己的决心。她写道，她“已经**下定决心**”，作为一位寡妇，**没有哪个人**，无论**他**有多么优秀……能带领、指引或指挥自己。[97]其实，她是在说，没有人会再像阿尔伯特那样掌控着她了。确实如此。从现在开始，她独自支撑自己，独自统治国家。克拉伦登勋爵后来觉得，其实女王的职责拯救了她。他认为：“对她来说，最佳良药是她作为女王要肩负的责任，一堆事等着她做，她逃不掉，但也能逼着她暂时放下漫无边际的悲恸，专注于其他的事情。”[98]

伯蒂的这场病也以一种意想不到的方式融洽了家庭关系。因为这场病，伯蒂回到了妻子身边。他们宫里的人注意到，艾丽克丝“谈及他时如此深情，眼中噙着泪，而他对她的态度也是如此温柔”。[99] 维多利亚也注意到自己的儿子更成熟了。“他身上好像有种变化，我说不清楚。仿佛开启了一种全新的生活……他总陪在艾丽克丝身边，他们几乎没有分开过！”[100] 维多利亚自己也受到了好的影响。奥古斯塔·布鲁斯写道：“读到可怜的女王坐在那里，握着威尔士亲王的手，难道不令人感动吗？我非常想看到她这样，这是她最好的样子，不受自身问题影响，不受医生们、她自己的疾病和神经影响。”[101]

经过伯蒂这场病，维多利亚开始回归她最好的自我，那个因阿尔伯特而失去的自我。

19. 与迪斯雷利共进午餐

休恩登庄园，1877 年 12 月 15 日

1877 年 12 月 15 日，欧洲正忙着打仗，维多利亚正忙着工作。在这个雾气蒙蒙的清晨，温莎堡收到了一封来自君士坦丁堡的电报。

“非常有趣。”她一边读着，一边想。像这样的电报每天都会递到她的办公桌上，她读完最重要的电报后，立即将其丢到“精致的带丝绸衬里的废纸篓”中。人们都说，她的废纸篓中每天包含的内容“会比一整年的《泰晤士报》有趣”。[1] 这天早上，女王手下主战派的驻奥斯曼帝国大使，一位名为奥斯丁·亨利·莱亚德爵士（Sir Austen Henry Layard）的前考古学家，用这封电报，传达了苏丹王的一则私人消息。苏丹王请求维多利亚，去请求俄国沙皇与土耳其人签署停战协议，终止与他们的持续冲突。[2]

所谓的“东方问题”死灰复燃，令人生畏。克里米亚战争结束时达成的和平条约，只标志着中场休息的开始，而不是整个问题的结束。俄国沙皇亚历山大二世仍然认为，他能在奥匈帝国问题重重的巴尔干地区，攫取更多土地和影响力。1877 年年初，俄国通过支持对苏丹王政权的叛乱，颠覆了波斯尼亚、黑塞哥维那和保加利亚的稳定。

苏丹王虽然没能镇压心怀不满的臣民，但绝不是因为他不够努力。在英格兰，《曼彻斯特卫报》（*Manchester Guardian*）报道了土耳其人在波斯尼亚实施的一连串暴行：烧毁村庄、屠杀平民。格莱斯顿领导下的

英国自由党对土耳其人对待巴尔干基督徒的方式义愤填膺。格莱斯顿甚至出版了一本名为《保加利亚惨案》（*Bulgarian Horrors*）的煽动性书籍，公开谴责土耳其。不过，尽管他的书取得了惊人成功，但他本人此时已经下台，本杰明·迪斯雷利领导下的托利党上台，而他们持完全相反的观点。迪斯雷利担心，如果英国不插手帮助土耳其，俄国人会在巴尔干地区任意妄为，然后向东逼近英属印度，吞并土地，威胁维多利亚在全球的统治地位。

在英国，慷慨激昂的辩论陷入了僵局。以格莱斯顿为首的主和派，以迪斯雷利为首的主战派，双方都越来越愤怒。而在君士坦丁堡，莱亚德迫不及待想知道英国的立场。他向一位朋友倾诉说："我心急火燎。我们还没形成策略和明确的主张，因此我们也不具备影响力和权力。"[3]

不过，维多利亚对自己的主张一清二楚，她想支持苏丹王，抑制俄国。她告诉迪斯雷利，英国还没有进行干预，"让女王非常生气"。[4]她骨子里是个托利党，信奉放任自由，对改善国民社会状况的项目漠不关心。虽然她自己乐善好施，却不信奉建设福利国家。然而，外交事务是其工作中绝对会使之热血沸腾的部分。

维多利亚抱有并且表达如此强烈的个人观点，其实不合章法。英国外交政策现在归议会管，君主不得插手。不过，尽管如此，外交活动还是个人事务。维多利亚 20 岁时，在沙皇亚历山大二世某次来访伦敦期间，曾与他共舞，不仅如此，她的儿子阿菲不久前还迎娶了沙皇的女儿。

因而，维多利亚的办公桌立于欧洲权力关系的正中心。尽管维多利亚与俄国有家庭关系和朋友关系，她仍本能地感觉到子民的真正愿望，是战争。

他们在酒吧和戏院里唱道：

我们不想打仗，

……不过，老天，如果我们真打，

我们有战舰，

我们有士兵，

我们还有钱……

“战争之犬”已被放出，

雄壮的俄国熊，

张着血盆大口，

爬出了他的巢穴。

维多利亚完全支持他们。不过，刚读完莱亚德的电报，她立即令人讶异地转换了身份，从世界领导者变成了管家。这时，她拿起一支“紫色的墨水笔”，修改呈递上来的温莎堡那一天的推荐菜单。菜单要在她修改后，在10点之前，“送回给厨师、点心师傅和其他师傅”。[5]

改完菜单后，在漫不经心的旁观者看来，政事应该已经结束了，12月15日女王剩下来的任务只有赴午宴。事实上，她和迪斯雷利约好要在他位于白金汉郡的休恩登庄园（Hughenden Manor）的家中见面。《泰晤士报》上一篇社论的作者认为，现在即将60岁的维多利亚年事已高，无所作为，越来越逆来顺受，可总是插手宪政事务。《泰晤士报》宣称，“我们可以肯定的是，”女王和首相在共进午餐时，“谈论的是文学，而非政务，诸国交战的话题会被暂时忘却。”[6]

可是，他们大错特错。维多利亚在准备赴宴时，心中有一个清晰的外交政策目标要达成。整个英国，没有人比她怀有更强烈的意愿，要将俄国熊赶回它的巢穴。但是，她不能像之前的君主那样，发号战争的命令。所幸，她能为发布这种命令创造合适的条件。此时，她作为君主的经验空前丰富，而且她行使君主职能的决心也是前所未有。

在相隔两个郡的休恩登庄园，按照迪斯雷利的生活习惯，他应该7点半就起床了。他睁开眼，第一眼看到的就是女王。这是因为，他的卧室中有许多照片，包括维多利亚的孩子伯蒂的（两张）、路易丝的、亚瑟的（两张）、利奥波德的、阿菲和比阿特丽斯的，还有女王的儿媳妇——来自俄国的玛丽和来自丹麦的艾丽克丝的照片。此外，还有维多利亚和阿尔伯特的合照以及两张单人照，一张维多利亚坐在马背上，另一张阿尔伯特穿着苏格兰服饰。最后还有一尊女王的小雕像。他的房间简直像王室家庭的神龛，没有哪个王室崇拜者能如他这般用功。迪斯雷利曾经向女王的女侍臣简·伊莱（Jane Ely）坦言："我爱女王，她也许是这个世界上剩下的唯一一个我爱的人。"[7]

迪斯雷利一天都在休恩登庄园的家中，不用上班时，他通常戴"朴素的帽子"，穿平绒马裤。然而今天，他穿戴得更加正式。他年轻时特别讲究打扮，如今已入古稀之年，他还是喜欢穿白色的外套，戴淡紫色的小羊皮手套。他经常发表一些精辟之语，在开口前，他会"紧张地咳嗽一声"，将"手绢轻轻地在鼻子下方拂过，几乎不触碰到鼻子"。[8]他非常在意自己的身材，有时能从他外套的背部，隐约看出一些奇怪的轮廓，"无疑是紧身褡的形状"。[9]这天早上，他无疑先站在自己的高桌旁查看信件，然后和以往一样"溜达到露台上"，观赏他的孔雀。[10]他发现做首相，自己有些力不从心。他72岁了，身体总出毛病，而东边危机不断，他"无时无刻不在为此事烦忧"。[11]

1852年，维多利亚初次与迪斯雷利正式会面时，认为："他很奇怪，完全是一副犹太人的相貌，脸色惨白，黑色的眼和眉，黑色鬈发。虽然他的神色难看，但我发现和他聊天却很舒服。”[12]他们俩趣味相投，兴致勃勃地聊起“诗歌、传奇故事和骑士精神”，聊了很久。他在跪下亲吻她的手时，会用双手将其紧紧地抓住，用他的话来说，“忠爱地”将其握住。[13]迪斯雷利对维多利亚千依百顺，他向她保证，“全力为陛下分忧是自己的荣幸和责任”。[14]

其实这是迪斯雷利使用的一种精心的策略。他看格莱斯顿无论是在政治上，还是在社交上，都不招维多利亚待见，于是想出了一套更有效的对付她的方法：“我从不拂逆她，也从不反驳她，有时装装糊涂。”他只偶尔提醒她，他们两人的权力有所限制，不能为所欲为。迪斯雷利曾经这样描写自己：“如果他只是陛下的高官，不是陛下的首相，他就感到心满意足了……唉！只可惜，事与愿违。”[15]维多利亚很享受这些曲意逢迎，也许并没有意识到自己在受他摆布，也没发觉他对自己说话的口气实际是居高临下的。她的私人秘书亨利·庞森比就没那么喜欢迪斯雷利了，他认为：“（迪斯雷利）虽然妙语连珠，但是懒散疲惫……我不明白，怎么还会有人信任老迪。”[16]

可是，维多利亚对迪斯雷利的殖民扩张政策尤为青睐。这些政策为她在1876年加冕为印度女皇扫平了道路，而且使英国得以在非洲攻城略地，开拓帝国疆土。维多利亚认为，海外殖民虽然代价高昂，但也是值得的，因为保障了帝国的版图和她在全球的威望。她认为，英国及其殖民地必须**“时刻准备南征北战”**。[17]

因而，她此行的目的是催促英国参加又一场战争，在中东的战争，为了坚定迪斯雷利促成参战的决心。然而，1877年12月15日并不是做这件事的吉日。在迪斯雷利那天早上的信件中，有一封维多利亚一早写的信，在她出发前从温莎堡被送到这里。这是封道歉信，信中维多利亚请求他原谅她犯的一个错误。她才意识到，那天是迪斯雷利的爱妻玛丽·安妮（Mary Anne）的5周年忌日，她选择了在弥漫着如此“悲伤回忆”的日子前来赴午宴。[18]鉴于迪斯雷利对他失去的这位不同凡响的女性满怀哀思，他的装模作样，他的古怪可笑，都变得情有可原。女王和首相之间的另一条纽带是他们的丧偶之痛。

温莎堡内，维多利亚在写完那封道歉信后，会享受一顿丰盛的早餐。19世纪70年代的一份早餐菜单上有“香肠配土豆、烤鳕鱼、肉汤荷包蛋、热烤鸡和冷烤鸡”。[19]不过，她没有全都吃个遍。她喜欢“看到自己面前”有这些选择，“知道它们在那里”。[20]

早餐后，维多利亚让她的女儿比阿特丽斯准备好出发。比阿特丽斯很不想去，她感冒了，“头和嗓子都很痛，而且又有些发烧”。[21]但是，女王未出嫁的女儿在家中基本上担当的是女侍臣的职责，她们全年无休，个人需求总要让位于责任。12点半时，女王和抽着鼻子的公主一起出发，前往温莎火车站。

现在距离维多利亚初次乘火车出行，已经有35年了。1842年6月，她走过温莎火车站站台上铺着的深红色地毯，登上驶向帕丁顿（Paddington）的火车，工程师伊桑巴德·金德姆·布鲁内尔（Isambard Kingdom Brunel）亲自驾驶着这列火车。25分钟后，他们“到达终点站”时，周围响起了“雷鸣般的掌声”。[22]

尽管铁路旅行目前已经非常成熟，维多利亚还是对乘火车感到些许不安。她在17岁时第一次见到铁路，“蒸汽车”以“惊人的速度”向前行驶，“被一股股浓烟裹挟着，响声巨大”。[23]1861年，她的一名医护人员在乘火车前往奥斯本宫的过程中，遭遇事故，当场毙命。当时火车刚驶离站台，就停了下来，以便让巴利医生（Dr Baly）上来。由于信息传达有误，火车启动过早，巴利医生被轧死了。[24]在专为女王打造的特等车厢中，维多利亚只需扳动一个杠杆，车顶就会出现信号，她就能以此命令火车司机“慢点开”甚至“停下来”。[25] 尽管王室乘坐火车时，速度应该限制在每小时 40 英里内，但维多利亚记录的实际行驶时间说明，这一车速限制并没有被遵守。[26]

她这次乘坐火车到达离休恩登最近的海威科姆（High Wycombe）火车站，花了 45 分钟。站台上人潮涌动，一支军乐队演奏起《天佑女王》。[27] 接着，维多利亚必须耐心等待市长的演讲结束，从市长女儿的手中接过一束花。[28] 市长本人应该感到很享受，因为他一直在为这个小镇的新排水系统操心，迎接女王正好能为他换换心情。[29]

然后，维多利亚的敞篷马车沿着海威科姆的主街道缓缓驶过，车厢两侧非常矮，以便观众瞻仰乘客。她身边坐着比阿特丽斯和她的女侍臣简·伊莱。道路两边，学童整齐地站着，教堂的钟声响起。女王的敞篷马车从几座特地建造的“凯旋门”下通过，其中一座十分奇特，“完全是由椅子组成的，因为椅子是这座小镇的支柱产业”。[30] 据一名自豪的当地历史学家称，这座拱门“结构独特，颇具艺术性”，看起来怪异至极，维多利亚让车夫“停下马车，要下去查看、欣赏一番”。[31]

海威科姆之所以成为家具小镇，因为当地盛产优质山毛榉，那里山毛榉遍地都是，人们称其为“白金汉郡野草”。[32] 小镇的木工得名“椅匠”，海威科姆椅匠能完成非常大的订单，比如 1874 年，两位著名美国福音传道者来访英格兰，预期观众数目众多，因而海威科姆需要生产 19200 把椅子。许多椅匠与藤椅匠结婚，他们的后代长大也许会成为抛光匠或包装匠。这座小镇拼尽全力，每天可以生产多达 4700 把椅子，数目着实惊人。[33] 此刻横跨主街的最高的拱门，是由椅子精心搭建起来的。拱门最下面是小镇最畅销的普通温莎椅，再上面是客厅椅、图书馆椅和摇椅，最上面是市长的交椅。[34] 主街上下，椅匠和藤椅匠为女王欢呼着。

他们也在为自己的椅子拱门欢呼，一座拱门上挂着一条横幅，写着“**印度女皇万岁**”，另一座上挂着“**女王万岁**”。

现在，敞篷马车穿过迪斯雷利的公园，驶上一个山坡，停在迪斯雷利庄园的红砖房前面，女王从车上走了下来。“天气放晴，几缕阳光透过云朵洒了下来。”[35]

18 世纪，君主前去拜访其首相，很可能会发现自己来到了一个大地主的私人庄园，而迪斯雷利却代表着一种新型精英政治家。正如《泰晤士报》所描述的那样，休恩登庄园是“一位富有文学修养的乡村绅士的简朴舒适的家”。[36] 迪斯雷利为了购买休恩登庄园，借了数千英镑的外债，他觉得这样做很值，因为要想实现成为保守党领袖的野心，拥有地产是不可或缺的条件。他的家是一栋丑陋的 18 世纪建筑，他和他的妻子在 19 世纪 60 年代做的变动让此建筑变得更加丑陋。在建筑历史学家尼古拉斯·佩夫斯纳（Nikolaus Pevsner）看来，这栋房子“难看得要命，一切都是那么尖锐锋利、棱角分明、气势汹汹”。而且根据迪斯雷利的客人描述，房子内部的装饰“艳俗无比”。[37]

然而，本杰明和玛丽·安妮并不在乎。迪斯雷利有很多方面都异于常人，他是有意大利背景的犹太人，12 岁时皈依英国国教。令他感到遗憾的是，他没有上过声名卓著的公共学校，不过尽管如此，他依然认为自己是一位古典学者：“带着年轻人的骄傲感和对知识的执着，我校对了私人印刷的忒奥克里托斯（Theocritus）的田园诗。”他做过律师的书记员，尝试过投机，后因撰写了有关上流社会的耸人听闻的小说，一举成名。不过最终，他认为自己对政治更感兴趣。他先是作为激进党参加竞选，后来却加入了保守党。

野心勃勃而又充满矛盾的迪斯雷利得到了妻子的全力支持。玛丽·安妮比他大 12 岁，尽管名声有点不好，但非常富有，她从众多追求者中选择了迪斯雷利，有很大部分原因在于他说话睿智风趣，令人如沐春风。这对奇怪的夫妇深爱着彼此。迪斯雷利说他的妻子“不像是妻子，更像是情妇”。玛丽·安妮晚年坦言：“迪斯娶我是为了我的钱……如果让他再选一次，他会因为爱而娶我的。”[38] 然而，她 1872 年与世长辞，至此迪斯雷利和维多利亚一样，永远失去了此生挚爱。

维多利亚一到庄园，迪斯雷利就邀请她前去房子后面“意大利风格的漂亮花园”，种植一棵纪念树。[39] 迪斯雷利满怀骄傲地将她使用的铁锹保存了下来，视为珍宝。他喜欢邀请他的朋友来这里种植特别的树。他的后花园因为种的树太多，枝叶繁茂，遮挡住房子楼下的光线，最终不得不将这片树林砍伐掉。

后来他们回到房子里，来到书房，开始谈论正题，也就是东边正在发生的危机。维多利亚吩咐她的首相道：“大胆一些，召集你的追随者……告诉他们……俄国人和土耳其人一样野蛮暴虐。此外，告诉他们要团结起来，拥护他们的君主和国家。”[40] 然而，迪斯雷利认为，鉴于土耳其人在保加利亚犯下的暴行，很难让他的同事们支持对土耳其人有利的干预政策。他解释道：“内阁有 12 位成员，他们来自 7 个党派，主张 7 种不同的政策。”[41]

紧接着，迪斯雷利向维多利亚详细描述前一天“狂风暴雨般”的内阁会议。当他提出英国应该站出来，在俄国和土耳其之间进行调解时，现场无人回应，“一片死寂”。随后，德比勋爵（Lord Derby）“以惊人的火力驳斥”这一提议，“他的言辞非常激烈”。[42] 维多利亚希望他们齐心协力，别再磨蹭。她在另一个场合叹息道：“噢，如果女王是男儿身，她愿意亲自上战场，打得那些俄国人……落花流水！”[43] 不过，她了解到迪斯雷利已经“决心”在两天后的下次会议中“再议此事”。他们在商议完国际事务后，才起身去“共进午餐”。[44]

这顿丰盛的午宴安排在哥特风格的餐厅内，只有维多利亚、比阿特丽斯、女侍臣和迪斯雷利 4 个人享用。人人皆知迪斯雷利有消化紊乱的老毛病，所以上每道菜之前休息 10 分钟。[45] 根据休恩登的传统，迪斯雷利为了方便他的小个子君主坐上去，特地将其中一把餐椅的椅腿截短，事实上，至今仍有一把餐椅比其他餐椅矮。

然而，在当地人看来，迪斯雷利可没这么体贴。长久以来，休恩登庄园在海威科姆商人中间声名狼藉，他们对休恩登小气的杂货订单颇感失望。[46] 不过，当地人无疑认为，这位犹太人首相和比他年长而且未生育的妻子有点奇怪。午餐后，迪斯雷利向维多利亚介绍了墙上挂着的画像，其中包括他的已故亲属以及朋友的肖像画。[47] 迪斯雷利后来记录道：“仙后（他私下这么称呼维多利亚）似乎对一切都赞不绝口、饶有兴趣。”[48]

她 3 点半时离开休恩登，4 点过一点儿就回到了温莎，维多利亚时代的这种快得惊人的旅行，放在今天，除非乘直升机，不然根本不可能实现。[49] 她离开时，还带走了主人的一尊小雕像。“仙后拿走了我的小雕像。”他这么说，言外之意是，她这是夺人所爱，而非他主动赠予。而比阿特丽斯带走了“你见过或能够想象的最美丽的糖果盒：是刚从巴黎买回来的”。[50]

根据前文中那篇措辞浮夸的《泰晤士报》社论，它的读者“也许根本不会想到，女王这次拜访休恩登是为了确定任何内政或外交政策”。[51] 然而，事实上，维多利亚在当晚的日记中，记录的几乎全是政治和东部问题，而且要比以上引述详细得多。她的首相府邸之行被有些人理解为一种政治行为。正和她期望的一样，此行被看作女王向迪斯雷利和他主张的干预政策，投了一张信任票。一些反感犹太人的格莱斯顿支持者对此举嗤之以鼻，称她“装腔作势地到他的犹太穷窝”吃饭。[52]他们认清了这顿午宴的本质：对他们野心的一次打压。

维多利亚在休恩登的午宴产生了政治效果。迪斯雷利4天后欣然告知一位朋友：“伟大的斗争结束了，我大获全胜。”他成功说服其他内阁成员，英国应该采取更加强硬的举措：召开议会，拨出600万英镑，采取行动。他声称：“仙后十分满意。”[53]两个月后，英国同意派遣铁甲舰前往达达尼尔海峡，遏止俄国进攻君士坦丁堡。摇摇欲坠的奥斯曼帝国完好无损，“残暴分子们”（迪斯雷利对格莱斯顿及其朋友的称呼）被打败了。喜出望外的维多利亚赐封迪斯雷利为嘉德骑士。[54]

历史学家习惯性地认为，维多利亚最大的功劳是使君主从专制最终完全转变为受宪法限制。那时的作家，比如沃尔特·白芝浩（Walter Bagehot），坚信这就是事实。但是，事实并没有那么简单。即使在统治初期，维多利亚便已像一位象征性的立宪制君主那样，出席典礼，“为了赢得民心四处巡游”。即便在统治晚期，她还是能犹如专制君主般向政府施加影响。[55]

纵容维多利亚这样的专制行为，是要付出代价的。她和迪斯雷利过往甚密，迪斯雷利一定知道她偶尔会不顾体制，背着内阁，与沙皇谈判。可是，他却没有提出异议，从这点看来，他不是一位真正忠诚、直言相告的朋友。他十分讲求实效，甚至有些自私自利，他让维多利亚以为她拥有比实际更多的权力，其实是在酿成未来的麻烦。

在迪斯雷利的休恩登门厅中，放着一小尊维多利亚的爱马的雕像。他之所以将它放在仙后会看到的地方，是因为这尊雕像中还有她宠爱的苏格兰仆人的身影。对于这个名为约翰·布朗（John Brown）的男人，维多利亚其实也需要有人直言相谏。

20. 约翰·布朗的腿

1884 年 3 月 6 日

6 年后，1884 年 2 月 23 日，维多利亚让她的私人秘书亨利·庞森比帮她校订她一直“在尝试写作”的一本书。女王解释说，她写作的进度很慢，因为“不断受打扰，被打断”。[1] 这本书是她对一位故友的“回忆录”，维多利亚从 1865 年开始讲述这个故事。故事的主人公是她闻名遐迩的“高地仆人”约翰·布朗。最初，布朗受雇在巴尔莫勒尔，担任探索高地山地旷野时的向导。不过，随着他越来越受到宠信，他也在城堡内任职。后来，他开始跟随王室，南下温莎，最后无论女王去哪儿，他都相伴左右。

尽管与其他侍臣相比，庞森比思想格外开明，可连他都立即断定，维多利亚出书的想法糟糕透顶。这本书会引发人们对她的嘲弄，或者更恶劣的反应。可是，温莎堡的每个人都知道，他也十分清楚，要想反抗女王越来越古怪蛮横的命令，困难重重。迪斯雷利对她一直纵容怂恿，官员们虽有不满，却不敢吭声，久而久之，即使对她“稍微”有所违逆，都“极其困难”。[2] 她的一位官员抱怨道：“女王让人苦恼得要死。”[3]

亨利·庞森比是一个十分有趣的角色，他身材高大，话不多，蓄着络腮胡子，身着燕尾服，脚穿一侧有松紧带的靴子，略显邋遢。尽管他对女王能够兢兢业业、忠心耿耿，他私下还是会拿宫廷生活偶尔出现的荒诞之处打趣。[4] 维多利亚自信满满，绝不容忍任何人说不，相当霸气。

然而，对于像庞森比这样好心好意的人来说，这也相当令人头疼。

3月6日早晨，寒气袭人，他和一位他信得过的同事，温莎教长兰德尔·戴维森（Randall Davidson），一起绕着温莎堡的城垛散步。他们谈起布朗传记一事，并且共同筹划出一个让女王放弃这个念头的方案。

维多利亚在城堡内的上区（Upper Ward）①安安静静地度过了这个早上，她对城堡外诺曼大门下的密谋毫不知情。温莎的生活千篇一律，而且越来越单调。一名侍女结束休假回到城堡后写道："外面的世界千变万化，可这里却一成不变，日复一日，年复一年，重复着同样的生活。"[5]每逢周日早上，女王都会前往圣乔治教堂（St George's Church），参加礼拜仪式，其他时间许多王室内务人员几乎根本见不到她的面。

周日下午，她会雷打不动地坐在轮椅里，让人推她在东露台的私人花圃间散心，远处传来军乐队奏响的乐曲，至今城堡和温莎小镇的居民还能听到这种乐曲。[6]她能从维多利亚塔楼的私人套间，穿过一条通往橘园的地下隧道，神不知鬼不觉地来到这片花园。[7]她现在已经64岁，行走非常困难，所以才坐上了轮椅，让人推着。尽管她时常抱怨身体不适，王室成员们却对她真正的病情有多严重以及她有多少病痛源于心理，而争论不休。

不过，毋庸置疑的是，她的身体从未从9次分娩造成的损伤中完全恢复过来。只有她的服装师知道，她深受腹壁疝之苦。腹壁疝是因体内器官游离正常位置，冲击腹壁薄弱之处引起的，而她的腹壁薄弱是由多次分娩造成的。她在1871年大病一场，后来又在温莎从楼梯上摔了下

---

① 温莎堡分为三个区域（称为Wards），上区、中区和下区。上区是王室公寓，围绕着一个开放空间——方庭（Quadrangle）。

去，无疑导致她行动越来越不便，这也意味着她的体重正在增加。维多利亚一直离不开她那有着绿色天鹅绒衬里的医药箱，里面常备她的药剂师为她开的“鸦片丸”和“大黄丸”，鸦片丸可以止痛，但会堵塞肠胃，大黄丸正好能刺激消化系统。[8]

尽管如此，她还是坚信新鲜空气的疗愈能力。在3月6日那个寒冷的早晨，当庞森比沿着城垛踱步时，维多利亚坐上她的小马车，来到公园，呼吸新鲜空气。她最小的女儿比阿特丽斯尚未出嫁，还住在家中，她尽职尽责地伴随左右，跟着马车走着。她们在“河边古老的避暑别墅中”坐了一会儿，不过她们此行真正的目的地是阿尔伯特骸骨栖息之地——“亲爱的陵墓”。[9]阿尔伯特的陵墓是一座白色、意大利风格、“十”字形状的建筑。里面至今仍躺着沉睡的阿尔伯特的雕像，这座雕像是由一整块花岗岩雕成的。虽然雕像身上所披长袍笨重烦琐，看起来并不舒适，可它身下所躺棺木却线条柔和，看起来很舒服。

维多利亚几乎每天都来看他。她说过：“亲王死后，我想随他而去。”[10]从很多方面来看，温莎堡的所有钟表都在1861年停止走动了。她小心翼翼地将她的卧室保持在和他生病时一模一样的状态。卧室的门上挂着一个牌匾，牌匾表明：“这个房间中每一个物件都是我无比想念的夫君为我挑选的。”卧室内像郝薇香小姐（Miss Havisham）①一般，保存着“女王的新娘花环和亲王送给她的第一束花，干枯的花朵陈列在玻璃柜中”。[11]

维多利亚之所以从纪念物品中寻求安慰，是因为她身为女王，实为孤家寡人，没有地位相等的朋友，终生都感到不能轻易信任他人。她还将蓝房间保持原样，作为悼念阿尔伯特的地方。阿尔伯特去世两天后，

---

① 狄更斯1861年的小说《远大前程》中的一个角色，结婚当晚遭到抛弃，多年过后她依然将房间保持原样。

深受王室青睐的摄影师威廉·班布里奇（William Bambridge）受召前来拍摄蓝房间，记录这里的布局，以便打扫后，家具能够归回原处。[12]班布里奇还在女王的要求下，拍了大量阿尔伯特遗体的纪念照，1861年12月，冬日白昼转瞬即逝，他不得不和日头赛跑，匆匆忙忙完成潮水般的订单。维多利亚的床头板上挂了其中一幅她丈夫遗体的照片。[13]这在我们看来甚是骇人，不过我们生活在一个喜欢假装死亡不存在的时代，而这是维多利亚时代的惯常做法。

然而，随着岁月流逝，维多利亚对亡夫的悼念开始变得异乎寻常，非常极端。她身边的人对她千依百顺，鲜有拒绝。久而久之，她觉得自己能撤销死亡，阿尔伯特像幽灵般仍然在他的套间中存在着。

维护死亡现场是德国的传统，不过，维多利亚写道，蓝房间不是一个“死亡房间”，而是“一个具有生命的美丽的纪念碑”。一位访客写道：“前厅的桌子上还放着他的手套和他的白色阔边呢帽，就像他最后一次使用它们的那天一样。”[14]从1864年的一幅油画中能够看出，蓝房间中摆满了鲜花。到了夜晚，如果蓝房间的门是开着的，从走廊经过的人们能瞥见阿尔伯特的白色大理石半身像闪烁着幽灵般的光芒，这尊雕像搁放在一个柱子上，正好和阿尔伯特站立时一样高。40年以后，参观蓝房间的人还能看到“有关他的种种东西——制服、手杖、他去世时躺着的床……他的棺木上放着的棕榈叶，他的手和脚的石膏模型”。[15]蓝房间成为一种长期上演的、献给有关阿尔伯特的记忆的表演艺术作品，维多利亚还让丈夫生前最欣赏的艺术顾问路德维希·格鲁纳（Ludwig Grüner）用天使装饰天花板。[16]

阿尔伯特的套间每天还供应着热水，不是因为维多利亚命令仆人们继续供应，而仅仅因为她从未下达停止供应的命令。她的仆人们不敢问。城堡中的“两个老侍从”希望有人能有胆量提起此事。他们说：“真可惜，女王陛下没有命令停止为亲王供应热水，大家都笑话此事，可没人愿意跟她说什么。”[17]

自阿尔伯特去世，温莎城墙内只有一个人**确实**有跟她“说什么”的魄力。那个人就是女王的苏格兰仆人约翰·布朗。他能像对待普通人一样对待维多利亚，他的这一才能既为他带来了王室中的巨大权力，也因此在王室中极其不受欢迎。即使现在，他已经逝去，他的魂灵依然萦绕在城堡中，正是他造成了不必要的麻烦，使得庞森比和戴维森忧虑不已，会面密谋。

尽管维多利亚在丈夫去世后，悲痛欲绝，但她的哀痛不可能永远这么强烈。慢慢地，她的心情开始恢复。数年后，她告诉一名轮值的女侍臣，尽管她曾经想随阿尔伯特而去，但**现在**她想活下去，履行女王对国家和她所爱的人的责任。[18] 布朗最大的功劳就是他帮助促成了这一变化。

甚至在阿尔伯特生前，布朗就已经开始给维多利亚留下不错的印象。1861 年，女王夫妇最后一次在巴尔莫勒尔停留时，她注意到布朗“十分有用”，他“很会穿戴斗篷和披肩”。她解释道：“他总牵着我的小马，在户外侍奉我。”[19]1864 年，布朗开始陪同女王去苏格兰以外的地方时，她尝试描述过他独特的关怀。她写道，他一直在身边，这对自己来说是“一种实实在在的安慰”，“因为他忠心耿耿，又那么心思单纯、头脑聪慧，和普通仆人大不相同”。[20]

这最后 9 个字是他的魅力长盛不衰的关键：他不像一个普通仆人，更像一个地位相等的朋友。他说话直白，脾性适合担当古代宫廷的小丑或傻瓜的角色，具有不畏权势、仗义执言的职责。一个知情人说，女王的仆人们“接受过明令，绝对不能注视女王陛下”。[21] 但是，约翰·布朗得到了允许，不用遵守王室惯常的繁文缛节，可以注视女王，甚至与她交谈。关于他所说的话，流传下来许多例子，也许其中的一些是真的。

传说他曾对女王说："小心，女人。""这里很滑，扶着我的胳膊。"有人问过布朗：他和女王去巴尔莫勒尔周围的旷野郊游野餐时，都备了什么口粮？他们喝茶了吗？"呃，没有。"他回答道，"她不太喜欢喝茶。我们带了些饼干和烈酒。"[22]布朗嗜酒，维多利亚也并不节制。威廉·格莱斯顿曾说："她喝红葡萄酒，其中加了威士忌，我觉得加得还不少。"[23]维多利亚的宠物狗小普（Sharp）十分顽劣，不受管教，布朗还是唯一一个能"稍微约束住"小普的人。[24]总之，他们之间的关系非常牢固，布朗是"唯一一个能够反抗女王，并且让她做自己不想做的事情的人"。[25]

1865年，布朗被赐予"女王的高地仆人"这一特殊职衔。逐渐，他的家人、亲戚也开始悄悄进入王室，担当要职，不仅在他们的家乡巴尔莫勒尔如此，在温莎亦是如此。经过几十年，有些家庭几代人都在王室任职，楼下仆人中间姓格兰特、布朗、克拉克的苏格兰人越来越多。[26]

可是，1866年，维多利亚对布朗的宠信开始对她的声誉造成严重而持久的伤害。是年，一家瑞士报纸刊登了一篇报道，称她和她宠爱的仆人已经秘密成婚。[27]女王在余下的生命中，再也无法洗脱这种污言秽语的毁谤了。1866年7月，讽刺杂志《笨拙》（*Punch*）甚至恶搞《宫廷公报》，将布朗当作一名正儿八经的王室家庭成员来描述：

> 约翰·布朗先生在（温莎堡的）斜坡上散步。然后，他吃了一个哈吉斯①。
>
> 晚上，约翰·布朗先生惬意地听着风笛。
>
> 约翰·布朗先生早早就睡了。[28]

---

① haggis，又译"羊杂碎肚"，被视为苏格兰"国菜"，用剁碎的羊的心、肺、肝和燕麦、香料等调成馅，包在羊肚中煮成。

布朗之所以引起如此不堪的丑闻，是因为当时人们心里都认为，像维多利亚这样的中年寡妇必定难以避免地性欲旺盛，很难得到满足。一位医学权威人士声称："许多女性，甚至连那些道德及行为最无可指摘的女性，都会出现卵巢子宫亢奋，这时她们会做出女色情狂之举。"[29]一家杂志总结了英国社交圈的流言蜚语："女王疯了，约翰·布朗是她豢养的男宠。"[30]她的确十分怀念他人的身体接触。她曾在日记中坦言："很可惜，我还不老，我还有强烈温暖的感情。"[31]可是，他人的肢体接触无须与性爱相关，就能给她带来安慰。布朗帮助她，搀扶她，让她靠在自己强壮的臂膀上。即使这种关系不是有些现代历史学家希望的那种干柴烈火的情事，对维多利亚来说也至关重要。

传记作者简·雷德利指出，女王与布朗的关系之所以在我们看来分外独特，部分原因在于维多利亚和她的其他仆人，尤其是和她的服装师之间的亲密关系，由于时间原因，或者被认为不得体，而被抹杀了。[32]维多利亚的女儿比阿特丽斯后来边抄写她的日记，边销毁多数原件时，她经常省去仆人的名字，因为她认为提到他们的名字不得体或者没必要。例如，维多利亚1845年8月9日的日记原件上，提到了许多女仆的姓氏和名字，比如辛格（Singer）、彭内沃（Peneyvre）、瑞贝卡（Rebecca）、德勒（Dehler）、斯凯里特（Skerrett）和玛格丽特（Margaret）。这些都是女王十分熟悉的人。事实上，她和她们之间比和上层侍臣以及皇家亲戚之间都要亲近。不过，比阿特丽斯在誊抄的日记中，用"女仆"一词无情地将她们一笔带过。[33]

维多利亚和布朗的关系不只有身体接触，到后来还有情感依赖。她称他为自己"最亲密、最忠诚的朋友"："18年半来，他从没离开过我一天。"[34]他从未**离开**过她，总是相伴左右，只有仆人才能给她这种连续感，社会阶层高的人做不到这点。维多利亚格外小心，对那些轮值的贵族未婚侍女和已婚女侍臣，尽量不产生情感依赖。她们有自己的生活，经常为了结婚或照顾孩子而匆匆离开，这令她烦心。其中有些人写信时冒冒失失，有些人记日记时冒冒失失。她不能和她们走得太近。可是，和布朗的关系则大不相同。雷德利认为，从某些方面看来，他们的关系就像是一桩婚姻。他一生对她忠贞不贰，他们的关系“比她和阿尔伯特的婚姻还要健康。布朗没有削弱维多利亚的自信，他从来没有像阿尔伯特那样把她当作孩子看待”。[35]

维多利亚还会咨询布朗政治问题。譬如，他对东方问题颇为关心，以致迪斯雷利有一次开玩笑说，所有新法令都要得到“两位 J. B. 的批准”。一个是约翰·布朗，另一个是英国公众的代名词约翰牛的缩写。[36]

约翰牛喜闻乐见维多利亚家庭生活的细节。为了纪念她和阿尔伯特对苏格兰高地共同的热爱，表明她回归近似正常的生活，她在 1868 年出版了一本名为《我们的高地生活札记（1848—1861）》（*Leaves from the Journal of Our Life in the Highlands, from 1848 to 1861*）的日记集，书中精选了她所写的有关巴尔莫勒尔生活以及苏格兰旷野郊游的日记。这本书的内容无关痛痒，无非是一些野餐和景色的描述。尽管如此，还是销量惊人。维多利亚对此感到十分欣喜。她满怀自豪地将书送给亲戚朋友。克拉克医生也收到了这本书，他写道：“此书非常受大众欢迎。”[37] 维多利亚称：“出版这本书让我受益良多。”[38] 她不仅因此获得了成就感，她的声誉也得到了改善。一名女性，如此真挚朴实地讲述自己的爱情和哀痛，能让人产生共鸣，为之动容。尽管女王几乎不公开露面，她的子民见不到她，可是她的书却让她在子民心中保持鲜活。从书中可以看出，她喜欢简单的愉悦，比如喝一杯热茶，又如寒冷的冬日裹着厚厚的毯子。不仅如此，书中也直白真切地描述了她内心深处的哀伤和沉痛的缺失感。简而言之，这本书让她在民众心中变得有血有肉，有真情实感。

然而，1883 年，约翰·布朗突然去世，结束了帮助女王恢复新生的使命。他的死因是皮肤病，不过有人提出，也可能是酗酒引起的疾患。尽管维多利亚对他的离去感到悲痛不已，但王室其他成员也许对此有着不同的感受。女王的宠信使他在王室中几乎跃升至不容訾议的地位。他饮酒无度，人人皆知，但没人敢说什么，他养成了对其他仆人发号施令的习惯。他还很不招王子公主们的待见。他们憎恨他享有常伴在母亲左右的特权，纷纷对他冷嘲热讽。他们私下称他为"妈妈的种马"。比如，体弱多病而需要照料的利奥波德王子就对"可恶的苏格兰仆人"恨之入骨，他指的正是布朗和他的家人。他认为："（约翰·布朗）对我十分傲慢无礼，他的兄弟也好不到哪里去，故意用汤匙戳我的脸取乐。"[39]

维多利亚将 1883 年布朗之死的灾难性与她的丧夫之痛相比："这样的打击和 1861 年相似，所有联系都被摧毁割裂。"她的身体也受到了影响。她用第三人称描述道："女王一点儿路都不能走，她所承受的打击让她极其虚弱，站都站不起来。"[40] 本来那一年，她身体状况就很糟糕，3 月 17 日，她从温莎堡的楼梯上摔了下来。再加上那时布朗病倒了，无法帮她复健。她在沙发上躺了一周，结果行走能力大大减弱。[41] 同年晚些时候，布朗去世。维多利亚不仅失去一个得到她信任的、搀扶她的人，也失去了唯一一个能够劝动她锻炼身体的人。从 1883 年开始，面见女王的人将会"看到陛下走进来时，要么身体一侧斜倚着一根拐棍"，要么"坐在垫得厚厚的轮椅上，被推进房间"。[42] 威廉·诺里斯爵士（Sir William Knollys）写道："他死了，我猜王室所有人都很开心，但我觉得他们很可能目光短浅。"[43] 毕竟一直以来，布朗让她保持了年轻心态。如今他不在了，她开始衰老。

布朗去世的那年年末，维多利亚用与她纪念阿尔伯特相同的方式纪念了他 —— 她出版了第二本书，名为《高地生活札记续》（*More Leaves from the Journal of a Life in the Highlands*）。她在对内容进行最后的润色时，将其献给了布朗，“谨以此书纪念我忠心的随从和忠诚的朋友约翰·布朗”。第二本日记集对她仆人的着墨比上一本还要多，她对每一个仆人都进行了描写，仿佛他们是出身高贵的老爷和夫人。譬如，读者由此知道了阿尔伯特的贴身男仆勒莱因，他的另一个贴身男仆梅耶（Mayet），以及女王的发型师内斯特·泰拉德（Nestor Tirard），维多利亚在列举出席阿尔伯特雕像揭幕仪式的人员时，提到了他们三人的名字，她还提到利奥波德王子。这种仆人与王子平起平坐的写作方式，深得大众的欢心，让他们感到她其实是“他们中的一员”。然而，宫廷人士却不禁叹惋，因为这种处理让人觉得女王的儿子和她的发型师其实没什么差别。

《札记》销量惊人，《札记续》亦如此。但第二本却为维多利亚招致了大量恶毒的流言蜚语，而第一本就没有。譬如，她在日记中描述过，在得知“布朗可怜的腿”在雨天被“他穿的湿漉漉的苏格兰裙严重蹭伤了”后，她心疼不已，《札记续》收录了这一部分，将其公之于众，由此可见她有多么天真幼稚。[44]或许，约翰·布朗在这本《札记续》中出现得太频繁了：他提议大家“举杯庆贺比阿特丽斯公主身强体健”；他因一位法国王子的逝去感到“无比哀痛”；他和路易丝公主跳了一支里尔舞①；他求女王喝威士忌托地②；[45]维多利亚送给他一个生锈的银色饼干盒时，他感激涕零，令人伤感地说“你对我太好了”；[46]布朗和阿尔伯特一样获得特权，在女王签署文件时，“总帮忙吸干签名的墨汁”。[47]

在维多利亚的书中，约翰·布朗俨然成了她的第二任丈夫。因而，他们已经秘密结婚的谣言四起，至今还不断有人想证明女王和仆人间还

---

① 一种苏格兰民间舞蹈，轻快，通常两对或四对齐舞。

② 一种用威士忌、水和糖调制的鸡尾酒。

存在性关系。历史学家多萝西·汤普森（Dorothy Thompson）指出了这里存在的双重标准。国王找情妇，虽然令人唏嘘，但最终会被接受。而女王仅仅有可能存在婚外性关系，就会让人失望，招致污言秽语与冷嘲热讽。[48]

《札记续》在讲述湿短裙擦伤事件后，再次提到了约翰·布朗“可怜的”腿，这次他在乘船的时候，“小腿前部严重受伤”。[49]这一不幸的巧合促成了女王第二本书的恶搞版本，《约翰·布朗的腿》（*John Brown's Legs*）的出版。其作者含讥带讽地宣称，“谨以此书纪念那些伤痕累累、不同凡响的亲爱的腿”，那些“难以形容其可爱的”身体部件，“它们支撑君主走过一条又一条湍急的山间激流（这些水流往往将近1.5英寸深）”。[50]

亨利·庞森比显然认为，如果女王再毫无遮掩地发表她对约翰·布朗身体的回忆，还会捅更大的娄子。可是，1884年2月，她又交给了他第三本书，一本专门讲述约翰·布朗生平的回忆录，她还提出要和布朗的私人日记一同出版。

庞森比的第一反应是含糊其词。他在来宫廷侍奉之前，是一名战士，参加过克里米亚战争。他已经在王宫任职14年，得亏练就了洞悉一切、八面玲珑的本领，他才能坚持这么久。他回应说，文字出版不是他擅长的领域。女王多番敦促，他只好向她承认，他对出版此书心有不安。他委婉巧妙地写道：“书中有些段落，如果被陌生人阅读，会遭到误解。”他最后写道：“如果出版这本书，带来的反响会令女王伤心痛苦。”[51]

亨利·庞森比反对出版第三本书，本能地希望保护捍卫君主的神秘感，他的担忧虽合情合理，却有几分杞人忧天。对于维多利亚时代的英国民众，有些方面她洞悉，而他却无法察觉。

一直以来，威廉·格莱斯顿、亨利·庞森比这些侍臣、官员力劝女王多在公开场合露面，事实上，维多利亚虽未理会他们的建议，却通过出版有关苏格兰生活的日记集，时不时在《嘉言》（*Good Words*）杂志等诸如此类“有价值的”媒体机构发表文章，用文字蕴含的朴实却无比强大的感染力，俘获了民众的内心。[52]野餐的琐碎细节、写给报刊的陈词滥调的书信，让她的形象在数百万子民心中无比真实，即便是亲自出席无数议会开幕典礼，也做不到这点。然而，宫廷和政府中的精英却没能体悟到这点。

即便如此，毋庸置疑的是，像亨利·庞森比这样的臣子还是对维多利亚一片赤诚，他虽常拿王室打趣，但这些玩笑背后蕴藏着对她深深的敬意。她的亲信有幸见证，她时不时展现出不为外人所知的一面：女王“对任何趣事都兴致盎然”。而她的子民在照片中看到的她的样子，丝毫没有呈现出这一面。在她的一生中，她动起来时的样子最迷人。当她开口说话时，“那善良又略带忧伤的眼睛闪亮起来，鼻孔微张，脸颊泛着红晕，嘴角上扬，露出笑意”。[53]在维多利亚时代，人们普遍认为，在做拍照这种严肃的事情时，也应该表情严肃。女王微笑的照片**确实**存在，不过几乎认不出是她。从这些照片中的生动面孔，能够看出为什么尽管她严苛执拗、难以理喻，富有才智的能人还是一心一意为她效命。

作为女王的私人秘书，庞森比在温莎堡通往大理石大厅（Marble Hall）的一个布置简单的套间办公。他属下一众文员“夜以继日地忙碌着”，他有权进出“电报办公室，查看收到的有关各国秘密的密文”。[54]庞森比办公室的门上挂着“不用敲门——直接进来”的标识，他和年轻的助手亚瑟·比格（Arthur Bigge）在这里营造了一种随意自在的办公氛围。比格简直是小心谨慎的化身，他的同事们私下管他叫“最好别”（Better NOT）。[55]

不过，只要有可能，亨利·庞森比就从办公室溜出来，回到他在诺曼塔（Norman Tower）的家中。诺曼塔的外墙是中世纪结构，其内房间彼此相通。这里花园陡峭，“窗户深邃”，“通道蜿蜒而狭窄……像是相连的矿道”，具有浓厚的哥特风格，是令人兴奋的居所。[56]庞森比十分宠爱他的妻子，人们认为，“最让他感到快乐、放松、振奋的事情”就是“多陪他的妻子玛丽半个小时”。[57]他曾告诉她：“你的建议比任何人的都有价值。”他因为工作需要，经常要去奥斯本或巴尔莫勒尔，夫妻二人聚少离多，他说：“（与妻子相隔两地）是我人生的一大痛苦，让我时常渴望放弃一切。”[58]

亨利对妻子无话不说，他“一切都告诉她，凡事都询问她”。[59]因此，诺曼塔的四堵墙内，一定发生过对女王执意出版布朗传记的讨论。玛丽虽身材矮小，但头脑发达。她的聪明才智几乎“令人感到不安”。[60]亨利·庞森比有时会惹恼维多利亚，因为他不像她那样具有保守派的直觉，他的妻子亦是如此。在王室的圈子看来，玛丽身上有令人难以忽略的根本瑕疵——她是一名“聪慧的女性”。[61]庞森比的传记作家威廉·库恩（William Kuhn）指出，玛丽参加促进女性就业协会，受尼采的哲思之熏陶，倡导女性接受医学训练（维多利亚对这一点格外抵触）。想想在这样一名女性的家中，女王在宫墙中的生活细节一览无余，玛丽能看到她进进出出，看到她的灯熄灭，着实有趣。[62]

玛丽的一位朋友认为，她“热切渴望挣脱当下环境限制，在更广泛的领域，有一番作为”。[63]然而，虽然在温莎过着安静的生活，事实上她在君主制的历史中扮演了至关重要的角色。“务必阅后即焚。”她知道自己说了不该说的话，常常这样恳求收信人。[64]可是，这个建议经常遭到忽视，因而她的书信得以幸存，见证了维多利亚晚期宫廷的荒唐和辉煌。玛丽和亨利的书信和出版作品向我们展示了温莎生活无比荒谬的一面。

维多利亚若是知情，一定会恼羞成怒，可事实上他们帮了女王的忙，让她的形象变得更加有趣。

虽然亨利和玛丽有许多文字幸存下来，但是可想而知，其中却对极其敏感的布朗话题只字未提。毋庸置疑的是，积极果断的玛丽定会鼓励亨利采取积极行动。但他会说“没那么简单”。他曾经解释：“人们总是说：‘你为什么不向女王提意见？’提一次可以，但如果意见不中听，她会对这个话题保持缄默，让你找不到机会继续提。”[65]无奈之下，他只好使用伎俩，比如写信给她时，划掉个别句子，假装他再三思考后觉得不妥。有时，她会在回信中提及这些句子，正中他的下怀。[66]有时，她甚至都懒得动笔回信，直接差仆人传口信。口头沟通一直不是维多利亚的强项，她越来越懒得和不喜欢的人面对面交谈。她的官员们认为，这种“凡事靠第三人传话的可恶做法，造成了重重障碍和无尽的误解”。[67]

就在约翰·布朗回忆录这桩难题出现的一年前，温莎堡狭小的圈子迎来了一位新成员——兰德尔·戴维森。这位新到任的温莎教长成了庞森比的同事，后来他们成为挚友。

维多利亚开始寻找新任教长时，明确要求找“她能够倾诉”的人。[68]兰德尔·戴维森初次面见女王时，34岁，发际线后移，头部光滑，呈蛋形，维多利亚与他一见如故，感到他“和蔼可亲，而且显然很聪明”。[69]

反过来，戴维森能够看到女王宝贵的天赋，这些能力即便是众多精明练达如庞森比的人也没能看出。他非常欣赏维多利亚的所谓“常识”，得益于她的常识，“她具有真正的智慧，虽然她不是一般意义上的聪慧女性，但她能做到的比多数聪慧女性要多得多”。[70]不同于阿尔伯特，甚至不同于庞森比之流，戴维森看出维多利亚拥有独特的才能，无论是任何时事，民众主流观点会作何反应，她几乎都能预料到。在欧洲其他国家，革命之所以成功，是因为中产阶级和受压迫的工人立场一致，相互联手。

但在英国，这种情况并未真正发生，也许因为中产阶级谜一般地相信，体现出中产阶级品位的女王一定是“站在他们这一边”的。

兰德尔·戴维森，这位未来的坎特伯雷大主教，也是揣测民意的高手。1883年，他抵达圣乔治教堂后面塔形的教长处所，从这里顺着山丘走一小段路，就是庞森比办公的地方。他立即感到如在家中一般自在。他在温莎任职尚未满一年，他和庞森比已经开始“在城堡小道上来来回回踱着步，谈论城堡内外大大小小的事情”。[71] 私人秘书办公室和教长处所之间信件往来颇为频繁，庞森比在其中一封中写道：“敬爱的教长，贵教真的相信‘炼狱’一说吗？”[72]

尽管戴维森或许比庞森比更通女王的心意，但对约翰·布朗回忆录一事，他们看法基本相同，都认为不可出版。

然而，对于如何阻止出版，他们的看法截然不同。庞森比解释道，他没有冲撞女王的勇气。他说：“当她坚持说2+2=5时，我说我不禁觉得答案是4。她回复说，我说的可能有些道理，可她心中的答案还是5。我便停止讨论。”她可不想听什么“论证”。[73]

在戴维森看来，庞森比不够刚正，当“有时直言不讳本可以产生更大效用时”，他“却拐弯抹角，费尽心思避免她犯错”。[74] 女王的亲信侍臣们都知道，偶尔直言不讳，会赢得女王的尊重。女王格外宠信的贴身侍女玛丽·马利特（Marie Mallet）写道：“如果我总是唯唯诺诺，缺乏直言不讳的勇气，女王会头一个看不起我。”[75]

但是，庞森比说得没错，改变维多利亚的看法确实很难。一次，王室内务人员在讨论建议她参加白金汉宫举办的一个社交活动。庞森比记录道：“但是，陛下语带哀伤地对我说，她绝不去。”[76] 她不会教训与她意见不合的人，只是不见他们的面。或蓄意冷落他们，当作没看到他们，她一言不发，像只鬼魂，“面色苍白，一动不动，又像尊雕塑”。[77] 维多利亚60多岁时，但凡重大场合，都穿一身黑色的长裙，身后拖着黑色天鹅绒裙尾，颈间戴着珍珠项链，头戴一顶小钻石王冠。她能目光“直直地看向前方……脸上没有一丝笑意”。这种不苟言笑，“尽显女王的威严”，令人胆战心惊。[78]

因而，如果维多利亚不想和庞森比谈论约翰·布朗，他也没办法。他之前因为说错话，多次体验过这种冷冰冰的沉默惩罚。一次他们发生分歧后，女王让他清清楚楚明白了自己的身份，她派王室孩子们的法语家庭教师诺埃勒小姐（Miss Norèle），前去告知他一位政府大臣已辞职的消息。[79]

但是，女王对兰德尔·戴维森却有所不同。维多利亚发现，她确实能轻松地向他倾诉心事。戴维森之前的教长已经察觉到，她**确实**需要有人能说真心话。这是人的一种基本需求。她的处境令其变得多疑，只有在充分了解一个人的情况下，她才会敞开心扉，但“若你能让她习惯与你交心，她会比任何人都彻底”。[80]女侍臣霍拉蒂娅·斯托普福德（Horatia Stopford）写道，戴维森来到温莎之前，教长之位还空着的时候，“女王没有任何人，可以谈论”私事。戴维森不仅赢得了女王的信任，他还很快将城堡上上下下摸得清清楚楚，与女侍从们形成十分有用的盟友关系。恰如其中一名女侍臣所说，他无所不知：“不管是厨房女仆新帽子的形状，还是我深藏内心的一些事！”[81]

最后，3月6日晚上，戴维森和庞森比详尽讨论此事后，坐在他的教长处所内，给维多利亚写了一封很长很长的信。他打算提及庞森比不敢触碰的话题，直接处理约翰·布朗回忆录的问题，建议她不可发表。他写了一页又一页，大部分内容是千恩万谢和刻意恭维的溢美之词。留存至今的草稿上满是划掉、添加和修改的痕迹。[82]不过，在这些溢美之词之间，他插入了一些建议。戴维森说，她的大多数子民都很喜欢她所分享的高地生活札记。可是，他接着说，也有一些英国人，也许准确来说，是许多英国人，“其表现配不上陛下的这些分享，从他们发表的杂志来看，他们不识抬举，妄加非议，文章言辞粗鄙，陛下不必查看，以免玷污陛下的眼睛”。[83] 戴维森很可能说的是讽刺小册子《约翰·布朗的腿》。在兰贝斯宫图书馆（Lambeth Palace Library）①，这封3月6日写就的信函草稿旁，就存放着一本《约翰·布朗的腿》。[84]

写完这封如火药桶般危险的信件，并将其送至城堡内的上区后，戴维森一定开始苦苦等待女王的答复。可他没有等到。

维多利亚想斥责一名内务人员或家人时，她习惯写一封信，将其放在一个标有“女王”字样的盒子里，让一名男仆将其送至挨训的人。她统治后期的首相们无论喜不喜欢这种方式，一年都会收到约200封这样的信件，和几乎同样数量的来自女王的电报。[85] 阿尔伯特教会了她，与人争执的最佳媒介是纸面。然而，这种笔头争执存在弊端，“这样做，可怜的犯错方没什么解释的机会”，言语可能会被曲解，最终只会互生嫌隙。[86]

这一次，戴维森的信造成了龙颜大怒，维多利亚甚至不愿写信教训他。这种时候，女王最信赖的女侍臣通常被不幸选中，担当她的信使，传达她们女主人的训斥。其中一名女侍臣说过：“我们是一张张纸，陛下直接告诉我们她要说的话，比费力用笔将其写下来，要省事得多，而我们也必须像一封信一样，完整准确地传达她的话。”[87] 她们已经习惯传达她的训话。女王有两名女侍臣常年相伴左右，简·伊莱就是其中一名，维多利亚最喜欢选她处理棘手的任务。伊莱会“神秘地低声”传达女王

① 位于伦敦市中心，建于1610年，是坎特伯雷大主教的官方图书馆，也是英国圣公会历史资料的主要存储地。

的训斥。[88]现在，女王又调度她，负责训斥戴维森。简·伊莱从维多利亚的住所前往教长处所，口头要求戴维森收回他信中的话。

但戴维森拒绝这么做。他当即回了女王一封辞职信。没有人料到他会这么做，可能连他自己都大吃一惊。

此举在宫廷政治中实属大胆冒失，戴维森在等待辞职信是否被接受的消息期间，内心一定十分煎熬。礼拜日到了，另一名教士代替他，在教堂主持礼拜仪式。然而，教长处一直没有收到维多利亚塔楼发出的辞职接受信。

整整两天时间过去了，3月8日，戴维森终于等到了一封短信，霍拉蒂娅·斯托普福德亲手将其送到教长处。信中写道："我向你保证，在过去的48个小时，我经历了一番痛苦的挣扎，不过我认为我克服了，感谢上帝！我想你会对我将告诉你的内容感到满意。"[89]

戴维森等到的消息是口头传达的。看来在女王套间内，戴维森在女侍从中建立的盟友代表他，向约翰·布朗回忆录发起了某种攻击。城堡和宫廷仿佛是一个活物，如蛇一般消化着吞噬入腹的老鼠，只有经过一段时间，等异议被消化殆尽时，才能恢复平衡。戴维森最终胜利了。虽然整整两周过去后，他才再次见到维多利亚，但女王对他的辞职信只字未提，并且"待他比以往更加亲切友好"。

戴维森领悟到了有关女王的极有价值的一点：维多利亚"最青睐和信任那些敢于惹怒她的人，前提是她有理由相信，他们动机纯良"。[90]他现在掌握了约翰·布朗赢得女王宠信的秘诀：大胆直言，不可怯懦。

1884年3月，紧张的相持不下后，出版约翰·布朗回忆录的计划熄火了。庞森比悄悄将布朗的日记处理了，故事似乎到此结束了。

但事实并非如此。甚至在维多利亚死后，布朗一事还在继续制造麻烦。伯蒂登基为爱德华七世（King Edward Ⅶ）后，阻止了一起敲诈。一位巴尔莫勒尔的远亲得到约 300 封维多利亚所写的信件，据称其中对约翰·布朗的描写，对已故女王的声誉“十分不利”。最终，经过协商，这些信件被交还，并且普遍认为遭到了销毁。[91] 与此同时，玛丽·庞森比继续为新闻界撰写文章，她的孩子们后来出版了多本著作，描绘了他们父母既喜爱又厌恶的温莎。宫廷中传说，庞森比与女王最后会面时，暴露了他的真性情。那是 1895 年，就在他中风并最终去世之前。据说，她摇响铃铛，吩咐他退下，并且说：“亨利爵士，你一定生病了。”

她之所以如此反应，是因为他终于向她说出了自己的真实观点。他的原话是：“你真是个可笑的小老太婆。”[92]

21. 宝贝嫁人

奥斯本宫，1885 年 7 月 23 日

维多利亚在奥斯本宫写道："天气晴好，虽烈日炎炎，但空气清新。"[1]她和往常一样，在户外大树下面用早餐。一位女王端坐在"巨大的绿里绿边遮阳伞"下，吃着早餐，一名苏格兰乐师在一旁吹奏着风笛，抬眼便是大海，这种景象一定古怪而又壮观。[2]她会吃用金色杯子装着的煮鸡蛋，身边一般站着来自其帝国不同民族的仆从。一名有幸见过此景象的人描述道："两名身着大红和金色服饰的印度男仆一动不动地站在她的椅子后面"，另外还有"一名侍从和一名穿着格子短裙的苏格兰人候在一旁，等她摇铃"。[3]

这天早上，比阿特丽斯陪着她吃早餐，两人心中都百感交集。早餐过后，维多利亚交给女儿一只红宝石戒指，这枚戒指是她 45 年前收到的结婚礼物，意义重大。维多利亚"几乎难以承受接下来要发生的事情"。[4]她最小的孩子结婚的日子终于到了。

一直以来，维多利亚都把比阿特丽斯当作人形拐杖来依靠。比阿特丽斯刚出生时，就比她呆头呆脑、汉诺威长相的哥哥姐姐们要可爱得多。她是一个美丽的宝宝，长着蓝色的眼睛，皮肤如绸缎般光滑。她的一个姐姐曾说："她是我们中间长得最好看的一个，像个小仙子。"[5]"可爱至极，忍不住想亲亲她，摸摸她。"维多利亚在比阿特丽斯 1 岁时这样写

道，她恢复了头胎后消失不见的对婴儿的喜爱。她接着说，“如果”比阿特丽斯“能一直保持这样，那该多好啊”。[6]

随着这个美丽的宝宝一天天长大，这句稀松平常的空话——“一直保持这样”，开始对她加诸残酷的意义。

比阿特丽斯不仅长得可爱，而且是个智力早熟的孩子。阿尔伯特说她是“我们生的最好玩的宝宝”。[7] 3岁时，她一头金色的头发，活泼伶俐，“一个十分有趣的小不点儿，还有点小调皮，正因如此，格外好玩”。[8] 她母亲的一名女侍臣写了一封信，她想读读看。这位侍女说：“你不会读，这是法语——你得学。”哦，不过比阿特丽斯宝宝已经学过了：“我会说bonne jour和wee①。”当被问及为什么没做完某样任务时，比阿特丽斯总有一个现成的借口等着：“我太忙了，我在忙着吹肥皂泡。”[9]

然而，这段备受父母宠爱的童年时代突然终结了。坊间一直流传着一个故事，说维多利亚在阿尔伯特去世的那个悲恸的夜晚，将小比阿特丽斯抱到她的床上，用刚刚过世的阿尔伯特的睡衣包裹着她娇小的身体。比阿特丽斯公主的传记作者马修·丹尼森（Matthew Dennison）写道，“这个故事虽然很可能是伪造的，却生动地说明了”维多利亚对待她最小的孩子和最喜欢的女儿的方式，“因而经久不衰”。[10] 阿尔伯特死后，维多利亚将她的大部分爱和依赖转而倾注在比阿特丽斯身上。

维多利亚刚刚丧夫那几年，比阿特丽斯虽然尚未满10岁，却“像一位母亲一样”对她的母亲呵护有加。据说，比阿特丽斯每天早上“陪伴陛下一个小时”，“小公主看到陛下落泪时，心痛不已。‘亲爱的宝贝’，陛下呼唤着她，将她拥入怀中，温柔地吻着她”。[11] 在任何富有的维多利

① bonne jour 法语，“日安”；wee 是法语 oui（“是的”）的错误发音，因拖着长音，听起来像是英语的 wee，可理解为“尿尿”。

亚时代家庭中，最小的女儿都明白，人们会期待她留在家里，终身不嫁，陪伴和照顾她的父母。比阿特丽斯也不例外。6 岁时，有人问她，是否愿意做伴娘。她立即回答："噢，不，我一点都不喜欢婚礼，我永远不会嫁人。我要一直陪在我的母亲身边。"[12]

等比阿特丽斯到了适婚年龄时，维多利亚刻意避开这个话题。她甚至要求她的内务人员谈话时，如果比阿特丽斯在场，不可提到婚礼。维多利亚将她与同龄人孤立开来，久而久之，这个"有趣的小不点儿"越来越不自信，变得羞涩而沉默寡言。亨利·庞森比注意到比阿特丽斯"没有兴趣爱好，想来是因为她担心喜欢上女王不喜欢的东西"。他认为，她胆小、说不出话的毛病也许永远不会改变，除非"她嫁一个好丈夫，受到他激发"。不过，这不太可能发生。庞森比最后说："可怜的女孩，她有什么机会呢？"一个晚宴时坐在比阿特丽斯身边的人汇报说，几乎找不到安全的话题，可以和她聊。"有些话题是禁忌，有些她一无所知，还有一些她会询问女王，这些都不能聊，剩下的也就只有天气和沉默了。"[13]

比阿特丽斯幼年时那头美丽的金发逐渐变成了红色。维多利亚的新医生詹姆士·里德（James Reid），私下调皮地将她称为"比特菜根"（Betrave）①，将她的名字和法语单词甜菜根结合了起来。[14] 马修·丹尼森笔下二十六七岁的比阿特丽斯"忧郁，绝望，百无聊赖，甚至都懒得抬起头"。[15] 阿尔伯特提到过，维多利亚习惯因家庭琐事而烦恼不安。他曾抱怨说："你天生爱为小事操心，因而在下命令和表达愿望时，总是急切不安地要具体到细节，可你是女王，你说的每句话都是命令。"[16] 比阿特

---

① Betrave 是比阿特丽斯的名字 Beatrice 和法语甜菜根 Betterave 的双关语，意指她的头发和甜菜根颜色一样。

丽斯在成年后首当其冲，深受其苦，她无偿做着女仆的工作，生活的方方面面都受到她母亲的监管。

然而，1884 年，发生了一件出人意料的事情。刚满 27 岁的比阿特丽斯陪同母亲，来到幽静的德国小镇达姆施塔特（Darmstadt），参加维多利亚的一个外孙女和巴滕伯格的路易斯王子（Prince Louis of Battenberg）的婚礼。出席婚礼的还有新郎的弟弟——亨利王子（Prince Henry）。

亨利的家人称呼他为“利可”（Liko），他是巴滕伯格的亚历山大（Alexander）的三子。巴滕伯格的王子们个个英俊潇洒，游历丰富，会说多国语言，对军事有浓厚兴趣。他们的父母是贵贱通婚，因而亨利不算是真正的王室血脉。尽管如此，他仍和比阿特丽斯偷偷地相爱了。在达姆施塔特做客期间，其他前来参加婚礼的客人注意到，维多利亚对她的家人“专横霸道，他们很怕她”。[17] 当她发现两人背着她相爱了时，震惊不已。她将其称作“可怕的婚约”。她认为，他们没有事先寻求她的许可，无异于对她的重大欺骗。[18]

更糟糕的是，亨利王子是一名军官，在普鲁士王室服役。正常情况下，他的妻子会和他一起住在位于波茨坦的普鲁士王宫。[19] 维多利亚坚决不肯让他们订婚，她的理由主要是，比阿特丽斯永远都不能离开她的母亲。

然而，1885 年 7 月 23 日早上，维多利亚在她的奥斯本宫的卧室休息，而比阿特丽斯用旁边她已故父亲的房间，为她等待已久的婚礼穿着打扮。她不得不让侍女们残忍地绑紧她的束身衣，这样她才能穿得上黄蜂般的细腰白礼服，礼服胸前以及长长的蕾丝裙尾上都装饰着橘花。维多利亚在日记中记录道：“我进去的时候，她正好在戴头纱和花环。那是我的宝贵的婚礼头纱，在我的每个孩子的洗礼仪式上，我都戴着这个头纱。”[20]

比阿特丽斯曾经一定经常想，这一天永远不会到来。她后来告诉自己的长子，自她宣布打算结婚，从 1884 年 5 月到 11 月，她的母亲一直不肯和她说话。她们仅有的交流，都是在字条上进行的。比阿特丽斯此前一直与母亲非常亲近，她们疏远的这 7 个月，她一定很煎熬。[21]

现在看来，比阿特丽斯声称，她的母亲在这段时间从未对她说过一句话，肯定有夸张的成分。根据维多利亚的日记，她们之间至少存在一些对话。譬如，7 月 8 日，维多利亚记录说，比阿特丽斯在去别人家做客之前："早早来到我的卧室与我道别。"[22] 不过，这页日记是经过比阿特丽斯后来的誊抄，才得以幸存下来。公主在决定哪些抄、哪些不抄时，一定很想美化日记中的证据，删除母亲恶劣行为的记录。也许她并非有意为之，只是不知不觉就这么做了。

不可否认的是，比阿特丽斯的名字在以前的日记中每页都有，现在几乎从中消失。除了少数时候，例如，维多利亚写道："我亲爱的比阿特丽斯想要结婚，太令我痛苦了。"她还写道："想到我珍爱的宝贝竟然会结婚，我感到何等痛苦、绝望、恐惧和厌恶。"[23]

维多利亚不想让她的小女儿嫁人，原因不在亨利王子身上，有许多因素根本与他无关。维多利亚告诉过自己的一位女婿："我天生需要被爱，而我几乎失去了所有最爱我的人。"[24] 她觉得，她的孩子们理应对她陪伴照顾、关心呵护，她的未婚女儿更应如此，这是他们欠她的。

到了这个年纪，维多利亚只要遇到阻力，就会搬出自己的健康问题说事。她的身体健康已经成为她的挡箭牌。一名观察敏锐的侍臣在 1869 年写道，女王"身体好得很，任何她喜欢的事情都能做，不喜欢的一概不能做"。[25] 同年，历史学家托马斯·卡莱尔（Thomas Carlyle）描述道，她"稍微有些胖，看起来还年轻"，走起路来有些摇摇摆摆；她"步伐流畅，像是在溜冰一般，并且稍稍低头，向我们露出一丝微笑”。[26]然而，根据达姆施塔特婚礼上一个没那么友好的德国人的描述，她“脸色青紫”，看起来“像一个厨娘”。这位先生听信谣传，以为她“多多少少有些精神错乱”。[27]

不过，毋庸置疑的是，维多利亚的视力开始下降。因此，比阿特丽斯担当了大声朗读女王信件的重要职责。了不起的亨利·庞森比的儿子，即弗雷德里克·庞森比（Frederick Ponsonby），也在王室内务部任职，根据他的描述，比阿特丽斯努力扮演女王私人秘书的角色，不过最终演砸了。年轻的庞森比写道：“女王甚至连当下热议的话题都不知道，想象一下比公主（比阿特丽斯）试着解释我们在东方的政策。”他或亚瑟·比格会写长篇报告，列出他们认为女王需要知道的内容，“可是因为比公主忙着洗照片，或者画一朵花，经常顾不上为女王朗读这些报告”。结果，有时会出现“严重的岔子”。最可悲的是，维多利亚只有眼睛不好使，至少年轻的庞森比这样认为：“她的记性还好得很，判断力和分辨力丝毫不减当年。”[28]

维多利亚还变得越来越大惊小怪。她曾经对身体、生理和肉体相关的问题非常自在，却逐渐将她的女儿看作一朵纯洁无瑕、没人触碰过的百合花。因此，当她想象比阿特丽斯失去处子之身时，痛苦万分。维多利亚写道：“那个想法，那个痛苦难耐的念头，对我来说是世界上最折磨人的念头。”[29]女王年轻力壮时，根本不会这么在意。可现在她已经是9个孩子的妈妈，这也反映出了在维多利亚时代上流社会文化中，女性日益深入人心的形象。

尽管如此，比阿特丽斯也许意识到，这是她唯一的机会，因此才倔强地坚持要嫁给亨利王子。到了12月，她的母亲无法再继续反对。维多利亚做出了让步，比阿特丽斯可以嫁给亨利王子，不过有一个条件——

亨利王子必须放弃他在普鲁士军队的事业，来英格兰与他的岳母同住。虽然维多利亚勉强同意了这桩婚事，但是要让比阿特丽斯“离开女王，根本没商量”。[30]

尽管这个要求异乎寻常，亨利王子还是答应了。维多利亚知道他愿意来住在她的宫里后，就无法再拒绝这门亲事了。那一年快要结束时，1884 年 12 月 29 日那天，她将比阿特丽斯和她的未婚夫叫到阿尔伯特在奥斯本宫的房间。在那里，当着丈夫亡灵的面，维多利亚祝福了他们。[31]

也许维多利亚已经说服自己，她并未失去女儿，而是得到了一个儿子，可即使如此，她还是害怕小两口怀上孩子。她发现，他们在恋爱时“没有亲吻，等等”，以为“比阿特丽斯不喜欢”这样的亲昵之举，她为此而心生宽慰（也有可能比阿特丽斯没有说实话）。维多利亚暗暗叫苦：“婚礼日像是一个巨大的考验，我希望并祈祷这场婚礼不要开花结果！”[32]

所有王室婚礼都会巩固君主制，这次也不例外。宪法评论员沃尔特·白芝浩注意到这一现象，在他看来，王室家庭“在普罗大众的心目中”比共和国要受欢迎得多。他认为，“看一个人做有趣的事情”，比选出几十个代表，看他们不断重复无聊的事情，要精彩一百倍。他还认为，女性“对王室婚礼的喜爱是喜爱政府部门的 50 多倍”。[33] 比阿特丽斯是媒体和大众心中的宠儿，她的无私奉献，他们体会得到，纷纷交口称赞。她收到的婚礼礼物中有一套银质的茶和咖啡用具，上面刻着：“许多女儿尽到了孝道，而她们都无法与您相比。”[34]

为了明确表示比阿特丽斯永远不会离开奥斯本，她的婚礼要在那里举行，这将是首例在教区教堂举行的王室婚礼。筹划者很快意识到，怀特岛将会面临巨大的住宿压力。一些宾客被安排住在皇家游艇上。44 名见证人将在婚姻登记册上签名，维多利亚已经提前煞费苦心地整理出先后次序，以免到时候因此发生争执，丢人现眼。[35]

维多利亚的指令向来详细却不清晰，这回亦如此，造成了不少混乱，最后才闹明白，女客人需着半盛装，即戴珠宝，穿齐手肘的短袖礼服。[36]受邀客人的名单中明显缺少一个人，即首相威廉·格莱斯顿，迪斯雷利死后，他又重新担任首相。尽管邀请他对政治有利，可维多利亚无论如何也做不到，她称这位首相为"疯疯癫癫的煽动者"。[37]

临近中午，烈日当头，维多利亚和比阿特丽斯终于准备好乘坐马车，前往相隔不远的威平厄姆村（Whippingham）的圣米尔德丽德（St Mildred）教堂。"一路上，人头攒动。"维多利亚满意地写道。[38]圣米尔德丽德教堂是一座"爬满常春藤的乡村小教堂"，这场婚礼将会是"一场完美的乡村婚礼"。[39]

下午1点钟她们才到，新娘姗姗来迟。教堂外站着高地士兵仪仗队和一支"管鼓"乐队。伯蒂在教堂门口等待着，身旁围绕着"甜美的年轻伴娘们"，她们身穿白色的礼服，佩戴着白色康乃馨。[40]伴娘总共有10位，都是比阿特丽斯的侄女。激进的议员亨利·拉布谢尔（Henry Labouchère）认为，她们都"明显缺乏美感"。他还认为，伯蒂"看起来心情不佳，浑身不自在"，而维多利亚"看起来怒气冲天"。[41]

比阿特丽斯和她的母亲感觉到大家的期待，她们现在踏上红地毯，走了过来，道路两边站满了人。[42]教堂内部装饰着大量"常春藤和蕨类植物"，还有"摆成金字塔形的盆花"。[43]温莎圣乔治教堂的唱诗班专门被请来献唱，不过，他们有点不高兴，因为没人想起让他们吃点东西。[44]

英气逼人的亨利王子站在神坛前耐心等候，他戴着崭新的嘉德勋章蓝色绶带。绶带下，按照女王的要求，他穿着雪白的普鲁士军装。[45]婚礼演奏的也是德国乐曲。比阿特丽斯手握橘花，伴随着"帕拉特先生

（Mr Parratt）用管风琴演奏的美妙”的瓦格纳乐曲，走向神坛。[46]

比阿特丽斯戴着她母亲在与阿尔伯特结婚时戴的那块德文郡蕾丝头纱，她只能透过头纱的褶子，隐隐约约看到她的新郎的模样。这块头纱意义重大。维多利亚非常重视衣物，据一名知情人所说："她的衣橱女仆几乎能无一例外地拿出她在任何一个场合穿戴过的裙子、帽子或披风。"[47]这块头纱是阿尔伯特遗物箱中她最珍视的物件之一。维多利亚写道："在我眼中，它是件圣物，因为正是戴着那块头纱，我们的结合得到了上帝永远的保佑。"[48]她将其借给比阿特丽斯使用，代表着她对女儿的衷心祝福。

女王似乎已经心软了。"一同跪在神坛前的夫妇，几乎没有比他们看起来更幸福的，"她写道，"尽管这是我第九次和孩子站在神坛前，我仍觉得这一次的感触最深。"[49]即便如此，在场的宾客注意到，她对坎特伯雷大主教的长篇大论感到不耐烦："陛下开始单脚敲打地面，看起来随时都可能发脾气。"[50]最后，头纱被揭起，紧张的氛围也随之消散，比阿特丽斯终于嫁为人妇了。

马修·丹尼森将出借头纱视为一个周期的结束，也是一种救赎。[51]然而，在我看来，这更像是一种控制。是的，维多利亚允许比阿特丽斯嫁人了，但必须以她认可的方式出嫁。

见证人在婚姻登记册签完名字后，宾客们回到了奥斯本宫，开始享用丰盛的午宴。婚宴在户外的草坪上进行，草坪上扎了几顶帐篷，周围摆满了蕨类植物和鲜花。[52]维多利亚的宴席是出了名的速战速决，如今已经不用从公共的餐盘中取菜，而是直接提前盛好，一道一道地端到面前来："你吃完一道，立即进行下一道，连停下来喘口气的机会都没有。"[53]根据一位 19 世纪 80 年代时常到奥斯本宫赴宴的客人的记录，整个晚宴正好持续50分钟，“仆人每盘盛太多了”，所有食物都“完全是英国风味”。[54]

随着维多利亚的统治进入后期，这种大规模的户外宴会越来越常见。她年轻时的深夜舞会，让位于至今仍作为英国生活一部分的游园会。这种宴会在白金汉宫举办时，维多利亚会坐在她的敞篷马车中，绕着草坪缓慢行驶，然后进入一个“摆满鲜花的巨大黑色帐篷中；帐篷四面都是敞开的，她忠诚的臣民能看到她呷着茶，让印度仆人将她的吐司抹上黄油”。[55]甚至还有忽动忽停的影片记录下这样的时刻，留存于世，其中，年老的维多利亚被仆人十分艰难地从她的马车上搀扶下来。

比阿特丽斯的婚礼午宴上，来自一个高地军团的10个风笛手，在宾客用餐期间，绕着餐桌齐步走，“演奏着精彩的乐章”。[56]维多利亚用餐时听军乐的习惯由来已久，造成了不少麻烦。根据年轻的庞森比的回忆，一次晚宴时，他受命向她宣读一些文件，当时皇家海军乐队正在表演瓦格纳的曲子，为了让她听见，他只好扯着嗓门喊。谁知音乐突然停止，现场一片寂静，只闻庞森比的“高声呼喊”，其他宾客们捧腹大笑。[57]

午宴结束，拍完照片后，新娘母亲的面具开始挂不住了。4点钟时，她和女儿一起上楼，比阿特丽斯要换上她的奶白色绉纱质地的蜜月裙。母女分离的糟糕时刻即将来临。亨利王子也被叫上楼来，维多利亚忍不住流下了眼泪。“我亲爱的‘宝贝’与我告别……他们离开房间时，我感觉凄惨无比，不忍心下楼，为他们送行。”事实上，她两天后就能见到她的女儿，可即使是短暂的分离，她也难以忍受。

晚餐过后，宾客们纷纷涌入花香扑鼻的花园。焰火将夜空点亮，近旁海湾中泊着的游艇“灯火通明，发射着烟花”。[58]奥斯本宫草坪中央的巨大喷泉上“挂着五光十色的灯笼”，“烟花时而绽放，时而熄灭，消失在夜空中……一阵阵清脆的笑声在黑夜中回荡着”。[59]

然而，维多利亚却无法享受这一切。她感到自己老了，身心疲惫、形单影只。她恪尽职守地在草坪上的客人们中间周旋着，“尽量与人交谈”。可她内心倦怠：“情绪低迷，做这一切都很费力，我悄悄溜回我的房间。心中一直惦记着我亲爱的孩子。”[60] 平日风平浪静，维多利亚通常到凌晨 1 点才睡着。[61] 经过今天的重重挑战，也许要到更晚，为女王睡前读书的女侍臣才发现女王睡着了，她今天的任务结束了。

比阿特丽斯和她英俊的丈夫坐上马车，穿过人群，经过乐队，离开奥斯本宫后，她首先想到的是被她留在身后的母亲。[62] 他们来到近旁的采石修道院（Quarr Abbey）过夜，比阿特丽斯一到这里，立即坐下来写了一封信，告诉母亲她已经安全到达。[63] 然后，她才能放心地去享受自己的 48 小时蜜月。

比阿特丽斯对母亲夸张的反应心怀歉意。她告诉一位友人：“我和她告别时，她伤心不已，可怜的妈妈。”不过，也许这是比阿特丽斯头一次感受到自由自在的快乐。她坦言：“现在一切都完成了，我达成了一直以来的心愿，我感到多么放松和平静。”[64]

比阿特丽斯后来生了 4 个孩子，她的丈夫也成为维多利亚家庭的一位重要成员。亨利王子对戏剧和歌唱兴趣浓厚，有他做伴，“女王有多个孤单的生活习惯逐渐消失不见了”。[65] 维多利亚微笑的照片为数不多，其中一张是这场婚礼后一年在奥斯本宫拍的，照片中女王胖乎乎的脸洋溢着喜悦，像是一只滚圆的黄油球。比阿特丽斯站在她的身后，她的一个外孙女和一个曾孙在她旁边。照片中，四代同堂，她自己满脸笑意。女王对此颇为满意，称这次拍照“非常成功”。[66]

然而，比阿特丽斯的故事结尾却很悲伤。亨利最终厌倦了待在怀特岛上哄岳母开心，维多利亚勉强同意他去非洲作战。他对能重新成为一名战士，感到“兴奋不已”。[67]

他的作战任务是摧毁阿散蒂王国（Ashanti Kingdom）[①]。名义上，这次战争是为了结束该国的蓄奴和活人献祭传统；实际上，这是欧洲列国对非洲的丑陋“争夺”。这些军事强国使用炮舰和机枪，而与之对抗的土著使用的却是火枪。[68]

但是，非洲大陆还有它的自然防御机制。至少有一半英国士兵受到了疟疾袭击。亨利在穿越如今的加纳地域时，也不幸染上了疟疾。他死在了带他回英格兰的船上，他的尸体被装在用饼干罐子匆匆制成的临时棺材中，为了保存尸体，棺材中倒满了朗姆酒。[69]他被安葬在他10年前结婚之地，圣米尔德丽德教堂。

尽管维多利亚最初不愿让亨利王子进入她的家庭，可如今他逝世了，她感到悲痛欲绝，将他视为“家中的一道明亮的阳光”，哀悼着他。[70]比阿特丽斯失去了爱人，别无选择，只好重新做回母亲最亲密的伴侣和助手。此后50年，她没再嫁人，一直担任女王最亲信的秘书，不辞辛劳地为她撰写、誊抄、校对。

尽管比阿特丽斯经历过一番英勇斗争，她最终还是没能逃脱。

---

① 18世纪初至20世纪中叶位于非洲加纳中南部的一个联邦王国。

22. 蛮师狂热

卓越女王酒店，里维埃拉，1897年4月4日

1897年4月4日，维多利亚在法国蔚蓝海岸（Côte d' Azur）的蝉鸣声和棕榈树影间度假。她之前经常来尼斯，不过这次不同的是，她尝试了一家以她的头衔命名的崭新的酒店——卓越女王酒店（Excelsior Hotel Regina）。这家酒店特意为她准备了一个全新的套房，从阳台能够俯瞰微微鼓着波浪的地中海。这个套间在她到来的3周前才落成。维多利亚一年前住在格兰德大酒店（Grand Hotel）时，观察过卓越女王酒店的施工，她称其为“新崛起的巨型大厦”。如今，在巨大的女王酒店的映衬下，格兰德大酒店黯然失色。[1]

拥有400间客房的女王酒店至今仍矗立在那里，这座建筑像是美好年代①的婚礼蛋糕，毁誉参半。维多利亚的一名侍臣称之为“可怖的舞台布置，尖顶奇形怪状，白色圆形塔楼丑陋臃肿”。[2]酒店体积巨大，耸立在整条商业街上方。打开大门，可见酒店内部极尽奢华，所有房间都装有电灯，配备有“取暖的蒸汽管”，还提供公共马车服务，15分钟内就能将你送至尼斯的赌场。[3]

维多利亚甚至还专享一部“颇有艺术性的铁质”电梯，将她送至二楼的房间。[4]现在她“让一名印度仆从搀扶着，也只能非常艰难地走几

① belle-époque，法语，指19世纪末至“一战”爆发前，和平、繁荣和科学进步的伟大时期。

步路”。[5]她的套间全在同一层楼，卧室中挂有玫瑰色的丝绸帷幔，铺着“黄色长毛绒”地毯。[6]尽管维多利亚的房间一如往日，摆放着她从温莎带来的熟悉物件，但酒店的管理人员在当地弄到一张乔治三世的肖像，用来装饰女王的餐厅。他们这么不厌其烦是值得的，维多利亚的王室人员占了酒店整个西翼的至少70个房间，两个月的费用达8万法郎。[7]她之所以选择住在大酒店，而不是租一座私人别墅，是因为即使是最大的别墅，也无法容纳她带的所有人。

“我是一个非常前卫的人。”维多利亚17岁时在日记中写道。至少照她的度假习惯来看，此话依然不假。[8]今天从伦敦飞往尼斯只需不到2个小时，但在维多利亚出生的1819年，需要16天星夜兼程，1863年戛纳通铁路后，所需时间缩减到48个小时。[9]维多利亚的王室人员和她一样，还在为阿尔伯特穿丧服，他们下火车时，光线的强弱转变太快，有点不适应，感到晕头转向，奋力眨着眼睛。卧室侍女玛丽·马利特写道：“这里阳光明媚，舒适宜人，每个人都穿着白色连衣裙，戴着装饰着花朵的帽子，我感到自己像是一只黑色的小鼹鼠，而且是只土里土气的鼹鼠。”[10]

法国里维埃拉①历史学家迈克尔·尼尔森（Michael Nelson）指出，阿尔伯特去世后，维多利亚几乎每年都会到地中海度假，在阳光明媚的海滨度过了332个晚上，几乎是她生命中的一年。女王去哪儿，其他英国人就会纷至沓来。有人询问一名法国旅店老板，他的住客都来自什么地方，这位老板回答说，他们应该都是英格兰人，但自己也不确定他们会不会是德国人或俄国人。[11]如果他们是游客，那他们**必定**来自英格兰。即使到今天，尼斯的盎格鲁街（Promenade des Anglais）上，威斯敏斯特酒店（Hotel Westminster）、皇家酒店（Le Royal）和女王餐馆

① 法国地中海沿岸区域，即上文提到的“蔚蓝海岸”的别名。

（Queenie's Brasserie）还在摩肩接踵，争夺空间。

维多利亚坐在松树下，享受着印度般的夏季，高高的树干直冲天际，浓密的树冠洒下阴凉，映衬着地中海的天际线，风景美妙如画。酒店坐落于尼斯城外一座山丘上的高档郊区希米耶区（Cimiez），她在这儿生活得散漫轻松，悠闲自得。仆人侍候她更衣，她们几乎构成了她的第二个家庭。一名衣橱女仆在她卧室旁的更衣室守候，随时待命。[12] 7点半，值下一班的女仆进入维多利亚的卧室，打开绿色丝绸质的百叶帘。女王的银质发梳、热水、折叠好的毛巾和海绵已由这些衣橱女仆全都摆放好。她的药剂师的账簿中有她购买美容用品的记录，比如"薰衣草水""桑德斯先生出品的牙酊"（Mr Saunders' Tooth Tincture），以及"沐浴皂"。[13]

维多利亚的衣服归服装师管理，她们的薪酬比女仆高。根据维多利亚的指示，她们负责"一丝不苟地清理女王陛下换下的所有衣物，并将其精确地归回原处……周详考虑女王需要以及可能会需要的所有衣物"。[14] 她的白袜底黑色丝质长袜几十年如一日，由一名叫作约翰·米金（John Meakin）的袜匠编织而成，安妮·伯金（Anne Birkin）将她的所有衣物绣上其名字的简称——"VR"。[15] 维多利亚对安妮这样忠心耿耿的仆人感情越来越深，甚至收藏了她的相片。她的丧服虽然看起来相当阴沉，但做工却非常精细。为了省去试穿的麻烦，裙装的剪裁几乎完全一样，全都是方领上身和短裙，裙身上专门缝制了古怪的小口袋，用来装钥匙和印章，只有稍许不同。她头上戴着一顶白色的无边软帽，装饰有蕾丝飘带，她的颈间挂着一个盒式项链坠，其中装着她两个孩子的微型肖像——因白喉丧命的爱丽丝，因血友病丧命的利奥波德。[16]

9点半时，维多利亚坐在花园中的绿边儿开放式帐篷下，用早餐。她有两个用来喝咖啡的杯子，她的仆人已经习惯用两个杯子互倒的方式，让咖啡冷却到适当温度。[17] 早餐菜单上有"面包卷、鸡蛋、炸鱼、烤培根和剑桥香肠”，她会每样吃一点，每天尝试不同的东西。[18]

她吃早餐的当口，衣橱女仆们在打扫她的房间。她们的任务之一是将维多利亚的日记本收起来，她无一例外每晚都会写一篇。[19]这些女仆使用照片，就像为阿尔伯特死亡房间拍的照片一样，帮助她们将家具和摆放的物件放回原处。[20]

以前，当戴着银质灰狗徽章的信使将装有当日政府事务的红色皮箱送来时，也是一名女仆负责签收。[21]但是现在负责移交这些箱子的是阿卜杜勒·卡里姆，女王雇的印度机要秘书。[22]即使是在女王酒店，他还是按部就班地将这些箱子放在她的书桌上，等待她处理。11点左右，维多利亚开始办公，她在“宽大的书桌椅上”坐下，将脚搁在脚凳上，靠着靠垫，打开箱子，逐一阅览箱内的文件。[23]

每天早上，她都会阅读政府报告，如遇感兴趣的话题，她会下达详细的命令给她的大臣们。例如，当连环杀手“开膛手杰克”（Jack the Ripper）四处作案时，她严令增派警力，在伦敦街头巡逻。再如，同性恋惩罚法案的下一份草案不可再提女性，因为完全没必要，“女性根本不做这样的事情”。[24]英国在国外的地位受到任何威胁，必定会让她坐立难安。但她对国内事务就没那么在意，对民主的整个概念也不以为意。她曾抱怨说，她看不懂，索尔兹伯里勋爵（与她关系非常融洽的一位首相）领导下的如此令人钦佩的政府，为什么“仅仅因为选票数量不足”就倒台了。[25]

亚瑟·比格如今已从助手晋升至私人秘书，令他头痛的是，维多利亚对打字机深恶痛绝，坚持一切都得手写。随着其视力越来越差，她越来越大声地抱怨纸上的墨迹没有以前“那么黑”。对此，比格之前的一任私人秘书，现已去世的亨利·庞森比，往往要弄“一个小酒精炉”，将写好的纸张烤一烤，便能让上面的字迹变得更黑。与此同时，维多利亚自己的笔迹变得非常难以辨识，她用的是带有黑色边框的哀悼信纸，有时她的字会写到边框上，完全看不到了。[26]

她在读写公文时，一只在意大利佛罗伦萨购得的小白狗图里（Turi）通常坐在她的脚边，她的套间里还摆放着许多亡犬的大理石或青铜雕像。她认为，“人性最恶劣的一面”莫过于残忍对待动物。[27] 当地的街头音乐家听闻她会慷慨打赏，聚在她的阳台下演奏、歌唱。她的保安队长忧心忡忡地监视着他们。[28] 维多利亚入住这种公共酒店时，需由警探对她进行严密保卫，他们“通常一副游客的打扮和举止”。[29]

站在她的阳台上，维多利亚能够俯瞰下方绵延 5 公里的海滩，景色十分壮丽。她的仆人们认为她在地中海度假时，心情更加轻松，更容易感到愉快。“成片的橄榄树……果园里缀满柠檬……像榆树般高大的桉树”，更重要的是，“天空湛蓝，平静的海面吹来阵阵清爽的微风”，这些都令她备感欣喜。[30] 结束公务后，她会坐上轮椅，来到女王酒店天堂般美丽的花园，顺着平坦的小径向前，欣赏那里丛生的柏树、棕榈树和开满鲜花的花坛。有的下午，她会乘马车出游，孩童们跟在车后喊着：“Madame la Reine（女王陛下）！”一次驱车外出时，尼斯最出名的独臂乞丐夏尔·阿尔贝里克（Charles Alberique）坐在由两条狗拉着的小推车中，和女王的小马车赛起跑来。这一滑稽场面碰巧被一名在报社供职的画家看到，他将其勾勒了出来，这幅画在世界各地被翻印。[31]

维多利亚脚踩铺着地毯的阶梯，她的新宠男仆阿卜杜勒·卡里姆搀着她登上小马车，一起上马车的还有“无数毯子、披肩、遮阳伞”。她对这位文员十分信任，愿意让他近身帮助、搀扶、侍奉她。有人注意到，他与女王十分亲近，他用“优雅的棕色的手”，将“女王的面纱拉下，遮住她的面孔”。[32] 卡里姆的地位得到了极大擢升，在维多利亚眼中，他和王室中的绅士是平等的。而这些绅士却深深地厌恶他，这就意味着他在王室中没有朋友，出门兜风时，只能独自骄傲地坐在空荡荡的马车中。

当地的尼斯人以为阿卜杜勒·卡里姆是“一位被俘虏的土著王子，仿佛被拴在了印度女皇的战车轮子上”。[33] 实际上，他只是一介平民。他出身于印度阿格拉（Agra）的一个普通家庭，在 1887 年进入王室，开始为女王效命，他当时 24 岁，个子高高的，蓄着胡须。根据《泰晤士报》的描述，他“身高 6 英尺”，一口“蹩脚的英语，但嗓音悦耳”。他显然拥有极大的个人魅力。“看着他的面孔，听着他的嗓音”，这位着迷的记者接着描述道，你会觉得他“能驯服狮子，安抚老虎”。[34]

卡里姆和一位名叫穆罕默德·巴赫什的同事，于 1887 年初次来到英国，参加维多利亚的登基 50 周年金禧庆典（Golden Jubilee）。1886 年，维多利亚在皇家阿尔伯特大厅（Royal Albert Hall）举办了一场空前盛大的印度和殖民地展览，这场展览为伦敦带来的不仅有印度的建筑和服饰，还有印度面孔。她越来越对印度的一切着迷，而且希望王室人员的构成能清楚地体现她印度女皇的新身份。庆典结束后，卡里姆和巴赫什没有返回印度，而是留在了王室，做餐桌侍从。一直以来，王室都会雇异国面孔的仆人，为宫廷添加几分视觉上的戏剧性，他们两人延续了这一传统。

没过多久，这两个印度人就像曾经的约翰·布朗一样，得以近身伺候女王：“他们非常灵巧，在协助我下轮椅或进马车时……从来都没有弄疼我。”[35] 然而，与布朗曾经遭到王室其他人员排挤一样，卡里姆和巴赫什也受到了排斥。他们结成自己的“小阵营，与其他人隔离”。他们被描述成“令人费解、不动声色、傲慢无礼的家伙”，他们“头戴大大的包头巾，身穿稀奇古怪、颜色炫目的羊绒服装”，伺候女王时殷勤周到，很少说话。[36]

维多利亚的侍臣一般与她手下的印度高官和殖民职员一样，认为印度人肯定低欧洲人一等。然而，或许是因为不用担心自己的地位受到挑战，维多利亚并不这样认为。甚至在1857年印度起义发生后，她还写道："我不记恨棕色皮肤的人，一点都不。"[37]

维多利亚如今是印度名义上的元首，她想对印度了解更多，于是1887年，她开始向卡里姆学习印度的语言。她解释说，她想学点印度斯坦语或乌尔都语，因为"她对印度的语言和人民有着浓厚的兴趣"。[38]印度女皇虽不能亲自前往印度，参观她的领地，但她能将印度的东西迎入她家中来。

两年后，卡里姆完全卸下了餐桌侍从的职责，他被提升为"蛮师"，即老师或秘书。维多利亚称他为她的"私人印度秘书"，负责照看她的"公文箱、信件、文件"。[39]当他们起身前往尼斯时，法国的报纸称他为"le professeur de la reine"（女王的老师），或者"Le Munchy"（蛮师），王室其他成员见状，怒火中烧，因为报刊很少提及他们。[40]

一些王室人员怀疑，卡里姆的乌尔都语读写和技能水平没有他声称的那么高。这个猜测有一定根据。不久前，历史学家史雷巴尼·巴苏（Shrabani Basu）分析了卡里姆的私人日记，并出版了其中部分内容。卡里姆在日记中坦言，他是母亲最喜欢的孩子，因而"被娇惯得厉害"，他年轻时学习"断断续续，非常不规律"。[41]但无论他的受教育水平究竟如何，他确实能够体察地位尊卑的微妙差异——这对宫廷生活而言至关重要。他的确野心勃勃。随着时间的推移，他要求并获得了更好的住宿条件，包括在巴尔莫勒尔和奥斯本均拥有配备家具的小屋。这让那些必须将住所让给他的人气愤不已。新任王室医生詹姆士·里德不满地说："我听说女王不仅将我以前的房间给了阿卜杜勒，她还把中间的大起居室给了他，我去年找她要，她都不给我！"他觉得这反映出："阿卜杜勒和我在她心中的地位天差地别！"[42]

一天晚上，女王宣布阿卜杜勒·卡里姆有权和其他绅士们一同使用台球室，在场一片哗然。亨利·庞森比在去世前，很难控制这种不满情绪，事实上他承认过，自己也有促使其他内务人员抗议的那种种族主义观点。他写道："如果是英国或欧洲仆人，我还能好好相处，可这些印度佬，我真吃不消。"[43] 维多利亚还因为索尔兹伯里勋爵称印度仆人为"黑鬼"，不得已训斥了他一番。[44]

1897 年早些时候，女王春天前往法国南部度假一事还在筹划中，就宣布了蛮师也将一同南下。王室内务人员因此越发恼怒。如果他和他们同住在女王酒店，他们就要和他一起用餐。这样做等同于认可他的地位，他们并不情愿。

詹姆士·里德医生尤为恼火。他 1881 年成为御医，现已成为维多利亚最信任的医生，权势达到巅峰。他来自苏格兰阿伯丁郡内，由"花岗石建成的灰色的"埃伦小镇，其父是当地一名勤劳虔诚的医生。[45] 里德从维也纳学成归来后，遇到巴尔莫勒尔要招一名"常驻医疗服务人员"，于是他被录用。他的直言不讳深得同事的欣赏。一名同事写道，他很明显"并不膜拜王室，他喜欢打开天窗说亮话，令人耳目一新"。他个子不高，有些秃顶，蓄着八字胡，鼻梁上架着夹鼻眼镜，他的同事们逐渐认为，维多利亚在生命中的最后 10 年，"受他的指引比任何其他人都要多"。[46] 其中一名同事甚至说："她只听他的意见，其他人一概不理会。"[47]

里德医生罗列了女王的另一位宠臣蛮师的众多罪状。阿卜杜勒·卡里姆请求将交给报纸刊登的照片稍作修饰，让他显得"更瘦，肤色浅一些"，里德医生没有同意。在一家小旅馆暂住时，阿卜杜勒·卡里姆坚持"霸占了浴室和厕所"，导致"女王陛下的女仆没有地方可以用"，里德医生义愤填膺。[48] 他的反应不仅含有种族歧视，还包括了自古以来王宫侍臣对与他争宠之人的嫉妒。此外，卡里姆是一个英俊的年轻人，而维多利亚是一位年长的女士，这一事实让维多利亚对卡里姆的宠爱显得越发不妥。

卡里姆还有更加严重的罪状。1897 年 2 月 20 日，在他们全部动身赶往尼斯前不久，里德医生得到了一些令人不齿的消息，要告诉维多利亚。卡里姆又生病了。之前她的蛮师生病期间，她一直关怀备至，每天去探望他两次："待在他的房间里，学习印度斯坦语……帮他查看脖子，抚平枕头，如此种种，不胜其烦。"里德之前为卡里姆诊治过性病，如今他告诉女王，卡里姆淋病复发了。[49] 果真如此吗？至于维多利亚是否相信他说的话，我们无从得知。毋庸置疑的是，里德医生的同事们敬佩他的正直。但是，也许他有意将卡里姆往坏处想。

然而，维多利亚却对任何不带蛮师南下的建议充耳不闻。1897 年 3 月 10 日，维多利亚动身前往尼斯，卡里姆也跟着一起。不过，里德医生库藏的对付蛮师的武器还没用完。尽管女王的抱怨似乎无穷无尽——她的膝盖、她的神经。事实上，年近八旬的她还相当健壮。可是，里德医生如今又要唤醒汉诺威血脉中流淌着的"疯狂"基因的幽灵。

前往希米耶的旅程由欧内斯特·多斯（Ernest Dossé）负责安排，他拥有令人羡慕的职衔——"女王陛下的欧陆旅行主管"。女王乘火车一路向南，穿越法国，火车中有两节车厢，是专门为她准备的。其中她的寝车下没有像其他车厢那样安装闸片，以免夜晚停车时发出的刺耳摩擦声搅扰睡眠。[50] 她日间使用的车厢装饰着玫瑰、蓟、三叶草图案的丝绸。[51] 这辆火车上还运有维多利亚的私人大马车和小马车、如流动医院般的医疗用品，以及她的"桃花心木床架，过去 40 年来，她无论去哪里旅行，都会带着这个高而窄的老式床架"。[52] 火车上提供有爱尔兰炖菜，这是从温莎带来的食物，用红色法兰绒制成的软垫包裹着，保持微热的温度。一只洗脚盆中装满冰块，为车厢调控气温。[53]她的保安队长将王室火车描述为一座“移动宫殿”，里面的东西全都“又重又大，舒适无比”。[54]

与此同时，卡里姆坐在他自己的私人车厢中，当法国总统登上火车欢迎英国女王时，维多利亚利用这个机会将他介绍给她的蛮师认识。[55]尽管她此次南下法国使用了化名，没有大张旗鼓，因此不用遵守通常情况下针对一国之君举行的欢迎仪式，但当她扶着卡里姆的胳膊下车时，发现尼斯火车站还是铺上了深红色地毯。

一火车的侍臣乘坐马车，跟着她顺着漫长宽阔的林荫大道，驶向女王酒店。他们窃窃私语，抱怨卡里姆的存在。维多利亚对正在发生的事情一清二楚，她差遣孙女婿巴滕伯格的路易斯王子去吩咐他们，必须让卡里姆参加他们的社交活动。然而，其余王室人员形成共识，如果她再逼他们，他们就集体辞职。

4 月 4 日，冲突突然白热化。根据维多利亚日记中的记录，希米耶在破晓时分像前些天一样，天气晴好，“阳光柔和”。她描述了她在两个儿子 —— 伯蒂和阿菲的陪同下，于 11 点参加了教堂的礼拜仪式，她还去观赏了酒店旁美丽的利瑟伯（Liserb）花园。午饭后，两个孙女陪她坐马车出去观光。只有 3 个人陪她用晚餐，饭后她会见了里彭主教（Bishop of Ripon）。这一天听起来像是一个安静愉快的平凡假日。[56]

那晚女王酒店爆发的轩然大波，在维多利亚当天的日记中找不出一丝痕迹。不过，这恰恰说明了她的日记多么具有欺骗性。不仅维多利亚深知后人会拜读这些日记，于是加以掩饰，而且现存的日记内容大多是她的女儿比阿特丽斯所认为的适合后世知晓的内容。她有时会压缩她母亲的语句，以致细节缺失，原有的犀利辛辣减弱。尽管有时人们会指责比阿特丽斯，批评她对维多利亚的日记进行了审查与删减，但更有可能的是，她一心希望将其保留下来，只是想早日完成庞大的抄写任务。

无论是哪种情况，其他资料显示，在希米耶那个安静的礼拜日，维多利亚和她的王室人员之间还发生了激烈的交锋。从里德医生前来汇报有关卡里姆罪行的新消息那一刻起，这场争执就拉开了序幕。他收到一封来自印度的电报，其中包含有关卡里姆家庭背景的毁灭性细节。里德等人为了证实或推翻卡里姆本人提供的家庭背景，一直四处打探消息。卡里姆曾经说，或至少暗示过，他的父亲是一名医生。可现在这封印度发来的电报却表明，卡里姆的父亲只是提供"下属医疗服务"、月薪 60 卢比的医院助理。

卡里姆还说过，他在印度担任过秘书或文员，不像他刚到温莎时那样，从事餐桌侍从那种低级工作。里德发现，他的确做过秘书，但没那么高级，他"在阿格拉监狱（Agra Gaol）做月薪 10 卢比的地方文员"。这封电报爆出的最后一剂猛料是，没有找到"有关妻子的信息，或许他不仅有一个妻子"。[57] 卡里姆在英格兰娶了一个老婆，显然有人希望查出他重婚的证据。

里德以为自己掌握了蛮师的把柄，扬扬得意，想一举将他扯下台来：卡里姆的父亲不是正经的医生。然而，在我看来，这封电报也可作另一种解释，它证明了卡里姆的父亲**确实**与医学打交道，卡里姆自己也**确实**做过文员。里德和他的同僚只是对这些信息做出了最吹毛求疵的阐释。

但里德在向女王抖落这一"证据"时，却忽略了举足轻重的一点——维多利亚其实并不在乎仆人的社会阶层。毕竟，她结识过"两位大主教，其父亲分别是屠夫和杂货店老板"。[58] 而且，显而易见，卡里姆对她来说不"仅"是仆人。从他们的乌尔都语课程的书面记录中，可以明显看出，他教过她说“你会非常想念蛮师”之类的话语，而且她在写字条给他时，落款是“爱你的母亲”。[59]她需要有人可以寄托她的爱，她将卡里姆视作自己的儿子去疼爱。

里德医生和之前其他人一样没能明白，这种感情是没法用逻辑论证摧毁的。正如以前维多利亚忽略约翰·布朗的酗酒问题，如今她铁了心只相信阿卜杜勒·卡里姆好的方面。在温莎堡，卡里姆已经搬进了布朗以前住的那个房间。他承袭了同样的被女王偏护的地位。[60]

可是，里德没有屈挠。他补充了一些弹药，又来到维多利亚在女王酒店的私人套间，与她争辩。他声称，他还从政府那边得到一些令人担忧的消息。4月2日，他收到消息，称卡里姆有可能与他故乡的某个爱国联盟有瓜葛，这个组织致力于瓦解英国在印度的统治。卡里姆有一个声名狼藉的记者朋友，他叫拉菲乌丁·艾哈迈德（Rafiuddin Ahmed），有可能是奸细。他也一直住在女王酒店，不过后来王室人员想办法将他赶了出去。有人怀疑，艾哈迈德在为阿富汗统治者进行间谍活动，而且他肯定与该爱国联盟有干系。[61]换句话说，他是一个想将英国人赶出印度的人。里德现在提出，卡里姆不仅出身卑微，而且谁知道他是不是叛徒呢？

确实，维多利亚亲近卡里姆。[62]这会让她有失公允。但是，这根本算不上叛国，直言不讳的里德医生在据理力争时，欠缺兰德尔·戴维森那样的机智巧妙。他如此直白、严苛地说理，对女王是一种严重冒犯。然后，他用了对女王而言，也许是最残酷的指责，试着为自己的行为辩解。

他对维多利亚说，许多人对她的行为越来越绝望，“他们说，唯一能做出的宽厚解释就是，陛下精神不正常了”。[63]这是卑劣的一击，而且极富杀伤性。里德医生警告道：“到时候，为挽救陛下的声誉，我必须站出来，佐证这一点，这样的一天就要到来。”不仅如此，他还告诉她，伯蒂也有同样的担忧。

所以，维多利亚的长子及继承人、她信任的医生，以及其他未具名的“高层人士”，似乎联起手来告诉维多利亚，如果她不停止对蛮师的狂热，他们会告知全世界她已经疯了。维多利亚刚守寡和更年期的那些年，这种对女王丧失理智的担忧最为浓烈，之后就逐渐消散了。维多利亚再次听到“精神不正常”这种字眼，一定惊悸难安。

有趣的是，威吓女王的不仅仅是那些位高权重的人。这场空前绝后的争辩发生时，维多利亚雇了很久的服装师安妮·麦克唐纳也在场。麦克唐纳说：“女王陛下坐在那里，对所说的话充耳不闻。没人会告诉你这一事实。”[64] 从历史学家凯特·哈伯德（Kate Hubbard）新发表的里德日记选集中，能够窥见维多利亚生活的这一令人惊叹的真相。我们看到女王同时受到他的医生和服装师的斥责。然而，从比阿特丽斯编辑过的维多利亚日记中，你却永远无从得知。里德医生将这场可怕的摊牌描述为一次“极其痛苦的面谈”，而且这不是那个假日间唯一一次以“最激烈的愤怒”结束的面谈。[65]

维多利亚很痛苦，她的内务人员也很苦恼，但最终里德所用的种种理据，从卡里姆出身卑微，到他存在叛国之嫌，再到女王精神失常的威胁，通通无济于事。很久以前，约翰·康罗伊就已经发现，想要强迫维多利亚，永远都不可能成功。她没有解雇卡里姆，他一直为女王服务。她只是发了一纸公文，严令她的王室内务人员不许再“谈及这一痛苦话题”。[66]

阿卜杜勒·卡里姆的传记作者史雷巴尼·巴苏指出，他或许编造了自己的家庭出身，或许患有性病，或许太热衷于见报，但这一切对维多利亚而言无关紧要。和约翰·布朗一样，卡里姆让这位悲伤的老妇人重获新生。布朗死后，她时常因为自己的行动不便而大发怒火：“我怎么能在晚宴时接待人呢？我不能整晚都扶着椅背走来走去。”[67]即使卡里姆有种种不是，他让印度女王对她统治的帝国产生了一定了解，他还促使她到处走动，锻炼身体，他让她在人生的最后10年重新焕发了活力。最后，经过亲自调查，甚至连首相索尔兹伯里勋爵都不得不承认，没有证据能够证明卡里姆确实犯下了叛国罪行。[68]

只有在维多利亚死后，她的王室人员和家人才得以报仇雪恨。那时，她的女儿比阿特丽斯和大儿媳艾丽克丝亲临卡里姆在温莎的住所，烧毁女王写给他的所有信件，并将他送回了印度。[69]伯蒂威胁说，蛮师或其家人如试图私藏任何信件，不将其烧毁，“他们会吃不了兜着走”。[70]然而，卡里姆确实成功地将一本私人日记偷偷带出温莎，带到印度。如果这本日记也被销毁，那可就悲剧了，因为这本日记完全洗脱了他的叛国嫌疑，从中能够看出，他对他的女王一直忠心耿耿，从无二心。

由于1897年4月4日发生的有关蛮师的可怕争辩，维多利亚后来谈到了她对希米耶房间的“厌恶”：“因为我在那里经历的吵闹……因为我遭受的痛苦。”[71]然而，索尔兹伯里勋爵却暗自怀疑，她喜欢争吵。她告诉里德医生：“她其实喜欢情绪激动，因为这是她能享有的唯一一种激动。”[72]

卓越女王酒店如今依然矗立在希米耶区，庞大得惊人，犹如一艘停泊在山顶的稍微有些肮脏的巨轮。尽管头顶维多利亚亲自惠顾的荣光，它也一直没能真正“吸引非常显贵的顾客”，也许原因在于，它的庞大和招摇有点俗不可耐。[73]今天，昔日酒店的400间客房被改造成100套单元房，其中多数住的是附近医院的劳工。尽管维多利亚也许对女王酒店心生憎恶，但总的来说，法国里维埃拉在她心目中依然是最幸福的地方。“唉！我不想离开……我不想回到罕见阳光的北方。”她在日记中这样写道。[74]1901年，弥留之际的她说：“噢，但愿我身在尼斯。”她觉得，如果回到那里，自己定能康复。[75]

23. 鼎盛

伦敦，1897 年 6 月 22 日

1897 年仲夏夜，伦敦乌云压顶，十分闷热。市民们睡得很不安稳，他们的女王也辗转反侧。她在白金汉宫的私人套房挂着红丝绸。每件家具上都摆满了过去的纪念物件儿，桌面完全被“杂乱无章的书、相框和各式各样的小玩意儿”淹没。[1]在她的卧室中，所有物件的主题都是阿尔伯特、阿尔伯特、阿尔伯特。每堵墙上都覆盖着他的“照片和画像”，挂在“各个显著的位置”。[2]

维多利亚躺在摆满怀旧物品的房间中，“翻来覆去”，“闷热难耐”。[3]她到了这个年纪，开始入睡困难，经常摆弄“披肩和靠垫，然后熄灭灯，没过一会儿，又感到太热……将安妮（她的服装师）喊进来许多次 —— 为她端水喝”。[4]这一晚，宫殿外“嘈杂声一直不断”，几乎无法入眠。成千上万的人没有回家，他们为了观看第二天女王的登基 60 周年仪仗游行，“早早在人行道占好位置，吃睡都在那里”。[5]维多利亚在 6 月 22 日阴沉的早晨最终到来前，合了会儿眼。[6]

如果她对自己在即将到来的庆祝仪式中所要承担的重任仍有疑问的话，那天早上的《泰晤士报》会热切地为她答疑解惑。其社论说：“今天，整个帝国的眼睛都将注视着伦敦，注视着我们庆祝女王统治 60 周年的这一鼓舞人心的伟大盛典。”盛典的核心人物是一个感到太热、疲劳的 78 岁老太太。

起床后，维多利亚一如既往地穿上黑色衣服。今天有幸亲眼见到她的民众，也许会认为她身上这套“黑色丝绸礼服”太过素净，像是丧服，甚至稍显邋遢。她的衣着格调变得越来越暗淡阴沉。她专程从温莎堡赶到白金汉宫，参加这几天的钻禧庆典。她乘坐的开往帕丁顿的火车沾满煤烟灰，她担心会弄脏衣服。温莎一家布店的女老板说：“我看到女王陛下穿着她的旧‘斗篷’启程去参加她的钻禧庆典，我哭的想法都有了，毕竟我给她送去了那么多华美的衣料。”[7]

然而，如果你有机会仔细查看女王的服装，你就会意识到，这身礼服虽然看起来暗淡，其实十分华贵。她的黑色斗篷上绣着银色亮片，双耳垂坠着巨大的珍珠，礼服上装饰有“灰色缎子镶成的直缝、一层黑纱、金属丝刺绣以及一些黑色蕾丝”。

现在她的颈间戴上了一串“美丽的钻石项链”，这是她的孩子们送给她的周年庆典礼物，她头上戴的“无边软帽上装饰着米白色的花朵和白色的鹭鸶毛”。[8]她执意要戴这顶帽子，造成了一些麻烦。她的政府要求女王看起来更像个女王。“庞大帝国的大一统象征是一顶王冠，而不是一顶软帽。”罗斯伯里勋爵（Lord Rosebery）不满地说道。可是，维多利亚就是不肯戴王冠，最终“软帽赢得了胜利”。她在10年前的登基金禧庆典上戴的就是这顶帽子，今天她还会戴着它。[9]女王看起来就像一个“小老太太”。她穿着一身黑，浑身上下唯一的一抹颜色就是她那双“美妙的孩子般的蓝眼睛”。[10]

穿戴完毕后，维多利亚踉踉跄跄地来到“中国厅”（Chinese Room），和她的女儿维基、兰臣、比阿特丽斯一起吃早餐。中国厅位于宫殿正面的正中央，属于维多利亚为了扩大空间，委托爱德华·布洛尔建造的东翼的一部分。如今王室在白金汉宫的亮相，使用的还是这个房间的阳台，房间的纱帘每被扯动一次，殷殷期待的人群就会仔细分析一番。25000

名殖民军队的士兵来到伦敦，参加此次庆典，他们多数驻扎在海德公园，此刻维多利亚和她的女儿们能从这里观看他们的行进队列。所有军队从这里经过花了 40 分钟时间。维多利亚已经错过了许多队伍，她来吃早餐前，他们就经过了，“但是还有很多，主要是英国军队”在经过。[11] 维多利亚心事重重地咀嚼着煎蛋、煎鲽鱼、牛肉片和冷鸡，“看了会儿行进的队列”。[12]

中国厅的装饰充满着东方情调，这里的家具是 19 世纪 50 年代从乔治四世在布赖顿建造的古怪的海滨别墅中搬来的。自阿尔伯特去世以来，白金汉宫笼罩着一层忧伤，这里富丽堂皇的镀金宴会厅只在维多利亚觉得不得已时才开放。一次王室举办婚礼，威尔士王妃艾丽克丝发现，中国厅还没准备，她赶紧亲手将家具上盖着的布扯开。结果她的手套上沾满了灰尘，“和煤炭一样黑”。[13]

维多利亚一直待在温莎、巴尔莫勒尔或奥斯本，只有当她被说动前来首都亮相时，这个冰窖般的宫殿才恢复生气，伯蒂认为这里是“坟墓”。阁楼里还塞满了他儿时的玩具，其中包括一只毛绒狮子，拉它的尾巴时，它会吞下一个俄国士兵。[14] 一位宫殿的常客说：“当然，桌子上、椅子上、地板上都放着许许多多东西，比如书、披肩和旧信封。”仆人打扫时将它们拿起来，然后根据“地毯上标出的”粉笔痕迹，将其全部放回原处。[15]

当年迈的女王勉强在白金汉宫招待客人时，她年轻时的舞会，如今已被安静的午后花园派对代替。然而，庆祝登基 60 周年需要的招待，应比野餐更为隆重。她声称：“这是我的最后一项盛事了，是我的天鹅之歌。”[16] 由于以前的君主从没有活到或统治这么久，没人知道到底该如何庆祝这一盛事。大家甚至都不知道该如何称呼它。维多利亚的私人秘书，绰号为“最好别”的亚瑟 · 比格，想出用“钻石”一词代表 60 周年。[17]

其实，她的登基纪念日是在1897年6月20日，一个星期日，但安息日不宜举办庆祝活动，所以最终选定了6月22日这个星期二，成为一个特殊的公共假日。庆祝时间定下来后，历时一年之久的筹备过程开始了。[18]

其中一个考量因素是成本。维多利亚为10年前的金禧庆典自掏腰包5万英镑，她决心不再如此破费。[19]1887年的金禧庆典邀请了众多外国王室贵宾。然而此后，一些重要的关系出现了恶化，其中包括与德国之间的关系。维多利亚坚决不肯让她的大外孙——维基的儿子威廉，昵称威利——参加1897年的庆典。她认为他是个“鲁莽自大的”年轻人，穿着他滑稽的军装，趾高气扬，四处显摆。如果他来到伦敦的话，他“会携带众多随从，而且会妄图自作安排，造成无尽的麻烦”，她的侍臣们也这样提醒道。[20]殖民地大臣（Colonial Secretary）约瑟夫·张伯伦（Joseph Chamberlain）提出了一个绝妙的办法，不用邀请威利。他建议，这次庆典的核心定为从维多利亚的帝国四方远道而来的代表团，而非外国王室贵宾。

这一建议被采纳了，此次庆典不仅是为女王，还是为女皇而筹办。用过早餐后，维多利亚“摁下一个电控的按钮”，向遍布世界的帝国各地发送了电报。在格陵兰东边的格兰特岛（Grant Land），在印度旁遮普，在澳大利亚维多利亚州，她的子民均收到了她的信息，其中1310个地方立刻回电报，表达祝贺。维多利亚所发电报的内容是：“我从心底里感谢我亲爱的人民，愿上帝保佑他们。”就在她将这条信息发出去时，“天就晴了，阳光普照”。[21]

到11点一刻，早晨的阳光变得既明亮又炎热，人们将其称作“女王的天气”。维多利亚在一个印度仆人的帮助下，步履蹒跚地走上一块“倾斜在车门台阶上的绿色粗呢覆盖的木板”，进入她的两边低矮的敞篷四轮马车。[22]白金汉宫庭院的窗户前，甚至屋顶上，都惊险地挤满了仆人和内务人员，他们都想亲眼看到他们的女主人乘马车离开。

1872年，维多利亚前去圣保罗教堂，为伯蒂有惊无险地挺过伤寒，向上帝表达感谢时，乘坐的就是这辆马车。马车本身没有车夫，驱动马车的8匹白马由一队穿着红色夹克、鹿皮马裤的骑手操控。维多利亚不仅不肯戴王冠，她还拒绝使用金色的国舆。但毋庸置疑的是，她的四轮马车是游行队伍的高潮，在看似无休无止的步兵和骑兵队伍、一个骑马的印度王子护卫队、一个其他王室家庭成员的随从队伍一一经过后，她才进入观众的视线。这辆马车前的白马“非常容易受惊，极其难驾驭”。这些马匹经过了专门的游行训练，“日复一日从各种各样的军乐队旁边”通过。[23]尽管如此，当这辆无马夫的马车开动时，维多利亚坦言：“我还是感到非常紧张，唯恐出什么岔子。”[24]

她担心的是安排不妥，而非她的个人安全，尽管在她60年的统治岁月中，她实际上遭受过7次刺杀，皆未遂。有些企图刺杀的人明显是患有精神疾病，而非出于政治目的。然而在此前32年内，俄国沙皇、美国和法国的总统，以及西班牙的首相均死于刺杀。[25]维多利亚有一把绿色遮阳伞，伞里有一层钢丝网，能够阻挡子弹。[26]不过，这只是发明家的噱头，派不上实际用场，因为伞身巨沉无比。不过，今天她手中所握的是一把黑色雪纺遮阳伞。这是众议院送给她的礼物，两天前由众议院最年长的95岁议员将其交给了她。

超过300万人涌入伦敦，观看庆典游行，他们都希望看得一清二楚。为此，报纸上刊登了一个新奇产品的广告——“软木鞋”，4.5英寸高，“在后排观看游行，个子不够高的人”，可以套在自己的鞋子上。[27]3天前游行线路封闭，禁止车辆通过，以便安装座位、彩旗、横幅以及其他许多装饰品（然而，圣詹姆士宫挂起的通电装饰因为引起火灾，被取了下来）。

到上午 11 点钟，欢快的观众已经在路边搭放的座位上，等候了许久，道路两旁的住房和办公室的窗户前“挤满了人，像是剧院的包厢一样紧凑”。[28] 多数观众自备“咖啡、红酒、香槟，冷肉、沙拉、蛋糕和三明治”。他们打开午餐篮，和邻座交谈着，被认为是“非常礼貌得体的一群人”。在街头暴力革命频发的 19 世纪，这可是了不起的景象。士兵和警察沿游行路线交替站成两排，相距之近，“几乎摩肩擦肘”，容不得任何推搡。[29] 他们一定谨记着，前一年在莫斯科的俄国沙皇加冕礼，因为安排不当，超过 1000 人被踩踏致死。

走在游行队伍最前面的是英国军队中最高的士兵，他身高足足有 6 英尺 8 英寸。看客们能根据节目单，辨认出不同的行进队伍。美国作家马克·吐温在河岸街（the Strand）的一个座位上观看游行，他最终认为：“这个游行队列根本无法逐一描述。行进队伍络绎不绝，类别繁多。于是我放弃了这个想法。这是适合用胶片记录的盛况，而非纸笔……中国人、日本人、朝鲜人、非洲人、太平洋岛国的人等，都在那里。”[30] 一名记者写道：“他们走了过来，络绎不绝，每隔几米，就是新的类型，新的王国，像是一个人类学博物馆，一本鲜活的大英帝国地名词典。和他们一同登场的还有他们的英国军官，他们像孩子一般遵从这些军官的指挥。透过种种这般，你开始对帝国的实力产生前所未有的理解。”[31]

观众们本该感到，整个世界都赶来他们的城市，为他们的女王表达庆贺。然而，有些观众也许察觉到，这场对英国实力的耀武扬威之中暗含一些绝望的成分。在其统治早期，维多利亚的帝国扩张之势似乎不可阻挡。迪斯雷利为维多利亚赢得印度女皇的称号，不过是使东印度公司基于商业目的、针对南亚次大陆的非正式殖民成为定局。然而，在其统治的最后10年，维多利亚政府的殖民政策转变为“为了扩充帝国疆土而殖民”，抢占领土，仅仅是为了不让其他大国得手。维多利亚深恶痛绝的德国和美国，正威胁着英国此前无可争议的经济支配地位。1887年的金禧庆典无须为她的帝国庆贺，大家对其实力心知肚明。如今在1897年，大英帝国开始显得更加宝贵，更加岌岌可危。[32] 许多帝国子民厌倦了被称为“孩子”，被当作“孩子”来对待。

士兵和衣着华丽的印度王子队伍经过后，王室家庭开始进入人们的视线。一个看客注意到，维多利亚的一些孙辈虽然“尽其所能向人群点头致意”，但已经“开始展露疲倦厌烦的神情”，毕竟天气酷热。接着，5辆马车驶了过来，每辆马车由4匹马拉着，车内“坐满了众人熟知的王子和公主”，最后，8匹马走了过来，后面坐着女王。观众对此盛事的大部分热情都是为她预留着的。“我们看到了亲爱的年迈的女王——他们为她高声欢呼，让我不禁热泪盈眶。她精神饱满地端坐在马车中，看起来并不紧张或激动，只是微笑着。”[33] 维多利亚将遮阳伞举得高高的，以便观众们能看到她的脸；两旁为她驭马的骑手是她的陆军元帅沃尔斯利勋爵（Lord Wolseley），镇压印度起义的老将，受困于喀土穆的驻军的解围者；罗伯茨（Lord Roberts）勋爵，驻守过阿富汗，后来又参加了第二次英布战争（the Second Anglo-Boer War）。他们传达的信息清晰明了：这不仅仅是位女王，还是一位女皇。[34]

但那些对大英帝国存疑的人，却在一定程度上因为女皇看起来不像一位女皇，而放宽了心。尽管她现在可能统治了全球四分之一的土地，可群众为之欢呼的这位女性却其貌不扬。一个见过老年女王的人回忆说：“她又矮又胖，脸红红的。”[35] 沙皇尼古拉斯二世（Nicholas Ⅱ）记载：“一个大圆球，下面两条哆哆嗦嗦的腿。”[36] 另一个人在早些年见到女王后，难掩失望之情：“我以前想象的是一位身着各种华服的迷人女性。”

结果发现她却只是“身着寡妇孝服、头戴寡妇帽子的一个中年妇女”。[37]

事实上，维多利亚的普通正是她的非凡之处。她没有“庄严或华美的外表”，这本身就是一种魅力，“因为人们会为此而吃惊”。[38] 历史学家玛格丽特·霍曼斯写道：“一位女王戴着一顶软帽，和一个平民这样穿戴，给人的感觉有着天壤之别；维多利亚即使不戴王冠，人们也能感觉到王冠的存在。”[39] 若你还记得，维多利亚时代的人喜欢将家庭生活看作他们那个时代的最高成就，那么一位女皇戴着一顶软帽，对你来说就合乎情理了。阿德里安娜·慕尼赫提出，有这样一位和蔼可亲的女皇或祖母做首脑，大英帝国必然是“一个幸福和睦的大家庭”，其军队就像乖乖听话的孩子？这确实是一个美妙的构想，然而并没有坚持多久。

维多利亚统治的成功，至少部分原因只是在于，她看起来和你慈爱的祖母一样，没有任何威胁性。但她也以一种被动的方式，改变了其他女性的境遇。记者 W.T. 史泰德（W. T. Stead）写道，经过数十年的女性统治，没有人“能够不带一丝心虚地重申女性天生无能的陈词滥调”。他认为，维多利亚作为一个安静的榜样，仅仅通过坐在她的四轮马车里接受众人的注视，就迎来了一个新的时代：在运动场和公园里，在自行车上和街道上，在讲台上，在商业领域中，在医院里，在大学中……看到“女人”和“男人”一样优秀，再正常不过了。[40]

而且，维多利亚还将其他女性带入公众视野。坐在她对面、背对马匹的是她的女儿兰臣和儿媳艾丽克丝。维基坐在前面的马车中，因为按照王室礼仪，德国皇后必须享受与印度女皇同等的规格，面朝前乘坐马车。

艾丽克丝在做着她最擅长的事情——“一身淡紫色，楚楚动人”。[41] 她的礼服尺寸非常窄，而且一如既往，非常时尚，有着羊腿袖和她一贯穿着的高领。艾丽克丝的高领口起初是为了遮盖疤痕而设计，现在成了一种人人效仿的时尚。

不幸的是，艾丽克丝在伯蒂生病后，与他重新建立的和睦关系没能持续下去。1891 年，伯蒂迷上了“喋喋不休的布鲁克”，因轻率多嘴而得此绰号的布鲁克夫人黛西（Daisy, Lady Brook），她最终会成为沃里克伯爵夫人（Countess of Warwick）。伯蒂与黛西之前的一位恋人查尔斯·贝雷斯福德勋爵（Lord Charles Beresford）发生口角，深陷丑闻。有传言称，查尔斯勋爵打过威尔士亲王一拳。[42] 艾丽克丝一气之下，回到她的丹麦娘家，住了很长一段时间，甚至错过了她丈夫的 55 岁生日。她解释道：“我因为沃里克夫人一事怒不可遏。”她对她的丈夫说，要和他“一刀两断，这样他就可以想找哪个女人就找哪个女人了”。[43]

伯蒂骑着马，也在队列中行进。他一生中最大的敌人是无聊。他漫无目的地抚慰着自己，抽雪茄，找数不清的女人，吃丰盛的饭菜（他的腰围现在已经有 48 英寸了，他的朋友称他为“滚滚”）。母亲还不信任他，不让他参与许多公务。她没能，或者至少不愿，看到他对公共关系和形象管理具有天赋。这是母子俩都具备而阿尔伯特缺乏的才能。若有机会，伯蒂能很好地管理一个宫廷。“即便是最卑微的客人、随从或名不见经传的官员，他也从未不搭不理。”一位知情者说，“他进入房间，会像一位技艺精湛的台球手一样，目光逐步向前看去，不遗落一个人。”[44] 他非常擅长“让他人感到舒服自在”。[45] 除了他的社交风度以及其穿着一贯体现出的时尚感，伯蒂还能察觉到，今天这样的盛事将会成为一种全新的君主职务。在下一个世纪，“精心排练、资金充足的王室盛典”这种表演艺术，将会成为君主制的根本要素。

伯蒂是筹办他母亲钻禧庆典游行的委员会的会长，可今天最响亮的欢呼却留给了他母亲。[46] 维多利亚说：“（欢呼声）震耳欲聋，每张面孔似乎都洋溢着发自内心的喜悦。感动和喜悦之情在我心中油然而生。”她的四轮马车沿着河岸街缓缓前行时，遇到了坐骑失控的伦敦市市长，还经过了一栋住满“巴拉克拉瓦冲锋（Charge of Balaclava）①幸存者”的房子。[47]她唯一的遗憾是无法看到整个游行：“我所处的位置非常糟糕，什么都看不见。”[48]

马车快到圣保罗大教堂时，“人群突然齐声唱起《天佑女王》”。[49]1.5万人，包括500人的唱诗班，都挤在教堂前的广场上。《每日邮报》上的一篇文章语气急促地报道说，维多利亚到达时，“喊叫声席卷整个街道”。当她的马车在“教堂台阶前停下时，欢呼声中迸发着尖叫，热情膨胀成疯狂……就在那里……就在那里……无比安静，无比肃穆，无比准时，确定无疑，完完全全的一位女士、一位女王”。[50]

现在就在那里，在教堂前的街道上，举行了一个特殊的仪式。这样，维多利亚不需要下马车，免去了这个耗时又不雅观的过程。这个办法巧妙地解决了她行动不便的问题。事实上，那天的方方面面都经过了仔细考量。甚至连马匹是否会在宗教仪式进行过程中排便这一问题，都得到了讨论。[51]

仪式结束后，队列又开始行进，穿过伦敦大桥，“沿着自治市道（Borough Road）”一路向南。维多利亚指出，尽管泰晤士河另一岸的“民众非常贫穷”，他们还是“像其他地方的人一样热情洋溢、秩序井然……道路两侧摆满鲜花”。[52]

像这样让游行路线穿过伦敦南部的贫困地区，前所未有。早在1843年，观点激进的报刊就一直呼吁她“在经过平民居住区时，放下皇家马车的车窗玻璃”，亲眼“判断”她的子民“真实的生活处境”。[53]维多利

---

① 1854年10月25日，克里米亚战争期间，英、法和土耳其军队在巴拉克拉瓦对俄国军队发起的一次进攻，英军伤亡惨重。

亚确实比历代君主走得远，看得多，尽管如此，毫无疑问的是，她是一个根深蒂固、彻头彻尾的社会保守派。她甚至看不到，让人们接受教育，“获益的正是**他们自身**”。她认为：“做工人和仆人与做文员一样好，一样必不可少。”[54]因而，她乘坐马车穿过自治市时，只是对他们的忠诚心怀感激，并未真正想到去改善他们的处境。

她的子女那一代会有所不同。尽管游行还在进行，伦敦上上下下已经在搭建礼堂和社区中心，准备为40万伦敦贫民提供“登基庆典盛宴”。慷慨大方的王妃艾丽克丝已经设立了一个慈善基金，用来支付这次晚餐的费用。此举预示了维多利亚孙辈的慈善行为将会为君主制赋予新的意义，这是维多利亚自身的慈善捐赠未能做到的。[55]贫民盛宴的想法源于君主应当“行善举”的理念，此前一直是王室虚无缥缈的梦想，直到苏格兰商人托马斯·立顿（Thomas lipton）将其变为现实。以黄色包装的茶叶和高超的组织能力著称的立顿计算出，此次盛宴需要700吨食物，1万名服务人员，他最终拿出了2.5万英镑，支付了所有费用。[56]维多利亚的宫廷不欢迎新贵，但只要他们像立顿那样慷慨，就会在伯蒂和艾丽克丝的宫廷受到欢迎。[57]

当维多利亚的马车驶入自治市内时，小规模的慈善活动也在进行。位于主街最后一个拐角处的圣乔治教堂将其屋顶租给看客，筹集的钱足以翻新教堂内的天花板，新天花板留存至今。游行沿线共有20家不同的商业公司，驻派了40名摄影师。其中一名就驻扎在这所教堂。[58]维多利亚后来看过他们拍摄的一些片段，她称其“非常棒”，就是“有点模糊，看起来移动得太快了”。[59]尽管如此，这些影片在接下来的几天内，大规模地在地方影院放映，广受欢迎。[60]电影史学家卢克·麦柯南（Luke McKernan）的研究显示，驻扎在圣乔治教堂的摄影师是来自布拉德福德（Bradford）的R. J. 阿普尔顿（R.J. Appleton）。那天下午，阿普尔顿先生乘火车赶回布拉德福德，他在路上将他的胶片冲洗了出来。当晚，他在当地报社外竖起的室外屏幕上放映这段影片。阿普尔顿的影片没能留存至今，尤为遗憾，因为他抓拍到了维多利亚难得的微笑。不过，这个故事表明，彼时的技术已能让众多无法亲临现场的人，体验到那一天的盛事。[61]

最后，到了该回白金汉宫的时刻了，现在每个人都迫不及待想避开日头。一位骑马在维多利亚身旁行进的高官“热晕了，从马上跌了下来，伤势严重”，她自己也坦言“最后一个小时天气非常热”。[62]她与维基和比阿特丽斯吃了一顿安静的羊排午餐，然后到花园休息、喝茶。[63]此处有一段颇为人性化的迷人描述，说她“小心翼翼地脱下手套，解开帽绳，将它们一股脑儿地扔到身后”，准备好喝杯茶。[64]下午时，她换上“一条黑银相间的裙子”，为晚上的盛宴积攒精神。[65]

这场盛大的晚宴包括“女皇鸡汤”，上菜的盘子价值100万英镑，是专门用一辆巨大但不显眼的深色马车，从温莎堡运过来的。[66]白金汉宫宴会厅的晚宴有108人参加（另外还有250名王室人员在花园亭阁就餐），其中包括维多利亚数不胜数的子孙。[67]维多利亚去世时，会有9个子女，36个孙辈，37个曾孙辈，她现在所拥有的子孙数量，就快要达到这些数字了。[68]缺席的外孙德皇威利，因自己被排除在外，“感到十分难堪”。[69]尽管维多利亚出于原则不喜欢他，可当他们见面时，他的花言巧语又会赢得她的喜爱。不过，这一晚，她并不想念他。她“试着和多数王子公主交谈”，但“感觉太累了”，11点就早早上床了。[70]

5天后，在奥斯本宫，维多利亚拍了一张官方的钻禧庆典照片，穿着她的庆典礼服，当然还戴着她的婚礼蕾丝。[71]整个王室家庭开始对照片修饰之术日渐熟悉。1863年，《泰晤士报》报道说，维基和爱丽丝自行修饰了她们的兄弟伯蒂的结婚照[72]（公主们其实更喜欢让老式的艺术家，比如雕塑家，刻画她们的形象，他们善于"让她们看起来高贵端庄，而她们的照片确实很普通"[73]）。每次拍完照后，维多利亚都会"认真仔细地批评"拍摄成果。[74]她的晚年照片，比如这次钻禧庆典的相片，都经过了大幅修饰，去除了双下巴，腰围也削掉了几英寸。《摄影新闻》（*Photographic News*）曾批评她金禧庆典的一张照片，该照让她看起来像是患有"水肿病"——一种因水分过多而身体浮肿的疾患，而她的皮肤已经光滑到像是一尊蜡像的程度。[75]

对女王来说，这样做并非出于虚荣，而是她工作的一部分。利奥波德舅舅在她年轻时，将君主制设想为一门艺术，甚至一门手艺：为了生意长盛不衰，你必须精进自己的手艺。虽然维多利亚很少公开露面，但照片能代替她露面，所以她对照片非常重视。在她心目中，她的帝国勤勉奋进，作为首脑，她也应孜孜不倦。[76]

从这次庆典能够看出，民众普遍拥戴她。维多利亚虽然筋疲力尽，但对这一天颇为满意。当然，并非所有人见到她都很欢喜。6岁大的利蒂希娅·威蒂（Letitia Whitty）拒绝向"那位丑女人"招手。另外，"人群中传来咆哮声：'嚯嚯！女王的厨娘来了！'"[77]但是，维多利亚还是觉得她经历了难以忘怀的一天。"我相信，没有人像我一样，在经过那6英里街道时，得到如此热烈的欢呼。"[78]

她很可能是对的。那些钦佩和热爱不仅是针对女王的职位，也是为女王个人、为成为这个国家的祖母的那个人而抒发。她是英国比其他国家更卓越这一感觉的聚焦。

然而，钻禧庆典在许多人心目中不仅代表着她统治时期的巅峰，也意味着其终结的开始。一个见证游行的人写道，"鲜红色配金色，天蓝色配金色，紫色配金色，翡翠绿配金色……总是明晃晃的金色"，但是

“够了，没有人的眼睛能够承受更多的华丽了”。[79] 这场庆典给人一种过度的感觉，大英帝国虽好，却四面受敌，可能遭受损失。对其道德使命所产生的疑虑，以及它在世界舞台上的竞争对手，都在对帝国产生威胁。早在 1878 年，威廉·格莱斯顿就已经预言，美国将不可避免地占据“英国现在的位置，成为世界大家庭的管家，所有职员的雇主”。[80] 也许这种对权力转瞬即逝的日益强烈的感知，就是钻禧庆典背后不可抗拒地弥漫开来的情绪。那天早上，鲁德亚德·吉卜林（Rudyard Kipling）① 在《泰晤士报》上发表的一首短诗，十分有力地表达了这一情绪。

远去了，我们的军舰消隐；
海隅和沙丘上的烟火低沉；
啊，我们昨天所有的烜赫
与尼尼微和推罗一同消尽！

虽然这次钻禧庆典精彩纷呈，获得了巨大成功，但维多利亚觉得，这是她的“天鹅之歌”，而且，拥有这种感觉的，并非她一人。

---

① 吉卜林（1865—1936），英国小说家、诗人。1907 年获得诺贝尔文学奖。代表作品有短篇小说集《丛林之书》。

24. 临终

奥斯本，1901 年 1 月 22 日

1901 年新年伊始，维多利亚仍旧与阿尔伯特同床共眠。在他那一侧的床头，挂着陶瓷花做成的纪念花圈，床上摆放着一张阿尔伯特尸体的照片。无论他的遗孀赴往天南地北，这两件东西都会一同前往。[1] 不过，维多利亚现年 81 岁，身体过于虚弱，无法离开怀特岛。事实上，她几乎连她在奥斯本宫的卧室都出不去。

她人生中的最后 12 个月过得非常艰难。1900 年 7 月，她的儿子阿菲去世了，他生前历经了不幸的婚姻、自己儿子的自杀，以及长年累月的抽烟酗酒。10 月，她最疼爱的外孙，即兰臣的儿子克里斯蒂安·维克多（Christian Victor），和比阿特丽斯的丈夫亨利一样，在非洲染疟疾而亡。两场不幸接踵而来，几乎令维多利亚一蹶不振。她的侍女玛丽·马利特描述说，女王的威严正逐渐消退。玛丽写道："当她让我抚摩她的敬爱的手时，我完全忘记了她的地位高不可及，只觉得她是一个渴望他人怜悯的悲伤的女人。"[2]

有人发现她不仅失去威严，体重也严重下降，"发生了巨大的变化"，她"瘦了很多，看起来只有她之前一半的尺寸"。[3] 维多利亚现在的胃口在她一生中最小，只吃"薄薄的一片煮鸡肉"，或者"一小块每天从伦敦运来的牛腩"。[4] 和许多老年人一样，她个头萎缩了，和她成年后的身高相比，矮了足足 3 英寸。她严重驼背，这点能从当今所存的女王晚年穿着的裙子的剪裁上看出。她仍旧患有腹壁疝，胃部疼痛，但里德医生并不知道，因为维多利亚从没告诉他。[5]

维多利亚进入老年后，发现很难对她庞大家庭的子孙后代维持兴趣。她完全记不清谁是谁了。她坦言，她的孙辈“每年都会增加 3 个”，“逐渐地只带来了焦虑……没有引起多大兴趣”。[6] 她的孙辈们也察觉到了她对他们没什么热情。“我记得很清楚，祖母得知我们中某人身体不太好时，她惊呼一声，吃惊，又觉得有点好笑，”其中一位写道，“我觉得，祖母和我们一样，见面结束时，心里偷偷感到如释重负。”[7] 但是，她的女儿们一如既往地对她鞍前马后。维多利亚在 1901 年 1 月 13 日的日记中写道：

> 度过了一个美好的夜晚……但是有点没睡好。起得比平常早，喝了些牛奶——兰臣来为我读了些报纸——1 点钟前去门外花园的椅子上坐了会儿，和兰臣、比阿特丽斯一起——休息了会儿，吃了点东西，和兰臣、比阿特丽斯一起乘马车转了一小圈——回来后休息了会儿，5 点 30 分去参加了克莱门特·史密斯先生（Mr Clement Smith）举行的一个小活动，对我来说是莫大的安慰——后来又休息了会儿，然后签了些文件，口述让兰臣书写。[8]

这是维多利亚坚持了这么多年的日记中的最后一篇。第二天她就停笔了。

她身边的人能看出她的身体一日不如一日，没有特定的病因，只是因为年纪大了。可是，奥斯本宫外的人对此却毫不知情。伯蒂不愿或无法面对现实，他选择相信他母亲的身体没有丝毫问题，他的意愿必须得到尊重，没人向外透露女王病危的消息。然而，尽管“她的宫廷向外发表消息时，都会刻意鼓舞民心”，可是伦敦依然有人洞悉内情，他们窃窃私语："乌云团聚，天色暗淡 —— 女王就快不行了。"[9]

1901 年 1 月 16 日，最后的日记写下 3 天后，里德医生遇到了一桩奇事。在他担当御医的最后 20 年中，他经常为维多利亚看病，有时一天见她 4 次。可是 —— 他记录道 —— 这是他头一次"见到女王躺在床上"。他观察道："她面朝右侧躺着，身体蜷缩着，看起来小得惊人。"[10] 数十年来，她一直都对自我隐私格外小心，甚至连她的孩子都没见过她病弱在床的样子。

她的卧室大门终于向她信任的服装师以外的人敞开。这个房间位于阿尔伯特多年前设计的奥斯本私人亭阁中。1893 年以来，维多利亚能乘坐新安装的电梯到达她的卧室。这个房间的墙被粉刷成粉橙色，壁炉上放着一只象牙制的小温度计，仆人根据它保持一定的室温。[11] 卧室配备有洗手间、盆浴和淋浴，但都藏在门后，从外面看像是一个衣橱。19 世纪 50 年代初安装时，这些卫浴设施奢华新潮，如今它们已在小康家庭中十分常见，由此可见，在维多利亚统治的后半段，英国的蓬勃发展。

无论她愿不愿意，维多利亚的隐私终将遭到泄露。尽管她和伯蒂都不想让任何人得知她身体衰微的消息，里德医生还是与她的长孙德皇威利暗自形成了一个约定。威利担心，他外祖母临终时，他的英国亲戚不会通知他前去探望。他的担心并非没有道理。不单单是他们不喜欢他，虽然也有这方面的原因；这件事还关乎国际政治。所有人都感觉到，威利认为自己和德国将接替他外祖母在欧洲的领导者角色。威利想蹭些外祖母的光环。伯蒂的妹妹们无论私下对长兄能否胜任国王重任持何种意见，她们均深知，让威利沾光对英国不利。

然而，威利毕竟是女王的长外孙，这点无可否认，至少里德医生认为他有权得知内情。1月 18 日，星期五，里德从考斯发电报到柏林："病症堪忧，不可泄露。”[12] 事实上，历史学家托尼·伦内尔（Tony Rennell）透露，德国派驻伦敦的特使，已经从帕尔摩街（Pall Mall）的一家俱乐部听闻此消息，并在前一天告知他的皇帝。1 月 19 日，星期六，消息封不住了，女王病危的信息出现在《每日快报》（*Daily Express*）的头版。[13] 礼拜日那天，人们在圣保罗大教堂为她默默祈祷。

就在同一天，1 月 20 日，维多利亚位于奥斯本的卧室内竖起了一面屏风，这样男工能在与女王彼此看不见的情况下，搬进一张小床。小床放置好后，维多利亚从她和阿尔伯特的大双人床搬到了小床上，她终于舍弃了婚床。[14] 和阿尔伯特生前最后几天一样，维多利亚的卧室在为她的临终守候的场景做准备。前来送终的人也在聚集，为了见证王位更迭的时刻，他们正争夺着前排座位。也是在这个星期日，威利征用了一艘邮船，从荷兰弗拉辛港（Flushing）前往海峡对岸的希尔内斯港（Sheerness）。尽管他的姨妈们发了数通电报劝阻他，他还是坚持来英国。伯蒂觉得有义务前去伦敦火车站迎接他到来。德国外交部向他们驻派于伦敦的特使发送电报，说：“我衷心希望王室家庭不要像以往一样考虑不周，惹恼德皇。”[15]

那个星期天晚上，奥斯本宫的医生们认为女王可能撑不到第二天早上，他们一时间惊慌失措。要电报伯蒂，让他立即从伦敦赶回怀特岛吗？可是，如果伯蒂的母亲在他到达前就驾崩了，还不如让他留在首都，召集枢密院，开始新的统治。他们就此争论不休。见证着一切的兰德尔·戴维森回忆道：“没有人清楚该如何是好，大家都不知道先例。”[16] 女王是奥斯本宫唯一经历过君主驾崩的人，可她不可能开口。

戴维森是维多利亚在温莎堡的知心朋友，他在 1901 年从温莎教长晋升为温彻斯特主教（Bishop of Winchester）。他在听闻女王病危后，尽管“并没有真正”受召，但还是抓住了机会，第一时间赶到了怀特岛。他搭乘一艘夜轮，冒着狂风暴雨，前往考斯镇，轮船上不太协调地挤满记者和喧闹“风趣的足球手”。[17]尽管戴维森生性自负，有时太把自己当回事，但他却深切地感知到即将发生的一切意义之重大。他的这种觉悟促使他在私人笔记本和寄给妻子的信件中，记下了每一个细节，造福了历史学家。

戴维森亲笔记录下了许多朝臣心中的巨大隐忧——在她垂死之际，会出现一段漫长而不确定的时期，即摄政时期。这在某种程度上也是维多利亚自己的担忧。她在几天前说过：“他们想让我屈服，找人摄政，代我治国。但他们错了。我不会屈服，因为我知道他们会瞒着我，以我的名义任意妄为。”现在死之将至，似乎能够避免这一情形。戴维森心想：“她如果就这样终了，该多么了不起啊，甚至未曾卸下盔甲……不失她以往的勃勃生机、充沛胆识和独立自主。”[18]维多利亚临终时，路易丝公主的丈夫也在场，他将女王的垂死描述得相当壮观，就像“一艘三层巨轮正在下沉”。

1月21日，星期一，凌晨1点30分，戴维森写信给他“心爱的妻子”，告诉她，到达奥斯本，亲眼看到女王病情有多严重后，他度过了“此生最阴暗的一段时光……脑海中涌入千思万绪，心情异常复杂”。[19]不过，星期一白天，维多利亚的精神似乎振作了一点点。根据里德医生及其同事托马斯·巴洛爵士（Sir Thoms Barlow）所发的官方医疗公告，她“稍有恢复”。托马斯爵士是“脑疾方面的权威”，里德医生怀疑自己的病人“大脑血液循环不畅”，他受召前来诊治。[20]她的“右脸”无法正常动弹，很像中风所致，但经巴洛确诊，不是“中风”，只是“大脑血流不畅”。[21]

周一晚上，伯蒂和威利来到她床前。他们乘坐皇家游艇一同抵达怀特岛。在横穿索伦特海峡时，个性使然，伯蒂在船舱客厅中懒洋洋地躺着，而威利则在驾驶台烦扰船长。到达奥斯本宫后，威利立即用其谦卑的表现，巧妙地卸下姨妈们的防备。他说："我想在外婆去世前见她一面，若不便如此，我完全能理解。"[22]听完这席话，兰臣、路易丝和比阿特丽斯就不忍心再禁止他了，威利就这样钻了进来。

现在，因为伯蒂的乐观，医疗公告变了调子：尽管维多利亚病情再度恶化，第二次公告还是充满希望。托尼·伦内尔仔细分析了两次公告侧重点的变化。伯蒂知道母亲一断气，他就必须继位，对此他惊恐不已，在内心祈祷，希望母亲活得越久越好。但威利却对当下情形的政治意义看得更清楚，他知道外祖母若一直苟延残喘却丧失能力，不仅会损耗她一生的功绩，还可能危及君主体制。威利对任何愿意倾听的人都"知无不言"，其中包括兰德尔·戴维森。他说，"她这一生多么精彩啊"，不希望她在走的时候，身体"受尽苦痛或挣扎不休"。[23]

1月22日，星期二，一大早，兰德尔·戴维森便接到紧急召唤。宫殿床位已满，容不下他这样的不速之客，因而此前，他借宿在奥斯本附近的一栋房子里。尽管如此，刚过8点，他就来到了维多利亚的卧室。他发现，在医生的要求下，"全家人都匆匆赶来，有些尚未穿戴齐整。他们跪在床前，威尔士亲王在女王的右边跪着，德国皇帝在她的左边跪着……还有10人到12人在那里。女王呼吸艰难……护士跪在她身后的床上，用手托着枕头"。[24]这一场面可谓壮观。讽刺的是，维多利亚一直不希望出现这样的兴师动众。她描写过一名普鲁士亲戚临终前与之类似的热闹场面："我会坚决要求，我死的时候，绝不可如此。"[25]

逐渐，随着维多利亚的气息进一步减弱，紧张感加剧，威利和姨妈们之间的摩擦又凸显了出来。房间里人太多了，时不时有些亲属听从劝告，前去暂作休息。维多利亚虽然没有完全清醒，但她似乎知道死之将至。路易丝清晰地听到她的母亲说："我还不想死。还有几件事我想安排。”[26] 在场的子女大声说出自己的名字，他们的母亲如今已经完全失明，只有这样她才会知道他们在身边——“我是兰臣，妈妈”——“宝贝在这儿”——“路易丝”。但没人示意威利开口。

“告诉她，她的外孙德国皇帝也在这儿，不好吗？”里德医生悄声对伯蒂说。“不好，”伯蒂回答道，“这样会让她激动过度。”[27]

然而，在这个明显的高潮后，维多利亚再次恢复了精神。在里德医生的要求下，家人们纷纷离开去洗漱穿戴了。现在威利逮着了一个和里德医生私下交谈的机会。他问里德医生：“你注意到房间里每个人的名字都向她提到了，只有我的没提吗？”

里德医生心生不忍，他直截了当地请求伯蒂，允许威利独自进入他外祖母的房间。伯蒂答应了。里德医生对维多利亚说：“陛下，您的外孙德国皇帝在这儿。您身体不好，他来看望您。”[28] 她面露微笑，威利在那儿的 5 分钟里，他们好像说了会儿话。

然而，威利的胜利可能毫无意义。有人认为，维多利亚神志恍惚，其实把威利当成了他死去的父亲腓特烈（Frederich III），她大女儿维基的丈夫腓特烈是她非常喜欢的女婿。“皇帝人非常好”，有人听到她这么说，但这番话对已故皇帝腓特烈和她自己的外孙威利同样适用。

那天下午，随着屋外天色渐黑，如若她的脑海中真浮现了任何人的话，那毫无疑问会是阿尔伯特。在某一时刻，戴维森吟诵起了约翰·亨利·纽曼（John Henry Newman）的诗句，这句诗贴切得近乎不可思议：

夜尽天明，晨曦光里天使重逢，

多年契阔，我心所爱笑貌音容。

一位颇有名气的作家了解王室内情，并于 1897 年在未经授权的情况下，生动真切地描述了女王的生活和住所，其作品很快会推出全新的纪念版。这位作家认为，维多利亚的手指讲述了对于她真正重要的一切故事。她仍然戴着简单的婚戒，还有含有阿尔伯特头发的纪念戒指。据这位作家称："从这些戒指中，你会看出一名幸福的妻子、一位慈爱的母亲、一名习惯悲伤的孀妇的种种朴实的浪漫，这些便是一个好女人最显著的特征。"[29]

也许这就是维多利亚女王最大的成就——让她的子民相信，她不仅仅是他们的女王。更重要的是，她在他们眼中是一个普通的"好女人"。她所扮演的这个角色，虽然有表演之处，但也有忠实于其真实自我的地方。20世纪，王权在其他国家纷纷垮台，可英国的君主制却长盛不衰，也许就得益于这一神奇的因素。在本书中，我不断质疑，有时甚至损毁过，有关维多利亚和阿尔伯特间天荒地老、无与伦比、毋庸置疑的幸福婚姻故事。但对维多利亚来说，他的魅力从未消退过。对她来说，61年前她在温莎堡求婚的那位"天使"，迷人依旧。我希望，她此刻真的梦见与他重逢，如果这样能让她感到更幸福的话。

5点钟后，情况再次恶化。现在威利陪在床前，寸步不肯离开。他告诉兰德尔·戴维森："我理应陪在这里，我不能走开。"[30]他在那里陪了两个多小时，用一只强壮的臂膀支撑着外祖母，而另一只先天孱弱。[31]戴维森应要求在外面等候，离开时在心中默默祈祷，6点25分时，他又被叫了回去，正好赶上临终祷告的开始。在场的人认为维多利亚去世时，双眼正凝视着壁炉上方的基督画像。兰臣描述说，她母亲的脸上焕发着"容光"。她眼睛睁得大大的，"见到她所有的亲人后，她将目光投向天国"。[32]

然而，这是兰臣希望的景象。也有人认为女王在最后一刻，脑海中所想的并非她的人类家庭。一名"非常机密的内部人士"透露，她的遗言是让人“允许她的小狗跳到她的床上来”。也许在她去世时，在她身旁陪伴并且萦绕在她心头的是小狗图里，达什的继任者。[33]

兰德尔·戴维森进行临终祝福时，里德医生握着维多利亚的手腕，测她的脉搏，6 点 30 分，他终于将其放了下来。里德医生和威利各自离身，女王的尸体无依无靠，静躺在那里。伯蒂后来在日记中记录：“6 点半时，她呼出了最后一口气。”[34] 至少合上他母亲眼睛的是他，而非他的外甥。[35]

现在兰德尔·戴维森离开了房间，明显心情悲痛不已，他用红色墨水急切而潦草地写下，仅仅 25 分钟前，“亲眼看着她故去”。[36] 这张纸十分了不起，它让我们几乎亲眼见证了一个漫长生命的终结。她去世时将近 82 岁，做了 63 年的女王。

奥斯本宫大门外，记者聚集，他们叽叽喳喳地交谈着，一开始没有注意到警长查尔斯·弗雷泽（Charles Frazer）—— 已故女王的私人警探。弗雷泽接到命令，等大法官、首相、伦敦市市长、坎特伯雷大主教和其他欧洲君主全部收到电报后，再向记者宣布女王驾崩的消息。最后，在 1 月夜晚的一片漆黑中，弗雷泽走出门外，说：“先生们……我无比沉痛地宣布，陛下于 6 点 30 分驾崩。”[37] 话声刚落，记者成群结队，冲向东考斯邮局，他们彼此推来搡去，很不像样子。其中一位称，他的同行们“大喊大叫，争先恐后”，像是一场激情呐喊、全力冲刺的猎狐运动。[38] 他们无比渴求有人提供女王离世现场实际情境的描述，甚至不择手段。正在准备主持女王葬礼的兰德尔·戴维森收到了一封十分不合时宜的电报：

> 阁下若能在周一前描述女王之死 1600 字，
> 重酬 10 几尼①。

① 英国旧时金币或货币单位，价值 21 先令。

这封电报是《礼拜天在家》（*Sunday at Home*）报纸的编辑发出的。[39]

此前在1897年，维多利亚看到特克公爵夫人（Duchess Teck）因为没有好好写封遗嘱，去世时引起一片混乱和纷争，于是决定将自己的遗愿付诸纸上。她下达了指令："遗书由与我同游的那位服装师一直携带保存，在我去世后，服装师立即打开遗书。"[40]

她的家人并不知道，她的遗嘱列出了一大堆她想放在自己棺木中的物品。现在里德医生，在维多利亚无比信任的服装师的帮助下，一丝不苟地执行她最后的命令。所列物品太多太杂，里德费了一番功夫才将其全部放进去。首先，放进阿尔伯特的一件披风和一件晨袍，以及他的手部石膏模型。接着，放进她要求的大量照片。然后，用一个棺材形状的垫子将其全部遮盖住，再将她的身体放在上面。[41]这个清单反映出了维多利亚的鲜明特征，她对照片和阿尔伯特的热爱。其中还包括在某种程度上成为阿尔伯特继任者的那个男人。清单最后是一张"布朗的照片和他的一缕头发"，里德医生用纸巾包裹，按照要求，将其放在维多利亚冰冷的左手中。[42]那天晚些时候，在棺材盖被钉死之前，伯蒂甚至允许阿卜杜勒·卡里姆前来道别。

棺材合上后，立即被运回伦敦，然后经由首都，运至温莎附近的陵墓，安置在阿尔伯特的棺木旁。不过，这已是伯蒂，即国王爱德华七世统治时期的故事。我们关于维多利亚女王生命中的24天的故事已经告一段落。

她这一生享尽非同寻常的特权，经历过惊天动地的事件，体验着精彩纷呈的生活。然而，维多利亚真正开心的日子却屈指可数，我对她最深刻而持久的感觉是怜悯。许多人羡慕她赢得了婴儿赛跑，得以戴上王冠。可是，当维多利亚得知自己有朝一日会成为女王时，她已经清楚，成为女王不会造就她的人生，只会将其打破。"我大哭了一场。"她说。[43]等待她的是孤单落寞的王室陷阱，虽然这样的陷阱同样紧紧攫住众多维多利亚时代的女性，但也许它对一位女王的挤压与钳制远超常人、最为深重。她的母亲深知她们终将踏入这一陷阱，早早地为她做心理准备。维克多丽在多年前告诉维多利亚：“你逃不掉自己的情感，你也逃不掉你的出身。”[44] 你逃不掉。确实。你逃不掉。

注 释

引言

1. For example, Cecil Woodham-Smith, *Queen Victoria, Her Life and Times*, vol. 1, 1819–1861, London (1972); Monica Charlot, *Victoria: The Young Queen*, Oxford (1991); Katherine Hudson, *A Royal Conflict*, London (1994); Lynne Vallone, *Becoming Victoria*, New Haven and London (2001); Kate Williams, *Becoming Queen*, London (2008)
2. For example, Greg King, *Twilight of Splendor*, Hoboken, NJ (2007) but particularly A. N. Wilson, *Victoria: A Life*, London (2014)
3. RA VIC/MAIN/M/5/80 (2 August 1835)
4. Paula Bartley, *Queen Victoria*, Abingdon (2016) p. 10
5. Ibid., p. 64
6. Sarah Kilby, ed., *Victoria Revealed: 500 Facts about the Queen and Her World*, London (2012) pp. 146–7
7. Stanley Weintraub, *Victoria: Biography of a Queen*, London (1987) p. 643
8. E. F. Benson, *As We Were: A Victorian Peep Show*, London (1930) p. 8

-1-

1. Susanne Groom and Lee Prosser, *Kew Palace*, London (2006) p. 87
2. Philip Yorke, ed., *Letters of Princess Elizabeth of England*, London (1898) p. 88
3. The Prince of Wales: unknown, but several rumoured. Duke of Clarence: 10. Duke of Kent: 1. Duke of Sussex: 2. Princess Sophia: 1
4. Henry Wheatley, ed., *The Historical and Posthumous Memoirs of Sir Nathaniel Wraxall*, London (1884) vol. 5, p. 379
5. F. Max Müller, ed., *Memoirs of Baron Stockmar*, London (1873) vol. 1, p. 50
6. Quoted in Olwen Hedley, *Queen Charlotte*, London (1975) p. 296
7. Percy Fitzgerald Hetherington, *The Good Queen Charlotte*, London (1899) p. 255
8. RA GEO/MAIN/36817–36818, Queen Charlotte to the Prince Regent (10 April 1818)

9. RA GEO/ADD/24, Establishment of Her Majesty's Household (1817)
10. Müller, ed., (1873) vol. 1, p. 50
11. Hedley (1975) p. 297; RA GEO/ADD/15/0843, R. Grenville to General de Budé (7 August 1818)
12. Dorothy M. Stuart, *The Daughters of George III*, London (1939) pp. 99–105
13. Charles Greville, quoted in the *Spectator*, vol. 163 (1939) p. 520
14. Lytton Strachey and Roger Fulford, eds., *The Greville Memoirs, 1814–1860*, London (1938) p. 272
15. Hedley (1975) p. 297
16. 'The Royal Marriages' in *The Times*, issue 10407, London (13 July 1818) p. 3
17. Quoted in Hudson (1994) p. 75
18. Philip Ziegler, *King William IV*, London (1971) p. 121
19. Charlot (1991) p. 22
20. Ziegler (1971) p. 123
21. 'The Royal Marriages' in *The Times*, issue 10407, London (13 July 1818) p. 3
22. Richard R. Holmes, *Queen Victoria, 1819–1901*, London (1901) p. 17
23. Quoted in Ziegler (1971) p. 122
24. Müller, ed. (1873) vol. 1, p. 75
25. Nathan Tidridge, *Prince Edward, Duke of Kent*, Toronto (2013) p. 31
26. Müller, ed. (1873) vol. 1, p. 51
27. RA GEO/MAIN/45412–3 (9 July 1790)
28. Tidridge (2013) p. 51
29. Müller, ed. (1873) vol. 1, p. 76
30. Herbert Maxwell, ed., *The Creevey Papers*, London (1904) vol. 1, p. 277
31. Yorke, ed. (1898) p. 70
32. John Wolcot, writing as 'Peter Pindar'
33. Christopher Hibbert, *George III*, London (1998) p. 102
34. Müller, ed. (1873) vol. 1, p. 76
35. Quoted in Tidridge (2013) p. 58
36. Elizabeth Longford, 'Edward, Prince, Duke of Kent and Strathearn (1767–1820)', *Oxford Dictionary of National Biography*, Oxford University Press, (2004)
37. RA GEO/MAIN/46659 (23 November 1790)
38. Quoted in Mollie Gillen, *The Prince and His Lady*, London (1970) p. 20
39. Quoted in Tidridge (2013) p. 159
40. RA GEO/MAIN/44165 (13 December 1800)
41. Arthur Christopher Benson and Viscount Esher, eds., *The Letters of Queen Victoria: A Selection from Her Majesty's Correspondence Between the Years 1837 and 1861*, London (1907) vol. 1, p. 7
42. Woodham-Smith (1972) p. 10
43. Maxwell, ed. (1904) vol. 1, p. 271
44. Ibid., p. 269
45. Müller, ed. (1873) vol. 1, p. 77, quoted in Dorothy M. Stuart, *The Mother of Victoria*, London (1942) p. 5
46. *The Ladies' Monthly Museum*, quoted in McKenzie Porter, *Overture to Victoria*, London (1961) p. 175
47. Anon., *Costume*, London Museum Catalogues no. 5, London (1934) pp. 151–2
48. Weintraub (1987) p. 33
49. 'The Royal Marriages' in *The Times*, issue 10407, London (13 July 1818) p. 3

50. RA GEO/ADD7/1345, account of the Duke of Kent's 'necessary arrangements for his marriage' (11 January 1819)
51. Quoted in Woodham-Smith (1972) p. 15
52. RA VIC/MAIN/M/2/25 (25 January 1818)
53. Weintraub (1987) p. 32
54. Leopold to his sister Countess Mensdorff-Pouilly, quoted in Dormer, Creston, *The Youthful Queen Victoria*, London (1952) p. 54
55. RA VIC/MAIN/M/2/68 (11 July 1818)
56. Hedley (1975) p. 293
57. RA VIC/MAIN/M/2/70 (1818)
58. Maxwell, ed. (1904) vol. 1, p. 283

-2-

1. RA VIC/MAIN/M/3/6 (22 June 1819)
2. Lee Prosser, 'The Duke of Kent' lecture at the Tower of London (13 January 2017), forthcoming article in *Architectural History*
3. TNA LC 9/369 fo. 131r
4. Roger Fulford, *Royal Dukes: Queen Victoria's Father and 'Wicked Uncles'*, London (1948) p. 299
5. Anon., 'A Lady', *Anecdotes, Personal Traits, and Characteristic Sketches of Victoria*, London (1840) p. 13
6. RA VIC/MAIN/M/3/3 (24 May 1819)
7. RA VIC/MAIN/M/2/43 (5 May 1818)
8. RA VIC/MAIN/M/2/43 (31 December 1818)
9. Ibid.
10. RA VIC/MAIN/Z/484/36 (1854)
11. RA GEO/ADD7/1345, account of the Duke of Kent's 'necessary arrangements for his marriage' (11 January 1819)
12. RA GEO/MAIN/1349, Duke of Kent to General Weatherall (11 January 1819)
13. RA VIC/MAIN/M3/3 (24 May 1819); Prosser, p. 217
14. RA VIC/MAIN/Y/63/47
15. RA GEO/MAIN/ADD7/1353 (29 January 1819)
16. Marilyn Bailey Ogilvie and Joy Dorothy Harvey, eds., *The Biographical Dictionary of Women in Science*, London (2000) vol. 2, p. 1193
17. David Daniel Davis, *The Principles and Practice of Obstetric Medicine*, London (1836; 1841 edition) p. xviii
18. RA GEO/MAIN/45344–5 (8 June 1819)
19. Quoted in Porter (1961) p. 175
20. *The Annual Register For the Year 1819*, London (1820) p. 35; Müller, ed. (1873) vol. 1, p. 78
21. RA VIC/MAIN/M/3/3 (24 May 1819)
22. Müller, ed. (1873) vol. 1, p. 78
23. RA VIC/MAIN/Z/484/40 (2 March 1854)
24. Woodham-Smith (1972) p. 30
25. Edward's letter, quoted in Porter (1961) p. 183

26. The Hon. Mrs Hugh Wyndham, ed., *The Correspondence of Sarah Spencer, Lady Lyttelton, 1787–1870*, London (1912) p. 64
27. Quoted in Lee Prosser, 'Apartments for the Royal Family, 1790–1848' in Olivia Fryman, ed., *Kensington: Palace of the Modern Monarchy*, New Haven and London (forthcoming, 2019)
28. Information provided by Lee Prosser, the accounts are at TNA LC 9/369, fos. 120–147
29. Kay Staniland, *In Royal Fashion*, London (1997) p. 82
30. RA VIC/MAIN/M/3/3 (24 May 1819)
31. *The Times*, London (26 May 1819) p. 3
32. RA VIC/MAIN/M/3/3 (24 May 1819)
33. The Hon. F. Leveson Gower, ed., *Letters of Harriet, Countess Granville*, London (1893) p. 169
34. Sarah Tooley, *The Personal Life of Queen Victoria*, New York, NY (1897) p. 8
35. RA VIC/MAIN/M/3/5 (22 June 1819)
36. RA VIC/M/4/26

-3-

1. Malcolm Chase, *1820: Disorder and Stability in the United Kingdom*, Manchester (2013) p. 10
2. Ibid., p. 9
3. Emma Marshall, *In Four Reigns: the Recollections of Althea Allingham, 1785–1842*, Leipzig (1887) p. 228
4. RA VIC/MAIN/Z/286 (7 January 1820)
5. Marshall (1887) p. 229
6. Ibid., p. 225
7. Ibid., (1887) p. 225
8. A print of the drawing room is reproduced in Jean Crane, *Queen Victoria and the Royal Glen*, Exmouth (1986) p. 37
9. RA VIC/MAIN/Z/286 (15 January 1820)
10. A. Aspinall, ed., *The Letters of George IV, 1812–30*, Cambridge (1938) vol. 2, p. 304
11. Müller, ed. (1873) vol. 1, p. 77
12. For example, TNA WORKS 19/16/1/29, Edward, Duke of Kent, Kensington Palace (30 July 1815)
13. Marquis of Lorne, *V.R.I., Her Life and Empire*, New York and London (1901) p. 13
14. RA VIC/MAIN/M/3/20 (19 November 1819)
15. Crane (1986) p. 13; John Feltham, *A Guide to Watering and Seabathing Places*, London (1813 edition) p. 365, (1824 edition) p. 374
16. Julia Creeke, *Life and Times in Sidmouth*, Sid Vale Association (1992) p. 39
17. RA GEO/ADD7/1345, account of the Duke of Kent's 'necessary arrangements for his marriage' (11 January 1819)
18. RA GEO/MAIN/45391–2 (6 January 1820)
19. Quoted in William James Anderson, *The Life of . . . Edward, Duke of Kent, illustrated by his correspondence with the De Salaberry Family*, Ottawa (1870) p. 233
20. RA VIC/MAIN/Z/286 (7, 11 January 1820)

21. RA VIC/MAIN/M/3/3 (24 May 1819)
22. RA VIC/MAIN/Z/286 (7 January 1820)
23. Balliol College Conroy Papers 14B+.5 (an account of Sir John Conroy's background)
24. Anderson (1870) p. 284
25. Quoted in Hibbert (2000; 2001 edition) p. 14
26. Müller, ed. (1873) vol. 1, p. 78
27. 'Item Description: Woolbrook Cottage, [Sidmouth,] 10 January, 1820. 'Captain Conroy is commanded by Their Royal Highnesses . . . to Invite Mr. Mrs. and Miss le Merchant to Tea, on Friday evening next.' Offered for sale on Abebooks.co.uk, 17 November 2016.
28. RA VIC/MAIN/Z/286 (10 January 1820)
29. Anon., *The Annual Register For the Year 1820*, London (1821) p. 6
30. Robert Huish, *The Public and Private Life of George III*, London (1821) p. 700
31. RA VIC/MAIN/Z/286 (11–12 January 1820)
32. Harold A. Albert, ed., *Queen Victoria's Sister: The Life and Letters of Princess Feodora*, London (1967) p. 34
33. RA VIC/MAIN/Z/286 (16 January 1820)
34. RA VIC/MAIN/Z/286 (19 January 1820)
35. Louis A. Jennings, ed., *The Croker Papers*, New York, NY (1884) vol. 1, p. 141
36. RA GEO/ADD12/359, Princess Mary to the Prince Regent (25 January 1820)
37. *The Annual Register For the Year 1820*, London (1821) p. 82
38. See Gillian Gill, *We Two*, New York, NY (2009) pp. 38–9
39. Müller, ed. (1873) vol. 1, p. 79
40. Benson and Esher, eds. (1907, 1908 edition) vol. 1, p. 9
41. Marshall (1887) p. 229
42. Holmes (1901) p. 19
43. Albert, ed. (1967) p. 34
44. Creeke (1992) p. 40
45. RA GEO/MAIN/46640 (1820)
46. Creeke (1992) p. 40
47. Balliol College Archives Conroy Papers 11 [6F] memorandum of Edward Conroy
48. RA VIC/MAIN/Z/286 (1 February 1820)
49. Benson and Esher, eds. (1911 edition) vol. 1, p. 258
50. RA VIC/MAIN/Z/286 (10 February 1820)
51. Quoted in Hudson (1994) p. 127

- 4 -

1. Leigh Hunt, *The Old Court Suburb*, London (1855) vol. 2, p. 195
2. Benson and Esher, eds. (1907, 1908 edition) vol. 1, p. 14
3. RA VIC/MAIN/Y/36/132 (15 April 1843)
4. Charles Bullock, *The Early Days of Queen Victoria*, London (1887) p. 11
5. G.K.A. Bell, *Randall Davidson, Archbishop of Canterbury*, Oxford (1935) p. 1045
6. Melbourne described her so, Hudson (1994) p. 18
7. Quoted in Hudson (1994) p. 64
8. RA VIC/MAIN/Y/203/79 (6 September 1867)

9. Ibid.
10. Benson and Esher, eds. (1907; 1908 edition) vol. 1, p. 10
11. The story can be traced back to Victoria's daughter Lenchen, who told Lord Esher. Michael De-la-Noy, *Windsor Castle, Past and Present*, London (1990) p. 101
12. RA VIC/MAIN/Y/203/79 (6 September 1867)
13. Gower, ed., (1893) p. 169
14. Rev. G. Davys' diary (28 May 1823), quoted in Lorne (1901) p. 55
15. RA VIC/MAIN/3/6 (22/23 June 1819), translated in Woodham-Smith (1972) p. 33
16. Quoted in Staniland (1997) p. 85
17. Ibid, p. 86
18. John Galt, ed., *Diary Illustrative of the Times of George the Fourth, Interspersed with Original Letters from the Late Queen Caroline*, Paris (1839) p. 53
19. Marquis of Zetland, ed., *The Letters of Disraeli to Lady Bradford and Lady Chesterfield*, New York, NY, (1929) vol. 1, pp. 404–5
20. TNA WORKS 19/16/1/163 (1 December 1837); Deirdre Murphy, '"I like this poor palace": Victoria's Childhood', in Olivia Fryman, (forthcoming 2019)
21. RA VIC ADDO/57/B (1823)
22. Benson and Esher, eds. (1907; 1908 edition) p. 13
23. Quoted in Annie Gray *The Greedy Queen*, London (2017) p. 24
24. Ibid., p. 26
25. RA VIC/MAIN/ADDA/7/1a
26. Richard Henry Stoddard, ed., *The Greville Memoirs*, New York, NY (1875 edition) vol. 2, p. 220
27. Quoted in Kate Hubbard, *Serving Victoria*, London (2012) p. 26
28. Hunt (1855) vol. 2, p. 264
29. Quoted in Woodham-Smith (1972) p. 75
30. RA VIC/MAIN/Z/111
31. Rev. G. Davys' diary (17 April 1823), quoted in Lorne (1901) p. 53
32. 'The Queen's Minute' (1897), quoted in Arthur Ponsonby, ed., *Sir Henry Ponsonby, Queen Victoria's Private Secretary*, London (1942) p. 51
33. Anon., 'One of Her Majesty's Servants', *The Private Life of Queen Victoria*, London (1897; 1901 edition) p. 22
34. Tooley (1897) p. 31
35. Quoted in De-la-Noy (1990) p. 84
36. Written by Victoria in the margin of RA VIC/MAIN/Y/203/81 (2 December 1867)
37. RA VIC/MAIN/QVJ/1838: 22 March
38. Quoted in Ponsonby (1942) p. 85
39. Hudson (1994) pp. 11, 86
40. Duchess of Kent to Conroy (26 December 1838), quoted in Hudson (1994) p. 16
41. RA VIC/MAIN/Z/484/36/10 (18 February 1854)
42. Sir John Conroy to Edward Conroy (9 March 1848), quoted in Hudson (1994) p. 17
43. RA QVJ/1870: 12 September
44. Hanmer Papers, quoted in Hudson (1994) p. 19

45. Lord Holland, quoted in Edna Healey, *The Queen's House*, London (1997) p. 121; RA QVJ/1838: 3 February
46. Maria Edgeworth, *Moral Tales for Young People*, London (1910 edition) pp. 351–2
47. Jennings, ed. (1884) vol. 1, pp. 155–6, Mr Peel to Mr Croker (23 March 1820)
48. Quoted in Woodham-Smith (1972) pp. 86–7
49. Ethel M. Duff, *The Life Story of HRH The Duke of Cambridge*, London (1938) p. 108
50. Benson and Esher, eds. (1907, 1908 edition) vol. 1, p. 10
51. Tooley (1897) p. 31
52. Randall Davidson in Bell (1935) vol. 1, p. 83
53. M.C. Curthoys 'Davys, George (1780–1864) bishop of Peterborough', *Oxford Dictionary of National Biography (2004)*
54. Tooley (1897) p. 20
55. RA VIC/MAIN/Z/111
56. Benson and Esher, eds. (1907, 1908 edition) vol. 1, p. 256
57. Weintraub (1987) p. 77
58. Mary Ponsonby, 'The Character of Queen Victoria', *The Quarterly Review*, London (1901)
59. Tooley (1897) p. 52, letter of Baroness Lehzen (May 1831)
60. Kilby, ed., (2012) p. 25
61. See annotation to RA VIC/MAIN/M/5/8; Vallone (2001) p. 44
62. Tooley (1897) p. 37
63. RA VIC/MAIN/M/2/8 (10–11 March 1830)
64. RA VIC/MAIN/Y/203/81 (2 December 1867)
65. Ibid.
66. RA/VIC/MAIN/2/8 (10–11 March 1830)
67. RA VIC/MAIN/5/9/28, Duchess of Kent to the Bishop of London (13 March 1830)

-5-

1. Anon., *The Thanet Itinerary*, Margate (1823 edition) p. 69
2. Anon., *New Margate, Ramsgate and Broadstairs Guide*, Margate (1821 edition) p. 42
3. Anon., *The Thanet Itinerary*, Margate (1823 edition) p. 57
4. Louis Loewe, ed., *Diaries of Sir Moses and Lady Montefiore*, London (1890) vol. 1, p. 96; Abigail Green, *Moses Montefiore*, Cambridge, MA (2010) p. 105
5. Quoted in Hudson (1994) p. 93
6. RA VIC/Y/63/5 (7 October 1836); Vallone (2001) p. 14
7. Quoted in Woodham-Smith (1972) p. 63
8. RA VIC/MAIN/Z/485/6, pp. 13, 17 (September 1878)
9. Royal College of Physicians, MS 4973, journal and reminiscences of Dr Ferguson, p. 12
10. RA VIC/MAIN/5/78 (30 July 1835)
11. Balliol College Archives Conroy 11 [6F] memorandum of Edward Conroy
12. Anon., *The Annual Register For the Year 1835*, London (1836) p. 136
13. Vallone (2001) p. 157
14. Ibid., pp. 156–7; 218

15. RA QVJ/1835: 22 September
16. RA QVJ/1835: 25 September
17. RA VIC/MAIN/5/9/84 (2 September 1835)
18. Royal College of Physicians, MS 4973, p.2
19. RA VIC/MAIN/5/9/84 (2 September 1835)
20. RA QVJ/1835: 29 September
21. Robert Edward Hunter, *A Short Account of the Isle of Thanet*, Ramsgate (1815) p. 39
22. Anon., *The Thanet Itinerary*, Margate (1823 edition) p. 64
23. James Jones, *Isle of Thanet Guide* (n.d.), quoted in *The Ramsgate Millennium Book*, The Ramsgate Society (2000) p. 46
24. A nameless contributor to *Fraser's Magazine* (1823), quoted in *The Ramsgate Millennium Book*, The Ramsgate Society (2000) p. 544
25. Charles Busson, *The Boot of Ramsgate*, Buckingham (1985) p. 133
26. Ibid., p. 66
27. 'Map of the Town and Royal Harbour of RAMSGATE From an actual Survey made in the Year 1849', reproduced in *The Ramsgate Millennium Book*, The Ramsgate Society (2000) p. 8.1.5
28. Anon., *Isle of Thanet Illustrated Visitors' Guide*, n.p. (1887) p. 40
29. RA QVJ/1832: 1 August
30. Benson and Esher, eds. (1907, 1908 edition) vol. 1, p. 11
31. Albert, ed., (1967) p. 40
32. Christopher Thomas Richardson, *Fragments of History pertaining to . . . Ramsgate*, Ramsgate (1885, 1999 edition) p. 18
33. RA VIC/ADDA/11/22, Baroness Lehzen to King Leopold (n.d.)
34. RA QVJ/1835: 18 September
35. Notebook belonging to Dr William Mason quoted in Gray (2017) p. 27
36. Gower, ed. (1893) p. 169
37. Maxwell, ed. (1904–5) vol. 2, p. 326; *Private Life* (1897; 1901 edition) p. 140
38. Quoted in Woodham-Smith (1972) p. 92
39. Gray (2017) p. 28
40. RA VIC/ADDA/11/22, Baroness Lehzen to King Leopold (n.d.)
41. Hunter, (1815) p. 2
42. RA QVJ/1835: 4 October
43. Benson and Esher, eds. (1907, 1908 edition) vol. 1, p. 72
44. RA VIC/MAIN/Z/482/1, John Conroy to the Duchess of Kent (15 July 1837)
45. RA VIC/ADDA/11/22, Baroness Lehzen to King Leopold (n.d.)
46. RA QVJ/1835: 7 October
47. R. A. L. Agnew, 'Clark, Sir James, first baronet (1788–1870)' in *Oxford Dictionary of National Biography* (2004) (accessed 2 June 2017)
48. A. A. Cormack, *Two Royal Physicians*, London (1965) p. 17
49. RA VIC/ADDA/11/22, Baroness Lehzen to King Leopold (n.d.)
50. Quoted in Hudson (1994) p. 106
51. RA VIC/ADDA/11/22, Baroness Lehzen to King Leopold (n.d.)
52. RA QVJ/1838: 26 February
53. RA VIC/MAIN/Z/485/11 (15 November 1879)
54. RA QVJ/1838: 26 February
55. Quoted in Woodham-Smith (1972) p. 70

56. RA VIC/MAIN/Y/65/37, Leopold to Victoria (12 March 1839)
57. RA VIC/MAIN/4/16 (12 January 1830)
58. RA VIC/ADDA/11/22, Baroness Lehzen to King Leopold (n.d.)
59. Ibid.
60. *Kentish Gazette* (14 October 1834) (14 November 1837), England, Wales & Scotland Census (1851)
61. RA VIC/ADDA/11/22, Baroness Lehzen to King Leopold (n.d.)
62. RA QVJ/1835: 31 October
63. RA QVJ/1838: 17 October
64. RA QVJ/1835: 31 October
65. RA VIC/MAIN/Y/88/4 (3 November 1835)
66. Walter Scott, *The Bride of Lammermoor*, London (1819; 1858 edition) p. 5
67. Warner (1979) p. 68
68. Balliol College Conroy Papers 11 [6F] Edward Conroy's memorandum
69. Quoted in Hudson (1994) p. 83
70. RA VIC/ADDA/11/2 (1 May 1836)
71. Royal College of Physicians, MS 4973, pp. 6, 12
72. RA QVJ/1838: 17 October
73. RA VIC/ADDA/12, part three (8–13 June 1837)
74. Lady Elizabeth Grosvenor, quoted in Weintraub (1987) p. 69

- 6 -

1. RA QVJ/1836: 18 May
2. Deirdre Murphy, '"I like this poor palace": Victoria's Childhood', in Fryman, ed., (forthcoming, 2019)
3. Ibid.
4. RA VIC/MAIN/Y/88/33 (14 March 1837)
5. Sir John Conroy to Lord Durham (6 February 1836), quoted in Hudson (1994) p. 114
6. TNA WORKS 19/16/1/655, 'Kensington Palace Inventory' (18 February 1862)
7. RA VIC/MAIN/5/9/86, James Clark (29 January 1836)
8. RA QVJ/1837: 24 May
9. Quoted in Hudson (1994) p. 114
10. Ibid., p. 114; Anon., 'A Lady', *Anecdotes, Personal Traits, and Characteristic Sketches of Victoria*, London (1840) p. 472
11. Thomas Sully, *Journal* (22 March 1838), transcribed in Kay Staniland files, Museum of London (consulted August 2017)
12. Edward Boykin, ed., *Victoria, Albert and Mrs Stevenson*, New York, NY (1957) p. 57
13. Gray (2017) p. 40
14. Sully (22 March 1838)
15. Boykin, ed. (1957) p. 104
16. Ibid; Maxwell, ed. (1904–5) vol. 2, p. 326
17. E.E.P. Tisdall, *Queen Victoria's Private Life, 1837–1901*, London (1961) p. 15
18. Henry Reeve, ed., *The Greville Memoirs*, London (1896 edition) vol. 4, p. 81
19. Boykin, ed. (1957), p. 57

20. Benson and Esher, eds. (1907, 1908 edition) vol. 2, p. 49
21. Staniland (1997) p. 92
22. Scott (1819; 1858 edition) p. 368
23. RA QVJ/1836: 1 November
24. Benson and Esher, eds. (1907, 1908 edition) vol. 1, pp. 48–9
25. Charles Grey, *The Early Years of the His Royal Highness the Prince Consort*, London and New York, NY (1867) p. 90
26. Doris Almon Ponsonby, *The Lost Duchess: The Story of the Prince Consort's Mother*, (London, 1958) p. 151
27. Arthur Gould Lee, ed., *The Empress Frederick Writes to Sophie, Her Daughter*, London (1955) pp. 199–200
28. Klaus Weschenfelder, 'Prince Albert: Early Encounters with Art and Collecting', *Essays from Study Day Held at the National Gallery, 2010*, London (2012) pp. 12, 7
29. Benson and Esher, eds. (1907, 1908 edition) vol. 1, p. 49
30. Quoted in Theodore Martin, *The Life of His Royal Highness the Prince Consort* 1819–1861, London (1875; 1879 edition) vol. 1, p. 2
31. Quoted in Martin (1875; 1879 edition) vol. 1 pp. 2–3
32. RA QVJ/1836: 18 May
33. Grey (1867) p. 90
34. RA QVJ/1836: 23 May
35. RA QVJ/1836: 24 May
36. Percy Andreae, trans., *Memoirs of Ernest II*, London (1880) vol. 1 p. 69
37. Müller, ed. (1873) vol. 2, p. 7
38. RA VIC/MAIN/Y/34/51 (16 April 1836)
39. RA QVJ/1836: 10 June
40. RA VIC/MAIN/M/4/55, Palmerston to Conroy (13 May 1836)
41. RA VIC/MAIN/M/4/57, Albert's notes on a memorandum of Charles of Leiningen
42. RA QVJ/1836: 10 June
43. RA VIC/MAIN/M/4/57
44. RA VIC/MAIN/M/4/57, memorandum of Charles of Leiningen, translated in Woodham-Smith (1972) p. 116
45. Quoted in Woodham-Smith (1972) p. 122
46. Benson and Esher, eds. (1907 1908 edition) vol. 1, p. 49
47. RA VIC/MAIN/QVLB/24 January 1838

-7-

1. Lorne (1901) p. 61
2. *Private Life* (1897; 1901 edition) p. 153
3. RA VIC/MAIN/Z/294, fo. 3r
4. RA QVJ/1836: 13 January
5. RA QVJ/1837: 24 May
6. Lord Palmerston (26 May 1837), quoted in Christopher Hibbert, *Victoria*, London (2000; 2001 edition) p. 50.
7. W. F. Monypenny and G. E. Buckle, *The Life of Benjamin Disraeli*, London (1910) vol. 1, p. 370

8. Quoted in Ziegler (1971) p. 289; Clifford Brewer, *The Death of Kings*, London (2005 edition) pp. 238–9
9. RA ADDA/11/12 (8–13 June 1837), translated in Woodham-Smith (1972) p. 136
10. Benson and Esher, eds. (1907, 1908 edition) vol. 1, p. 72
11. RA VIC/ADDA/15 (16 June 1837)
12. RA VIC/MAIN/M/4/57, memorandum of Charles of Leiningen, translated in Woodham-Smith (1972) p. 137
13. Quoted in Hudson (1994) p. 130
14. TNA PRO 30/29/423, Palmerston to Granville (26 May 1837)
15. RA VIC/MAIN/M/7/67, memorandum of Charles of Leiningen, translated in Hudson (1994) p. 121
16. Benson and Esher, eds. (1907, 1908 edition) vol. 1, p. 70
17. RA QVJ/1837: 19 May
18. RA VIC/MAIN/Z/294, fo. 3v
19. Ibid, fo. 3r–v
20. Woodham-Smith (1972) p. 138
21. RA VIC/MAIN/Z/294, fo. 3v
22. Tooley (1897) pp. 70–2. The evidence given by Dean Stanley records that the duchess advised that her daughter must go in alone, rather than, as some historians have said, Victoria ordering her mother to remain behind
23. Anon., *The Annual Register and Chronicle for the Year 1837*, London (1838) p. 61
24. Tooley (1897) pp. 70–2
25. Peter Quennell, ed., *The Private Letters of Princess Lieven*, London (1937) p. 200
26. Tooley (1897) p. 72
27. Thomas Dixon, *Weeping Britannia*, Oxford (2015) pp. 177–9
28. Theodore Martin, *Queen Victoria as I Knew Her*, London (1901) p. 65
29. RA VIC/MAIN/QVLB/19 June 1837
30. Anon., *The Annual Register and Chronicle for the Year 1837*, London (1838) p. 65
31. Benson and Esher, eds. (1911 edition) vol. 1, p. 72
32. RA VIC/MAIN/QVLB/20 June 1837
33. Sir John Clark, Sir James Clark's son, made this claim; Elizabeth Longford, 'Queen Victoria's Doctors', in Martin Gilbert, ed., *A Century of Conflict, 1850–1950*, London (1966) p. 84
34. Philip Ziegler, *Melbourne*, London (1976) p. 123
35. RA QVJ/1838: 30 December
36. RA QVJ/1837: 20 May
37. Anon., *The Annual Register and Chronicle for the Year 1837*, London (1838) p. 63
38. Reeve, ed. (1899 edition) vol. 3, p. 415
39. Quoted in Bartley (2016) p. 42
40. Tooley (1897) pp. 70–2
41. De-la-Noy (1990) p. 101
42. Barratt (2000) p. 45, quoted in Gray (2017) p. 279
43. Eyewitness Barrett Lennard, quoted in Ernest Law, *Kensington Palace*, London (1899) p. 37; Allan Cunningham, *The Life of Sir David Wilkie*, London (1843) p. 229
44. Anon., *The Annual Register and Chronicle for the Year 1837*, London (1838) p. 63
45. Quoted in John Plunkett, *Queen Victoria, First Media Monarch*, Oxford (2003) p. 89
46. Deirdre Murphy, '"I like this poor palace": Victoria's childhood', in Fryman, ed., (forthcoming, 2019)

47. Reeve, ed. (1899 edition) vol. 3, p. 415
48. Marshall (1887) p. 301
49. Reeve, ed. (1899 edition) vol. 3, p. 415
50. Quoted in Woodham-Smith (1972) p. 140
51. Anon., *The Annual Register and Chronicle for the Year 1837*, London (1838) p. 63
52. Law, (1899) p. 37
53. Vernon Bogdanor, *Gresham College History Lecture* (20 September 2016)
54. RA VIC/MAIN/4/28 (23 April 1831)
55. Cunningham, (1843) p. 229
56. The Bishop of London, quoted in Lorne (1901) p. 67
57. RA VIC/MAIN/M/7/68, memorandum of Baron Stockmar (1847); RA MP/116/89, memorandum of Sir John Conroy
58. RA VIC/MAIN/M/7/68, memorandum of Baron Stockmar (1847)
59. RA VIC/ADDA/11/4 Stockmar to Leopold (3 April 1837), translated in Woodham-Smith (1972) p. 131
60. RA QVJ/1837: 20 May
61. RA VIC/MAIN/Z/294, fo. 3r
62. RA VIC/MAIN/Z/294, fo. 3v
63. RA QVJ/1839: 8 January
64. Quoted in Vallone (2001) p. 199
65. RA QVJ/1837: 20 May
66. Adrienne Munich, *Queen Victoria's Secrets*, New York, NY (1996) p. 16
67. Reeve, ed. (1896 edition) vol. 4, pp. 16–17

-8-

1. RA QVJ/1838: 28 June
2. Lady Wilhelmina Stanhope, quoted in Lorne (1901) p. 82
3. Staniland (1997) p. 114
4. *Private Life* (1897; 1901 edition) p. 62
5. Plunkett (2003) pp. 18–19
6. *Caledonian Mercury* (1 July 1837) p. 5, quoted in Bartley (2016) p. 39
7. Benson and Esher, eds. (1907, 1908 edition) vol. 1, p. 86
8. Ibid., p. 106
9. Ibid., p. 115
10. Anon., *The Annual Register For the Year 1838*, London (1838) p. 135
11. Charlot (1991) p. 115
12. Weintraub (1987) pp. 112, 650
13. Reeve, ed. (1896 edition) vol. 4, p. 113; Plunkett (2003) p. 23
14. Anon., *The Annual Register For the Year 1838*, London (1838) p. 96
15. Harriot Georgiana Mundy, ed., *The Journal of Mary Frampton*, London (1885) p. 404
16. Ibid., pp. 404–5
17. Anon., *The Annual Register For the Year 1838*, London (1838) pp. 96–7
18. RA QVJ/1838: 28 June
19. Roy Strong, *Coronation*, London (2005) p. 406
20. Mundy, ed., (1885) p. 406
21. Ibid., pp. 407–8

22. Anon., *The Annual Register For the Year 1838*, London (1838) p. 97
23. Felix Mendelssohn, quoted in Charlotte M. Yonge, *The Victorian Half Century*, London (1887) p. 9
24. RA QVJ/1838: 28 June
25. Yonge (1887) p. 9
26. Ibid.
27. Lord Beaconsfield's letters, published in *New Outlook*, New York, NY (1886) vol. 33, p. 24; Rix (2013)
28. TNA LC 2/67, pp. 23–4
29. Lady Wilhelmina Stanhope, quoted in Lorne (1901) p. 82
30. RA QVJ/1838: 28 June
31. Grace Greenwood, *Queen Victoria, Her Girlhood and Womanhood*, London (1883) p. 117
32. Ralph Disraeli, ed., *Lord Beaconsfield's Correspondence with His Sister*, London (1886 edition) p. 109
33. RA QVJ/1838: 28 June
34. Lady Wilhelmina Stanhope, quoted in Lorne (1901) p. 82
35. RA QVJ/1838: 28 June
36. Quoted in Yonge (1887) pp. 10–11
37. C. R. Leslie, *Autobiographical Recollections*, London (1860) vol. 2, p. 239
38. Quoted in Yonge (1887) pp. 10–11
39. Warner (1979) p. 84
40. Quoted in Yonge (1887) pp. 10–11
41. RA QVJ/1838: 28 June
42. Benjamin Robert Haydon, *The Diary of Benjamin Robert Haydon*, Cambridge, MA (1960) p. 350
43. Strong (2005) p. 381
44. Kilby, ed. (2012) p. 35
45. TNA LC 2/67, p. 66
46. Reeve, ed., (1896 edition) vol. 4, pp. 111–12
47. Lady Wilhelmina Stanhope, quoted in Lorne (1901) pp. 83–4
48. TNA LC 2/68 (22 June 1838)
49. RA QVJ/1838: 28
50. Mundy, ed., (1885) p. 408
51. Ibid.
52. Harriet Martineau, *Autobiography*, Boston, MA (1877) p. 422
53. RA QVJ/1838: 28 June
54. TNA LC 2/68 'Coronation of Her Most Sacred Majesty'
55. Newspaper account, quoted by Kathryn Rix, blog post, 'MPs and Queen Victoria's Coronation' victoriancommons.wordpress.com/2013/06/28_
56. Rix (2013)
57. Quoted in Yonge (1887) pp. 10–11
58. RA QVJ/1838: 28 June
59. Balliol College Conroy Papers 14.B.A.(a).10, Basil Hall to Sir John Conroy (29 June 1838)
60. Lady Wilhelmina Stanhope, quoted in Lorne (1901) pp. 83–4
61. Lord Beaconsfield's letters, published in *New Outlook*, New York, NY (1886) vol. 33, p. 24

62. RA QVJ/1838: 28 June
63. Anabel Loyd, *Picnic Crumbs*, Clifton-upon-Teme (2012)
64. Martineau (1877) pp. 421–3
65. RA QVJ/1838: 28 June
66. Leslie, (1860) vol. 2, p. 239
67. Reeve, ed. (1896 edition) vol. 4, p. 22
68. RA QVJ/1838: 28 June
69. Quoted in Strong (2005) p. 417
70. Martineau (1877) pp. 421, 424
71. F. M. Mallalieu, 'The Coronation', *The Times* (28 June 1838)
72. Anon., *The Annual Register For the Year 1838*, London (1838) p. 107
73. Plunkett (2003) p. 68
74. Ibid., p. 70

-9-

1. Sully (22 March 1838)
2. Benita Stoney and Heinrich Weltzien, eds., *My Mistress the Queen: The Letters of Frieda Arnold, Dresser to Queen Victoria, 1854–9*, London (1994) p. 52
3. Ibid., p. 51
4. Jasper Tomsett Judge, *Sketches of Her Majesty's Household*, London (1848) p. 97
5. Sully (22 March 1838)
6. Stoney and Weltzien, eds. (1994) p. 52
7. J. Mordaunt Crook and M. H. Port, *The History of the King's Works*, vol. 6, London (1973) p. 274
8. Ibid., p. 287
9. Ibid., p. 290
10. Judge (1848) p. 62
11. Crook and Port (1973) vol. 6, p. 376
12. Boykin, ed. (1957) p. 83
13. RA QVJ/1839: 25–27 June
14. Crook and Port (1973) vol. 6, p. 287
15. Martin (1962) p. 67
16. RA QVJ/1839: 25–27 June
17. RA MRH/MRHF/MENUS/MAIN/BP/1839 (28 June 1839)
18. RA QVJ/1839: 25–27 June
19. Martin (1962) p. 67
20. *The Age* (7 July 1839), quoted in Martin (1962) p. 67
21. RA QVJ/1839: 18 March
22. *The Chronicle*, quoted in Martin (1962) p. 70
23. *Morning Post* (4 July 1839), quoted in Lacy Fidler, 'Newspaper Representations of Queen Victoria's Agency During the Hastings Scandal and Bedchamber Crisis of 1839', MA thesis, University of Alberta (2009) p. 90
24. RA QVJ/1839: 16 May
25. Reeve, ed. (1896 edition) vol. 4, p. 23
26. Ziegler (1976) p. 106
27. Reeve, ed. (1896 edition) vol. 4, p. 136

28. RA QVJ/1837: 3 October
29. RA QVJ/1838: 4 September
30. Roger Fulford, ed., *The Greville Memoirs*, London (1963 edition) p. 156
31. RA VIC/MAIN/M/7/65, Duchess of Kent to Victoria (n.d., June 1837)
32. RA QVJ/1838: 20 February
33. RA VIC/ADDV/2, translation of VIC/ADDA/14/66 (6 March 1838)
34. Woodham-Smith (1972) p. 161
35. RA QVJ/1839: 25–27 June
36. Quoted in Robert Bernard Martin, *Enter Rumour*, London (1962) p. 49
37. RA QVJ/1839: 25–27 June
38. Quoted in Woodham-Smith (1972) p. 162
39. Wyndham, ed. (1912) p. 285
40. RA QVJ/1838: 14 October
41. RA QVJ/1838: 4 August
42. Beatrice Erskine, ed., *Twenty Years at Court: From the Correspondence of the Hon. Eleanor Stanley, 1842–1862*, London (1916) p. 57
43. RA MRH/MRHF/GOODSREC/SPICE/WC, fo. 13 (21–30 June 1837)
44. Maxwell, ed. (1904) vol. 2, p. 325
45. For example, RA MRH/MRHF/MENUS/MAIN/MIXED/24, fo. 191r (29 September 1837)
46. RA QVJ/1838: 30 December
47. RA QVJ/1838: 17 December
48. Sully (24 February 1838)
49. Brewer (2005 edition) p. 244
50. Quoted in Hibbert (2000; 2001 edition) p. 61
51. RA QVJ/1839: 25–27 June
52. Statement by Lady Flora Hastings published in *The Times* (16 September 1839), issue 17148, p. 3
53. RA QVJ/1839: 2 February
54. G. C. Boase, 'Portman, Edward Berkeley, first Viscount Portland (1799–188)' revised H.C.G. Matthew, *Oxford Dictionary of National Biography* (2004)
55. RA VIC/MAIN/Z/486/2 (17 February 1839)
56. TNA PRO 30/29/9/4, fo. 547v (5 March 1830)
57. Charles Mansfield Clarke, 'Notes on lectures on Midwifery and the Diseases of Women and Children' (1815), Wellcome Library MS 5605, quoted in Kathryn Hughes, *Victorians Undone*, London (2017) p. 42
58. Quoted in Martin, (1962) p. 37
59. Hughes (2017) p. 45
60. *The London Medical and Physical Journal* (1819) vol. 42, p. 26
61. Hughes (2017) p. 56
62. Reeve, ed. (1896 edition) vol. 4, p. 178
63. Balliol College Conroy Papers 14B.A.(a).4 Lady Flora Hastings to Sir John Conroy (October 1837)
64. RA QVJ/1839: 2 February
65. Hughes (2017) p. 27
66. Jennings, ed. (1884) vol. 2, p. 117
67. Reeve, ed. (1896 edition) vol. 4, p. 240
68. RA MP/116/95, Lord Duncannon to Lord Melbourne (11 December 1837)

69. Quoted in Plunkett (2003) p. 19
70. Royal College of Physicians, MS 4973, p. 10
71. Reeve, ed. (1896 edition) vol. 4, p. 209
72. Quoted in Robert Rhodes James, *Prince Albert*, London (1984) p. 75
73. Vernon Bogdanor, *Gresham College History Lecture* (20 September 2016)
74. Jane Ridley, *Bertie: A Life of Edward VII*, London (2012; 2013 edition) (2015) p. 19
75. RA MRH/MRHF/MENUS/MAIN/BP/1839 (28 June 1839); RA QVJ/1839: 27 June
76. Martin (1962) p. 65
77. Quoted in Martin (1962) p. 64
78. Ibid., p. 50
79. RA QVJ/1839: 5 July
80. Sir James Clark, statement in *The Times* (6 October 1839)
81. RA QVJ/1839: 15 June, 6–7 July
82. Fulford, ed. (1963 edition) p. 171
83. Lady Flora, quoted in Martin (1962) p. 58
84. RA VIC/MAIN/L/17/56 (30 October 1897)
85. Ponsonby (1942) p. 81
86. Benson and Esher, eds. (1907, 1908 edition) vol. 1, p. 184 (26 August 1839)
87. RA QVJ/1839: 29 May
88. RA QVJ/1839: 17 April
89. RA QVJ/1839: 15–18 April

-10-

1. Anon., *The Annual Register For the Year 1839*, London (1839) pp. 199, 246, 262
2. *The Satirist*, quoted in Plunkett (2003) p. 31
3. Benson and Esher, eds. (1907 1908 edition) vol. 1, p. 188 (12 October 1839)
4. *The Morning Chronicle* (11 October 1839) pp. 2, 4
5. Stoney and Weltzien, eds. (1994) pp. 40, 39
6. Grey (1867) p. 201
7. Jonathan Marsden, ed. *Victoria & Albert, Art & Love*, London (2010) p. 17
8. Ibid.
9. Quoted in Roger Fulford, *The Prince Consort*, London (1949) p. 31
10. Albert to Prince Lowenstein, June 1838, quoted in Marsden, ed. (2010) p. 17
11. Quoted in James (1984) p. 35
12. Royal College of Physicians, MS 4973, p. 8
13. Quoted in James (1984) p. 41
14. Royal College of Physicians, MS 4973, p. 7
15. *Private Life* (1897; 1901 edition) p. 39; for beefeaters on the stairs, see RA QVJ/1863: 10 March
16. RA QVJ/1839: 6 August
17. Benson and Esher, eds. (1907, 1908 edition) vol. 1, p. 186
18. Quoted in Ziegler (1976) p. 254
19. RA QVJ/1839: 10 October
20. *The Morning Chronicle* (11 October 1839) p. 2

21. Benson and Esher, eds. (1907, 1908 edition) vol. 1, p. 188
22. RA QVJ/1839: 10 October
23. RA VIC/MAIN/Z/294, fo. 7v
24. RA VIC/ADDV/2, translation of RA VIC/ADDA/14/84 (12 October 1839)
25. Benson and Esher, eds. (1907, 1908 edition) vol. 1, p. 188
26. RA QVJ/1838: 11 October
27. Grey (1867) p. 183
28. Benson and Esher, eds. (1907, 1908 edition) vol. 1, p. 188
29. RA QVJ/1839: 13 October
30. Quoted in Woodham-Smith (1972) p. 184
31. Benson and Esher, eds. (1907, 1908 edition) vol. 1, p. 186
32. RA QVJ/1839: 11 October
33. RA QVJ/1839: 14 October
34. RA VIC/ADDV/2, translation of ADDA/14/85 (15 October 1839)
35. Mr Arbuthnot to Robert Peel (12 December 1839) in Charles Stuart Parker, ed., *Sir Robert Peel: From His Private Papers*, London (1899 edition) vol. 2, p. 424
36. Grey (1867) p. 144
37. Ibid., p. 187
38. RA QVJ/1830: 14 October
39. Benson and Esher, eds. (1907, 1908 edition) vol. 1, p. 189
40. Gill (2010) p. 151
41. Margaret Homans, *Royal Representations, Queen Victoria and British Culture, 1837–1876*, Chicago, IL (1998) p. 17
42. RA QVJ/1839: 15 October
43. Ibid.
44. Quoted in Charlot (1991) p. 165
45. RA VIC/ADDV/2, translation of RA VIC/ADDA/14/85 (15 October 1839)
46. Martin (1879 edition) vol. 4, p. 169; Kurt Jagow, ed., *Letters of the Prince Consort, 1831–1861*, London (1938) p. 23
47. Jagow, ed. (1938) p. 25
48. Royal College of Physicians, MS 4973, p. 7
49. RA MRH/MRHF/MENUS/MAIN/WC/1840 (15 October 1839)
50. Healey (1997) p. 134
51. Quoted in Daphne Bennet, *King Without a Crown*, Philadelphia, PA (1977) p. 89
52. RA VIC/ADDV/2, translation of RA VIC/ADDA/14/66 (6 March 1838)
53. Magdalen Ponsonby, ed., *Mary Ponsonby: A Memoir, Some Letters and a Journal*, London (1927) pp. 4–5
54. Warner (1979) p. 89
55. RA VIC/ADDV/2, translation of RA VIC/ADDA/14/84 (12 October 1839)
56. Boykin, ed. (1957) p. 104; Sully (22 March 1383)
57. TNA PRO 30/29/424 (30 June 1837)
58. RA QVJ/1840: 2 February
59. Martin (1875; 1879 edition) vol. 1, p. 5
60. Prince William of Lowenstein, quoted in James (1984) p. 51
61. RA QVJ/1839: 1–4 November
62. Leslie (1860) vol. 2, p. 249
63. Scott (1819; 1858 edition) p. 157
64. Gill (2010) p. 149

65. Müller, ed. (1873) vol. 2, p. 3
66. London street ballad (1841), quoted in Homans (1998) p. 1
67. Sarah Ellis, *The Wives of England*, London (1843) p. 263
68. Quoted in Plunkett (2003) p. 102
69. Benson and Esher, eds. (1907, 1908 edition) vol. 1, p. 191
70. Roger Fulford, ed., *Dearest Child*, London (1964; 1981 edition) p. 209
71. Benson and Esher, eds. (1907, 1908 edition) vol. 1, p. 189
72. Marsden, ed. (2010) p. 335
73. RA VIC/MAIN/Z/296/19 (15 October 1839)

-11-

1. RA QVJ/1840: 10 February
2. Kay Staniland and Santina M. Levey, 'Queen Victoria's Wedding Dress and Lace', *Costume*, vol. 17 (1983) pp. 1–32
3. Jennings, ed. (1884) vol. 2, p. 154, Croker to Lady Hardwicke (24 November 1839)
4. RA QVJ/1840: 10 February
5. RA VIC/MAIN/z/490/24, translated in Benson and Esher, eds. (1907, 1908 edition) vol. 1, p. 217. Interestingly, Benson and Esher make no mention of the language of the original: part of a project to make Albert seem less German and more acceptable
6. Jagow, ed. (1938) p. 61
7. Benson and Esher, eds. (1907, 1908 edition) vol. 1, p. 215
8. Plunkett (2003) p. 29
9. *Penny Satirist*, quoted in Plunkett (2003) p. 36
10. RA QVJ/1839: 5 December
11. Philip Whitwell Wilson, ed., *The Greville Diary*, London (1927 edition) p. 130
12. Ibid., p. 129
13. Quoted in Cecil Woodham-Smith, *Florence Nightingale*, London (1951) p. 16
14. RA QVJ/1838: 20 September
15. RA QVJ/1839: 18 August
16. Wilson, ed. (1927 edition) p. 130
17. RA QVJ/1840: 10 February
18. RA VIC/MAIN/Z/294, fos. 8r–v
19. RA QVJ/1840: 10 February
20. Woodham-Smith, (1951) p. 26
21. RA QVJ/1840: 10 February
22. Staniland (1997) p. 118
23. Ibid., p. 120
24. Ponsonby, ed. (1927) p. 6
25. Fulford, ed., (1964, 1981 edition) p. 44
26. Quoted in Weintraub (1987; 1996 edition) p. 123
27. TNA LC 13/2, fo. 112r, an account of the expenses of the Mistress of the Robes (1839); fo. 46v, Duchess of Sutherland to the Treasury (21 December 1837)
28. Mundy, ed. (1885) p. 413

29. RA QVJ/1840: 10 February
30. Tooley (1897) p. 118
31. Reeve, ed. (1902 edition) vol. 4, p. 276
32. Mundy, ed. (1885) p. 413
33. *The Times* (11 February 1840)
34. Plunkett (2003) p. 102
35. Lady Wilhelmina Stanhope, quoted in Lorne (1901) p. 112
36. RA QVJ/1840: 10 February
37. Wyndham, ed. (1912) p. 297
38. Lady Wilhelmina Stanhope, quoted in Lorne (1901) p. 112
39. Anon., *The Annual Register, 1840*, London (1840) p. 16
40. *The Times* (11 February 1840)
41. Boykin, ed. (1957) p. 243
42. *The Times* (11 February 1840)
43. Lady Wilhelmina Stanhope, quoted in Lorne (1901) p. 112
44. Anon., *The Annual Register, 1840*, London (1840) p. 17
45. Tooley (1897) p. 118
46. Woodham-Smith (1972) p. 204
47. Boykin, ed. (1957) p. 243
48. Jagow, ed. (1938) p. 59
49. RA QVJ/1840: 10 February
50. Lady Wilhelmina Stanhope, quoted in Lorne (1901) p. 112
51. Boykin, ed. (1957) p. 243
52. Mundy, ed. (1885) p. 412
53. RA QVJ/1840: 10 February
54. Mundy, ed. (1885) pp. 401–11, Miss Charlotte Neave (11 February 1840) p. 411
55. Boykin, ed. (1957) p. 243
56. Anon., *The Annual Register, 1840*, London (1840) p. 20
57. Mundy, ed. (1885) pp. 410–11, Miss Charlotte Neave (11 February 1840); Anon., *The Annual Register, 1840*, London (1840) p. 20
58. George Barnett Smith, *Life of Her Majesty Queen Victoria*, London (1887) p. 128
59. Lady Wilhelmina Stanhope, quoted in Lorne (1901) p. 114
60. RA QVJ/1840: 10 February
61. Boykin, ed. (1957) p. 243
62. RA VIC/MAIN/Z/491, fo. 2v (January 1862)
63. RA QVJ/1840: 10 February
64. Ibid.
65. Reeve, ed. (1902 edition) vol. 4, p. 277
66. RA QVJ/1840: 10 February
67. *The Times* (11 February 1840)
68. Boykin, ed. (1957) p. 243
69. Bartley (2016) p. 74
70. RA QVJ/1840: 10 February; MRH/MRHF/MENUS/MAIN/WC/1840 (10 February 1840)
71. RA VIC/MAIN/Z/491, fo. 2v (January 1862)
72. RA QVJ/1840: 10 February
73. RA VIC/MAIN/Z/491, fo. 2v (January 1862); RA QVJ/1840: 11 February
74. RA QVJ/1840: 11 February

75. Anon., *The Annual Register, 1840*, London (1840) p. 28
76. Benson and Esher, eds. (1907, 1908 edition) vol. 1, p. 213
77. Jagow, ed. (1938) p. 69
78. Ellis (1843) p. 76
79. Wilson, ed. (1927 edition) vol. 2, p. 131
80. Plunkett (2003) p. 105

-12-

1. William Munk, *The Roll of the Royal College of Physicians of London*, London (1878) vol. 3, p. 297; *The Medical Times*, London (1846) p. 17
2. Thomas Ryan, *Queen Charlotte's Lying-In Hospital*, London (1885) p. 13
3. Quoted in Hannah Pakula, *An Uncommon Woman*, New York, NY (1995; 1997 edition) p. 104
4. John Darton, *Famous Girls Who Have Become Illustrious Women*, New York, NY (1864), quoted in Vallone (2001) p. xvi
5. RA QVJ/1840: 24 April
6. RA VIC/MAIN/QVLB/10 November 1840
7. Royal Pharmaceutical Society, account book for 'The Queen' (1837–1844), p. 64
8. Thomas Bull, *Hints to Mothers*, London (1837) p. 23
9. Ibid., pp. 25–6
10. RA QVJ/1840: 20 November
11. RA MRH/MRHF/MENUS/MAIN/BP/1840 (20 November 1840)
12. Anon., *The Annual Register, 1840*, London (1840) p. 109
13. Royal College of Physicians, MS 4973, p. 10
14. RA QVJ/1840: description of 21 November written up on 1 December
15. Bull (1937) p. 135
16. Munk (1878) vol. 3, p. 271
17. Stratfield Saye MS, quoted in Longford (1966) p. 76
18. Matthew Dennison, *The Last Princess, The Devoted Life of Queen Victoria's Youngest Daughter*, London (2007) p. 3
19. Stratfield Saye MS, quoted in Longford, (1966) p. 76
20. Fulford, ed., (1964; 1981 edition) p. 265
21. Stratfield Saye MS, quoted in Longford (1966) p. 76
22. RA VIC/MAIN/QVLB/10 November 1840
23. In the Royal Ceremonial Dress Collection, Historic Royal Palaces.
24. Staniland (1997) p. 126
25. Quoted in Frances Dimond and Roger Taylor, *Crown and Camera*, Harmondsworth (1987) p. 69
26. Tooley (1897) pp. 42–3
27. Self-portrait dated 19 May 1845, Royal Collection Inventory Number 980025.ag
28. Stratfield Saye MS, quoted in Longford, (1966) p. 76
29. Ibid.
30. Royal College of Physicians, MS 4973, pp. 21–3
31. RA VIC/MAIN/Z/294, fo.12r
32. Ridley (2012; 2013 edition) p. 3
33. Roger Fulford, *Dearest Mama*, London (1968) p. 192

34. Royal College of Physicians, MS 4973, pp. 21–3
35. Fulford, ed. (1964; 1981 edition) p. 151
36. Bull (1837) pp. 130–2
37. Dennison (2007) p. 2
38. Roger Fulford, ed., *Beloved Mama*, London (1981) p. 172
39. Royal College of Physicians, MS 4973, pp. 21–3
40. Ibid., p. 22
41. Fulford, ed. (1964; 1981 edition) pp. 150–1
42. RA QVJ/1840: description of 21 November written up on 1 December
43. Quoted in Charlot (1991) p. 195
44. Quoted in Woodham-Smith (1972) pp. 216–17
45. Royal College of Physicians, MS 4973, pp. 21–3
46. RA QVJ/1840: description of 21 November written up on 1 December
47. *Private Life* (1897; 1901 edition) p. 23
48. Quoted in Woodham-Smith (1972) pp. 216–17
49. RA QVJ/1840: description of 21 November written up on 1 December
50. Royal College of Physicians, MS 4973, pp. 21–3
51. RA QVJ/1840: description of 21 November written up on 1 December
52. Quoted in Woodham-Smith (1972) pp. 216–17
53. Boykin, ed. (1957) p. 276
54. Anon., *The Annual Register, 1840,* London (1840) p. 108; Boykin, ed. (1957) p. 276
55. RA VIC/MAIN/QVLB/14 November 1840; RA VIC/MAIN/Y/36/28 (19 March 1841)
56. Boykin, ed. (1957) p. 276
57. Pakula (1995; 1997 edition) p. 28
58. Quoted in Woodham-Smith (1972) pp. 216–17; RA QVJ/1840: description of 22 November written up on 1 December
59. Fulford, ed., (1964; 1981 edition) p. 115
60. RA QVJ/1840: 1 December; Bartley (2016) p. 77
61. Boykin, ed. (1957) pp. 281–2. Weintraub (1987) p. 149 corrects Boykin's misreading of 'Locock' as 'South'
62. RA QVJ/1840: 1 December; Bartley (2016) p. 77
63. RA QVJ/1843: 19 May; Bartley (2016) p. 82
64. RA QVJ/1840: 28 December; Pakula (1995; 1997 edition) p. 6
65. Wyndham, ed. (1912) p. 332
66. Quoted in Pakula (1995; 1997 edition) p. 105
67. Yvonne M. Ward, *Censoring Queen Victoria*, London (2013; 2015) p. 128
68. Julia Baird, *Victoria: The Queen*, London (2016) p. 166
69. RA QVJ/1840: 25 December
70. RA QVJ/1841: 24 July
71. Staniland (1997) p. 127
72. F.M.L. Thompson, ed., *The Cambridge Social History of Britain, 1750–1950*, Cambridge (1990) vol. 2, p. 38
73. Gill (2010) p. 169
74. Quoted in Longford, (1966) p. 86
75. RA VIC/MAIN/Z/484/43 (5 March 1854)
76. RA QVJ/1840: description of 21 November written up on 1 December

77. Hector Bolitho, ed., *The Prince Consort and His Brother: Two Hundred New Letters*, London (1933) p. 21
78. Pakula (1995; 1997 edition) p. 9
79. Helen Rappaport, *Magnificent Obsession: Victoria, Albert and the Death that Changed the Monarchy*, London (2011) p. 21
80. Ellis (1843) pp. 24–5
81. Martin (1901) p. 70
82. Grey (1867) pp. 288–9
83. RA QVJ/1845: 18 February
84. H. C. G. Matthew and K. D. Reynolds, 'Victoria (1819–1901)', *Oxford Dictionary of National Biography*, Oxford University Press (2004)
85. RA VIC/MAIN/Y/54/11 (20 December 1840)
86. Bolitho, ed. (1933) p. 31
87. Vernon Bogdanor, *Gresham College History Lecture* (20 September 2016)
88. Quoted in Woodham-Smith (1972) p. 299
89. Vernon Bogdanor, *Gresham College History Lecture* (20 September 2016)
90. Longford (1964; 1987 edition) p. 155

-13-

1. Royal Collection Inventory Number 919812
2. RA QVJ/1850: 25 December
3. Jagow, ed. (1938) p. 134
4. Edward Holt, *The Public and Domestic Life of His Late, Most Gracious Majesty, George III*, London (1820) vol. 1, p. 417
5. Arthur Dasent, *John Thadeus Delane, His Life and Correspondence*, London (1908) vol. 2, p. 14
6. *Private Life* (1897; 1901 edition) p. 84
7. Grey (1867) p. 276
8. RA VIC/MAIN/Z/491, fo. 4 (January 1862)
9. Benson and Esher, eds. (1907, 1908 edition) vol. 1, p. 463
10. Fulford, ed. (1968) p. 23
11. Martin (1875) vol. 1, p. 276
12. Fulford, ed. (1968) p. 23
13. Charles C. F. Greville, *The Greville Memoirs*, second series, London (1885) vol. 2, p. 323
14. Albert to Vicky (1 September 1858) quoted in Weintraub (1987) p. 269
15. Reeve, ed. (1911 edition) vol. 8 p. 128
16. Quoted in Lorne (1901) p. 125
17. Ridley (2015) p. 49
18. Quoted in Rappaport (2011) p. 24
19. Dennison (2007) p. 14
20. RA VIC/MAIN/Z/491, fos. 6r–v (January 1862)
21. Müller, ed. (1873) vol. 2, p. 481
22. RA QVJ/1848: 6 April
23. Wyndham, ed. (1912) p. 340
24. RA VIC/MAIN/Z/491, fo. 32v

25. Benson and Esher, eds. (1907, 1908 edition) vol. 3, p. 240
26. Warner (1979) p. 134
27. Quoted in Ponsonby (1942) p. 85
28. Royal College of Physicians MS 30/1, Sir James Clark's diary p. 60 (24 June 1849)
29. *Private Life* (1897; 1901 edition) pp. 93, 26
30. Quoted in Ridley (2012; 2013 edition) p. 27
31. Stoney and Weltzien, eds. (1994) p. 41
32. Erskine (1916) p. 202
33. Dasent (1908) vol. 2, p. 15
34. Quoted in Lorne (1901) p. 119
35. Marsden, ed. (2010) p. 339
36. RA VIC/MAIN/Z/22/16 (2 February 1868)
37. Fulford, ed. (1981) p. 172
38. Wilson, ed. (1927 edition) vol. 2, p. 584
39. Quoted in Woodham-Smith (1972) pp. 266, 232
40. Royal Pharmaceutical Society, account book for 'The Queen' (1837–1844) pp. 100–2
41. Benson and Esher, eds. (1907; 1911 edition) vol. 2, p. 255
42. Royal College of Physicians, MS 4973, pp. 3–5
43. Fulford, ed. (1964; 1981 edition) p. 162
44. Ibid., pp. 165–6
45. RA MAIN/Y/206, copy of diary of James Clark (5 February 1856)
46. Royal College of Physicians, MS 4973, p. 4
47. Ibid., p. 11
48. RA MAIN/Y/206, copy of diary of James Clark (5 15 February 1856)
49. RA VIC/MAIN/Z/140/60-3 (n.d.)
50. Fulford, ed. (1964; 1981 edition) pp. 143–4
51. Quoted in Weintraub (1987) p. 224
52. Victoria to Vicky (2 May 1859) quoted in Pakula (1995; 1997 edition) p. 121
53. Warner (1979) p. 107
54. RA VIC/ADD/U2/4 (18 January 1842) (translation)
55. RA VIC/ADD/U2/7 (19 January 1842) (translation)
56. Fulford, ed. (1964; 1981) p. 112
57. Maxwell, ed. (1904) vol. 1, p. 667
58. Fulford, ed. (1964; 1981) p. 112
59. RA QVJ/1842: 24 September
60. *The Journal of Education,* vol. 33 (1901) p. 208
61. Erskine (1916) p. 155
62. Stoney and Weltzien, eds. (1994) colour plate section following p. 80
63. Tooley (1897) pp. 137–6
64. Quoted in Lorne (1901) pp. 132–3
65. Lorne (1901) p. 348
66. Quoted in Lorne (1901) pp. 132–3
67. Tisdall (1961) p. 27
68. Bartley (2016) p. 44
69. Fulford, ed. (1964; 1981) p. 44
70. Wyndham, ed. (1912) pp. 407–8
71. Ibid., p. 399

72. *Private Life* (1897; 1901 edition) p. 148
73. RA MRH/MRHF/MENUS/MAIN/WC/1850 (25 December 1850), description of lunch quoted in Gray (2017) p. 61
74. RA QVJ/1850: 25 December
75. RA QVJ/1851: 25 December; RA MRH/MRHF/MENUS/MAIN/WC/1850 (25 December 1850)
76. RA QVJ/1850: 25 December
77. *Private Life* (1897; 1901 edition) pp. 177–8
78. Stoney and Weltzien, eds. (1994) p. 42
79. Dasent (1908) vol. 2, p. 16
80. *Private Life* (1897; 1901 edition) pp. 33, 356
81. Gray (2017) p. 70
82. Ibid., pp. 86, 205
83. Quoted in Woodham-Smith (1972) pp. 329–30
84. Dasent (1908) vol. 2, p. 15
85. RA VIC/MAIN/Y/92/4 (29 October 1844)
86. W. L. Alden, 'Christmas at Windsor' in *Shooting Stars as observed from the 'Sixth Column' of The Times*, New York, NY (1878) p. 26
87. John Ruskin, a lecture 'Of Queens' Gardens,' published in *Sesame and Lilies*, London (1865) pp. 147–9
88. Leconfield, ed. (1912) p. 423
89. Margaret Homans, '"To the Queen's Private Apartments": Royal Family Portraiture and the Construction of Victoria's Sovereign Obedience', *Victorian Studies* vol. 37, no.1 (1993) pp. 1–41; Homans (1998).
90. Ponsonby (1942) p. 70

-14-

1. Stoney and Weltzien, eds. (1994) pp. 29, 35
2. Ibid., p. 31
3. RA VIC/ADDX/2/211, p. 14
4. James O. Hoge, ed., *The Letters of Emily Lady Tennyson*, University Park and London (1974) p. 172
5. Dimond and Taylor (1987) p. 78
6. Staniland (1997) p. 13
7. Quoted in Tisdall (1961) pp. 34–5
8. RA QVJ/1843: 19 October
9. RA VIC/MAIN/Y/91/35 (16 January 1844)
10. Benson and Esher, eds. (1907, 1908 edition) vol. 2, p. 36
11. RA QVJ/1854: 21 August
12. Benson and Esher, eds. (1907, 1908 edition) vol. 3, pp. 47–8, 38–9
13. Lady Login quoted in Christy Campbell, *The Maharajah's Box*, London (2000; 2001 edition) p. 44
14. Peter Bance, *The Duleep Singhs: The Photograph Album of Queen Victoria's Maharajah*, Stroud (2004) p. 29
15. *The Times* (14 August 1854)
16. RA QVJ/1854: 21 August

17. Lena Campbell Login, *Lady Login's Recollections, 1820–1904*, London (1916) pp. 125–6
18. Campbell (2000; 2001 edition) p. 41
19. RA QVJ/1854: 20 May
20. Bance (2004) p. 30
21. Ibid.
22. RA QVJ/1854: 21 August
23. Benson and Esher, eds. (1907; 1908 edition) vol. 3, pp. 47–8
24. Sir Frederick Ponsonby, *Side Lights on Queen Victoria*, New York, NY (1930) p. 190
25. Martin (1875) vol. 1, pp. 322–3
26. Quoted in Marsden, ed. (2012) p. 12
27. Grey (1867) p. 200
28. Leconfield, ed. (1912) pp. 364–5
29. Mark Girouard, *The Victorian Country House*, London and New Haven, CT (1979; 1990 edition) p. 149; The Duchess of York with Benita Stoney, *Victoria and Albert, Life at Osborne House*, London (1991) p. 40
30. Ponsonby (1927) p. 59
31. Stoney and Weltzien, eds. (1994) pp. 33, 34
32. RA QVJ/1854: 22 August
33. Quoted in Michael Alexander and Sushila Anand, *Queen Victoria's Maharajah*, London (1980) p. 51
34. RA QVJ/1854: 23 August
35. Dennison (2007) p. 17
36. Ridley (2012; 2013 edition) pp. 28, 32
37. Weintraub (1987) p. 262
38. Dasent (1908) vol. 2, p. 15
39. Weintraub (1987) p. 262
40. RA QVJ/1854: 23 August
41. RA QVJ/1847: 30 July
42. *Private Life* (1897; 1901 edition) p. 29
43. RA QVJ/1854: 23 August
44. Wyndham, ed. (1912) p. 391
45. RA QVJ/1854: 23 August
46. Dimond and Taylor (1987) p. 113
47. RA QVJ/1854: 24 August
48. Quoted in Campbell (2000; 2001 edition) p. 41
49. RA QVJ/1854: 24 August
50. RA VIC/MAIN/RA/491 (January 1861)
51. Quoted in Ridley (2015) p. 53
52. Quoted in Munich (1998) p. 191
53. Ibid., p. 172
54. RA VIC/MAIN/Z/491 (January 1862)
55. Benson and Esher, eds. (1907, 1908 edition) vol. 3, p. 252
56. S. Ganda Singh, 'Some Correspondence of Maharaja Duleep Singh', *Journal of Indian History*, vol. 108 (April, 1949) pp.1–23, p. 5; Sarah Carter and Maria Nugent, eds., *Mistress of Everything, Queen Victoria in Indigenous Worlds*, Manchester (2016) p. 132
57. Singh (1949) pp.1–23, p. 5; Carter and Nugent, eds. (2016) p. 132

-15-

1. Royal College of Physicians MS 30/2, Sir James Clark's diary p. 153 (Autumn in Scotland 1856)
2. Erskine, ed. (1916) pp. 287–8
3. RA QVJ/1856: 21 September
4. Mark Bostridge, *Florence Nightingale: The Woman and Her Legend*, London (2008; 2009 edition) p. 177
5. Quoted in Bostridge (2008; 2009 edition) p. 177
6. Ibid., p. 177
7. J. B. Conacher, *Britain and the Crimea, 1855–56*, London (1987) p. 6
8. Bartley (2016) pp. 158–9
9. Hibbert (2000; 2001 edition) p. 223
10. Quoted in Hibbert (2000; 2001 edition) p. 223
11. James (1984) p. 39
12. Benson and Esher, eds. (1907 edition) vol. 1, p. 28
13. RA QVJ/1854: 21 April
14. RA QVJ/1854: 18 October
15. Quoted in Dimond and Taylor (1987) p. 38
16. RA QVJ/1855: 20, 22 February
17. RA QVJ/1854: 8 December
18. RA QVJ/1855: 6 January
19. Bostridge (2008; 2009 edition) pp. 265–6
20. Tyler Whittle, *Victoria and Albert at Home*, St Lucia, QLD, Australia (1980) p. 85
21. Queen Victoria, *Leaves from the Journal of Our Life in the Highlands, from 1848 to 1861*, London (1868) p. 13
22. Jagow, ed. (1938) p. 82
23. Ibid., p. 81
24. Queen Victoria, (1868) p. 24
25. Royal College of Physicians MS 30/1, Sir James Clark's diary, pp. 56–7; 24 (September 1848; September 1847)
26. Royal College of Physicians MS 30/2, Sir James Clark's diary p. 159 (1856)
27. Count Helmuth von Moltke quoted in Ronald Clark, *Balmoral: Queen Victoria's Highland Home*, London (1981) p. 61
28. Strachey and Fulford, eds. (1938) vol. 6, p. 185
29. Alison Adburgham, *Shops and Shopping, 1800–1914*, London (1964) pp. 73–4; Staniland (1997) p. 156
30. Stoney and Weltzien, eds. (1994) p. 136
31. Quoted in Hibbert (2000; 2001 edition.) p. 180
32. *Private Life* (1897; 1901 edition) p. 210
33. Ethel Smyth, *Streaks of Life*, London (1921) p. 104
34. Marie, Queen of Romania, *The Story of My Life*, New York, NY (1934) vol. 1, p. 69
35. Stoney and Weltzien, eds. (1994) p. 127
36. Quoted in Clark (1981) p. 56
37. Wyndham (1912) p. 386
38. Elizabeth Longford, ed., *Darling Loosy*, London (1991) p. 147

39. Victor Mallet, ed., *Life with Queen Victoria: Marie Mallet's Letters from Court*, London (1968) p. 37
40. Quoted in King (2007) p. 162
41. *Private Life* (1897; 1901 edition) p. 46
42. Erskine, ed. (1916) pp. 287–8
43. Bostridge (2008, 2009 edition) p. 66
44. *Private Life* (1897; 1901 edition) p. 146
45. Madeleine Ginsburg, 'The Young Queen and Her Clothes', *Costume*, vol. 3 (Sprint) (1969) p. 42
46. Royal College of Physicians MS 30/2, Sir James Clark's diary p. 153 ('Autumn in Scotland 1856')
47. Whittle (1980) p. 88
48. RA QVJ/1856: 21 September
49. Quoted in Bostridge (2008, 2009 edition) p. 308
50. RA MAIN/Y/206, copy of diary of James Clark (5 February 1856)
51. RA QVJ/1856: 21 September
52. Quoted in Roy Jenkins, *Gladstone*, London (1995; 2002 edition) p. 616
53. RA QVJ/1856: 21 September
54. Ibid.
55. Ibid.
56. Quoted in Rappaport (2011) p. 267
57. RA QVJ/1856: 21 September
58. The Dean of Windsor and Hector Bolitho, eds., *Letters of Lady Augusta Stanley*, London (1927) p. 105
59. Ibid., p. 106
60. Quoted in Clark (1981) p. 12
61. Windsor and Bolitho, eds. (1927) p. 37
62. RA QVJ/1856: 21 September; Queen Victoria, *Leaves from the Journal of Our Life in the Highlands, from 1848 to 1861*, London (1868) p. 131
63. Quoted in Bostridge (2008; 2009 edition) p. 307
64. Jagow, ed. (1938) p. 234
65. Albert's diary (21 September 1856) quoted in Martin (1877) vol. 3, p. 503
66. Notes on conversation with Florence Nightingale quoted in Bostridge (2008; 2009 edition) p. 307
67. cwrs.russianwar.co.uk/cwrs-crimtexts-panmure-cont20.html, Queen Victoria to Lord Panmure (9 August 1856)
68. Albert quoted in Clark (1981) p. 69; cwrs.russianwar.co.uk/cwrs-crimtexts-panmure-cont22.html, Queen Victoria to Lord Panmure (4 October 1856)
69. Quoted in Bostridge (2008; 2009 edition) p. 307
70. Clark (1981) p. 70
71. Bostridge (2008; 2009 edition) p. 309
72. Quoted in Woodham-Smith (1972) p. 274
73. Bostridge (2008; 2009 edition) p. 308
74. Ibid., pp. 309, 303
75. Ibid., p. 309

-16-

1. Dan Harvey, *Soldiers of the Short Grass: A History of the Curragh Camp*, Newbridge, Co. Kildare (2016) p. ix
2. RA QVJ/1861: 24 August
3. Bartley (2016) p. 95
4. Clark (1981) p. 40
5. Bartley (2016) p. 210
6. Maurice Kingsley, ed., *Charles Kingsley, His Letters and Memories*, New York, NY (1899) vol. 2, p. 125; Munich (1998) p. 141
7. Benson and Esher, eds., (1907, 1908 edition) vol. 2, p. 226
8. Buckle, ed., second series (1928) vol. 3 p. 162
9. Bartley (2016) p. 96
10. *Dundalk Democrat* (6 July 1861) p. 2
11. RA QVJ/1861: 24 August
12. *Dundalk Democrat* (31 August 1861)
13. Charles Dickens, 'Curragh Camp', *All the Year Round* (23 May 1867) vol. xvii, p. 522
14. Harvey (2016) p. 29
15. Con Costello, *A Most Delightful Station*, Wilton, Co. Cork (1996; 1999 edition) p. 36
16. RA QVJ/1861: 24 August
17. Benson and Esher, eds. (1907; 1908 edition) vol. 3, p. 452
18. Charles Dickens, 'Curragh Camp', *All the Year Round* (23 May 1867) vol. xvii, p. 522
19. *Punch, Or the London Charivari* (8 August 1863) p. 59
20. Adburgham (1964) p. 93
21. RA VIC/ADDU/32, p. 178 (21 July 1858)
22. RA VIC/MAIN/Y/107/12 (26 August 1861)
23. Fulford, ed. (1964, 1981 edition) p. 147
24. RA QVJ/1861: 24 August
25. *Irish Times* (14 July 1861) courtesy of Matt McNamara; *Freemans Journal* (25 June 1861) p. 3
26. *Freemans Journal* (28 August 1861) p. 3
27. RA VIC/MAIN/Z/140/29–31 (1 October 1865)
28. Lord Clarendon quoted in Theo Aronson, *The Kaisers*, London (1971) p. 38
29. Rappaport (2011) p. 14
30. Quoted in Lorne (1901) p. 126
31. RA QVJ/1852: 12 February; Bartley (2016) p. 130
32. Fulford, ed. (1964; 1981 edition) p. 73
33. Giles St Aubyn, *Edward VII, Prince and King*, London (1979) p. 33
34. Fulford, ed., (1964; 1981 edition) p. 174
35. Quoted in Ridley (2012; 2013 edition) p. 45
36. Bertie's essay quoted in Sidney Lee, *Edward VII*, n.p. (1925) vol. 1, p. 115
37. Roger Fulford, ed., *Your Dear Letter. Private Correspondence of Queen Victoria and the Crown Princess of Prussia, 1865–1871*, London (1971) p. 165
38. RA VIC/ADD/A3/40 (16 April 1861)
39. Harvey (2016) p. 12
40. RA VIC/MAIN/Z/446/13 (10 March 1861)
41. *Irish Times* (14 July 1861) courtesy of Matt McNamara
42. RA VIC/MAIN/Z/446/13/7 (10 March 1861)

43. *Freemans Journal* (23 July 1861) p. 3
44. RA VIC/MAIN/Z/446/14 (13 March 1861)
45. *Illustrated London News* (13 July 1861); *Belfast Newsletter* (16 July 1861)
46. RA VIC/MAIN/Z/446/38/3 (15 August 1861)
47. RA QVJ/1861: 24 August
48. Lee (1925) vol. 1, p. 119
49. Quoted in Longford, (1966) p. 79
50. Ridley (2012; 2013 edition) p. 41
51. Philip Magnus, *King Edward the Seventh*, London (1964; 1975 edition) p. 39
52. Fulford, ed. (1964; 1981 edition) p. 223
53. RA VIC/MAIN/Z/13/49 (6 September 1862)
54. Ridley (2012; 2013 edition) p. 54
55. RA VIC/MAIN/Z/141/94, Albert to Bertie (16 November 1861). Albert spells her name 'Nelly Clifden'
56. Charles Carrington quoted in Ridley (2012; 2013 edition) p. 57
57. Edmund Yates, *His Recollections and Experiences*, London (1884) pp. 138–9 (with thanks to Lee Jackson's victorianlondon.org); Virginia Cowles, *Edward VII and His Circle*, London (1956) p. 75
58. Anon., 'One of the Old Brigade' [Donald Shaw] *London in the Sixties*, London (1908) p. 35
59. *Daily Telegraph* (4 July 1862) quoted in Cowles (1956) p. 77
60. Anon., 'One of the Old Brigade' [Donald Shaw] (1908) pp. 38–9
61. RA VIC/EVIID/1861 (6–11 September)
62. Horace G. Hutchinson, *Portraits of the Eighties*, London (1920) pp. 239–40
63. James Greenwood, *The Wren of the Curragh*, pamphlet reprinted from the *Pall Mall Gazette*, London (1867) p. 7
64. Costello (1996; 1999 edition) p. 52
65. Greenwood (1867) pp. 13–14
66. Charles Dickens, 'Stoning the Desolate', *All the Year Round* (26 November 1864) vol. 12, p. 370
67. Greenwood (1867) p. 25
68. Seth Koven, *Slumming: Sexual and Social Politics in Victorian London*, Princeton, NJ (2004) p. 27
69. Maria Luddy, 'An outcast community: the "wrens" of the Curragh', *Women's History Review*, vol. 1.3 (1992), pp. 341–55
70. Greenwood (1867) p. 17
71. www.turtlebunbury.com/history/history_heroes/hist_hero_nellie_clifden.html
72. *Freemans Journal* (11 September 1861) p. 3
73. *Irish Examiner* (11 September 1861) p. 312
74. St Aubyn (1979) p. 67
75. RA VIC/MAIN/Z/141/94, Albert to Bertie (16 November 1861)
76. Ridley (2012; 2013 edition) p. 58
77. *The New York Clipper* (April 1862) p. 7
78. RA VIC/MAIN/Z/141/94, Albert to Bertie (16 November 1861)
79. Fulford, ed. (1968) pp. 83, 132, 40
80. Quoted in Weintraub (1987) p. 306
81. Bolitho (1933) p. 17
82. Pauline Panam, *Memoirs of a Young Greek Lady*, London (1823) p. 27

-17-

1. Quoted in Woodham-Smith (1972) p. 428
2. RA VIC/MAIN/Z/142 'Account of my beloved Albert's last fatal illness from Nov: 9 to Dec: 14 1861' (taken from Victoria's journal, with additions 1862 and 1872) n.p.
3. Windsor and Bolitho, eds. (1927) p. 242
4. Ibid., p. 244
5. RA VIC/MAIN/Z/142
6. Quoted in Ridley (2012; 2013 edition) p. 66
7. Quoted in Woodham-Smith (1972) p. 417
8. Albert's diary (24 November 1861) quoted in Martin (1880) vol. 5, p. 346
9. RA VIC/MAIN/Z/142
10. Rowland Ernle, ed., *Life and Letters of Dean Stanley*, London (1909) p. 342
11. RA VIC/MAIN/Z/142
12. A letter by 'Lina' Hocédé, royal governess, printed as 'The Last Hours of Prince Albert' in many British newspapers and in George Barnett Smith, *Queen Victoria*, London (1887) p. 351; Rappaport (2011) p. 268
13. RA VIC/MAIN/Z/142
14. Quoted in Rappaport (2011) p. 60
15. Staatschiv Darmstadt, Alice to Louis in Hesse (3 December 1861) quoted in Rappaport (2011) p. 60
16. RA VIC/MAIN/Z/142
17. Weintraub (1987) p. 371
18. Marsden, ed. (2012) p. 51
19. Martin (1875) vol. 1, p. 487
20. Fulford, ed. (1964; 1981 edition) p. 213
21. Vera Watson, *A Queen at Home*, London (1952) p. 97
22. St Aubyn (1979) p. 213
23. David Duff, *Queen Mary*, London (1985) p. 38
24. William Budd, 'On Intestinal Fever', *The London Lancet*, vol. 1, New York, NY (1860) p. 391
25. Chadwick quoted in Bartley (2016) p. 91
26. Weintraub (1987) p. 148
27. Robert Wilson, *Life and Times of Queen Victoria*, London (1891–2) vol. 2, p. 100
28. William Jenner, *On the Identity or Non-Identity of Typhoid and Typhus Fevers*, London (1850); Rappaport (2011) p. 33
29. Martin (1880) vol. 5, p. 431
30. RA QVJ/1861: 7 December
31. Royal College of Physicians, MS 30/2, Sir James Clark's Journal p. 105 (1865)
32. Martin (1876) vol. 2, p. 359
33. RA VIC/MAIN/Z/171/5 (12 March 1844)
34. Fulford, ed. (1964, 1981) pp. 308, 354
35. RA VIC/MAIN/Y/189/26 (29 September 1855) translated in Woodham-Smith (1972) p. 372
36. Rappaport (2011) p. 259
37. Andreae, trans. (1890) p. 55
38. Royal College of Physicians, MS 30/2, Sir James Clark's Journal, p. 105 (1868)

39. RA QVJ/1861: 15 March
40. RA VIC/MAIN/Y/106/14 (9 April 1861)
41. RA VIC/ADD/U2/7 (19 January 1842) (translation)
42. RA VIC/MAIN/Z/140/46–51 (12 March 1857)
43. Albert to Victoria (22 October 1861) quoted in Rappaport (2011) p. 45
44. RA VIC/MAIN/Z/140/12–13 (9 May 1853)
45. Munich (1996) p. 62
46. RA VIC/MAIN/Z/491, fo. 5v (January 1862)
47. Jagow, ed. (1938) p. 305
48. Sale catalogue, Prince Albert's medicine chest, in the files of Kay Staniland, Museum of London (consulted August 2017)
49. Royal Pharmaceutical Society, account book for 'The Queen' (1861–1869) (14, 17 October 1861)
50. Rappaport (2011) p. 48; Royal Pharmaceutical Society, account book for 'The Queen' (1861–1869)
51. Notes on Sir James Clark's Journal, Royal College of Physicians, AIM25 website
52. Martin (1879 edition) vol. 4, p. 501
53. Benson and Esher, eds. (1907, 1908 edition) vol. 3, p. 469
54. Ibid., p. 470
55. Quoted in Rappaport (2011) p. 268
56. Quoted in Woodham-Smith (1972) p. 417
57. Benson and Esher, eds. (1907, 1908 edition) vol. 3, pp. 464–5
58. Quoted in Rappaport (2011) p. 69
59. RA VIC/MAIN/Z/142
60. Ibid.
61. Edward Walford, *Life of the Prince Consort*, London (1862) p. 96 ('Windsor Castle, December 14th, 4.30pm')
62. RA VIC/MAIN/Z/142
63. RA VIC/ADDU/416 (26 December 1861)
64. RA VIC/MAIN/Z/142
65. Ibid.
66. St Aubyn (1979) p. 55
67. RA VIC/MAIN/Z/142
68. Ibid.
69. Windsor and Bolitho, eds. (1927) p. 245
70. RA VIC/ADDU/416 (26 December 1861)
71. RA VIC/MAIN/Z/142
72. Windsor and Bolitho, eds. (1927) p. 245
73. Ibid., p. 245
74. Erskine, ed. (1916) pp. 388–9
75. RA VIC/ADDU/416 (26 December 1861)
76. Royal Pharmaceutical Society, account book of 'The Queen' (1861–1869) (14 December 1861)
77. Windsor and Bolitho, eds. (1927) p. 245
78. William M. Kuhn, *Henry and Mary Ponsonby*, London (2002) p. 82
79. Tisdall (1961) p. 50
80. Erskine, ed. (1916) pp. 388–9
81. Windsor and Bolitho, eds. (1927) p. 246

82. RA VIC/MAIN/Z/142
83. Erskine, ed. (1916) pp. 388–9
84. Quoted in Pakula (1995; 1997 edition) p. 160
85. Wyndham, ed. (1912) p. 422
86. A. L. Kennedy, ed., *'My Dear Duchess': Social and Political Letters to the Duchess of Manchester, 1858–1869*, London (1956) p. 183

-18-

1. RA QVJ/1871: 13 December
2. RA VIC/ADDC/18/71 (30 November 1871)
3. RA QVJ/1871: 13 December
4. RA QVJ/1871: 11 December
5. Ibid.
6. Wellcome Library MS 5873 A/53 (1 a.m., 13 December 1871)
7. Wellcome Library MS 5873 B/30 (13 December 1871)
8. RA QVJ/1871: 11 December
9. RA QVJ/1871: 29 November
10. Bartley (2016) p. 204
11. Benson and Esher, eds. (1907, 1908 edition) vol. 3, p. 474
12. Sir H. Maxwell, ed. *The Life and Letters of the Fourth Earl of Clarendon*, London (1913) vol. 2, pp. 250–1
13. Bostridge (2008; 2009 edition) p. 388
14. Hibbert (2000; 2001 edition) p. 308
15. Edward John Tilt, *The Change of Life*, London (1857) p. 6; W. Tyler Smith, 'The Climacteric Disease in Women', *London Journal of Medicine*, vol. 7 (July 1849) pp. 604–5; Munich (1996) p. 105
16. Michaela Reid, *Ask Sir James*, London (1987) p. 107
17. Hector Bolitho, ed., *Letters of Queen Victoria From the Archives of the House of Brandenburg-Prussia*, New Haven, CT (1938) p. 143
18. Royal Collection Inventory Number 55254
19. Quoted in Gray (2017) p. 217
20. David Duff, *Alexandra, Princess and Queen*, London (1980) p. 106
21. Wellcome Library MS 5873 J/3 (29 April 1889)
22. The Dean of Windsor and Hector Bolitho, eds., *Later Letters of Augusta Stanley*, London (1929) p. 148
23. Brewer (2005 edition) pp. 248–8
24. Quoted in Weintraub (1987) p. 365
25. Fulford, ed. (1971) p. 21
26. Staniland (1997) p. 157
27. Plunkett (2003) p. 156
28. Dimond and Taylor (1987) p. 20
29. *The Photographic News* (28 February 1862) quoted in Dimond and Taylor (1987) p. 22
30. RA QVJ/1871: 13 December
31. Philip Guedalla, *The Queen and Mr Gladstone*, London (1933) vol. 2, p. 357
32. RA VIC/ADDC/18/72 (1 December 1871)

33. 'The Illness of H.R.H. The Prince of Wales,' *British Medical Journal* (9 December 1871) p. 671
34. Wellcome Library MS 5873 C/1 (26 November 1871)
35. RA VIC/ADDC/18/80 (7 December 1871)
36. Quoted in Georgina Battiscombe, *Queen Alexandra,* London (1969) p. 116
37. Ponsonby (1942) p. 98
38. Helen Walch, *Sandringham: A Royal Estate for 150 Years*, Norwich (2012) p. 35
39. *The Strand* magazine quoted in Walch (2012) p. 45
40. C. Rachel Jones, *Sandringham, Past and Present*, London (1888) p. 12
41. RA VIC/Add A36/395 (29 November 1871)
42. Ridley (2012; 2013 edition) p. 91
43. Walch (2012) p. 30
44. Duff (1980) p. 108
45. RA VIC/ADDC/18/68 (27 November 1871)
46. Walch (2012) p. 43; Roger Fulford, ed., *Darling Child: Private Correspondence of Queen Victoria and the Crown Princess of Prussia, 1871–78*, London (1976) p. 20
47. Ponsonby (1942) p. 99
48. *The Strand* magazine quoted in Walch (2012) p. 45
49. RA QVJ/1871: 13 December
50. Quoted in Weintraub (1987; 1988 edition) p. 321
51. RA VIC/ADDC/18/72 (1 December 1871)
52. Quoted in Ridley (2012; 2013 edition) p. 78
53. RA QVJ/1871: 11 December
54. RA QVJ/1871: 13 December; Wellcome Library MS 5873 B/33 (14 December 1871)
55. Quoted in Martyn Downer, *The Queen's Knight*, London (2007) p. 266
56. RA VIC/ADDC/18/70 (29 November 1871)
57. Wellcome Library MS 5873 B/33
58. Wellcome Library MS 5873 C/22
59. Windsor and Bolitho, eds. (1929) pp. 149–50
60. RA VIC/ADDC/18/84 (10 December 1871)
61. Quoted in Battiscombe (1969) p. 115, most likely in RA VIC/ADDC/18 but her footnote is not traceable
62. RA VIC/ADDA36/395 (29 November 1871)
63. Wellcome Library MS 5873 B/31
64. RA QVJ/1871: 13 December
65. RA VIC/ADDA/36/401 (13 December 1871)
66. RA QVJ/1871: 13 December
67. *The Times* (12 December 1871) issue 27244, p. 9
68. St Aubyn (1979) p. 215
69. Duff (1980) p. 107
70. *Pall Mall Gazette* quoted in Weintraub (1987) p. 370
71. RA QVJ/1871: 13 December
72. Wellcome Library MS 5873 B/32
73. RA VIC/ADDC/18/88 (13 December 1871)
74. RA QVJ/1871: 13 December
75. Ibid.
76. Richard R. Holmes, *Edward VII*, London (1910) vol. 1, p. 246

77. Windsor and Bolitho, eds. (1929) p. 150
78. Wellcome Library MS 5873 A/53 (8 am, 14 December 1871)
79. Wellcome Library MS 5873 B/33 (14 December 1871)
80. Windsor and Bolitho, eds. (1929) p. 150
81. RA QVJ/1871: 14 December
82. Wellcome Library MS 5873 B/34
83. Holmes (1910) vol. 1, p. 247
84. RA QVJ/1871: 11 December
85. RA QVJ/1868: 13 December; Bartley (2016) p. 215
86. Bartley (2016) p. 15
87. Ponsonby (1942) p. 75
88. Quoted in Philip Guedalla, *Idylls of the Queen*, London (1937) p. 66
89. Wellcome Library MS 5873 E/21 (25 January 1872)
90. Lorne (1901) pp. 278–9
91. RA QVJ/1872: 27 February
92. Vernon Bogdanor, *Gresham College History Lecture* (20 September 2016)
93. Lord Halifax (28 August 1871) quoted in Ponsonby (1942) p. 72
94. Homans (1998) p. xix
95. *Private Life* (1897, 1901 edition) p. 215
96. Homan (1998) pp. 113, 101
97. Benson and Esher, eds. (1907, 1908 edition) vol. 3, p. 476 (24 December 1861)
98. Kennedy, ed. (1956) p. 183
99. Holmes (1910) vol. 1, p. 249
100. Fulford, ed., (1976) p. 28
101. Windsor and Bolitho, eds. (1929) p. 149

-19-

1. *Private Life* (1897; 1901 edition) p. 14
2. RA QVJ/1871: 13 December
3. Quoted in in R. W. Seton-Watson, *Disraeli, Gladstone and the Eastern Question*, London (1935) p. 243
4. Quoted in Weintraub (1987) p. 427
5. *Private Life* (1897; 1901 edition) p. 112
6. *The Times*, London (17 December 1877) p. 9
7. Quoted in Wilfred Meynell, *Benjamin Disraeli: An Unconventional Biography*, London (1903) p. 488
8. Christopher Hibbert, *Disraeli: A Personal History*, London (2004; 2005 edition) pp. 331, 333
9. Ibid., p. 184
10. Monypenny and Buckle (1910; 1929 edition) vol. 2, p. 273
11. Zetland, ed. (1929) vol. 2, p. 148, Disraeli to Lady Chesterfield (13 December 1877)
12. RA QVJ/1852: 1 April
13. Fulford, ed. (1971) p. 176
14. Buckle, ed. 2nd series, vol. 1 (1926) p. 505
15. Ibid., p. 385

16. Ponsonby (1942) pp. 244–5
17. Buckle, ed., 2nd series, vol. 3 (1928) p. 38
18. G. E. Buckle, ed., *The Life of Benjamin Disraeli*, London (1920) vol. 6, p. 203
19. Served in 1875. Gray (2017) p. 177
20. *Private Life* (1897; 1901 edition) p. 137
21. RA QVJ/1871: 13 December
22. Tooley (1897) pp. 126-7
23. RA QVJ/1837: 8 February
24. Anon., 'Queen Victoria and the Medical Profession', *The British Medical Journal* (26 January 1901) p. 235
25. Clark (1981) p. 84
26. Gray (2017) p. 229
27. John Parker, *The Early History and Antiquities of Wycombe*, Wycombe (1878) p. 175
28. Ibid., p. 175
29. L. J. Ashford, *The History of the Borough of High Wycombe*, London (1960) p. 327
30. RA QVJ/1871: 13 December
31. Parker (1878) p. 175; *The Times*, London (17 December 1877) p. 9
32. L. J. Mayes, *Chair making in High Wycombe*, Local History Essays, High Wycombe Library Local Studies Collection, (n.d.) p. 1
33. William Judson, *A Local Guide and Directory for the Town of High Wycombe*, High Wycombe (1875) p. 16
34. *The Cabinet Maker & Complete House Furnisher* (6 November 1915) quoted at www.wycombe.gov.uk/pages/Sports-leisure-and-tourism/Wycombe-Museum/Chair-arches.aspx
35. Zetland, ed. (1929) vol. 2, p. 148, Disraeli to Lady Bradford (17 December 1877)
36. *The Times*, London (17 December 1877) p. 9
37. Sally Stafford, *Disraeli and Hughenden: Buckinghamshire: a Souvenir Guide*, The National Trust (2010) p. 17, 24
38. For Mary Anne in particular, see Daisy Hay, *Mr and Mrs Disraeli: A Strange Romance*, London (2015)
39. RA QVJ/1871: 13 December
40. Victoria to Disraeli (27 June 1877) quoted in Seton-Watson (1935) p. 216
41. Quoted in Seton-Watson (1935) p. 236
42. RA QVJ/1871: 13 December
43. Buckle, ed. (1929) vol. 6, p. 217
44. RA QVJ/1871: 13 December
45. Sarah Bradford, *Disraeli*, London (1982; 1996 edition) p. 347
46. Pamela Horn, 'Lord and Lady of the Manor: The Disraelis at Hughenden', *Records of Buckinghamshire*, vol. 51 (2011) pp. 205–213, p. 208
47. RA QVJ/1871: 13 December
48. Zetland, ed. (1929) vol. 2, p. 148, Disraeli to Lady Bradford (17 December 1877)
49. RA QVJ/1871: 13 December
50. Zetland, ed. (1929) vol. 2, p. 148, Disraeli to Lady Bradford (17 December 1877)
51. *The Times*, London (17 December 1877) p. 9
52. Weintraub (1987) p. 429
53. Zetland, ed. (1929) vol. 2, p. 149, Disraeli to Lady Bradford (19 December 1877)
54. Bartley (2016) p. 224
55. Plunkett (2003) p. 16

-20-

1. RA VIC/ADDA/12/899 (23 February 1884)
2. Tisdall (1961) p. 57
3. Quoted in Jenkins (1995; 2002 edition) p. 468
4. Kuhn (2002) p. 4
5. *Private Life* (1897; 1901 edition) p. 175
6. Ibid., p. 227
7. Crook and Port (1973) p. 392
8. Royal Pharmaceutical Society, account book of 'The Queen' (1861–1869) (April–May 1868)
9. RA QVJ/1884: 6 March
10. Mallet (1968) p. 213
11. Tooley (1897) pp. 205–6
12. Dimond and Taylor (1987) p. 23
13. *Private Life* (1897; 1901 edition) pp. 204, 19.
14. Benson (1930) p. 8
15. Ward (2014) p. 60
16. Ibid.; Marsden, ed. (2010) p. 436
17. Randall Davidson in Bell (1935) vol. 1, p. 85
18. Mallet (1968) p. 213
19. Benson and Esher, eds. (1907, 1908 edition) vol. 3, pp. 461–2
20. Quoted in Clark (1981) p. 93
21. *Private Life* (1897; 1901 edition) p. 64
22. Ponsonby (1942) p. 126
23. Quoted in Jenkins (1995; 2002 edition) p. 243
24. *Private Life* (1897; 1901 edition) p. 147
25. Ponsonby (1942) p. 128
26. *Private Life* (1897; 1901 edition) p. 99
27. *Lausanne Gazette* (September 1866)
28. *Punch* (7 July 1866)
29. W. Tyler Smith, 'The Climacteric Disease in Women,' *London Journal of Medicine* (July 1849) vol. 7, p. 606; Munich (1996) p. 108
30. *Harper's New Monthly Magazine,* vol. 36 (December 1867) p. 99
31. Fulford, ed. (1968; 1981 edition) p.106
32. Ridley (2015) p. 77
33. Stoney and Weltzien, eds. (1994) p. 25
34. Quoted in Wilson (2014) pp. 311–27
35. Ridley (2015) p. 80
36. Weintraub (1987) p. 385
37. Royal College of Physicians MS 30/2, Sir James Clark's diary p. 131 (1868)
38. Hibbert (2000; 2001 edition) p. 330
39. Quoted in Charlotte Zeepvat, *Prince Leopold*, London (1998) pp. 51, 60
40. Ponsonby (1942; 1943 edition) p. 129
41. Brewer (2005) p. 251
42. *Private Life* (1897; 1901 edition) p. 8
43. Weintraub (1987) p. 399
44. Queen Victoria (1885) p. 27

45. Ibid., pp. 264, 258, 203, 73
46. Ibid., p. 248
47. Ibid., p. 219
48. Dorothy Thompson, *Queen Victoria, A Woman on the Throne*, London (1990; 2001 edition) p. 62
49. Queen Victoria (1885) p. 226
50. Lambeth Palace Library, Randall Davidson Papers, Private Papers, vol. 4, following f. 79
51. Ponsonby (1942) p. 146
52. Kuhn (2002) p. 220
53. *Private Life* (1897; 1901 edition) p. 10
54. Ibid., p. 166
55. Mallet (1968) p. xxi
56. A. C. Benson, *Memories and Friends*, New York, NY (1927) p. p. 55
57. Ethel Smyth, *As Time Went On*, London (1936) p. 104
58. Quoted in Kuhn (2002) p. 17
59. Randall Davidson in Bell (1935) vol. 1, p. 79
60. Smyth (1936) pp. 90; 93
61. Ponsonby (1901) vol. 193, p. 327
62. Kuhn (2002) pp. 124–6
63. Ibid., p. 194
64. Ponsonby, ed. (1927) p. 18
65. RA VIC/ADDA/36/1566 (30 October 1878)
66. Kuhn (2002) p. 203
67. Mallet (1968) p. 45
68. Ponsonby (1942) p. 62
69. Quoted in Reid (1987) p. 58
70. Randall Davidson on Queen Victoria in Bell (1935) vol. 1, p. 77
71. Ibid., pp. 79–80
72. Lambeth Palace Library, Randall Davidson Papers, Private Papers, vol. 4 (1883–1902) f. 34 (6 December 1884)
73. Tisdall (1961) pp. 106–7
74. Randall Davidson in Bell (1935) vol. 1, p. 80
75. Mallet (1968) p. 159
76. Ponsonby (1942) p. 64
77. Hallam Tennyson, ed., *Alfred Lord Tennyson: A Memoir*, London (1899) p. 406
78. Lily Langtry quoted in Tisdall (1961) p. 132
79. Kuhn (2002) p. 206
80. Quoted in Jenkins, (1995; 2002 edition) p. 336
81. Bell (1935) vol. 1, pp. 82, 81
82. Lambeth Palace Library, Davidson Papers, Private Papers, vol. 4, f. 72
83. Bell (1935) vol. 1, p. 94
84. Lambeth Palace Library, Davidson Papers, Private Papers, vol. 4, following f. 79; Wilson (2014) pp. 426–7
85. Jenkins (1995; 2002 edition) p. 469
86. Marie Louise, Her Highness Princess, *My Memories of Six Reigns*, London (1956; 1979 edition) p. 143
87. Miss Harriet Phipps quoted in Mallet (1968) p. xxiii

88. Tisdall (1961) p. 77
89. Lambeth Palace Library, Davidson Papers, Private Papers, vol. 4, fo. 73 (8 March 1884)
90. Randall Davidson quoted in Bell (1935) vol. 1, p. 95
91. Reid (1987) pp. 227–7; Ridley (2012; 2013 edition) p. 483
92. Kuhn (2002) p. 237

-21-

1. RA QVJ/1885: 23 July
2. Marie, Queen of Romania, (1934), vol. 1, p. 20
3. Quoted in Christopher Hibbert, *The Court of St James*, London (1979) p. 48
4. RA QVJ/1885: 23 July
5. Quoted in Dennison (2007) p. 11
6. RA QVJ/1858: 14 April; Bartley (2016) p. 126
7. Nina Consuelo Epton, *Queen Victoria and Her Daughters*, New York, NY (1971) p. 81
8. Erskine, ed. (1916) p. 371
9. Windsor and Bolitho, eds. (1927) p. 207
10. Ridley (2015) p. 85
11. Quoted in Dennison (2007) p. 33
12. Quoted in Epton (1971) p. 109
13. Ibid., pp. 150–2
14. Dennison (2007) p. 124
15. Ibid., p. 120
16. RA VIC/MAIN/Z/140/60–3 (n.d.)
17. Norman Rich, ed., *The Holstein Papers*, Cambridge (1959) vol. 2, p. 139
18. Fulford, ed. (1981) p. 187
19. Helen Rappaport, *Queen Victoria: A Biographical Companion*, London (2003) p. 57
20. RA QVJ/1885: 23 July
21. David Duff, *The Shy Princess*, London (1958) p. 113; Dennison (2007) p. 130
22. RA QVJ/1884: 8 July
23. Fulford, ed. (1981) pp. 176–7
24. Longford, ed. (1991) p. 139
25. Quoted in Ridley (2015) p. 72
26. Quoted in G. B. Tennyson, ed., *A Carlyle Reader*, Cambridge (1969) p. 495
27. Rich, ed. (1957) vol. 2, p. 139
28. Quoted in Hibbert (1979) p. 47
29. Fulford, ed. (1981) p. 185
30. Buckle, ed., second series (1928) vol. 3, p. 593
31. RA QVJ/1884: 29 December
32. Fulford, ed. (1981) p. 177
33. Walter Bagehot, *The English Constitution*, London (1867) pp. 85–6, quoted in Homans (1998) p. 107
34. Loewe, ed. (1890) vol. 2, p. 339
35. Watson (1952) p. 255
36. Ibid., p. 252

37. Bartley (2016) p. 231
38. RA QVJ/1885: 23 July
39. Tooley (1897) p. 242; Tennyson (1899) vol. 4, p. 238
40. RA QVJ/1885: 23 July
41. Hesketh Pearson, *Labby*, London (1936) p. 255
42. RA QVJ/1885: 23 July
43. Watson (1952) p. 251
44. John Matson, *Dear Osborne*, London (1978) p. 97
45. Ibid., p. 97
46. RA QVJ/1885: 23 July
47. Anon. *Private Life* (1897; 1901 edition) p. 69
48. RA QVJ/1843: 19 May; Bartley (2016) p. 82
49. RA QVJ/1885: 23 July
50. Pearson (1936) p. 255
51. Dennison (2007) p. 151
52. *Illustrated London News* quoted in Dennison (2007) p. 154
53. Maurice V. Brett, ed., *Journals and Letters of Reginald Viscount Esher*, London (1934) vol. 1, p. 208
54. Recollections of Osborne by Somerset North Gough Colthorpe, MS in possession of English Heritage, kindly shown to me by Osborne curator Michael Hunter
55. Quoted at lukemckernan.com/wp-content/uploads/queen_victoria_diamond_jubilee.pdf
56. RA QVJ/1885: 23 July
57. Quoted in Hibbert (1980) p. 48
58. RA QVJ/1885: 23 July
59. Quoted in Matson (1978) p. 99
60. RA QVJ/1885: 23 July
61. *Private Life* (1897; 1901 edition) p. 122
62. Dennison (2007) p. 155
63. RA QVJ/1885: 23 July
64. RA VIC/ADDA/30/1357 (24 July 1885); Dennison (2007) p. 133
65. Quoted in Dennison (2007) p. 159
66. RA QVJ/1886: 26 April
67. Mallet (1968) p. 71
68. Bruce Vandervort, *Wars of Imperial Conquest in Africa, 1830–1914*, London (1998) pp. 113–14
69. Weintraub (1987) p. 565
70. Mary Lutyens, ed., *Lady Lytton's Court Diary*, London (1961) p. 157

-22-

1. RA QVJ/1896: 28 April
2. Quoted in Nelson (2007) p. 120
3. Advert in *Bradshaw's Watering Places*, London (1904)
4. *L'Eclaireur de Nice*, quoted in Nelson (2007) p. 119
5. Mountstuart Elphinstone Grant Duff, *Notes from a Diary*, London (1905) p. 174

6. Quoted in Michael Nelson, *Queen Victoria and the Discovery of the Riviera*, London (2007) p. 120
7. David Duff, *Victoria Travels*, London (1970) p. 323
8. RA QVJ/1837: 18 April
9. Nelson (2007) p. 9
10. Mallet (1968) p. 153
11. Nelson (2007) p. 7
12. Stoney and Weltzien, eds. (1994) pp. 11–12
13. Royal Pharmaceutical Society, account book for 'The Queen' (1861–1869)
14. Staniland (1997) p. 186
15. Quoted in King (2007) p. 100
16. Princess Marie Louise (1956) p. 141
17. Quoted in King (2007) p. 101
18. Xavier Paoli, *My Royal Clients*, London (1910) p. 340
19. Stoney and Weltzien, eds. (1994) p. 13
20. Tisdall (1961) p. 54
21. Stoney and Weltzien, eds. (1994) p. 13
22. Queen Victoria's 'Rules for Scotland' (20 August 1887) quoted in Reid (1987) p. 129
23. *Private Life* (1897; 1901 edition) p. 14
24. King (2007) p. 102
25. RA QVJ/1892: 18 August
26. Ponsonby (1942; 1943 edition) p. 45
27. King (2007) p. 103
28. Paoli (1910) p. 348
29. Ibid., p. 351
30. Richard Hough, ed., *Advice to a Grand-daughter: Letters from Queen Victoria to Princess Victoria of Hesse*, New York, NY (1975) p. 36
31. Duff (1970) pp. 338–9
32. Lady Paget quoted in Weintraub (1987) p. 539
33. *Galignani Messenger* quoted in Nelson (2007) p. 108
34. Quoted in Shrabani Basu, *Victoria and Abdul,* Stroud (2010, 2011 edition) p. 176
35. Queen Marie of Romania (1934) vol. 1, p. 230
36. Paoli (1910) p. 338
37. Martin (1879 edition) vol. 4, p. 148
38. RA QVJ/1887: 3 August
39. Reid (1987) p. 131
40. Basu (2010, 2011 edition) p. 167
41. Abdul Karim's *Journals* are quoted in Basu (2010, 2011 edition) p. 30
42. Reid (1987) p. 132
43. Ponsonby (1942; 1943 edition) p. 131
44. Kuhn (2002) p. 223
45. Reid (1987) p. 24
46. Frederick Ponsonby quoted in Reid (1987) p. 255
47. Robert C. Abrams, 'Sir James Reid and the Death of Queen Victoria', *The Gerontologist*, vol. 55, issue 6 (December 2015) pp. 943–50, p. 944
48. Reid (1987) p. 139
49. Ibid., pp. 133, 142

50. Duff (1970) p. 333
51. Ibid.
52. Paoli (1910) pp. 339–40
53. Mallet (1968) pp. 152, 76
54. Paoli (1910) p. 334
55. *Court Circular* quoted in Nelson (2007) p. 107
56. RA QVJ/1897: 4 April
57. Reid (1987) p. 145
58. Ponsonby (1942; 1943 edition) p. 131
59. Quoted in Hubbard (2012) p. 318
60. Munich (1998) p. 151
61. Basu (2010, 2011 edition) p. 192
62. Buckle, ed., third series, London (1931) vol. 2, p. 68
63. Reid (1987) p. 144
64. James Reid's diary quoted in Hubbard (2012) p. 325
65. Reid (1987) p. 144
66. Ibid., p. 146
67. Ibid., p. 57
68. Andrew Roberts, *Salisbury: Victorian Titan*, London (1999) p. 680
69. Ridley (2012; 2013 edition) p. 351
70. RA VIC/ADDC/07/2/P (17 August 1909)
71. James Reid's diary quoted in Hubbard (2012) p. 326
72. Roberts (1999) p. 681
73. Eustace A. Reynolds-Ball, *Mediterranean Resorts*, London (1908) p. 74
74. RA QVJ/1899: 1 May
75. Paoli (1910) p. 332

-23-

1. *Private Life* (1897; 1901 edition) p. 12
2. Anon, 'The Queen's Bedroom', *Woman's Life* (23 May 1896) p. 431
3. RA QVJ/1897: 22 June
4. Queen Victoria's granddaughter quoted in Tisdall (1961) p. 145
5. Mary Hannah Krout, *A Looker on in London*, New York, NY (1899) p. 307
6. RA QVJ/1897: 22 June
7. Weintraub (1987) p. 581
8. RA QVJ/1897: 22 June
9. Ponsonby (1942) p. 79
10. Smyth (1921) p. 99
11. RA QVJ/1897: 22 June
12. Gray (2017) p. 243; RA QVJ/1897: 22 June
13. Quoted in Ridley (2012; 2013 edition) p. 168
14. Quoted in King (2007) pp. 220–1
15. Quoted in Weintraub, (1987, 1988 edition) p. 507
16. Quoted in King (2007) p. 43
17. Buckle, ed., second series (1932) vol. 3, p. 124
18. King (2007) p. 21

19. Jeffrey L. Lant, *Insubstantial Pageant: Ceremony and Confusion at Queen Victoria's Court*, London (1979) p. 216
20. Ibid., p. 217
21. RA QVJ/1897: 22 June
22. Lutyens, ed. (1961) p. 25
23. *Private Life* (1897; 1901 edition) p. 59
24. RA QVJ/1897: 22 June
25. Lincoln, President of USA (1865), Prim, Prime Minster of Spain (1870), Alexander II, Tsar of Russia (1881), Carnot, President of France (1894)
26. Ginsburg (1969) p. 43
27. Caroline Chapman and Paul Raben, eds., *Debrett's Queen Victoria's Jubilees*, London (1977) unpaginated
28. Mark Twain, *The Writings of Mark Twain*, New York, NY (1922) pp. 206–7
29. Krout (1899) pp. 313–4; 310
30. Twain (1922) pp. 206–7
31. G. W. Steevens in the *Daily Mail*, quoted at lukemckernan.com/wpcontent/uploads/queen_victoria_diamond_jubilee.pdf
32. See David Cannadine, 'The British Monarchy, c.1820–1977', in Eric Hobsbawm and Terence Ranger, eds., *The Invention of Tradition*, Cambridge (1983), pp. 101–164; p. 121
33. E.C.F. Collier (ed.), *A Victorian Diarist: Later Extracts from the Journals of Mary, Lady Monkswell, 1895–1909* (1946) quoted at lukemckernan.com/wp-content/uploads/queen_victoria_diamond_jubilee.pdf
34. Hobsbawn, ed. (1983; 1999 edition) p. 124
35. Mary King Waddington, *Letters of a Diplomat's Wife, 1883–1900,* New York, NY (1903) p. 177
36. Nicholas II, Tsar of Russia, in his diary (1893) quoted in Miranda Blunt, *The Three Emperors*, London (2009; 2010 edition) p. 133
37. Lord Frederic Hamilton, *The Days Before Yesterday*, London (1920) p. 27
38. Bell (1935) vol. 1, p. 78
39. Homans (1998) p. 5
40. W. T. Stead, *Her Majesty the Queen*, London (1887) pp. 24, 153
41. RA QVJ/1897: 22 June
42. King (2007) p. 138
43. Wilfred Blunt papers quoted in Ridley (2012; 2013 edition) p. 328
44. Ponsonby (1942) p. 109
45. Quoted in Ridley (2012; 2013 edition) p. 320
46. Lant (1979) p. 221
47. RA QVJ/1897: 22 June
48. Grant Duff (1905) p. 245
49. RA QVJ/1897: 22 June
50. G.W. Steevens in the *Daily Mail,* quoted at lukemckernan.com/wp-content/uploads/queen_victoria_diamond_jubilee.pdf
51. Bartley (2016) p. 277
52. RA QVJ/1897: 22 June
53. *Northern Star* (1843) quoted in Plunkett (2003) p. 57
54. Quoted in Weintraub (1987) p. 551
55. Frank Prochaska, *Royal Bounty: The Making of Welfare Monarchy*, New Haven and London (1995)

56. Chapman and Raben, eds. (1977) unpaginated
57. Ridley (2012; 2013 edition) p. 321
58. lukemckernan.com/wp-content/uploads/queen_victoria_diamond_jubilee.pdf
59. RA QVJ/1897: 23 November; http://lukemckernan.com/wp-content/uploads/queen_victoria_diamond_jubilee.pdf
60. Plunkett (2003) p. 240
61. lukemckernan.com/wp-content/uploads/queen_victoria_diamond_jubilee.pdf
62. RA QVJ/1897: 22 June
63. Gray (2017) p. 243
64. *Private Life* (1897; 1901 edition) p. 143
65. RA QVJ/1897: 22 June
66. Gray (2017) p. 245; *Private Life* (1897; 1901 edition) p. 185
67. RA MRHF/MENUS/WC/1850 (22 June 1897)
68. Bartley (2016) p. 294
69. Quoted in Ridley (2012; 2013 edition) p. 325
70. RA QVJ/1897: 22 June
71. RA QVJ/1885: 27 July
72. *The Times*, London (9 April 1863) p. 7, quoted in Plunkett (2003) p. 189
73. RA VIC/ADDX/2/211, p. 29
74. *Private Life* (1897; 1901 edition) p. 69
75. Plunkett (2003) p. 192
76. Munich (1996) p. 8
77. Weintraub (1987) p. 582; Benson (1930) p. 122
78. RA QVJ/1897: 22 June
79. George Warrington Steevens, *Things Seen*, London (1900) p. 195
80. Jenkins (1995; 2002 edition) p. 406

-24-

1. *Private Life* (1897; 1901 edition) pp. 204, 19.
2. Mallet (1968) p. 212
3. Quoted in Rennell (2000) p. 46
4. *Private Life* (1897; 1901 edition) p. 139
5. Staniland (1997) pp. 171–2
6. Fulford, ed. (1976) p. 40
7. Queen Marie of Romania (1934) vol. 1, p. 18
8. RA QVJ/1901: 13 January
9. Lady Frances Balfour, quoted in Rennell (2000) p. 74
10. Reid (1987) p. 201
11. *Private Life* (1897; 1901 edition) pp. 203, 7
12. Quoted in Rennell (2000) p. 77
13. Ibid., p. 80
14. Reid (1987) p. 211
15. Rennell (2000) p. 110
16. Lambeth Palace Library, Davidson Papers, Private Papers, vol. 19 (21 January 1901)
17. Ibid. (memorandum as to details connected with the death of the Queen)

18. Lambeth Palace Library, Davidson Papers, Private Papers, vol. 19 (21 January 1901)
19. Ibid.
20. Anon., *The Annual Register For the Year 1901*, London (1902) p. 7
21. Quoted in Rennell (2000) p. 117
22. Ibid., p. 118
23. Lambeth Palace Library, Davidson Papers, Private Papers, vol. 19 (memorandum as to details connected with the death of the Queen)
24. Ibid.
25. Quoted in Rennell (2000) p. 130
26. Brett, ed. (1934) vol. 1, p. 282
27. Lambeth Palace Library, Davidson Papers, Private Papers, vol. 19 (memorandum as to details connected with the death of the Queen)
28. Sir James Reid's diary quoted in Reid (1987) p. 211
29. *Private Life* (1897; 1901 edition) p. 9
30. Lambeth Palace Library, Davidson Papers, Private Papers, vol. 19 (memorandum as to details connected with the death of the Queen)
31. Carter (2009; 2010 edition) p. 268
32. Rennell (2000) p. 137
33. Wilfred Scawen Blunt, *My Diaries: Being a Personal Narrative of Events, 1888–1914*, New York, NY (1921) vol. 2, p. 2
34. Quoted in Ridley (2012; 2013 edition) p. 343
35. Rennell (2000) p. 138
36. Lambeth Palace Library, Davidson Papers, Private Papers, vol. 19 (22 January 1901)
37. Rennell (2000) p. 139
38. James Vincent, correspondent for *The Times,* quoted in Rennell (2000) p. 139
39. Lambeth Palace Library Davidson Papers, Victoria Visitations, vol. 506, f. 20
40. Quoted in Reid (1989) p. 215
41. Reid (1987) p. 216
42. Ibid.
43. RA VIC/MAIN/Y/203/81 (2 December 1867)
44. RA VIC/MAIN/M/5/80 (2 August 1835)

致　谢

我要感谢女王陛下伊丽莎白二世，允许我引用温莎皇家档案馆的资料。感谢皇家档案馆的Julie Crocker及其工作人员，热情欢迎我并给予我大量的帮助。此外，我有幸获得许多人的宝贵建议，在此一并表达深深的谢意，他们是：拉姆斯盖特历史学会的Terry Wheeler；锡德茅斯皇家格伦酒店的Vivienne和Hilary Crane；奥斯本宫的负责人Michael Hunter；锡德茅斯当地历史团体的Brian Golding；和我一样喜爱莱纯的Karin Fernald；皇家内科医学院的Felix Lancashire；卡勒历史论坛的Matt McNamara；基尔代尔郡纽布里奇图书馆本地研究部的Mario Corrigan和James Durney；Daisy Hay，Claire Isaacs，Beatrice Behlen。当然，还有我的同事：王室历史宫殿策展人Matthew Storey，Joanna Marschner，Claudia Williams和Deirdre Murphy。2017年夏天，我与Matthew密切合作，共同撰写有关维多利亚女王衣橱的文章，这一过程尤其令我受益匪浅。Peter Mandler和Jane Ridley阅读并校对了我全部的书稿，因为他们，许多错误得以避免，对此我深表感谢。关于出版界，我喜欢与Felicity Bryan及其单位合作，也喜欢在Hodder & Stoughton出版社与Veronique Norton，Caitriona Horne，Juliet Brightmore，尤其是编辑Maddy Price合作。在撰写这本书期间，我的朋友们一直包容着我，在此我要感谢Jenni Waugh，Jamie Wallace，Isla Campbell，Alan Gardner和

Katherine Ibbett，同时，对我时常钻研逝者，无暇与他们玩耍，我深表歉意。最后，我要将这本书献给最包容的两个人 ——Mark Hines 和 Ned Worsley。

维多利亚女王

[英] 露西·沃斯利 著
张佩 译

图书在版编目(CIP)数据

维多利亚女王 / (英) 露西·沃斯利著；张佩译
.一 北京：北京燕山出版社，2019.10(2020.3 重印)
书名原文：Queen Victoria
ISBN 978-7-5402-5431-5

Ⅰ.①维… Ⅱ.①露… ②张… Ⅲ.①维多利亚女王(Victria 1819-1901)一传记 Ⅳ.①K835.617=43

中国版本图书馆 CIP 数据核字 (2019) 第 178409 号

QUEEN VICTORIA

by LUCY WORSLEY

First published in Great Britain in 2018 by Hodder & Stoughton, an Hachette UK company.

Published by arrangement with Hodder & Stoughton Limited, through The Grayhawk Agency Ltd.
Simplified Chinese edition © 2019 by United Sky (Beijing) New Media Co., Ltd.

北京市版权局著作权合同登记号 图字:01-2019-5062 号

选题策划 联合天际·王 微
特约编辑 节晓宇 吴昱璇
美术编辑 晓 园
封面设计 王 媚

未读 思想家

责任编辑 朱 菁 任 臻
出 版 北京燕山出版社有限公司
社 址 北京市丰台区东铁匠营苇子坑 138 号嘉城商务中心 C 座
邮 编 100079
电话传真 86-10-65240430(总编室)
发 行 未读(天津)文化传媒有限公司
印 刷 三河市冀华印务有限公司
开 本 787 毫米 ×1092 毫米 1/32
字 数 300 千字
印 张 12.5 印张
版 次 2019 年 10 月第 1 版
印 次 2020 年 3 月第 2 次印刷
书 号 ISBN 978-7-5402-5431-5
定 价 78.00 元

关注未读好书

未读 CLUB
会员服务平台

本书若有质量问题，请与本公司图书销售中心联系调换
电话：(010) 5243 5752